投 资 学

冷建飞　贺正齐　崇曦农 ◎ 编著

河海大学出版社
HOHAI UNIVERSITY PRESS
·南京·

图书在版编目(CIP)数据

投资学 / 冷建飞,贺正齐,崇曦农编著. -- 南京：河海大学出版社,2025.4. -- ISBN 978-7-5630-9728-9
Ⅰ. F830.59
中国国家版本馆 CIP 数据核字第 202578GQ09 号

书　　名	投资学
	TOUZIXUE
书　　号	ISBN 978-7-5630-9728-9
责任编辑	杜文渊
文字编辑	管　彤
特约校对	李　浪　杜彩平
装帧设计	徐娟娟
出版发行	河海大学出版社
地　　址	南京市西康路 1 号(邮编:210098)
电　　话	(025)83737852(总编室)　(025)83787763(编辑室)
	(025)83722833(营销部)
经　　销	江苏省新华发行集团有限公司
排　　版	南京布克文化发展有限公司
印　　刷	广东虎彩云印刷有限公司
开　　本	718 毫米×1000 毫米　1/16
印　　张	22
字　　数	407 千字
版　　次	2025 年 4 月第 1 版
印　　次	2025 年 4 月第 1 次印刷
定　　价	58.00 元

前言

投资市场一直是让人兴奋的领域。随着中国经济的发展,产业升级和结构转型的机遇让实体投资蓬勃发展,金融市场密切配合,证券投资也不断创新进步。通过发行有价证券进行直接融资的方式受到筹资者的高度重视和广泛欢迎,买卖股票、债券成为大众投资的主要渠道,资产证券化趋势越来越凸现,证券交易活动日趋活跃。投资市场的健康发展有利于增强投资者心理素质,有利于提高市场的投融资功能,有利于发挥市场机制的整体功能,有利于提高生产效率和经济效益。

投资工作是一份充满机会和风险的工作,每个投资主体都必须充分掌握投资的理论、技术和方法,了解和分析投资市场规律,及时根据影响价格变动的因素或技术指标变化状况,确定投资策略、买卖时点,才能在投资市场最大限度地降低风险,提高收益水平,实现投资价值。证券投资一直是投资的主战场,随着科技创新的发展,风险投资迎来发展热潮,高风险与高收益并存,增长与发展是解决问题的主要手段,风险投资的价值已经被大家认可并追捧。随着中国企业的实力日益强大,走出去成为必然,国际投资已经成为众多企业开拓市场的新舞台。

本书是原来《证券投资学》的修订版。共分为三个部分的内容,第一部分是基础篇,包括第一章到第四章的内容,介绍投资的基本概述、证券发行市场、证券交易市场和证券投资的工具;第二部分是分析篇,包括第五章到第十章的内容,研究了证券投资的价值分析、证券投资的基本面分析、证券投资的技术分析、证券投资的技术指标分析、证券投资组合管理、资本资产定价模型和套利定价理论;第三部分是拓展篇,包括第十一章到第十六章的内容,介绍了衍生品投资、期货、股指期货、期权、风险投资和国际投资。

本书由冷建飞老师、贺正齐老师和崇曦农老师合作编著,编写者均为河海大学商学院从事投资学教学与研究工作的教师。此外,河海大学商学院财务金融系的老师们在本书编写过程中给予了很大帮助,特此表示感谢。

  在本书的编写过程中,作者参考了国内外大量同类书籍和相关文献,力图吸收其中的精华,在此对有关作者表示衷心的感谢。由于作者水平所限,再加上投资学日新月异的发展,书中有所疏忽与存在不当之处,敬请读者批评指正。

  本书得到了河海大学商学院高质量内涵式发展项目(1063-424620)的支持。

编 者

2024 年 12 月

目 录

基础篇

第一章　导论 ··· 001
 第一节　投资概述 ·· 001
 第二节　投资的作用和过程以及证券投资的功能 ······················· 006
 第三节　投资学的基本原理 ··· 012
 第四节　证券市场的产生与发展 ··· 016
 思考题 ·· 022

第二章　证券发行市场 ·· 023
 第一节　证券发行市场概述 ··· 023
 第二节　股票的发行 ·· 027
 第三节　债券的发行 ·· 032
 第四节　可转债与投资基金的发行 ·· 035
 思考题 ·· 040

第三章　证券交易市场 ·· 041
 第一节　证券交易市场概述 ··· 041
 第二节　证券交易所 ·· 046
 第三节　场外交易市场 ··· 051
 第四节　创业板市场 ·· 055
 思考题 ·· 059

第四章　证券投资的工具 ··· 060
 第一节　有价证券 ··· 060
 第二节　股票 ·· 064

第三节　债券…………………………………………………………068
　　第四节　投资基金……………………………………………………073
　　思考题……………………………………………………………………079

分析篇

第五章　证券投资价值分析……………………………………………080
　　第一节　证券的理论价值……………………………………………080
　　第二节　股票投资价值分析…………………………………………083
　　第三节　债券投资价值分析…………………………………………091
　　第四节　投资基金的价值分析………………………………………097
　　思考题……………………………………………………………………103

第六章　证券投资的基本面分析………………………………………104
　　第一节　证券投资分析概述…………………………………………104
　　第二节　宏观经济分析………………………………………………107
　　第三节　行业分析……………………………………………………113
　　第四节　公司分析……………………………………………………117
　　思考题……………………………………………………………………127

第七章　证券投资的技术分析…………………………………………128
　　第一节　技术分析的概述……………………………………………128
　　第二节　技术分析的主要理论………………………………………134
　　第三节　技术分析的图形分析………………………………………143
　　第四节　技术分析的形态分析………………………………………154
　　思考题……………………………………………………………………171

第八章　证券投资的技术指标分析……………………………………172
　　第一节　技术指标概述………………………………………………172
　　第二节　市场价格指标………………………………………………175
　　第三节　市场成交量指标……………………………………………187
　　第四节　市场人气指标………………………………………………193
　　思考题……………………………………………………………………199

第九章　证券投资组合管理 …… 200
- 第一节　证券投资组合理论概述 …… 200
- 第二节　证券组合的收益与风险 …… 205
- 第三节　有效组合与最优分散化 …… 209
- 第四节　无风险借入与贷出 …… 213
- 思考题 …… 215

第十章　资本资产定价模型和套利定价理论 …… 216
- 第一节　资本市场线 …… 216
- 第二节　证券市场线 …… 221
- 第三节　因素模型 …… 224
- 第四节　套利定价理论 …… 227
- 思考题 …… 232

拓展篇

第十一章　衍生品投资 …… 233
- 第一节　衍生证券的定义和种类 …… 233
- 第二节　衍生品市场发展的历史和原因 …… 236
- 第三节　衍生品市场的功能 …… 239
- 第四节　衍生品市场的监管 …… 241
- 思考题 …… 246

第十二章　期货 …… 247
- 第一节　期货交易与期货合约 …… 247
- 第二节　期货交易的功能和作用 …… 252
- 第三节　期货市场的方法 …… 255
- 第四节　期货交易行为及程序 …… 261
- 思考题 …… 268

第十三章　股指期货 …… 269
- 第一节　股指期货的概述 …… 269
- 第二节　股价指数与股指期货合约 …… 273
- 第三节　股票指数期货交易 …… 279

  第四节 股指期货交易策略 ·· 284
  思考题 ·· 287

第十四章 期权 ·· 288
  第一节 期权交易的基本概念 ·· 288
  第二节 期权合约的种类 ·· 293
  第三节 期权交易的策略 ·· 297
  第四节 期权与期货的比较 ·· 305
  思考题 ·· 309

第十五章 风险投资 ·· 310
  第一节 风险投资的内涵 ·· 310
  第二节 风险投资的运行模式与特征 ·· 316
  第三节 风险投资对经济发展的作用 ·· 322
  思考题 ·· 327

第十六章 国际投资 ·· 328
  第一节 国际投资的内涵 ·· 328
  第二节 国际投资的产生与发展 ·· 331
  第三节 国际投资的经济影响 ·· 336
  思考题 ·· 341

主要参考文献 ·· 342

基础篇

第一章

导论

第一节 投资概述

一、投资的定义、要素及类型

（一）投资的定义

现代经济社会中，投资无处不在，它是最为普遍而广泛的经济社会活动。投资既是一种经济活动，也是经济学中的一个基本范畴。随着人类社会的发展和技术的进步，经济活动的内容、形式和范围也在不断衍化，投资已经成为一个多层次、多侧面的经济概念。

投资融入到社会活动的方方面面，与整个经济活动密切相关，人们必然会从各个角度观察和理解投资，从而产生众多不同的投资定义，比如：投资是目前价值的牺牲、投资是资产现在使用权的转让、投资是收入向资产的转换、投资是资本的形成、投资是资本品的价值、投资是股票和债券的购买、投资是一种谋取收益或社会效益的经济活动、投资是获取价值增值手段的活动、投资是指用于购置实物资本品和金融资本品的资金、投资是资本或资金的投放或垫支。这些不同的投资定义是相互联系的，因而可以根据实际需要对投资定义进行归纳总结。

一般可以将投资定义分为三个层次。第一，投资是货币收入或其他任何能以货币计量其价值的财富拥有者牺牲当前消费、购买或购置资本品以期在未来实现价值增值的牟利性经济活动，该定义可简化为：投资是投入货币以实现价值增值的活动。第二，投资是厂房、设备及存货等实物资本品的购置活动，即投资是实物资本的形成。第三，投资是股票、债券等金融资本品的购买活动，这里投资是证券投资。前一个是对一般投资活动的高度抽象的概括，后两个是对两种不同具体投资活动的特殊规定。本书受篇幅所限，研究的重点是证券投资，对其他投资的内容仅作部分重点介绍。

（二）投资的要素

投资包括投资主体、投资客体、投资目的以及投资方式四个要素，反映了投资经济活动中各种要素所体现的经济关系的内在统一。同时体现了投资与所有权相联系的本质特征，即投资活动中的要素投入权、资产所有权、收益权、处置权之间的有机统一。

1. 投资主体。投资主体是指拥有一定量的资金，能自主进行投资决策，并对投资结果负有相应责任的自然人或法人。

投资主体是多元化的，有政府、企业、社会团体和个人等投资主体。政府投资主体包括中央政府投资主体和地方政府投资主体。企业投资主要包括工商业、制造业、服务业等经营性行业。社会团体投资主体是指各类社会机构，如各种协会、团体、各类社会组织等。个人投资主要包括证券投资、房地产投资及其他实物投资。

2. 投资客体。投资客体是投资活动作用的对象，投资客体表现形式多样，可以是将资金直接用于购置或建造固定资产、购买和储备流动资产，或者进行人力资本投资以形成人力资本。投资客体也可以是股票、债券等各类金融工具。

3. 投资目的。投资目的指投资者的意图及所要取得的效果。一般意义的投资其目的是保证投资回流、实现增值，以获得预期的经济效益或社会效益。就投资自身而言，实现投资的经济效益应当是投资行为的出发点，实现投资的增值性回流是投资的预期目的。投资如果不能带来经济效益，便缺乏生命力，但投资除了追求经济效益外，还应考虑社会效益。

4. 投资方式。投资方式是指投资资金运用的形式和方法。投资方式具有多样性，比如直接投资方式或间接投资方式。直接投资方式是指资金直接投入企业实体项目，形成实物资产，或投入公共事业服务领域，创造实物资产，以促进经济增长；间接投资方式是指投资者借助金融市场这一平台，通过购置有价证券等金融产品所进行的投资。

（三）投资的类型

1. 根据投资主体的不同可分为法人投资、居民投资、政府投资和国外投资。

法人投资是指企业法人和其他社会团体法人所进行的投资，企业法人包括国有企业法人、集体企业法人和私营企业法人。居民投资是指公民个人进行的投资。政府投资是指政府作为投资主体的一种投资。政府投资与其他主体的投资行为有共性也有区别，虽然政府投资有时也具有营利性质，但是政府投资更多的是具有公益福利性、经济外部性。国外投资是指国外投资者在本国以外的国家或地区进行的投资活动,包括国外私人投资和国外政府投资等。

2. 根据投资筹集和运用方式的不同可分为直接投资和间接投资。

直接投资是投资者将筹措的资本直接用于自己经营管理的社会再生产活动中的一种经济行为。其具体内容包括现金、厂房、设备、土地或土地使用权等各种有形资产和商标、专利、专有技术、咨询服务等各种无形资产投资。直接投资按其性质不同又可分为固定资产投资和流动资产投资。直接投资活动,投资者在投资的企业中拥有经营管理上的控制权。间接投资是指投资者并不直接经营实物资产,而是将自有资本的使用权委托或让渡给第三者,以获取一定股息或利息为报酬的经济行为,其表现形式为投资者购买股票、债券等各种有价证券的投资行为。这种投资活动对证券发行机构的经营活动没有控制权。

3. 根据投资地域范围的不同可分为国内投资和国际投资。

国内投资是指各类投资者在本国国内进行的各种投资。国际投资是指各类投资者跨越国家界限的投资,既包括外国资本在本国的投资,也包括本国资本在外国的投资。目前,我国来自或投向台湾、香港、澳门地区的投资,也被认为是境外投资,视同国际投资管理。

4. 根据投资资产性质的不同可分为有形资产投资和无形资产投资。

有形资产投资包括货币性资产投资和实物资产投资。货币性资产投资主要是指投资者运用现金、银行存款、应收账款和各种有价证券进行的投资;实物资产投资是指投资者运用土地、建筑物、机器设备、零部件和原材料等进行的投资。无形资产投资是指投资者运用生产技术、管理、商誉、专利、商标等进行的投资。

二、证券投资的概念、要素及分类

(一)证券的概念

证券是指各类记载并代表了一定权利的法律凭证,它用以证明证券持有人有权按其所持凭证记载内容而取得应有的权益。一般来说,证券是指用以证明或设定权利而形成的书面凭证,它表明证券持有人或第三者有权取得该证券代表的特定权益,或证明其曾经发生过的行为。从本质上讲,证券是一种信用凭证,是商品经济和信用经济发展的产物。如债券作为一种信用凭证,无论是企业债券、金融债券还是国库券,都是发行人为筹措资金而向投资者出售的承诺到期还本付息的债权债务凭证。股票是股份有限公司发行的用以证明股东的身份和权益,并据以获得股息和红利的所有权凭证。基金证券则是同时具有股票和债券的某些特征的证券。证券有广义和狭义之分,广义的证券一般指商品证券(如货运单、提单等)、货币证券(如支票、汇票、本票等)和资本证券(如股票、公司债券、基金凭证等)。狭义的证券仅指资本证券。《中华人民共和国证券法》规定的证券为股票、公司债券、存托凭证和国务院依法认定的其他证券。

(二) 证券投资的概念

证券投资是指自然人、法人及其他社会团体通过有价证券的购买和持有,借以获取收益的投资行为。随着金融市场的发展,证券投资已经成为市场上最重要投资方式,在活跃市场、优化资源配置、促进经济发展方面发挥了积极的作用。

(三) 证券投资的要素

证券投资由三个基本要素构成:收益、风险和时间。

1. 收益。任何证券投资都是为了获取一定的收益。一般而言,证券投资的收益包括利息、股息等以及由证券价格的涨跌所带来的资本损益两部分。

2. 风险。要获取一定的收益,就必须承担一定的风险。一般而言,收益与风险成正比,风险越大,收益越高;但并不是每个追求高风险的投资者就一定能取得高收益。

3. 时间。任何证券投资都必须经过一定的时间才能取得收益。一般而言,投资期限越长,收益就越高,但风险也越大。

(四) 证券投资的分类

1. 按投资时间划分,证券投资可分为短期投资和长期投资。短期投资是指期限在一年以内的证券投资;长期投资是指期限在一年以上的证券投资。

2. 按投资方式划分,证券投资可分为直接投资和间接投资。直接证券投资是指投资者直接到证券市场上购买股票、债券等有价证券;间接证券投资是指投资者购买投资基金,而投资基金又是通过证券交易来获利的。

3. 按收入的性质划分,证券投资可分为固定收入投资和不定收入投资。固定收入投资是指某种证券的投资收益是预先约定的,并在整个投资期限内保持不变;不定收入投资则是指证券的投资收益没有约定,收入也不固定。

三、 证券投资与实物投资

证券投资与实物投资是两类性质不同的投资,它们都是投资的重要组成部分,两者之间有一些联系和区别。

(一) 证券投资与实物投资的区别

证券投资与实物投资在投资对象、投资活动内容、投资制约度等方面有较大区别。

1. 投资对象不同。证券投资的对象是有价证券,因而证券投资者关注的是证券价格的涨跌及其对投资收益的影响;实物投资的对象是具体的建设生产经营活动,投资者虽然也会关心证券价格的涨跌,却绝不会因证券价格的波动而放弃自身的生产经营活动。

2. 投资活动内容不同。证券投资活动主要是搜集各方面可能影响市场行情的信息,对上市企业的生产经营状况和发展动向进行分析、研究,判断市场的状况和宏观政策走向及整体经济的发展趋势;实物投资活动内容则要复杂得多。

3. 投资制约度不同。证券投资活动有着较强的独立性。投资者可以独立地根据自己的资金规模和行情变化行动,自主决定投资规模、时机与价格,不受到其他客观条件的限制;实物投资则不同,投资者不仅受到资金实力和市场需求状况的限制,还会受到诸多因素如市场环境、行业竞争度、专业度、经营管理能力、人员情况等多方面的制约,这就决定了进行实物投资比证券投资更困难。

(二)证券投资与实物投资的联系

1. 证券投资和实物投资是相互影响、相互制约的。一方面,实物投资决定证券投资。实物投资的规模及其对资本的需要量直接决定证券的发行量;实物投资收益的高低影响证券投资收益率的高低。另一方面,证券投资也制约和影响实物投资。证券投资的数量直接影响实物投资的资金供给,即在其他条件不变的情况下,证券投资规模的扩大可以扩大实物投资的货币供给。

2. 证券投资与实物投资是可以相互转化的。政府发行国债或实业家发行股票与债券,其目的是筹集从事实物投资所需的资本金;证券投资的社会作用则在于为从事实物投资提供资本金。虽然实物投资和证券投资的对象不同,但两者可以互相转化。证券投资只有转化为实物投资才能对社会生产力的发展产生作用。从整个社会来看,证券投资也只有通过转化为实物投资才能实现自己的回流。离开了实物投资,证券投资就成了无源之水、无本之木。

四、证券投资与证券投机

(一)证券投机的概念

证券投机是指证券市场的参与者利用证券价格的波动,短期内频繁地买进或卖出证券,以赚取证券买卖价差收入为目的的行为。证券投机对证券的影响有两面性。证券投机可分为合法投机与非法投机。合法投机是指在国家法律允许的范围内进行的投机;非法投机是指违反国家法律规定的投机,一般指使用不正当的手段如通过哄抬、舞弊、欺诈等手段进行的投机。证券投机还可分为适度投机和过度投机。适度投机是指在不影响证券市场与社会经济基本稳定前提下的投机,而过度投机则是导致证券市场与社会经济剧烈波动的投机。

(二) 证券投资与证券投机的区别

1. 动机与目的不同。证券投资是为了获取较为稳定的收入；证券投机主要是为了通过频繁的买进卖出证券以获取差价收入。

2. 投资期限不同。证券投资的期限较长；证券投机的期限则较短，少则几天，多则不超过数周。

3. 风险倾向和风险承受能力不同。证券投资者厌恶风险，因此尽量规避风险；而证券投机者偏好风险，愿意用风险换取较多的收益。

4. 分析方法不同。证券投资较注重于基本面分析；证券投机注重于技术分析。

(三) 证券投资与证券投机的联系

证券投资与证券投机的区分是相对的。多数情况下，两者是可以相互转化的。如有些投机者买入证券后被套牢不得不长期持有，投机就变为了投资。反之，还有些投资者购入证券后准备长期持有，但因短期内证券价格大幅飙升而卖出，投资就变成了投机。一次良好的投资，实质上是一次成功的投机。

第二节　投资的作用和过程以及证券投资的功能

一、投资的作用

(一) 投资影响国民经济的增长速度

投资是经济增长的第一推动力。投资与经济增长关系非常紧密。传统经济理论认为，经济增长主要受投资、消费和进出口的影响。不同国家或地区，在不同经济发展水平下，投资、消费和进出口对经济增长的影响程度不同。投资是经济增长的重要推动力，是经济增长的必要前提。一个国家经济增长速度的快慢，在很大程度上取决于投资数量的多少。

(二) 投资促进国民经济持续、稳定、协调发展

持续，就是要长期保持正常的发展速度；稳定，就是不能大起大落；协调，就是重大经济关系比较合理。投资是经济发展的第一推动力和持续推动力，没有投资就不可能有正常的发展速度。投资是需求，但又能转化为供给。一方面，在投资的实现过程中，通过投资引起对生产资料和消费资料的大量需求，从而使国民经济需求总量增加，这就是投资的需求效应；另一方面，通过直接投资能够生产出各种产品，从而使国民经济供给总量增加，这就是投资的供给效应。

投资同时作为市场的供给方和需求方,要引致社会总产出增长趋于均衡。过于追求投资的需求效应或投资的供给效应,都会导致投资规模膨胀,带来社会总需求和总供给的比例失衡,使国民经济不稳定。在投资规模一定的情况下,投资的方向决定着产业结构,从而影响国民经济的重大比例关系。因此,在市场经济条件下,只有善于运用投资调控手段,注意投资两个效应的作用,特别是要调节好投资的流量和流向、规模和结构,才能保证国民经济持续、稳定、协调、向前发展。

(三)投资创造新的就业机会

就业是社会经济生活中的一个重大问题。每进行一项新的投资,就会创造一些新的就业机会。从一项具体的投资来考察,投资所创造的就业机会分两个方面。一方面是投资直接创造的就业机会,投资形成生产能力后企业自身也会增加的就业机会。另一方面是投资间接创造的就业机会。投资间接创造的就业机会是相当广泛的,因为投资首先要带动投资品工业的发展,紧接着又要推动原材料、燃料动力工业的发展,这些工业的发展提供了大量的就业机会。对于任何一个单项投资,在就业问题上都会引起这样的连锁反应。

(四)投资影响着人民的物质文化生活水平

社会生产的目的是最大限度满足人民日益增长的物质文化需要。实现这一目的不仅要创造物质财富,而且要创造精神财富,两种财富都离不开投资活动。一方面要进行生产性投资,通过对各种物质生产部门的投入促进生产力水平提高,从而不断生产出更多、更好的物质产品,满足人们各种物质需要;另一方面要进行非生产性投资,通过对非物质生产部门的投入,改善人们的生活环境和生活质量,美化人们的生活,满足人们精神生活的需要。因此,投资对人民的物质文化生活水平提高具有极其重要的作用。

(五)投资是促进技术进步的主要因素

投资对技术进步有很大的影响。一方面,投资是技术进步的载体,任何技术成果应用都必须通过投资来实现;另一方面,技术本身是一种投资的结果,任何一项技术成果都是投入一定的人力资本和资源(如试验设备等)的产物。技术进步的产生和技术的应用都离不开投资。

二、投资的过程

投资是个专业性很强的工作,完整的投资过程离不开目标设定、投资分析、组合制定和业绩评价。投资决策过程大致可以分为五个步骤:①确定投资目标;②进行投资分析;③构建投资组合;④修正投资组合;⑤评价投资绩效。以上五个步骤是一个动态循环的过程，绩效评价的结果可能导致投资目标及投资组合构成的修正。

（一）确定投资目标

制定投资目标是证券投资过程的第一步，投资者需要考虑投资收益和投资风险两方面的内容。由于风险和收益一般成正比例关系，所以，仅把收益最大化作为投资的目标是不恰当的，合理的目标应该是在风险一定的情况下，实现收益最大化，或是在收益一定的情况下，实现风险最小化。

个人和机构投资者由于各自具体的目的和要求不同，其目标也是不相同的。个人投资者的目标受到自身经济状况、年龄、健康状况、家庭负担、受教育程度、对风险的偏好程度、投资知识和技能等诸多因素的影响。例如，一个拥有财产较多或收入较高的人，有较宽裕的资金用以投资，有较高的风险承受能力，那么他就可能把投资目标定在高收益、高风险的证券上，如普通股票；相反，一个既无资产、收入又低的人，难以拿出较多资金用于投资，风险承受能力较低，他的投资目标就可能为收益稳定、本金安全的政府债券。

机构投资者的性质与个人投资者相比，在资金来源、投资目标和投资政策上有很大的不同。例如，货币基金对安全性和流动性要求高，政府债券是他们的投资首选。对冲基金对收益要求高，他们主要投资风险高但收益高的股票和衍生证券。

（二）进行投资分析

投资分析是证券投资过程的第二步，它包括对各种投资机会的研究，其目的在于寻找那些被市场错误定价的证券。投资分析的方法有很多，归纳起来不外乎两类：一类是基本分析法；另一类是技术分析法。

基本分析法的前提条件是任何金融资产的"内在价值"等于该资产所有者全部预期收益现金流的现值。据此，投资分析人员试图预测这些现金流的时间和数量，然后再利用合理的折现率把它们折算成现值。以普通股票为例，投资分析人员不仅要预测折现率，而且还必须预测股票未来的股息现金流，这相当于预测公司的每股盈利和派息率。股票内在价值一旦确定，就可以用它来与该股票的市场价格进行比较，从而鉴别股票的定价是否合理。任何较大的价格偏离都会被市场纠正，即被低估的股票价格会上升，被高估的股票价格会下降。股票基本分析法的主要内容包括宏观经济、行业和公司三个层面的分析。

技术分析法是指根据证券市场过去的统计资料来研究证券市场未来的价格走势。这种投资分析理念认为，所有影响股票价格变动的因素，无论是利多还是利空，最终都会反映在股票的"价、量、时、空"这四大要素上。该理念使技术分析人员往往只注重市场内部的因素,而忽视市场以外的影响因素。他们试图套用过去的价格趋势和模式来确定正在出现的价格趋势,以此来预测股票的未来价格走势。显然,这种方法的前提是"历史会重演"。

(三) 构建投资组合

构建投资组合是证券投资过程的第三步,是指在投资者进行投资分析的基础上,选择与投资目标和投资政策相协调的投资组合战略。通常,投资组合战略包括消极的和积极的两种。消极投资组合战略是假设市场上证券的价格已经反映了所有可得信息,市场定价是有效率的,不存在错误定价的证券,进行积极的择时和择券是徒劳的,因此,只需简单地模仿市场指数分散投资即可实现预期的投资目标。积极投资组合战略则认为市场是低效的,存在被市场错误定价的证券,通过积极的择时和择券的努力就能跑赢大市,获得超额收益。积极投资组合战略的实质是投资管理者认为能够对影响某类资产收益和风险的因素进行预期。对普通股票而言,积极的管理包含对公司未来收益、股息或市盈率的预测;对固定收入证券投资组合而言,预期包含对未来利率的预测;如果投资组合包含国外证券,则需要对未来汇率进行预测。投资组合不仅仅包括积极的和消极的极端战略,还包括将两种战略搭配而成的混合战略,如一些机构投资者对投资组合中的核心资产进行消极的管理,对剩余资产则进行积极的管理。

如何在消极的、积极的以及消极和积极混合的投资战略中做出选择,取决于:①投资者对市场定价效率的看法;②投资者对风险的承受程度;③投资机构自身所承担债务的性质。在选择合适的投资战略后,投资者就可以确定具体的资金在各种资产中的分配比例。

(四) 修正投资组合

对投资组合进行适时的修正是证券投资过程的第四步。随着时间的推移,投资者会改变投资目标,从而使当前持有的资产组合不再为最优,为此,他们需要卖出现有组合中的一些证券并买进一些新的证券以形成新的组合。这意味着如果投资目标变了,投资战略就要跟着调整,结果自然就是对投资组合构成的修正。修正投资组合的另一个动因是经过投资分析,原来不具有吸引力的一些证券现在变得有吸引力了,而一些原本有吸引力的证券则变得无吸引力了,这样也会导致投资者在原有投资组合的基础上加入或剔除一些证券。显然,修正投资组合就是对证券投资的前三个步骤进行定期的调整,调整的程度和范围主要取决于交易成本的大小和修正组合后投资预期绩效的改善状况。

(五) 评价投资绩效

评价投资绩效是证券投资过程的第五步,它主要是评价投资组合的结果,并将该结果与基准水平相比较,从而评价投资绩效的优劣。所谓基准是指为了便于绩效评价而事先设定的证券投资组合的绩效标准。基准一般是市场上公认的股票价格综合指数,而机构投资者也会自己开发满足客户要求的基准。由于投资绩效应包含投资的收益和风险两个方面,所以投资绩效的评价就需要将投资组合的收益和风险与基准的收益和风险比较,从而达到评价绩效、分析原因的目的。投资过程不是一个静态的、单一的过程,而是一个动态的、持续的和循环往复的过程。

三、证券投资的功能

(一) 实现价值增值

对于证券投资的行为主体来说,证券投资最重要的功能,就是能够实现价值增值,即投入一定数量的货币或其他财富后,有可能在将来获得超过投入价值量的增值收益。在现代经济社会中,一定时期内总是存在着大量未用于现实消费的资金。不仅这些资金闲置所造成的社会资源浪费,而且其潜在的获利能力不能实现,也是十分可惜的。当然,这些闲置资金可以以银行存款的方式获得储蓄利息,但就价值增值目标的多样化而言,仅通过银行储蓄方式显然也是不能予以全面满足的。各类经济主体当然也可以选择实物投资方式来实现价值增值,但在许多情况下,市场上却可能缺乏前景乐观的投资项目(经济衰退时期的情形就是如此);况且许多经济主体特别是个人的闲置货币持有量数目不大,这些分散、零星的闲置资金在缺乏有效的集中机制的背景下,也不可能按规模经济的要求进行有价值的实物投资。显然,要使这部分资金能够充分地流通周转,发挥其价值增值作用,就得要在银行存款和实物投资之外设置其他具有补充意义的投资渠道。证券投资正是这样的投资渠道,它可以为市场过剩的资金提供投资渠道,以满足闲置货币资金的价值增值要求,从而实现资金配置水平的提高。

(二) 支撑社会融资

从经济增长与社会发展的宏观意义上说,证券投资最重要的功能之一,是它能起到支撑社会融资的作用。在现代经济社会中,任何一个生产经营单位的正常运转,都会经常性地面临融资要求。企业要求得生存与发展,必须不断地扩大生产经营规模、拓展经营领域、创新生产内容、完善生产结构、提高竞争能力,这就需要不断地进行投资。而投资进行的前提是有效的、规模化的社会化融资。不仅是企业,作为全社会组织者与管理者的国家包括各级政府,也要有效地履行其职能。面对巨大的资金需求,靠国家的常规性收入(税收)是不够的,因此需要不断地向社会融资。社会融资最重要、最有效的途径之一,就是在证券市场上发行有价证券。例如,上市公司的 IPO、增发,企业发行公司债券,政府发行公共债券等。而在证券市场上大规模发行有价证券的前提,是在这一市场上存在着大量的证券投资者,或者说是证券投资行为普遍化。如果没有人作为原始证券的认购者,没有证券发行市场上活跃的投资活动,有价证券的发行就无法实现;不仅如此,有价证券发行后还必须实现流通,即能够自由地、无限次地实现流通转让,否则就会使原始认购者面临巨大的持有风险,从而难以维系发行活动,而这又要求存在大量的对已流通有价证券的投资行为。因此,尽管证券投资者的行为本身只是为了追逐个体的获利目标,客观上却起着支撑社会融资的重要作用。

(三) 化解供求压力,稳定经济运行

证券投资作为一种经济活动,本身也是一种资金运动过程。在一定时期内,社会中总是会存在一定的闲置资金,当这部分资金缺乏实物投资方向时,常常会转化为消费资金。在经济具有短缺特征或存在结构性供给缺陷时,其结果便会构成某种程度的消费压力,甚至导致通货膨胀的加剧;而通过证券市场引导这部分资金进行证券投资,则可以有效地缓解消费需求压力。同时,在二级市场上流动的社会资金,也有助于在实物投资规模膨胀时压缩其需求。此外,证券投资对社会融资的支撑作用不仅体现在扩大融资数量上,也体现在通过这种公众选择过程促进优化融资结构上。以股票投资为例,理性的证券投资者总是会优先选择那些内在品质优良的公司发行的股票,而这些公司之所以业绩优良,首先是因为它们的生产经营活动符合社会需求,一个生产经营内容不为社会所需要的企业,当然不可能获得好的经营效果。而当投资者将资金投向这些优良的企业时,必然有助于这些企业扩大产业规模、改善产业结构,从而大大提高其社会供给能力,释放因供给不足或结构扭曲对社会经济正常运行造成的压力。因此,健康的证券投资活动有助于充分发挥证券市场在资源配置方面的积极功能。其次,在市场需求相对不足、失业率提高、经济出现衰退、人们储蓄意识过强时,通过证券投资,并采取某些政策保护投资者,活跃证券市场上的投资交易活动,一方面可以使社会储蓄向投资转化的比例大幅度提高,直接带动投资需求,增加就业机会;另一方面又可以使投资者在证券市场上的获利水平提高,并使获利部分转化为可用作消费的现实支出,从而在某种程度上扩张了消费需求。

(四) 传递经济信息

证券投资活动的广泛进行还可以有效地增加经济信息供给渠道,扩大经济信息流量,并加速经济信息的传递。证券投资的复杂性,客观上会强化这一过程对各种相关信息的依赖程度。从某种意义上甚至可以说,证券投资过程就是一个不断处理各类经济信息的过程,这一特征决定了围绕证券投资需要并通过证

券投资过程而逐步形成的经济信息系统格外发达、信息流量极为庞大、信息内容十分全面和深入,信息流动的速度格外快捷。而利用和处理好证券投资过程中集中传递的这些经济信息,有助于人们对企业、行业、部门、市场乃至整个国民经济的发展态势进行及时、准确的估价与判断,进而为各类经济主体包括政府进行决策时提供重要的依据。

证券投资中所传递的信息主要来自证券市场。而在证券市场上流动的信息中,最有价值的信息是上市公司等企业及其所代表的国民经济各部门的经营信息,以及证券市场交易信息。《上市公司信息披露管理办法》规范了上市公司及其他信息披露义务人的信息披露行为,加强了信息披露事实管理,保护了投资者的合法权益,可使人们对上市公司的发展做出较为准确可靠的判断。同时,在证券投资过程中,各种交易信息的发布十分频繁,这些随时传递和变化着的交易信息本身就在一定程度上反映着经济运行情况。诸如股票价格指数的升跌、证券交易数量的增减等,无不反映着经济运行的景气程度,反映着不同行业的发展态势,不同企业、行业的投资价值,体现着人们对未来经济运行前景信心的强弱;而在证券投资过程中人们在追逐投资对象上体现出的差别,作为一个公众选择过程,本身也反映着经济体系中不同局部的发展态势。总之,证券投资过程必然产生其他经济过程难以比拟的、巨大而迅捷的信息流,其存在和发展的价值也是相当突出的。

第三节　投资学的基本原理

投资实际上是在风险、收益、时间三要素均衡下的一种选择,是对同时满足三个要素的证券品种的一种选择,而选择过程就是决策过程,决策需要分析,因此,投资的基础是分析,投资学的核心内容是对投资的分析。

一、投资和融资的关系问题

投资和融资是一个问题的两个方面:从出资者的角度,是投资;从受资者的角度,是融资。

投资和融资还存在诸多的不同:

1. 投资者和融资者的利益关切不同。投资是投资主体为了获得预期的效益而投出资金的行为或过程,他们注重的是投资的安全性、收益性和时间性。而融资是指各类经济部门和单位为了某种经济目的所进行的资金借贷和筹集活动,他们更关心的是筹集资金的成本。因此,投资者和融资者存在利益冲突,如何平衡好这种冲突,是投资市场的主要任务之一。

2. 按照投资者对风险、收益、流动性的认识不同,对投资进行分类研究;按照融资者在不同发展阶段下,能够承受的不同的收益、风险、时间的能力不同,对融资进行分类研究。

3. 投资首要考虑的是风险,而融资首要考虑的是成本。作为投资者,选择证券品种进行投资,需要在风险、收益、流动性三方面进行综合考虑,其中,风险是第一位的,风险与预期的收益一定要匹配。作为融资者,选择不同的融资方式,需要重点考虑的是成本的高低,如果没有达到期望的成本,再小的风险也是没有价值的。

那么,在社会发展过程中,我们应该以融资为核心构架金融市场,还是以投资为核心构架金融市场呢?从经济和金融的发展历程看,金融市场基本经历了由以融资为核心向以投资为核心的转变过程。

在经济金融发展的初期,金融仅仅是作为一种中介出现的。由于银行的出现,将原来随机出现的借贷关系,转变成可以常态进行的融资关系。此时,银行是金融体系的核心,市场、政策和投资品种因为银行存在而存在。但是在竞争的背景下,银行经常会放宽对贷款项目的审查力度,对银行存贷资金的时间进行错配,不关心社会发展的资金流是否合理。由于此时整个金融体系还处于一种以商业银行这种金融机构为核心的金融体系下,因而,金融系统构建的就是一个以融资为核心业务的体系。

随着经济金融的发展,融资这种需求的满足需要借助市场来完成。一个以金融市场为核心的新的金融体系就建立起来了,此时,除了各种金融机构,大量满足不同风险、收益、流动性需求的投资品种出现,整个金融的核心力量在于投资者对投资品种的选择,因而以投资为核心的构架体系逐渐形成。在市场以投资为核心时,资金是否由出资者流动到需要受资的融资者那里,完全取决于投资者所进行的投资评估。这样,理论上就只有有着发展前途的企业和项目才会得到投资者的青睐,合理的资源配置才有可能实现。

二、现代投资的基本特征

在现代经济中,金融之所以成为经济的核心,主要是因为证券市场已成为生产要素市场的龙头,因而作为证券市场的主要活动——投资就成为核心力量。由于投资的存在,才有了因融资而快速成长的企业;因为投资的选择性,才有了社会结构的快速变化;因为投资的活力,才有了社会资源的最佳利用。这些都是基于投资本身所固有的基本特征的。

1. 投资强调价值投资和流动性。

证券投资的目的是为了获得收益，也就是为了资本的保值增值，但无论是保值还是增值，都是在流动性的前提之下实现的，这是现代投资的显著特点之一。与过去的投资和证券投资不同，现在的证券投资不是过去没有市场下的投资，通俗地讲，投资不是投资之后简单等待分红拿利息的过程。市场发达的结果使得资金在整个社会的范围变得更加流动，这才导致资金的高效运动，所以，投资者总是在寻找合适的买卖时机，实现资金的增值，结果也可能因为时机把握不对，出现减值的状况，这就是投资风险。投资者在其投资的保值和增值的过程中，不仅仅要看到资本收益的高低，还需要看到资本变现的难易程度，能够随时处置变现，一方面是要应对资金的不时之需，另一方面也是跨期选择性的要求。不同时间，资本的收益性可能会发生变化，如果没有流动性，随时间推移，在出现有利于自己的变化时就难以获得更高的收益。

2. 投资对象的可分性和标准化处理。

相对其他的投资对象，证券投资是将投资对象进行了分制，比如股份有限公司是将公司的资本进行了等额的分割，这就增加了投资的便利性，使得参与投资的群体大幅度增加了。例如，天津文化艺术品交易所采用这种方式对文化艺术品进行分割份额交易，结果使得不著名的当代画家的画作，其价格还超出了齐白石等名家同尺寸的画作的价格，这就反映出这种分割性带来的巨大投资"价值"空间。在对投资品进行分割处理时，既可以对其份额进行等额的分割，也可以进行不等额的分割，但越是现代的证券交易，其标准化处理的色彩就越浓，这是因为标准化处理之后的投资对象更加便于流通和投资，除了收益性、流动性的增强外，对投资对象进行分割标准化处理的另外一个重要的原因是将风险进行了分割，投资者有可能因为被分割的证券，选择证券投资组合来降低投资的风险。

3. 投资是投资者和筹资者相互选择的结果，但投资者占据主导地位。

证券投资是通过证券市场来完成的。现代证券市场是一种公开的市场，在证券市场上进行的各种投融资活动，都是证券发行的筹资者与证券购买的投资者之间互相选择的结果。但现代投资的特征是投资者在这场投融资的活动中占据主导地位。过去的投资活动，投资者只能被动地进行投资选择，基本只有购买或是不购买，而没有更多投资选择，可以说，当时的投资处于卖方市场，证券发行者处于投融资的主导地位，但在现代证券投资中这种状况已经发生了巨大的变化。从投资者角度来看，他们对证券发行企业进行筛选，有盈利、有发展潜力、市场前景好、风险可控的企业才会被选中。而从融资者角度来看，虽然可以考虑自己需要筹集的资金,选择发行的证券品种,给出愿意付出的筹资成本,但必须根据市场投资者的需求才能做出这些决定,因此投资者行为决定了融资者的行为。

4. 投资对市场信息披露提出了更高的要求。

由于证券交易的标准化处理只是在投资对象的同类品种上进行了信息简化,并不能提高对投资对象整体信息的了解,所以市场需要知道证券发行者自身公开的财务状况、经营记录、经营范围和业务、筹资的用途等信息,还需要知道影响证券市场投资对象价格的其他各种信息,这些信息要求准确、客观、及时,因而证券市场各方的信息披露必须做到"公开、公平、公正"。这样的信息披露和使用要求,使得市场各方发生了不同的变化:市场监管部门的主要职责是保证所有信息披露者披露的信息是真实的、及时的,对违规违法的信息披露和使用进行快速有效的打击;市场投资者的主要任务是读懂信息,依此进行投资决策,这促进了证券投资基金公司这样的专业投资机构的发展;市场服务群体的主要任务是对市场信息进行必要又客观的搜集、整理和分析,为投资者投资提供最佳的服务。

5. 投资可以在更大的程度和范围上分散风险。

投资有风险,没有风险的就不能称为投资,这种风险可以区别为两种风险:系统风险和非系统风险。现代投资的首要任务是要分散风险,否则任何收益都可能化为乌有。在现代投资背景下,非系统风险是可以通过分散风险的方法进行降低的,而现在无论是在程度上,还是在范围上,这种降低非系统风险的能力都有所增强。证券投资主要是通过对投资对象进行投资组合,实现投资多样化来降低投资的非系统风险。由于不同投资品种的风险大小不同,风险爆发的时间不同,所以通过投资组合可以实现投资整体的风险降低,这使得投资者可以在多种不同收益、风险、流动性的品种上进行选择。现代投资由于强化了信息的分析,对于系统风险也能够在一定程度上加以回避。

6. 投资的理论、方法和工具多元化。

随着经济发展进入金融核心的时代,越来越多的人关注投资分析的理论和方法,分析和投资的手段都有了质的飞跃,运用 AI 技术,结合量化投资的实践、制定策略,对市场的历史数据进行回测,把成功的策略运用到未来的投资实践中。投资的分析内容可以从宏观基本层面、行业层面、公司层面、技术层面、风险层面等多方位展开,各种投资分析方法和工具层出不穷,使得投资分析在专业发展的道路上越走越宽。随着投资进入大数据时代,针对投资者不同类型的私人定制投资分析和量化投资手段也成为投资的重要组成部分。投资理论、方法和手段的多元化,促进了投资成为专业化的领域。

7. 现代投资要求市场的多层次、多元化、多样性。

所谓"多层次"是指为不同风险类别的公司证券设立的多个层次市场,如沪深(沪市和深市,即上海证券交易所和深圳证券交易所)主板市场、深市创业板市场、北京证券交易所(简称北交所)市场、全国中小企业股份转让系统(新三板市场)等;所谓"多元化"是指由不同类别投资品种组成的市场,譬如股票市场、债券市场、证券投资基金市场、衍生品市场等;所谓"多样性"是指市场为投资者提供了不同时期的投资产品和不同的交易手段,譬如现货投资市场、期货投资市场、做空交易市场手段、做多交易市场手段等。

现代证券投资面对的是多种不同需求的筹资者和投资者。一方面,证券作为企业直接融资的工具,在企业快速成长的过程中,对各类资金的需求不断提高,那些在较短时间内需要筹集较大规模资金的筹资方案都能够在证券资本市场得以实现,而不同风险的筹资方案也能够得到市场的支持,这都基于现代投资所拥有的多层次、多元化、多样性的市场。另一方面,证券作为现代投资的主要形式,投资者在对待风险、收益和流动性上的不同需求,也进一步要求市场的多层次、多元化和多样性。

8. 投资的易变性和结果的不可预测性。

现代投资具有极强的流动性,这个流动性一方面是交易成本不断降低的结果,另一方面也是融资融券和保证金交易的结果。为了提高证券交易的流动性,现代投资市场在不断降低交易成本的同时,也采取了诸如T+0交易、融资融券交易、比例保证金交易等多种手段,这使得交易量增大了很多。据统计,在国外,融资融券的交易量占到全市场交易量的20%左右。我国股指期货市场采用T+0和比例保证金的交易制度,就明显比采用T+1和全额保证金交易制度的现货市场的成交量增大很多。证券价格有很强的易变性,投资必须对这种易变性结果做出决策,因而投资的难度更大了。

第四节 证券市场的产生与发展

一、证券市场的起源

证券市场是社会化大生产的产物,也是商品经济发展到一定阶段的必然结果。因为当人类进入商品经济的更高阶段——市场经济之后,单纯依靠自我积累和借贷资本已无法满足社会化大生产所需的巨额资金,于是一种新的企业融资制度就应运而生,这就是股份公司制度。

近代的股份公司出现于16世纪中期到17世纪初,当时在英国和荷兰首先出现了一批具有较为明显的现代股份公司特征的海外贸易公司,他们以股份为依据进行分红、投票管理,允许转让股份。到了19世纪中期,美国也开始出现类似形式的筑路公司、运输公司、采矿公司和银行。到19世纪后半叶时,以钢铁、煤炭、机器制造业为中心的重工业部门普遍采用这种先进的制度。大约也就在这一时期,股份公司制度传入了中国,1873年成立的轮船招商局成为中国最早发行股票的企业。这种全新的企业融资方式奠定了全球证券市场发展的基础,但在早期的证券市场中,政府债券扮演着比股票和企业债券更为重要的角色,如最先发行公债的荷兰和英国,独立战争后发行8 000万美元巨额联邦债券的美国,以及当时的清政府等。

在一系列证券发行的推动下,证券交易市场开始逐步形成。在资本主义发展最早的英国,16世纪中期就有了股票发行,17世纪又开始发行政府公债。17世纪初,荷兰的阿姆斯特丹出现了世界上第一家正式的证券交易所,成为证券市场产生的标志。1698年,伦敦出现了挂牌证券交易所和经纪人,最初的交易是在咖啡馆和街头分散进行的。18世纪60年代末,由150名证券经纪人发起的英国第一家证券交易营业大厅在乔纳森咖啡馆正式开办,1773年,该交易厅更名为证券交易所。自此,英国的证券交易就从分散的咖啡馆和街头交易转变为相对固定于某一地点的集中交易。

美国的证券市场最早形成于18世纪末期,当时美国国会授权纽约商会发行股票,其买卖是在咖啡馆和拍卖行进行的。1792年,24名经济人约定每日在华尔街梧桐树下进行交易,这就是著名的"梧桐树协议",从而诞生了美国最早的股票市场。1863年,纽约证券交易所正式成立。到20世纪,由于美国经济实力的增强,纽约证券交易所取代伦敦证券交易所成为世界证券市场的龙头。

德国、日本等其他资本主义国家的证券市场的产生也比较早,法兰克福证券交易所和东京证券交易所都是当今规模和影响都很大的国际性证券市场。而发展中国家的证券市场大多出现于第二次世界大战之后,但它们发展迅速,目前在世界证券市场上也占有一席之地。

二、证券市场发展的三个阶段

(一) 自由放任阶段(17世纪初到20世纪20年代末)

股份制带动了证券市场的产生,也推动了证券市场的不断发展。1891年至1900年,世界有价证券的发行金额为1 004亿法郎。20世纪的前三个十年,世界有价证券的发行量分别达到1 978亿法郎、3 000亿法郎和6 000亿法郎。而且证券结构也发生了变化,公司股票和债券取代公债和国库券占据了主要地位。1900年至1913年,股票和公司债券占证券发行总金额的60%。

早期的证券发行和交易管理制度不健全,证券市场发展实际上处于自由放任的状态。证券发行和交易遍地开花,地方性证券交易所林立,甚至出现一个城市有多个交易所的现象。在这些地方性市场上,证券欺诈和市场操纵时有发生,发行公司的业绩随着行业兴衰起伏很大。自由放任使证券市场的投机现象盛行,在1929年大危机到来以前,主要资本主义国家的股票市场价格都虚高十足。1929年,资本主义世界发生了严重的金融危机,其直接表现是各国股票市场的全面暴跌。

(二) 法治建设阶段(20世纪30年代初到20世纪60年代末)

证券市场的全面危机促使各国政府开始制定法律,对证券发行和交易活动进行规定和限制,各国证券市场的发展也从此进入了法治建设的阶段。以美国为例,从20世纪30年代开始,美国完成了对证券市场的统一立法工作,颁布了《证券法》(1933年)、《格拉斯-斯蒂格尔法案》(1933年)、《证券交易法》(1934年)、《公共事业控股公司法》(1935年)、《信托契约法》(1939年)、《投资公司法》(1940年)、《投资顾问法》(1940年)等一系列严密的证券法律。各国证券市场的法治建设的增强,为证券市场以后的迅猛发展奠定了坚实的基础,证券市场逐步走上了规范发展的道路。

(三) 迅速发展阶段(20世纪70年代至今)

20世纪70年代以来,随着资本主义国家经济规模化和集约化程度的提高,东亚和拉美发展中国家的经济蓬勃兴起,以及现代计算机、通信和网络技术的进步,证券市场进入了迅速发展的阶段,证券市场成为了资本市场的核心。股票市场是证券市场的缩影,自20世纪70年代以来,全球股票市场规模迅速扩大,股票在各国国民经济中的地位不断上升。

1986年全球股票市场的市值总额为6.51万亿美元,截至2023年底,全球股票市场市价值总额达到109万亿美元,全球上市公司总数达到12 176家。占据世界股票市场主导地位的是发达国家成熟的证券市场,美国市场的市值达46.2万亿美元,占全球市值的42.5%,欧盟市值达12.1万亿美元,占全球市值的11.1%。

债券市场是证券市场的另一个重要组成部分。论规模,债券市场与股票市场持平。截至2023年末,全球主权债务和公司债券总额达到约100万亿美元,与全球GDP的规模大致相当。欧盟成员国政府债券债务总额已达到54万亿美元,自

2008年以来增长了30万亿美元;其中,美国的债务约占一半,是其2008年债务的两倍;同时中国在新兴市场和发展中经济体中的债务份额接近总额的30%。

三、中国证券市场概况

我国证券市场的发展可追溯到19世纪末。1873年,清政府督办了轮船招商局,发行了中国最早的股票。1894年,清政府发行了我国首例国内债券——"息借商款"。1918年,我国第一家证券交易所在北京成立。1920年,经孙中山先生倡议,我国成立了上海证券物品交易所,该交易所除从事证券交易外,还从事金银、皮毛、粮油等物品的交易。到了20世纪30年代,我国的证券市场曾一度繁荣。

中华人民共和国成立后,关闭了旧的证券交易市场,成立了新的证券交易市场,在引导社会游资、稳定市场和恢复国民经济方面发挥了重要作用。但由于当时我国实行了苏联式的集中计划体制,否定了一切信用形式和市场的作用,证券市场失去了存在的基础。1952年,北京和天津证券交易所相继关闭,中国证券市场在长达二十多年的时间里基本消失了。

我国的现代债券市场从1981年7月国家恢复发行国债算起,而股票市场则是以1983年7月深圳宝安县联合投资公司发行股票为起点,但当时没有集中的交易场所,市场规模小,发展不规范。1990年12月和1991年7月,上海证券交易所、深圳证券交易所相继成立。中国证券市场从无到有、从小到大,发展速度很快,用三十多年的时间走过了发达国家证券市场上百年才走完的路程,以它独特的方式和特有的活力推动着我国经济的发展。

(一) 中国股票市场概况

中国股票市场的发展可以以1992年召开的中国共产党第十四次全国代表大会(简称党的十四大)为界划分为两个阶段。

1. 股市的初步形成和成长阶段(1983年至1992年)

在这一阶段,中国的股份制企业和企业集团开始出现,股票开始发行。1983年7月,深圳宝安县联合投资公司在深圳首次发行了股份证,承销期间以向《深圳特区报》刊登招股公告的方式公开发行,向全国募集资金。该公司成立之后也仿照西方股份公司的运作模式,如召开股东大会、董事会以及根据公司经营绩效发放股利等。1984年,北京天桥百货股份有限公司发行第一张股票,这是中华人民共和国成立以来,中国企业首次向社会发行股票,但该股票并非真正意义上的股票,因为该股票三年还本,每年付息,公司盈利后还可以参与分红,所以其实际上是一种股票和债券的混合物。同年11月,上海飞乐音响股份有限公司公开向社会发行股票,这可以说是新中国第一张和国际接轨的真正的股票。1986年以后,一些进行股份制改革试点的国有大中型企业开始向社会公开发行股票,从而促进了股票市场的发展,也使股票市场逐渐走向规范化,如确定同股同利原则,采用国际上通用的溢价发行方式发行股票,股票承销采用包销、代销方式并且颁布了一些股票市场管理的暂行规定。1990年3月,国务院确定上海、深圳为股份制改革和股票发行的试点城市,两个区域性股票市场逐步形成。随后,股票在全国范围开始发行,B股(人民币特种股)市场也于1991年形成,中国股票市场开始走向国际化。

中国的股票交易市场形成于1986年,以中国工商银行上海市信托投资公司静安证券营业部开办股票买卖业务为标志。1990年12月上海证券交易所和1991年7月深圳证券交易所的成立标志着我国股票交易方式开始由场外分散交易进入场内集中交易阶段。随后,交易所相继开通了计算机同步交易网络,全国的投资者都可以通过网络参与深沪两地交易所的交易。

2. 股市的迅速发展和规范阶段(1993年至今)

党的十四大明确指出,中国要建立社会主义的市场经济体制,企业将在平等的基础上参与市场竞争,这为股份制企业和股票市场的发展提供了政策支持和必要的基础。中国股票市场以此为契机,进入了高速发展的阶段。

一级市场发行规模逐渐增加,发行方式不断改进,发行品种日趋丰富,发行市场走向国际化。截至2023年底,中国境内股票市场共有上市公司5 346家,其中,沪、深、北证券交易所分别有2 263家、2 844家和239家。2023年,沪、深两市全年成交额212.2万亿元。股市行情基本可以反映国民经济发展状况,这表明股票市场日趋成熟。

(二) 中国债券市场概况

从1981年我国首次发行国库券以来,我国的债券市场作为金融市场的重要组成部分,已经逐步形成和发展起来,发行债券日益成为筹集资金的一条重要渠道。

2023年,债券市场共发行各类债券71.0万亿元,同比增长14.8%。其中,银行间债券市场发行债券61.4万亿元,交易所市场发行债券9.6万亿元。2023年,国债发行11.0万亿元,地方政府债券发行9.3万亿元,金融债券发行10.2万亿元,公司信用类债券发行14.0万亿元,信贷资产支持证券发行3 485.2亿元,同业存单发行25.8万亿元。截至2023年末,债券市场托管余额157.9万亿元,同比增长9.1%,其中银行间债券市场托管余额137.0万亿元,交易所市场托管余额20.9万亿元。商业银行柜台债券托管余额577.5亿元。

(三) 中国基金市场概况

中国最早的投资基金是1987年由中国新技术创业投资公司与汇丰集团和渣打集团在香港联合发起成立的中国置业基金。1992年,山东"淄博乡镇企业投资基金"首次面向社会公开发行。此后,各种投资基金形式纷纷出现,如宝鼎、建业、金龙三家教育基金,还有一些试点的国债基金等。国务院于1997年颁布了《证券投资基金管理暂行办法》,这也成为中国基金业发展的分水岭,从此中国的投资基金开始了向国际化、规范化发展的步伐,2000年,中国证监会发布了《开放式证券投资基金试点办法》。到2001年底,我国已经拥有51家证券投资基金(包括3家开放式基金)并相继在沪深交易所发行上市。截至2023年底,全市场各类型基金产品总数达到1.15万只,基金份额总计26.5万亿份,资产净值总计27.3万亿元。

四、推动证券市场发展的因素

(一) 股份制的发展

股份制的发展是推动证券市场发展的根本动力。社会化大生产越向前发展,规模经济越显著,股份公司集中资本的优越性就越受到重视,而每一次股份公司的大发展都会带来上市公司数量的迅速增加和证券市场的飞跃。20世纪前三十年中,主要资本主义国家形成了众多的股份公司,英国在这三个十年中,建立的股份公司分别达到5万家、6.4万家和8.6万家,到1930年,英国90%的资本均处在股份公司控制之下。1909年,美国股份公司总数已达到26.2万家。股份公司的迅速增加使这一时期的资本主义证券市场进入了发展的快车道,证券市场规模和筹资能力迅速扩大。20世纪80年代末以来的新兴证券市场,特别是东南亚和东亚发展中国家的证券市场,也出现过这一景象。印度尼西亚的雅加达证券交易所1988年仅有24家上市公司,1995年增加到239家,同期的股本从0.7亿股增加到457.9亿股,市值从0.5万亿盾增加到152.2万亿盾。

(二) 投资者数量的增加

股份制和股票市场为投资者开辟了投资渠道,体现在投资者数量的增多和参与程度的提高,反过来又为证券市场提供了充裕的资金,直接支持着市场规模的扩大。1953年,美国持有股票的人数为650万人,占美国总人口的4.2%;到1985年,美国持股人数增加到4 704万人,占美国总人口的20.1%;到了20世纪90年代,美国直接或间接持有股票的人数增加到1.33亿人,占美国总人口的60%。在这一过程中,投资基金起了重要的作用,一方面基金的发行汇聚众多中小投资者的资金,以机构投资者的身份出现在证券市场;另一方面,基金的买卖也增加了证券品种,从而稳定和繁荣了证券市场。随着通信技术的快速发展,世界证券市场逐渐融为一体,国际投资者日趋活跃,跨国证券投资金额迅速扩大。

(三)证券法律法规体系的完善

证券市场的发展除了依靠市场自律以外,还需要建立证券法律和法规体系来保障市场的健康发展。完善的法律体系和监管体系对于保护广大投资者利益,防范过度投机风险以及制止非法行为具有重要意义。西方国家证券市场之所以比较成熟,是因为它们建立了一套比较完善的法律和监管体系。新兴证券市场要获得成功,必须向成熟的证券市场学习,必须建立和完善相应的法律和监管体系。

(四)证券中介机构的成熟

在早期证券市场的形成和发展中,证券经纪人功不可没。随着证券市场的发展,投资银行、证券公司、会计师事务所、律师事务所、资产评估机构和证券评级机构等中介机构相继出现。中介机构和从业人员数量的增多、体系的完善、质量的提高,促进了证券市场规范、高效、有序的发展。

(五)现代信息技术的进步

计算机、通信和网络等现代信息技术的发展提高了证券市场的运作效率。在成熟证券市场中,计算机在20世纪50年代开始获得应用。1968年初,美国全国证券交易商协会就通过电子计算机网络建立了纳斯达克(NASDAQ)系统。此后,发达国家的证券交易所逐步实现了电子化交易与结算。新兴证券市场的起步比成熟证券市场晚得多,但它们一起步就实现了电子化,建立在高科技基础之上的硬件设施使新兴市场一开始就具备了良好的运作环境。

思考题

1. 投资的定义和投资的要素是什么?
2. 证券的概念和证券投资的概念是什么?
3. 请谈谈证券投资与实物投资的关系。
4. 投资的作用有哪些?
5. 证券投资有哪些功能?
6. 请阐述证券投资的过程。
7. 请谈谈投资和融资的关系。
8. 现代投资有哪些特征?

第二章

证券发行市场

第一节 证券发行市场概述

一、证券发行市场的定义和特征

证券发行市场是指新证券从发行者手中出售到投资者手中的市场,它包括政府、企业和金融机构发行证券时,规划、推销和承购等阶段的全部活动过程,是新证券首次问世的场所。

证券发行市场有下列主要特征:

1. 它是一个无形的、抽象的市场。主要表现在:①无固定场所,新发行证券的认购和销售一般不在有组织的证券交易所内进行,有的由发行者自行向投资者销售,有的由证券承销商承购后再向投资者分销,也有一部分由承销商通过证券交易所的网络进行推销发售;②无统一时间,证券发行者根据自己的需要和市场行情走势来自行决定何时发行,没有例行的发行时间,但每次具体的发行都有发行期限的限制,时间较集中,最长期限不得超过 90 日,且交易量较大。

2. 开放的市场。除定向发行及私募发行以外,发行市场一般没有准入制度和条件,投资者可自由出入。

3. 证券发行价格与证券票面价格较为接近。尤其是债券,常以票面价格发行。但我国目前股票的发行价格与票面价格相差较大。

二、证券发行市场的作用

证券发行市场是向投资者出售证券的市场。它通常无固定场所,是一个无形的市场。其作用主要表现在以下三个方面:

1. 为资金需求者提供筹措资金的渠道。证券发行市场拥有众多的证券商品供发行人参考借鉴,发行人可以根据各类证券的收益水平、参与权、期限、流通性、风险度、成本等不同特点,根据自己的需要和可能来选择、确定发行何种证券，并依据当时市场上的价格行情和供求关系来确定证券发行数量和价格。发行市场上还有众多的中介机构，可以接受发行者的委托，利用自己的信誉、资金、人力、技术和网点等向公众推销证券，有助于发行人及时筹集到所需的资金。优秀的发行市场还可以冲破地区限制，为发行人扩大筹资范围和对象，在更广的区域向各类投资者筹措资金，并通过市场竞争逐步使筹资成本合理化。

2. 为资金供应者提供投资和获利的机会，实现储蓄向投资转化。政府、企业和个人在经济活动中可能出现暂时闲置的货币资金，证券发行市场为其提供了多种多样的投资机会，储蓄转化为投资是社会再生产顺利进行的必要条件。

3. 形成资金流动的收益导向机制，促进资源配置的不断优化。在现代经济生活中，生产要素随着资金流动，只有实现了货币资金的优化配置，才有可能实现社会资源的优化配置。证券发行市场通过市场机制选择优秀的企业，那些具有良好产业前景、经营业绩优良、具有一定的核心竞争优势和具有高增长潜力的企业就会更容易、成本更低地从证券市场上筹资到所需的资金，从而使资金流入最能产生效益的行业和企业，达到促进资源优化的目的。

三、证券发行市场的结构

证券发行市场无固定的场所，是一种抽象的非组织化的市场，一切出于证券发行而产生的关系的总和即构成证券发行市场。其中起主要作用的是有价证券的供求关系，以及在此基础上运行的价格机制。证券发行市场由三部分组成：作为有价证券供给者和资金需求者的证券发行人，作为有价证券需求者和资金供给者的证券投资人和在二者中起桥梁沟通作用的证券中介机构。其中，证券发行人的股票发行规模和证券投资人的实际投资能力决定着发行市场的容量和发达程度；证券承销商代发行人发行证券，并向其收取手续费用，可以确保发行事务的顺利进行，使发行人和投资人都能实现自己的目的。这样证券发行市场就形成了以证券承销商这种中介机构为中心，一边联系发行人，另一边联系投资人的基本结构。

1. 证券发行人包括政府、企业、金融机构。企业通过发行股票补充资本金，改善资本结构。与申请短期银行贷款相比，发行股票所募集的资金成为企业的资产，可以用来支持固定资产投资等规模较大的长期投资。政府部门为弥补财政赤字、投资大型工程项目或实施宏观调控而在证券市场上发行政府债券。金融机构通过发行金融债券等证券筹集资金，然后通过贷款、投资等形式，把这部分资金运用出去，获取收益。所以，金融机构主要是证券市场上资金的中间需求者，而不是资金的最终需求者，其筹资以向其他资金需求者提供资金为目的。

2. 证券投资人包括个人投资者和机构投资者。个人投资者即从事证券买卖的居民。居民个人买卖证券是对其剩余、闲置的货币资金加以运用的一种方式。个人投资者根据自己的兴趣和风险偏好,实现不同的投资需求。机构投资者是指从事证券买卖的法人单位,主要是证券公司、信托投资公司、共同基金、人寿保险公司等金融机构和企业、事业单位、社会团体等。与个人投资者相比,机构投资者的资金实力更雄厚,搜集和分析信息的能力更强,能够分散投资于多种证券来建立投资组合以降低风险,对市场影响力更大。

3. 证券中介机构中最为重要的是投资银行、证券公司或全能银行的证券部,因各国业务范围不同而在称谓上有所差异。美国把经营证券业务的非银行金融机构,特别是从事发行承销业务和兼并收购业务的金融机构统称为投资银行,以区别于经营存贷业务的商业银行,而经营经纪业务的证券经营机构则被称为证券公司。日本实行银行业务和证券业务分离的制度,把从事证券业务的金融机构统称为证券公司。在英国,证券经营机构更多的被称为"商人银行"。在德国等欧洲大陆国家,商业银行可以同时经营银行业务和证券业务,被称为全能银行。其他证券中介机构有:①证券交易所以及证券交易中心;②具有证券律师资格的律师事务所;③会计师事务所或审计事务所;④资产评估机构;⑤证券评级机构;⑥证券投资的咨询与服务机构。

四、证券发行的主要方式

证券发行方式的选择对于能否顺利地发售证券、筹足资金是非常关键的。依照不同的分类标准,可以划分出以下几类主要的证券发行方式。

(一) 公募发行和私募发行

按证券发行对象的不同,可以将证券发行方式划分为公募发行和私募发行。

1. 公募发行,又称公开发行,是指以不特定的广大投资者为证券发行的对象、按统一的条件公开发行证券的方式。公募发行一般数额较大,发行人通常委托证券承销商代理发行,因而发行成本较高;公募发行须经过严格的审查,发行过程比较复杂,但信用度较高且流通性较好。如果公募发行的证券是债券,其发行利率一般低于私募发行的利率。

2. 私募发行,又称不公开发行,是指以特定的投资者为对象发行证券的发行方式。私募发行的数额一般较小,发行程序也比较简单,可以省去中介环节,能够节省手续费开支,降低成本。但由于私募发行不经过严格的审查和批准,所以一般不能公开上市,流动性较差。

(二) 直接发行和间接发行

按照有无发行中介的参与,可以将证券发行方式划分为直接发行和间接发行。

1. 直接发行,又称自营发行,是指发行人不委托其他机构,而是自己直接面向投资人发售证券的方式。这种发行方式的特点是:发行量小,社会影响面不大;内部发行不需要向社会公众提供发行人的有关资料;发行成本较低;投资人大多是与发行人有业务往来的机构。直接发行方式由于没有证券承销商的参与,一旦发行失败,则风险全部由发行人承担。

2. 间接发行,又称委托代理发行,是指发行人委托证券承销商代其向投资人发售证券的方式。发行人为此需支付代理费用给承销商,而承销商则需承担相应的发行责任和风险。间接发行根据受托券商对证券发行责任的不同,又可以分为以下几种具体方式:

①包销。包销是指证券承销商将发行人的证券按照协议全部购入,或者在承销期结束时将售后剩余证券全部自行购入的承销方式。包销一般可分为全额包销和余额包销两种。全额包销发行方式,是由证券承销商将所发行的证券全部买下,然后再转售给社会公众投资者的证券发行方式。余额包销发行方式,又称为助销,是指证券承销商按规定的发行额和发行条件,在约定的期限内向投资者发售证券,到销售截止日,如投资者实际认购总额低于预定发行总额,未售出的证券由承销商负责认购,并按约定时间向发行人支付全部证券款项。

②代销。代销是指证券承销商代理发行人发售证券,发行期结束时将收入的资金连同未售出的证券全部退回给发行人的证券发行方式。使用这种发行方式,证券发行中的全部风险由发行人承担、代销者对证券能否售出不承担任何责任,因而代理费用在这三种方式中是最低的,通常与实际发售数额挂钩。《中华人民共和国证券法》规定证券的代销、包销期最长不得超过90日。

③联合发行。联合发行又称承销团发行,是指由证券主承销商牵头联合其他承销商组成承销团,共同承担责任,采用全额或余额包销代理发行证券的方式。参与联合发行的承销商必须在两个以上,由主承销商与发行人签订协议,再由主承销商与其他副主承销商、分销商签订分销协议。证券发行的风险由所有参加的承销商共同分担,有等额分担和按比例分担两种不同形式,一般情况下主承销商分担的风险和责任最大,相应获得的手续费收入也最多。

(三) 担保发行和无担保发行

按照是否有担保,可以将证券发行方式分为担保发行和无担保发行。

1. 担保发行。担保发行是指发行人为了提高证券信誉和吸引力,增加投资者的安全感,采用某种方式承诺,保证到期支付证券收益(股票是股息和红利,债券是利息和本金)的一种证券发行方式。在证券担保发行中,主要是债券发行采用此方式。具体的担保形式又可分为两种:

①信用担保发行,是指证券发行人凭借担保人的信用来保证发行人履行责

任的发行方式。担保人必须是除发行人以外的、具备担保资格、信誉良好的第三人,担保人同意担保必须出具正式的书面担保文件,一旦出现被担保的证券发行人无法履行责任,担保人必须及时提供全部资金予以代偿。担保人代偿后对被担保的证券发行人具有追索权。

②实物担保发行,是指证券发行人以符合担保条件的实物为抵押品来保证发行人履行发行责任的发行方式。担保物的价值要经中介机构评估。发行人一旦到期无法履约,则应用担保物进行清偿。担保物变价金额不足偿付的按比例偿付,原债权人保留差额追索权。

2. 无担保发行。无担保发行是不提供担保条件的发行,国家债券和部分金融债券因信誉良好一般为无担保发行。

(四) 定价发行和竞价发行

1. 定价发行,是指由发行人事先确定一个发行价格来发售证券的方式。根据发行价格同证券面值之间关系的不同,可以分为平价发行、溢价发行和折价发行,我国法律规定股票不得折价发行,债券则可根据发行时票面利率与市场利率之间的关系选择平价发行、溢价发行和折价发行,一般多为平价发行。

2. 竞价发行,又称招标发行,是由发行人通过公开招标的方式,经过投标人的竞争,选择对发行人最有利的价格作为中标价格(即发行价格)的发行方式。一般政府债券的发行多选择此种发行方式。

第二节　股票的发行

一、股票的发行条件

首次发行是指以募集方式设立股份有限公司时公开募集股份或已设立公司首次发行股票。《中华人民共和国证券法》第十二条规定:公司首次公开发行新股,应当符合下列条件:

1. 具备健全且运行良好的组织机构。
2. 具有持续经营能力。
3. 最近三年财务会计报告被出具无保留意见审计报告。
4. 发行人及其控股股东、实际控制人最近三年不存在贪污、贿赂、侵占财产、挪用财产或者破坏社会主义市场经济秩序的刑事犯罪。
5. 经国务院批准的国务院证券监督管理机构规定的其他条件。

上市公司发行新股，应当符合经国务院批准的国务院证券监督重要机构规定的条件，具体管理办法由国务院证券监督管理机构规定。

公开发行存托凭证的，应当符合首次公开发行新股的条件以及国务院证券监督管理机构规定的其他条件。

二、股票的发行价格与发行费用

（一）股票发行价格的种类

股票的价值表现形式有很多种，最常见的是股票面额和发行价格。股票面额是印在股票票面上的金额，表示每股所代表的资本额；股票的发行价格是新股票有偿发售时投资者实际支付的价格。按照股票面额和发行价格的关系，股票的发行价格一般有以下几种：

1. 平价发行

又称面额发行，即以股票面额为发行价格。由于股票上市后的交易价格通常要高于面额，平价发行能够使大多数投资者都乐于接受。平价发行的优点在于较为简单易行，费用较低，且发行价格不易受到市场行情波动的影响。但平价发行的缺点也是很明显的，发行人筹集资金量较少，不能反映股票的市场情况。平价发行在证券市场不发达的国家和地区较为普遍。

2. 溢价发行

指发行人按高于面额的价格发行股票，可以使公司用较少的股份筹集到较多的资金，降低筹资成本。溢价发行又可分为时价发行和中间价发行。

①时价发行也称为市价发行，是指以同种或同类股票在流通市场上的价格（即时价）为基础来确定股票的发行价格。如果公司为首次公开发行股票，通常会以同类公司股票在流通市场上的价格作为参照来确定自己的发行价格；而当公司在增发新股时，会按本公司已发行股票在流通市场上的价格水平来确定增发新股的发行价格。

②中间价发行是指以市价和面值之间的某个值作为发行价格。这个值既可以更接近面值，也可以更接近市价。通常在以股东配股形式发行股票时采用，这样不会改变原有股份构成，可以把差价收益的一部分归原股东所有，一部分归公司所有。通常实行中间价格发行股票时必须经股东大会的特别决议通过。

3. 折价发行

即按照股票面额打一定的折扣作为发行价格。其折扣的大小由发行公司和证券承销商双方决定，主要取决于发行公司的业绩。采用折价发行的国家不多，我国《中华人民共和国公司法》也规定股票发行价格不得低于票面金额。

（二）股票发行价格的确定方法

股票发行价格的确定关系到发行人与投资者的切身利益，同时也会影响到股票上市后的表现，所以是股票发行计划中最重要的内容。如果发行价过低，将难以满足发行人的筹资需求；如果发行价过高，又增大了投资者的风险。所以发行公司及承销商必须对公司的资产和盈利状况、一级市场的供求关系、二级市场的股价水平、宏观经济因素等进行综合考虑，然后确定合理的发行价格。股票发行定价常用的方法主要有以下几种：

1. 议价法

指股票发行公司直接与股票承销商议定承销价格和公开发行价格。承销价格与公开发行价格的差额即为承销商的报酬。大多数股份公司发行新股时都采用这一方法来确定发行价格。

议价法在不同的国家（或地区）有不同的做法，最为典型的是累积订单方式和固定价格方式。累积订单方式又称市场询价方式、公开定价方式，一般分为两个阶段：第一阶段，根据新股的投资价值、股票发行时的大盘走势、流通盘大小、公司所处行业股票的市场表现等因素确定一个价格区间；第二阶段，主承销商协同上市公司管理层进行路演（Road Show），向投资者介绍和报荐该股票，并向投资者征集在各个价位上的需求量，通过统计，承销商和发行人对最初的发行价格进行修正，最后确定新股的发行价格。若市场反应热烈，则最后定价在靠近价格区间的上限，反之则靠近价格区间的下限。这种方式在美国较为普遍。

固定价格方式是承销商与发行人在发行前商定一个价格，然后根据此价格进行公开发售。采用这种方式的国家和地区有英国、日本、中国香港等。由于发行公司和承销商都难以判断在特定价位上投资者对该股票的需求量究竟有多少，为保证发行成功，承销商通常倾向于将发行价格定得比较低。相比较而言，累积订单方式更好地反映了市场供求状况，较有弹性，有利于发行人以较高的发行价格筹集更多资资金，因此被越来越多的国家和地区所采用。

2. 竞价法

指投资者或股票承销商以投标方式相互竞争股票并确定股票发行价格的方法。参与竞价招标的可以是公众投资者，也可以是股票承销商，在后一种情况下，中标的股票承销商将股票发售给公众投资者。具体做法是，股票发行公司将其股票发行计划和招标文件向社会公众或股票承销商公告，所有投资者或股票承销商在规定时间内根据自己的判断申购价格和数量，申购结束后，发行公司对所有有效申购价格从高到低进行累计，累计申购到新股发行的价位即中标价格，在此价格上的所有申报都中标。按中标价格成交的为"单一价格拍卖方法",所有中标者按同一价格购买股票。按申报价格成交的为"差别价格拍卖法",不同的中标者最终按多种不同价格(各自申报价格)购买股票。

3. 定价法

指按照某一客观或固定的依据来确定股票发行价格的方法。定价法与议价法的区别在于,议价法中最终发行价格的确定受到发行公司和证券承销商双方谈判能力等主观因素的影响。而定价法则仅取决于某些客观或确定的标准。①市盈率法是通过市盈率确定股票发行价格的方法。市盈率又称本益比(Price Earnings Ratio, P/E),是指股票市场价格与每股收益的比率。依据发行市盈率与每股赢利之乘积决定发行价。②净资产倍率法,又称资产现值法,指通过资产评估(物业评估)和相关会计手段确定发行人拟募集资产的净现值和每股净资产,然后根据证券市场的状况将每股净资产值乘以一定倍率或折扣,以此确定股票发行价格的方法。

(三) 股票发行的费用

发行费用指发行公司在筹备和发行股票过程中发生的费用,该费用可在股票发行溢价收入中扣除,主要包括以下内容:

1. 中介机构费。支付给中介机构的费用包括承销费用、注册会计师费用(审计、验资、盈利预测审核等费用)、资产评估费用、律师费用等。

2025年2月15日《国务院关于规范中介机构为公司公开发行股票提供服务的规定》正式施行。其中规范了证券公司、会计师事务所、律师事务所等机构,应当遵循市场化原则,根据工作量、所需资源投入等因素合理确定收费标准,并与发行人在合同中约定收费安排。

2. 网上发行手续费。采用网上发行方式发行股票时,由于使用了证券交易所的交易系统,发行人须向证券交易所缴纳上网发行手续费。

3. 其他费用。

三、股票发行的程序

各国对股票发行都有严格的法律程序。由股票发行目的、发行方式的不同,其发行程序也有所差异,一般可以概括为以下两类。

(一) 股份公司在成立时发行股票的程序

1. 发行前的咨询。发行公司就发行股票的种类、条件、价格、时间、市场状况等向被委托发行的中介机构进行咨询,以便对股票发行方案有一个初步了解。

2. 申请股票发行。申请股票发行是发行工作的关键环节,一般包括:第一,确认股份公司发行股票资格;第二,向证券管理部门提交有关的申请文件和资料;第三,填写股票发行说明书;第四,股票发行的审查。

3. 委托中介机构进行股票发行。发行公司在得到发行股票的标准后,与中介机构签订委托发行协议书。

4. 公告招股说明书。发行者在发行股票之前必须在证券发行主管机关指定的公开刊物上公告其招股说明书,介绍发行情况及发行主体、中介机构等有关情况。

5. 投资者认购。公司或发行中介机构用广告或书面通知等方法招股,投资者可根据发行方式的不同,在不同地点采取不同方式认购。

6. 股票交割。投资者认购后,须在规定的日期缴纳股金,方可领取股票;同样,发行者须在认购后的规定日期交付所卖的股票,方可收取股金,这种一手缴纳股金一手交付股票的行为称为交割。

7. 登记。股票交割后一定时期(如一个月)内,公司董事会须向证券管理部门登记,为日后增发新股和上市审查做好准备。

(二)增发股票的程序,即现有股份公司增加股票发行的程序

1. 制定新股发行计划,说明发行新股的目的、拟订发行股票的种类、发行方式和价格。

2. 形成董事会决议。

3. 向主管部门提交发行申请书,为认购者编制增股说明书。

4. 冻结股东名册,停办股票转让的过户手续,在现有股东之间进行分摊。

5. 签订委托推销合同。

6. 向现有股东发出通知或公告。

7. 股东认购或公开发行。

8. 股票交割。

9. 处理零股或失权股。零股是指按股东持股比例分摊不足一股的份额,发行者可将所有零股集中起来出售,将所得款项按股东拥有的份额再加以分配。失权股是指股东自动放弃其拥有认购权的那部分股票。对失权股,发行者多采用公开发行的方式处理。

10. 向证券管理机构登记发行情况和结果。

第三节 债券的发行

一、债券发行条件

债券发行条件是指债券发行人在以债券形式筹集资金时所必须考虑的有关因素,除了债券的发行价格这一主要条件外,还包括以下主要内容:

1. 发行金额。它是根据发行人所需的资金数量、资金市场的供给情况、发行人的偿债能力和信誉、债券的种类以及该种债券对市场的吸引力来决定的。若发行金额过高,会影响其他发行条件,造成销售困难,对其转让流通也不利。

2. 期限。它是根据发行人的资金需求性质、未来市场利率水平的发展趋势、流通市场的发达程度、物价的变动趋势、其他债券的期限结构以及投资者的投资偏好等因素来确定的。

3. 债券的偿还方式。它会直接影响到债券的收益高低和风险的大小。

4. 票面利率。它会直接影响到债券发行人的筹资成本和投资者的投资利益。

5. 付息方式。一般有一次性付息和分期付息两类。

6. 收益率。它是指投资者获得的收益占投资总额的比率。收益率是投资者在购买债券时首先考虑的因素。

7. 债券的税收效应。它是指对债权的收益是否征税,主要是利息预扣税和资本税,它直接影响债券的收益率。

8. 发行费用。它是指债券发行者支付给有关债券发行中介机构、服务机构的各种费用,包括最初费用和期中费用两种。最初费用包括承销商的手续费、登记费、印刷费、评级费、担保费等。期中费用包括支付利息手续费、每年的上市费、本金偿还支付手续费等。

9. 担保。它是债券发行的重要条件之一。由信誉卓著的第三者担保或用发行者的财产做抵押担保,有助于增加债券的安全性,减少投资风险。

10. 信用评级。债券评级的目的是将发行人的信誉与偿债的可靠程度公布给投资者,以保护投资者的利益。债券评级主要依据债券发行人的偿债能力、资信状况及投资者承担的风险水平。

世界各国对债券的发行都有相关规定,必须达到规定的要求方可发行。

2019年修订的《中华人民共和国证券法》第十五条规定,发行公司债券必须符合以下条件:

1. 具备健全且运行良好的组织机构。
2. 最近3年平均可分配利润足以支付公司债券1年的利息。
3. 国务院规定的其他条件。

另外,《公司债券发行与交易管理办法》还要求发行企业具有合理的资产负债结构和正常的现金流量。

二、债券的发行价格

债券发行利率与发行价格之间有一定差别,确定发行利率及发行价格是债券发行市场极为重要的环节。

(一)债券的发行利率

债券的发行利率,一般指债券的票面利率,也就是债券票面所载明的利率,一般来讲,债券的发行利率是债券发行人根据债券本身的性质、期限、信用等级、利息支付方式及对市场供求的分析等因素来确定的。确定债券的发行利率,主要依据以下几个因素:

1. 债券的期限

通常情况下,债券的期限越长,发行利率就越高;反之,期限越短,发行利率就越低。这是因为,期限越长,信用风险、利率风险、通货膨胀风险等潜在的风险就大,投资者需要予以回报的利率就较高。但在个别情况下,债券期限与利率水平也有反向情况发生。

2. 债券信用等级

债券信用等级的高低,在一定程度上反映债券发行人到期支付本息的能力。债券等级越高,投资人承担的风险就越小;反之,投资人承担的风险就越高。债券发行人可根据债券信用等级来确定债券的发行利率水平,如果等级高,就可相应降低债券的利率;反之,就要相应提高债券的利率。

3. 抵押或担保

抵押或担保是对债券还本付息的一种保障,是对债券投资风险的一种防范,是对投资者信心的一种保护。在其他情况一定的条件下,有抵押或担保,投资的风险就小一些,债券的利率就可低一些;如果没有抵押或担保,投资的风险就要大些,债券的利率就会提高。

4. 市场状况

如果当前市场银根紧缩,市场利率可能会逐步升高,银行存款、贷款利率及其他债券的利率水平比较高,债券发行人就应考虑确定较高的债券发行利率;反之,债券发行人就可确定较低的债券发行利率。

5. 债券利息的支付方式

实行单利、复利和贴现等不同的利息支付方式,对投资者的实际收益率和发行人的筹资成本,有着不同的影响。一般来讲,单利计息的债券,其票面利率应高于复利计息和贴现计息债券的票面利率。

6. 金融管理当局对利率的管制结构

例如,有些国家直接规定债券的利率水平或上限,有些国家规定债券利率的浮动幅度,有些国家规定债券利率要与受到管制的存款利率挂钩,有些国家对债券利率不加任何管制,使其完全决定于债券发行人信誉、债券期限、市场条件及投资者选择。

应当注意的是,债券的发行利率并不是投资债券的实际收益率。如果投资者以高于票面价格购进债券,实际收益率就要低于债券票面利率;如果投资者以债券票面价格购进,而且持有到债券到期日,其票面利率等于实际收益率;如果投资者以低于票面的价格购进债券,且持有到债券到期日,其实际收益率要高于债券票面利率。

债券的发行利率一旦确定,就要被正式印在债券的票面上。在债券的有效期内,无论市场上发生了什么变化,发行人必须按此利率向债券持有人支付利息。但问题是,从债券的印制、发行到投资人实际认购,其间有一段时间间隔,当债券发行时,市场利率已经发生了变动,如不调整债券的收益率,就会影响债券的销售或成本,但债券的期限和利率已经确定并印制好,已难以改动,这时债券发行人就应调整债券的发行价格,以调整债券的实际收益率。

(二) 债券的发行价格

按发行价格与票面金额的关系,债券的发行价格有三种:平价发行,即发行价格与票面金额相一致;溢价发行,即发行价格高于票面金额;折价发行,即发行价格低于票面金额。

如果是采取溢价发行,意味着投资者要按高于债券票面金额的价格认购债券。例如,要支付 105 元认购票面金额为 100 元的债券,当债券到期时,只能按 100 元收回本金,由此就会相应降低债券投资的实际收益率。如果投资者以低于票面金额的价格购进债券,例如,支付 96 元购进票面金额为 100 元的债券,债券到期时,投资者将按 100 元票面金额收回本金,这样就等于提高了债券投资的实际收益率。债券发行者根据市场利率情况,通过调整债券的发行价格来调整债券的实际收益率。

从投资者的角度来看,是否认购某种债券,主要考虑债券发行价格及实际收益率,而债券的实际收益率水平则主要决定于债券偿还期限、债券票面利率和债券的发行价格。

三、债券的发行程序

以公司债券公募发行为例,其发行程序如下:

1. 债券发行单位与证券承销商双向选择,签订承销协议,明确双方责任和义务。

2. 完成债券发行申请和审批。发行企业在主承销商的协助下向管理部门交送有关文件,提出申请,管理部门对其进行审批,审批通过,方可发行。

3. 发布公告。在获得发行批复后、主承销商应当至少在发行的前10日在管理部门指定的报纸上刊登公告,公布债券发行报告,公告信息不得与经管理部门审定的内容有任何不同。

4. 承销团成员利用自己的销售网络,向金融机构、企事业单位及个人投资者销售。

第四节 可转债与投资基金的发行

一、可转换债券的发行

可转换债券是一种广为流行的融资和投资工具。该种债券在1843年起源于美国,已有180多年的历史。由于其独特的投资价值,可转债已发展成为当今国际资本市场上重要的融资工具之一,并呈稳步上升趋势。美国可转债证券市场从1996年开始成为新兴高新技术公司融资的主要场所。我国2023年可转债发行市场已完成上市136家,募集资金金额合计1 382.94亿元。

可转债是公司债券的一种,是指发行人依照法定程序发行,在一定时期内依据约定的条件可以转换成股份的公司债券。根据《可转换公司债券管理办法》规定,可转债自发行结束之日起不少于六个月后方可转换为公司股票,转股期限由公司根据可转债的存续期限及公司财务状况确定。

可转债的发行条款

1. 发行人应在申请文件中列明可转债发行条款及其依据。
2. 可转债的发行规模由发行人根据其投资计划和财务状况确定。
3. 可转债按面值发行,每张面值为100元,最小交易单位为1 000元。
4. 可转债的最短期限为1年,最长期限为6年,由发行人和主承销商根据发行人的具体情况商定。

5. 可转债的转股价格应在募集说明书中约定。价格的确定应以公布募集说明书前 20 个交易日公司股票的平均收盘价格为基础,并上浮一定幅度。具体上浮幅度由发行人与主承销商商定。

6. 可转债自发行之日起 6 个月后,方可转换为公司股票。可转债的具体转股期限由发行人根据可转债的存续期及公司财务情况而定。

7. 发行人应明确约定可转债转股的具体方式及程序。

8. 可转债的利率及其调整,由发行人根据本次发行的市场情况以及可转债的发行条款确定。

9. 可转债的计息起始日为可转债发行首日。

10. 可转债应每半年或 1 年付息一次;到期后 5 个工作日内,应偿还未转股债券的本金及最后一期利息。具体付息时间、计息规则等由发行人约定。

11. 可转债转股当年的利息、股利以及不足一股金额的处理办法由发行人约定。

12. 发行人设置赎回条款、回售条款、转股价格修正条款的,应明确约定实施这些条款的条件、方式和程序等。

13. 回售条款应当就转债持有人可以行使回售的年份做出规定。在募集说明书约定的可以行使回售权的年份内,可转债持有人每年可以行使一次回售权。

14. 募集说明书设置转股价格修正条款的,必须确定修正底限;修正幅度超过底限的,应当由股东大会另行表决通过。

15. 发行可转债后,因配股、增发、送股、分立及其他原因引起发行人股价变动的,应同时调整转股价格,并予以公告。转股价格调整的原则及方式事先约定。

16. 转股价格调整日为转股申请日或之后,转换股份登记日之前,该类转股申请应按调整后的转股价格执行。

17. 发行人可约定转债的其他发行条款。

18. 发行人应依法与担保人签订担保合同。担保应采取全额担保;担保方式可采用保证、质押或抵押,其中,以保证方式提供担保的,应为连带责任担保。

19. 可转债保证人的净资产额不得低于本次转债的发行金额;转债保证人的净资产额应当经过具有证券相关资格的会计师事务所核验,并出具验证报告;证券公司、上市公司不得为转债发行提供担保。

20. 发行人可委托有资格的信用评级机构对本次转债的信用或发行人的信用进行评级,信用评级的结果可以作为其确定有关发行条款的依据,并予以披露。

二、投资基金的发行

(一)证券投资基金的构成要素

证券投资基金涉及到五个方面的当事人。这五个当事人分别是：基金份额持有人、基金管理人、基金托管人、基金承销人及基金投资顾问。他们在基金经营活动中各自承担着不同的角色。

1. 基金份额持有人

基金份额持有人，持有基金证券的投资者，基金份额持有人承受基金资产的一切权益，承担一切投资风险。其权利是通过在持有人大会上的表决权来行使的。

2. 基金管理人

基金管理人又称基金经理人、基金管理公司等，也是适应证券投资基金的操作而产生的基金资产运用和管理机构。公开募集基金的基金管理人应当履行下列职责：①依法募集资金，办理基金份额的发售和登记事宜；②办理基金备案手续；③对所管理的不同基金财产分别管理、分别记账，进行证券投资；④按照基金合同的约定确定基金收益分配方案，及时向基金份额持有人分配收益；⑤进行基金会计核算并编制基金财务会计报告，编制中期和年度基金报告；⑥计算并公告基金资产净值，确定基金份额申购、赎回价格；⑦办理与基金财产管理业务活动有关的信息披露事项；⑧按照规定召集基金份额持有人大会，保存基金财产管理业务活动的记录、账册、报表和其他相关资料；⑨以基金管理人名义，代表基金份额持有人利益行使诉讼权利或者实施其他法律行为；⑩国务院证券监督管理机构规定的其他职责。

3. 基金托管人

基金托管人是接受基金管理公司委托，在名义上持有基金资产的基金财产保管机构。基金托管人应当履行下列职责：①安全保管基金财产；②按照规定开设基金财产的资金账户和证券账户；③对所托管的不同基金财产分别设置账户，确保基金财产的完整与独立；④保存基金托管业务活动的记录、账册、报表和其他相关资料；⑤按照基金合同的约定，根据基金管理人的投资指令，及时办理清算、交割事宜；⑥办理与基金托管业务活动有关的信息披露事项；⑦对基金财务会计报告、中期和年度基金报告出具意见；⑧复核、审查基金管理人计算的基金资产净值和基金份额申购、赎回价格；⑨按照规定召集基金份额持有人大会；按照规定监督基金管理人的投资运作；⑩国务院证券监督管理机构规定的其他职责。

基金托管人必须将其托管的基金资产与托管人的自有资产严格分开,对不同基金分别设置账户,实行分账管理。

4. 基金承销人

基金承销人即基金承销公司,指受托代理基金证券的发行、募集、交易、分红派息的承销机构。

5. 基金投资顾问

基金管理人为了能够更好地管理基金资产,往往聘请投资顾问帮助其投资决策。投资顾问一般由有经验的基金经理人,或者信誉良好、实力维厚的投资机构以及业绩优良的金融财团担任,其主要职责是为基金经理人提供市场分析、决策和咨询,协助推广发行等。

(二) 基金的公开募集

公开募集基金,应当经国务院证券监督管理机构注册。未经注册,不得公开或者变相公开募集基金。公开募集基金包括向不特定对象募集资金、向特定对象募集资金累计超过二百人,以及法律、行政法规规定的其他情形。公开募集基金应当由基金管理人管理,基金托管人托管。

注册公开募集基金,由拟任基金管理人向国务院证券监督管理机构提交下列文件:

1. 申请报告;
2. 基金合同草案;
3. 基金托管协议草案;
4. 招募说明书草案;
5. 律师事务所出具的法律意见书;
6. 国务院证券监督管理机构规定提交的其他文件。

公开募集基金的基金合同应当包括下列内容:

1. 募集基金的目的和基金名称;
2. 基金管理人、基金托管人的名称和住所;
3. 基金的运作方式;
4. 封闭式基金的基金份额总额和基金合同期限,或者开放式基金的最低募集份额总额;
5. 确定基金份额发售日期、价格和费用的原则;
6. 基金份额持有人、基金管理人和基金托管人的权利、义务;
7. 基金份额持有人大会召集、议事及表决的程序和规则;
8. 基金份额发售、交易、申购、赎回的程序、时间、地点、费用计算方式,以及

给付赎回款项的时间和方式;

9. 基金收益分配原则、执行方式;
10. 基金管理人、基金托管人报酬的提取、支付方式与比例;
11. 与基金财产管理、运用有关的其他费用的提取、支付方式;
12. 基金财产的投资方向和投资限制;
13. 基金资产净值的计算方法和公告方式;
14. 基金募集未达到法定要求的处理方式;
15. 基金合同解除和终止的事由、程序以及基金财产清算方式;
16. 争议解决方式;
17. 当事人约定的其他事项。

(三) 公开募集基金的基金份额的交易、申购与赎回

申请基金份额上市交易,基金管理人应当向证券交易所提出申请,证券交易所依法审核同意的,双方应当签订上市协议。

基金份额上市交易,应当符合下列条件:

1. 基金的募集符合本法规定;
2. 基金合同期限为五年以上;
3. 基金募集金额不低于二亿元人民币;
4. 基金份额持有人不少于一千人;
5. 基金份额上市交易规则规定的其他条件。

开放式基金的基金份额的申购、赎回、登记,由基金管理人或者其委托的基金服务机构办理。基金管理人应当在每个工作日办理基金份额的申购、赎回业务;基金合同另有约定的,从其约定。

投资人交付申购款项,申购成立;基金份额登记机构确认基金份额时,申购生效。基金份额持有人递交赎回申请,赎回成立;基金份额登记机构确认赎回时,赎回生效。

(四) 投资基金的发行方式

目前国际上投资基金的发行主要有以下四种方式:

1. 直接销售方式。这是基金不经过任何专门的销售组织而直接面向投资者的销售方式。在这种最简单的发行方式中,投资基金按净资产价值出售,出价与报价相同,即不收费基金。
2. 包销方式。在这种方式中,投资基金大部分是通过包销商包销的,包销商相当于批发商,赚取批零差价。
3. 集团销售方式。为了更有效地推销基金,有些包销商会牵头组成一个或

数个销售集团,而每个销售集团又由一定数量的承销商组成,各个承销商分别代理包销商销售投资基金的一部分,包销商则支付给每个承销商一定的销售费用。

4. 计划公司销售方式。它是集团销售方式的深化,使用于将一定比例的基金采用分期付款的方式销售。这种销售方式在包销商与投资者之间多了一个计划公司,由计划公司向投资者提供贷款,并安排投资者以分期付款方式购买投资基金,计划公司一般会向投资人收取更高的手续费。

(五)投资基金的发行价格和发行期限

1. 发行价格。基金的发行价格一般由基金面值和基金的发行费用两部分组成。在国外,封闭式基金的发行价格分为平价、溢价和折价,目前我国只允许平价发行,即基金按照面值加一定比例的手续费发行。开放式基金的发行价格一般为基金面额加一定比例的首次认购费。

2. 发行期限。基金的募集期限为自该基金批准之日起 3 个月。在此期间基金经理人不得动用已募集的资金进行投资。在规定期限内,封闭式基金募集的资金超过该基金批准规模的 80%,开放式基金净销售额超过 2 亿元,该基金方可成立同,否则,基金不能成立。基金发起人应将募集资金加计银行活期存款利息于 30 天内退还给基金认购人,并承担基金募集费用。

思考题

1. 证券发行市场的定义和特征是什么?
2. 证券发行市场的作用是什么?
3. 股票首次发行的条件有哪些?
4. 增发新股的条件有哪些?
5. 股份公司发行股票的程序是什么?
6. 债券发行的利率受哪些因素的影响?
7. 公开募集基金的基金合同包括哪些内容?
8. 投资基金发行的方式有哪些?

第三章

证券交易市场

第一节 证券交易市场概述

证券交易市场是对已发行证券进行再次乃至重复多次交易的市场,是证券商品所有权在无数投资者手中流转易手的集中地,这是与证券发行市场相对应的,也称为二级市场、次级市场或有形市场。

一、证券交易市场的特点和功能

(一)证券交易市场的特点

1. 参与者的广泛性。主要表现在二级市场参与主体的广泛性。二级市场投资者的构成主要有政府部门、商业银行、证券公司、投资公司等机构投资者和广大个人投资者。投资者的种类和数量具有多样性。

2. 价格的不确定性。交易市场价格不确定性的原因有两个:一是市场开盘价仅是一种参考,交易价格往往围绕它上下波动;二是卖出证券的一方或买进证券的一方的买卖意愿,价值判断是有多种因素决定的,因而其价格起伏频繁。

3. 交易的连续性。证券交易的连续性表现在以下两个方面:一是在证券市场上证券的买卖并不一定必须是券票与钱款互相交换才算达成交易,如股票的期货交易。在未交割前,可以进行若干次买卖交易,也就是说,当某投资者拥有某种证券的权利,并不需要实际持有它,就可以进行卖出的交易;二是证券交易在时间上的连续性,目前世界证券交易市场已形成一个 24 小时都可连续进行交易业务的市场。

4. 交易的投机性。证券交易市场的投机性是由证券交易价格的波动性所引起的。证券交易市场的商品,同其他商品一样存在着买卖价格的差异,有价差就会有投机产生,特别是交易的不即时交割,更给证券交易的投机创造条件。另外,对证券价格变动的预期,也使证券交易的投机增加了可能。

（二）证券交易市场的功能

1. 流通性功能。二级市场的基本功能是为在一级市场上发行的证券提供流通性，使一级市场的功能得以维持。如果没有流通市场，证券不能流通、转让，那它对投资者的吸引力就会降低，证券发行主体就难以筹集到它们所需要的资金，证券市场的筹资功能就会受到严重制约。

2. 维持证券的合理价格。证券交易市场为证券买卖双方提供各种服务，交易双方公开竞价，直到双方都得到满意的价格才成交。正是由于二级市场为买卖双方的竞价提供了场所和条件，再加之买卖双方的数量足够多，竞争较为充分，才使得证券价格的合理性得以体现。

3. 资金期限转化功能。资本市场的特点是提供长期资金，而购买证券的投资者可能并不希望资金被长期占用。二级市场使证券的变现成为可能，既满足了投资者资金不被长期占用的后顾之忧，又降低了投资风险，从而促进了短期闲散资金转化为长期投资。

4. 资金流动的导向功能。交易市场上证券需求状况决定证券价格的变化，当供大于求时，价格下跌，由此减少一级市场上的证券发行量；反之，则增加证券发行量。通过这种调节，使社会资金供求趋于平衡，并引导投资者做出合理的投资决策，以保证资金向最需要、使用效率最高的方向流动，提高社会资金的配置功能。

5. 反映宏观经济功能。由于证券交易价格的变化一般先于经济循环，因而证券价格波动往往成为经济周期变化的先兆，成为社会经济活动的"晴雨表"。交易市场上的价格指数是反映整个国民经济动态的"晴雨表"。国家由此通过相应的措施，以调整整个宏观经济。

二、证券交易的方式

按订立证券交易合约到履行合约的期限关系来划分，证券交易方式基本上可以分为现货交易方式、信用交易方式、期货交易方式。

（一）现货交易方式

现货交易是指在证券买卖成交之后，及时办理实物交割及资金清算的交易方式。最初，现货交易的特点是，证券买卖双方一旦成交，买者立即付款，卖者立即交券，钱货两清。此后，随着交易所集中交易方式的发展及大规模证券交易的出现，证券的成交和交割出现脱节，一般在成交的当日、次日或交易所指定的例行交割日进行交割，但无论是否交割，买卖双方一旦成交，便不可解约。现货交易是证券交易所最基本最常用的交易形式。

（二）信用交易方式

信用交易，又称保证金交易，是指客户按照法律规定，在买卖证券时只向证券商交付一定的保证金，由证券商提供融资或融券进行的交易方式。信用交易有两种形式：

1. 信用买空交易

信用买空交易是当股市行情看涨，投资者欲购买所期望的股票时，只需支付部分价款作保证金，其余部分由经纪商以代理客户购买的股票作抵押向银行借款垫付，待股票价格上升后，投资者再委托经纪商卖出，所赚的差价首先偿付经纪商垫付的资金及利息，剩下的差价收益为投资者所有。由于这一交易方式使没有资金的买者户头上多出了股票，因此称为信用买空交易。

2. 信用卖空交易

信用卖空交易是当股市看跌时，投资者只需交纳部分价款作保证金，向经纪商借入股票抛售，如果该股票日后果然下跌，再按市价购买等额相同股票交还经纪商，从中赚取差价。在这个过程中，由于投资者没有股票却卖出了股票，因而称为信用卖空交易。

在信用交易中，无论是融资买进或融券卖出，都涉及保证金问题。在具体操作中，证券经纪商往往要求投资人以既定的保证金比率交纳保证金，以规避信用风险；经纪商也常常通过保证金账户的清算，及时地向投资者发出预警信号，充当保证金的资产，可以是现金，也可是其他动产或不动产。

2010年3月，在我国包括中信证券、海通证券、光大证券和国泰君安证券等在内的首批融资融券试点证券公司旗下的试点营业部已经开始受理投资者融资融券业务申请。2023年，融资融券市场规模持续扩大。2023年年底融券余额为716亿元，尽管融券余额有所下降，但整体市场规模仍然保持较高水平。

（三）期货交易方式

期货交易是指买卖双方约定在将来某个日期按成交时双方商定的价格、数量进行交割的交易方式。期货交易具有发现价格、套期保值两大基本功能。

1. 发现价格。期货交易是商品生产者、经营者通过经纪人，在集中交易的场所，按既定的规则进行的市场竞争，集中反映了广泛的供需关系，所以能体现商品的真实价格水平。期货交易发现的价格具有很高的权威性，往往可以影响现货市场的价格。

2. 套期保值，是指交易者将期货市场上的亏损或盈利冲抵现货市场的盈利或亏损，从而避免现货价格风险的交易行为。套期保值所遵循的经济原理是：同种商品的期货价格走势与现货价格走势基本一致，且现货市场价格与期货市场价格随期货合约到期日的临近,二者逐渐接近。套期保值就是利用两个市场上的价格关系,取得在一个市场上出现亏损的同时,在另一个市场上必定会盈利的结果。

此外,期货交易还具有节约流通费用,稳定产销关系,提高合约的兑现率等功能。

三、证券交易的程序

不同品种的证券,其交易程序也不尽相同。我国目前证券市场上的交易品种有A股、B股、基金、国债、可转换债券等。现以A股交易为例说明其交易的程序。

股票交易程序包括开户、委托、成交、清算和交割五个阶段。

(一) 开户

依照现行法律规定,每个投资者(国家规定不许参与的人员除外)欲进入股票市场从事股票交易,首先是要选择一家服务信誉良好的证券经纪商作为自己的经纪人,然后与其签订契约,确定委托代理关系。这一过程被称为开户。根据有关规定,禁止多头开户,个人和法人在同一证券交易所只能开立一个证券账户。

投资者在证券经纪商处办理开户手续时,必须向证券商办理名册登记和开设账户。名册登记分为个人名册登记和法人名册登记两种。投资者在证券商处要开设资金账户和证券账户。资金账户中的资金由证券商代为转存银行,利息按活期存款利息计算,并自动转入该账户。证券账户中的证券由证券商免费代为保管。如果投资者买入证券,直接在证券账户中记增加;卖出记减少,不必进行证券实物交割。开设资金账户和证券账户的好处是,委托人不必携带大量的现款和证券办理交割,大大地提高了证券交易的效率。

(二) 委托

投资者开立了证券账户和资金账户后就可以在证券营业部办理委托买卖。这是投资者进行投资的重要阶段。

投资者办理委托的形式有当面委托、电话委托、函电委托等。委托的方式有市价委托、限价委托以及其他一些特殊方式的委托。市价委托,是指投资者委托证券商按照执行指令时的市场价格买进或卖出股票。市价指令在交易所内交易时具有优先地位。限价委托,是投资者自行规定一个价格,证券商只按照投资者所限定的价格或更有利的价格进行买卖。也就是说,证券商在执行限价买入指令时,必须按限价或低于限价的价格买进;在执行限价卖出指令时,必须按限价或高于限价的价格卖出证券。

我国证券交易所目前只允许这两种委托方式。委托有效期限分当日有效和五日有效两种。当日有效是指从投资者委托之日起,到当日交易所营业终了时间内有效。如果在这段时间内没有成交,投资者的委托自动失效。在委托有效期内,投资者如果由于某种原因不想继续这份委托,可以在未成交之前,提出变更委托或撤销委托。变更委托,视为重新办理委托。

(三)成交

成交是指股票买卖双方达成交易契约的行为。股票成交方式一般采用竞价方式,是指通过买卖双方的竞争性报价达成股票交易契约的方式。在竞价中,若卖方为一人,买方为多人,通过各个买方的竞争性报价,卖方与申报最高买入价的买方成交,这一过程被称为拍卖。若卖方为多人,买方仅一人,通过各个卖方的竞争性报价,买方与申报最低卖出价的卖方成交,这一过程被称为标购。

竞价成交方式,被迄今大多数国家的股票市场上采用。由于信息技术的发展,在证券交易所里竞价的手段很少采用传统上的口头唱报竞价,而是利用计算机进行竞价。各证券商将买卖双方的竞争性报价输入电脑主机,电脑主机按照价格优先、时间优先的原则进行排序,将卖方报价由低到高的顺序进行排序,买方报价由高到低的顺序进行排序,然后,撮合处于第一位的买方和卖方成交。在撮合中,若买卖双方的价格不一致,通常取它们的中间价作为成交价。若买卖双方的申报数量不一致,通常由后位补上。

(四)清算

清算是指在股票成交后买卖双方通过证券交易所清算系统进行股票和资金的清理结留。清算的基本原理是,首先对同一个入市者在一个交易日所发生的各笔买卖进行清理,然后将对同一股票的买入数量及价格和卖出数量及价格进行对冲,求出应交割的股票种类、数量和资金。清算包括资金清算和股票清算两个方面。

(五)交割

交割是指证券卖方将卖出证券交付买方,买方将买进证券的价款交付卖方的行为。在交割中,买方将购股资金交付卖方,称为资金过户;卖方将售出的股票交付给买方,称为股票过户。由于证券买卖都是通过证券商进行的,买卖双方并不直接见面,证券成交和交割均由证券商代为完成。

根据交割方的不同,证券交割可分为证券商与委托人之间的交付和证券商与证券商之间的交付两个阶段。根据交割日期划分,交割可分为当日交割、次日交割、例行交割等多种方式。若以 T 代表当日,以 $1,2,\cdots,n$ 分别代表往后各日,则交割方式可分为 T+0,T+1,T+2 等等。其中 T+0 表示当日交割,T+1 表示次日交割,其余类推。例行交割是指买卖双方应在股票成交后的第五个营业日办理交割事宜。

第二节　证券交易所

一、证券交易所的特征和功能

证券交易所又称场内交易市场,是指有组织、有固定地点的集中买卖证券的场所。证券交易所本身不参加证券交易,也不决定证券价格,仅为证券交易提供场所、设备和服务,以便证券交易顺利进行,同时也兼有管理证券交易的职能。它与证券公司、信托投资公司等非银行金融机构不同,是非金融性的组织机构。

(一)证券交易所的特征

证券交易所市场是证券交易市场的核心。它具有如下特点:

1. 证券交易所是有组织的市场。它必须是经政府许可成立的,具有严密管理、组织健全、设备完善的独立的组织机构。

2. 证券交易所是有形、集中的市场。证券交易所的交易一般都集中在交易所大厅或交易室进行。

3. 证券交易所只进行上市证券的交易。上市证券是一级市场所发行证券中的一部分,一般都是由规模大、影响大的机构、公司发行的证券。其他非上市证券在场外市场交易或暂不交易。

4. 证券交易所的交易是间接交易。投资者不能自行和其他投资者直接进行交易,而必须委托证券经纪人在交易所进行交易。交易所内的交易大部分是在买方经纪人和卖方经纪人之间达成的(证券自营商的交易除外)。

5. 证券交易所具有较高的成交速度和成交率,但交易费用较高。

(二)证券交易所的功能

具体来看,证券交易所的基本职能包括:提供证券交易场所和设施;制定业务规则,如上市、清算、交割、过户等各项规则;接受上市申请,审查、筛选并安排证券上市;组织、监督证券交易,并对会员和上市公司进行监管;搜集、编制和公布市场信息。

通过执行上述基本职能,证券交易所实现了下列重要功能:

1. 提供持续性的证券交易的场所

证券交易所交易时间的固定性以及大量交易者的集中性,使证券买卖随时可以成交,保证证券交易持续不断地进行。证券交易所交易规则的统一性有利于最好地发挥供求机制、竞争机制和价格机制的自动调节作用,使价格充分反映供求关系。证券交易所内的证券交易成交量大、买卖频繁、进出报价差距小、价格波动小、交易完成迅速，创造了一个具有高度流动性、高效率和连续性的市场。

2. 形成较为合理的价格

证券交场所和交易所的会员都无权决定交易价格。交易所内的证券交易价格是在充分竞争的条件下，由买卖双方集中公开竞价形成的。由于是公开竞价而形成的价格，它既能反映供求关系，也能体现证券的真实投资价值，是在市场机制下形成的合理价格。

3. 引导社会资金合理流动，优化资源配置

证券交易的价格和成交量实际上体现了市场对某一证券的评价。交易所每天公布其行情变化，投资者可以据此选择和调整投资方向。交易所交易行情变化由此可以自动调节社会资金流向，促使社会资金向高效率的方向流动。

4. 预测反映经济动态

证券价格的变动受企业的业绩等多种因素的影响，而交易行情的好坏又从侧面反映了这些因素的变化。由于股价循环一般先于商业循环而发生，因而证券价格波动往往成为经济周期变化的先兆，成为社会经济活动的"晴雨表"。通过证券价格的变动，可以预测企业及生产部门的经济动态和整个社会经济的发展状况。

二、证券交易所的组织形式

世界各国证券交易所按其组织形式有两种类型：一种是以会员协会的形式设立的会员制证券交易所，它是不以营利为目的的事业法人，不属于企业性质；另一种是以营利为目的，以股份公司形式设立的公司制证券交易所。两种形式的交易所在结构和运行特征上有很大的区别。

（一）会员制证券交易所

会员制证券交易所是以会员协会形式成立的不以营利为目的的组织，主要由证券商组成。只有具有会员资格的证券商才有资格在交易所从事证券交易。会员制证券交易所设有会员大会、理事会。会员大会为交易所的最高权力机构，理事会是交易所决策机构，总经理在理事会领导下负责证券交易所的日常管理工作，为证券交易所的法定代表人。

为了维持证券交易所的日常营业，证券交易所向会员收取会费，会员对交易所的责任仅以其交纳的会费为限。交易所内部强调自律性原则的管理方式，即通过自行确定规则的方式实现对证券交易所的管理，立法机关和政府不加干预。

目前欧洲大多数国家以及巴西、印度尼西亚、泰国等国的证券交易所均实行会员制，我国的上海、深圳证券交易所也采取会员制组织形式。

(二) 公司制证券交易所

公司制证券交易所是由银行、证券公司、投资公司以及其他企业共同出资，按照股份公司的原则设立的以营利为目的的公司法人。公司制证券交易所本身并不参与证券交易，只向投资者提供交易场所、设施和有关服务，这使得交易所经营者与交易参与者分离，可以保证证券交易的公平与公正。公司制证券交易所对在本所内的证券交易负有担保责任，因此通常设有赔偿基金，或向国库交纳营业保证金，以赔偿因本所成员违约而遭受损失的投资者。

由于公司制证券交易所的收入主要来自于买卖双方的证券交易成交额，交易所的盈利动机可能会人为地推动某些证券交易活动，容易形成在证券交易所影响下的证券投机，同时，证券交易的各项费用相对较高，增加了证券交易的成本。

三、证券交易所的运行架构

现代证券交易所的运作普遍实现了高度的无形化和电脑化，建立了安全、高效的电脑运行架构，并跨越了场所、区域的限制。以我国上海、深圳证券交易所为例，其电脑运行架构由交易系统、结算系统、信息系统和监察系统组成，如图3-1所示。

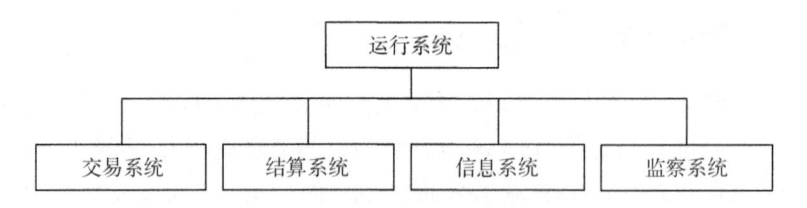

图 3-1　证券交易所的基本运行架构

(一) 交易系统

交易系统通常由撮合主机、通信网络和柜台终端三部分组成，其基本结构如图3-2所示。

1. 撮合主机

撮合主机是整个交易系统的核心，它将通信网络传来的买卖委托读入计算机内存进行撮合配对，并将成交结果和行情通过通信网络传回证券商柜台。

2. 通信网络

通信网络是连接证券商柜台终端、交易席位和撮合主机的通信线路及设备，如单向卫星、双向卫星和地面数据专线等，用于传递委托、成交及行情等信息。

我国上海、深圳证券交易所为证券商提供的交易席位包括有形席位和无形

第三章　证券交易市场

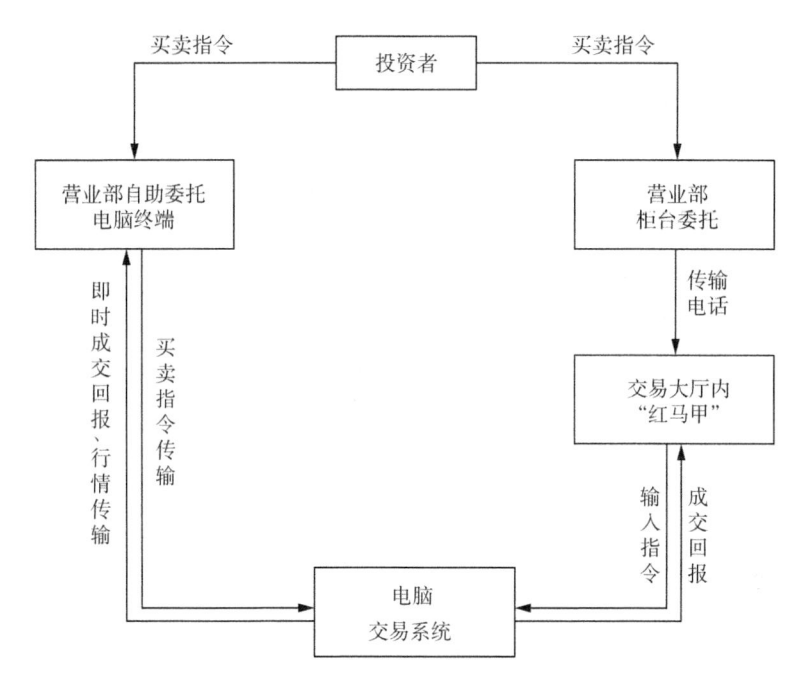

图 3-2　交易系统的基本结构

席位两种。有形席位指交易所交易大厅内与撮合主机联网的报盘终端。证券商使用有形席位所采用的通信方式是，由柜台工作人员通过热线电话将投资者的委托口述给交易大厅内的出市代表（即"红马甲"），出市代表用席位上的报盘终端再将委托输入撮合主机参与交易，证券商柜台利用单向卫星系统接收行情和成交数据。无形席位实际上是交易所为证券商提供的与撮合主机联网用的通信端口，不具有席位的原始形式。在交易所看不到席位的影子，如果全部采用无形席位交易，甚至连交易大厅也不需要。其通信方式是，证券商利用现代通信技术，将柜台电脑终端与交易所撮合主机联网，直接通过通信网络将委托传送到交易所撮合主机参与交易，并通过通信网络接收行情和成交数据。

3. 柜台终端

证券商柜台电脑终端系统用于证券商管理客户证券账户和资金账户、传送委托、接收成交、显示行情等。

（二）结算系统

结算系统是对证券交易进行清算、交收和过户，使买入者得到证券、卖出者得到资金的系统。各国证券市场都有专门机构进行证券的存管与结算。我国上海、深圳证券交易所结算系统较为高效、快捷，结算和交收于交易次日上午开市前即可完成，为 T＋1 交收。

(三) 信息系统

信息系统负责对每日证券交易的行情信息和市场信息进行实时发布。信息系统发布网络主要由交易通信网、信息服务网、证券报刊和因特网四个渠道组成。其中,交易通信网是通过交易系统的通信网络发布证券交易实时行情、股价指数和重大信息公告等,最为迅速快捷。

(四) 监察系统

监察系统负责对市场进行实时监控。日常监控的主要内容如图 3-3 所示,包括对行情信息、交易情况、证券结算和资金交收四个方面的监控。

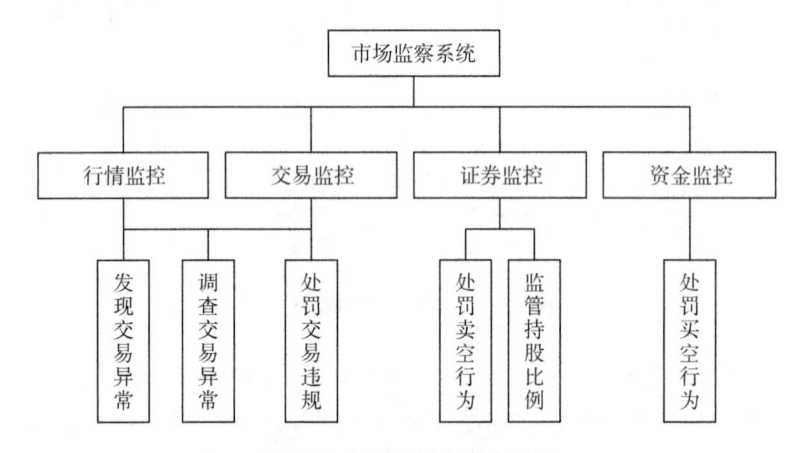

图 3-3　证券交易所监察系统

1. 行情监控。对交易行情进行实时监控,观察股票价格、股价指数、成交量等的变化,如果出现股价或指数突然大幅波动或成交量突然放大等,监控人员可以及时掌握情况,做出判断。

2. 交易监控。对异常交易进行跟踪调查,如果异常交易是由违规引起的,则对违规者进行处罚,如停牌、罚款、暂停交易等。

3. 证券监控。对证券卖出情况进行监控,如发现某证券账户中没有证券或数量不足而卖出证券,构成卖空,则对相应证券商进行处罚。

4. 资金监控。对证券交易和新股发行的资金进行监控,如果证券商未及时补足结算头寸,构成买空,监控系统可以立即根据实际情况,做出判断。

四、证券交易所的参与者

只有具备会员资格的证券商或注册合格的证券商才能在交易所内直接从事交易活动,而一般投资者只能委托证券商办理交易。证券商就是从事证券业务的中介机构,包括证券承销商、证券经纪商、证券自营商和证券做市商。其中证券承销商在发行市场上从事证券活动,后三者在交易所市场上开展交易活动,是证券交易所的主要参与者。

(一)证券经纪商

证券经纪商就是通常所说的经纪人,他是专门接受客户委托代理证券买卖业务以获得佣金收入的金融服务机构或个人。证券经纪商自己不直接买卖证券,而只是接受、传递和执行投资者的委托单,交易佣金是其主要利润来源。证券经纪商是交易所的中坚力量,对证券交易市场的繁荣和发展有着十分重要的作用。

(二)证券自营商

证券自营商是指在证券交易所内以投资者身份直接为自己买进或卖出证券的证券商。证券自营商收入不是佣金而是证券价格差价。他们不接受他人委托,自行买卖,自担风险,自负盈亏,承担较大的风险。

(三)证券做市商

证券做市商指运用自己的账户从事证券买卖,通过不断地买卖报价维持证券价格的稳定性和市场的流动性,并从买卖报价的差额中获取利润的金融服务机构。由于做市商是用自己的资金进行证券交易,从而承担了一定的价格风险,例如,他所持有的证券价格可能在卖出之前下跌。与经纪商不同,做市商不依靠佣金收入,而是靠买卖差价赚取收入。

第三节 场外交易市场

一、证券场外市场的概念和功能

(一)证券场外市场的概念

证券场外市场是指除证券交易所以外的证券交易市场的总称。证券场外市场是一个分散的无形市场,它没有固定的、集中的交易场所,而是由许多各自独立经营的证券公司分别进行交易的证券场外市场。狭义的场外交易市场是指证券交易商柜台市场。随着证券交易的发展,目前许多场外交易市场并不直接在证券公司柜台前进行,而是由客户与证券公司通过电话等通信技术进行洽谈、交易,证券市场结构不断分化,在发达国家中诞生了第三市场和第四市场。因此,广义的场外交易市场由三个部分组成:场外市场、第三市场和第四市场。

（二）证券场外交易市场的功能

1. 为已发行的证券提供转让的场所

作为证券流通市场的重要组成部分，证券场外市场也同样具有证券流通市场的这一基本功能。它尤其为不能够或者一时不能够在证券交易所交易的证券提供了一个流通的场所，是证券市场的必要补充。

2. 新证券分销的主要场所

证券场外市场可以是一个广泛的无形市场，其可以有众多的经营网点和灵活的营业时间，这为发行数量大的新证券的销售带来了便利。

3. 一个协商定价的市场

证券场外市场是一个协议定价的市场，证券买卖采取一对一交易形式，不存在竞价机制。证券投资者可以与证券公司当面直接协商议价成交，交易手续简便，交易时间灵活，可以满足部分投资者的需要。

4. 预备市场或缓冲市场

受企业规模和新兴产业经营前期业绩不佳的影响，相关企业无法在证券交易所上市交易，缺乏流通的证券其发行也会受到不利影响，从而影响这些企业相关证券的发行，而通过证券场外市场，就可以比较好地处理筹资难的问题，有利于新兴产业和中小型高新技术企业筹措资金。此外，对于那些将要终止上市的公司，证券场外市场为这些公司提供了缓冲场所，以便其整顿、重组和清理。

二、证券场外市场的构成

（一）证券场外市场的参与者构成

证券场外市场由市场参与者和市场交易对象两部分组成，其中参与者主要由证券投资者和证券公司这两大类构成。与证券交易所的参与者不同的是，在证券交易所内，一般只允许交易所会员从事证券买卖。有关证券场外市场的参与者可以作如下的分类：

1. 证券投资者。证券投资者包括机构投资者和个人投资者。机构投资者包括各类基金、投资公司、金融机构、类金融机构等。这类投资者一般有各自的投资选择，有雄厚的资金，是证券场外市场最重要的投资群。

2. 证券公司。证券公司既是证券场外市场的参与者，也是证券场外市场的组织者，证券公司通过参与市场交易来组织市场活动。

（二）证券场外市场的交易对象

证券场外市场的交易对象主要有以下几种：

1. 债券。债券包括中央政府债券、地方政府债券和公司债券等各类债券。

2. 新发行的各类证券。新发行的各类证券是指主要在证券场外市场推销的新发行的各类证券。

3. 符合上市资格而未上市的证券。符合在证券交易所上市资格而未上市的证券，主要有各类金融机构发行的股票和债券。上市交易后因故停牌或上市证券的零股通常也被安排在证券场外市场交易。

4. 不符合上市资格的证券。不符合在证券交易所上市交易资格的证券有：不符合上市资格的、规模较小的小公司股票；因业绩较差而不符合上市资格的风险大、流动性差的证券；具有发展潜力的新公司、小公司证券等。

三、场外市场

场外市场是指经纪人或自营商不通过有组织的证券交易所，而直接与顾客进行证券买卖的场所，又称店头市场或柜台市场，简称为 OTC 市场（Over-the-Counter Market）。它实际上是由千万家证券商组成的抽象的证券买卖市场。

在场外市场内，每个证券商大都同时具有经纪人和做市商的双重身份，随时与买卖证券的投资者通过直接接触或电话、电报等方式迅速达成交易。作为做市商，证券商具有创造市场的功能。证券商往往根据自身的特点，选择几个交易对象进行报价与买卖。作为经纪人，证券商代理顾客与某证券的交易商进行交易，不承担任何风险，只收少量的手续费作为补偿。

场外交易市场与证券交易所相比具有以下特点：

1. 场外交易市场的买卖价格是通过直接协商决定的，而证券交易所的证券价格则是公开拍卖的结果。

2. 场外交易市场的证券交易不是在固定的场所和固定的时间内进行，而是主要通过电话、计算机系统等现代通信手段成交。

3. 交易所内仅买卖已上市的证券，而场外交易市场则不仅买卖已上市的证券，同样也买卖未上市的证券。

4. 场外证券交易额没有起点和交易单位的限制，没有统一的交易章程和交易规则，管理比较宽松。

四、第三市场

第三市场是 20 世纪 60 年代才开创的一种证券交易市场，是指已在交易所挂牌上市的证券的场外交易市场。这一部分交易原属于柜台市场范围，近年来由于交易量增大，其地位日益提高，以致许多人都认为它实际上已变成独立的市场。

第三市场是为了适应大额投资者的需要发展起来的。一方面，机构投资者买卖证券的数量往往以千万计,如果将这些证券的买卖由交易所的经纪人代理,这些机构投资者就必须按交易所的规定支付相当数量的标准佣金。机构投资者为了减少投资的费用,于是把目光逐渐转向了交易所以外的柜台市场。另一方面,一些非交易所会员的证券商为了招揽业务,赚取较大利润,常以较低廉的费用吸引机构投资者,在柜台市场大量买卖交易所挂牌上市的证券。由于这两方面的因素相互作用,使第三市场得到充分的发展。第三市场的交易价格,原则上是以交易所的收盘价为准。

第三市场并无固定交易场所,场外交易商收取的佣金是通过磋商来确定的,因而使得同样的证券在第三市场交易比在证券交易所交易的佣金要便宜许多。所以第三市场一度发展迅速,直到一些国家取消了固定佣金制度,投资者降低了佣金成本,第三市场的发展势头才有所减缓。

第三市场的出现和发展对证券市场产生了一定的积极影响,对投资者有降低成本的好处,对证券业,由于上市证券出现了多层市场,加强了业务竞争,促进了证券研究和服务的深化。

五、第四市场

第四市场是投资者不通过经纪人,而是通过电子计算机网络直接进行大宗证券交易的场外交易市场。同第三市场一样,第四市场也是适应机构投资者的需要而产生的。

第四市场的交易程序是:用电子计算机将各大公司证券的买进或卖出价格输入储存系统,机构交易双方通过租赁的数据线路与交易网络的中央主机联系,当任何会员将拟买进或卖出的委托储存在计算机记录上以后,在委托有效期间,如有其他会员的卖出或买进的委托与之相匹配、交易即可成交,并由主机立即发出成交证实,在交易双方的终端上显示并打印出来。由此可见,第四市场实际上是个大批量交易的通信网络,主要功能是为买卖双方提供相互沟通的途径,以方便其进行直接的交易谈判。

对第三市场及证券交易所来说,第四市场是一个颇具竞争性的市场。其优点在于:

1. 交易成本低。买卖双方直接交易,节省了佣金。

2. 价格满意、成交迅速。买卖双方直接洽谈成交,所以可望获得双方都满意的较好价格,成交也迅速。

3. 可以保守交易秘密。无须通过经纪人进行交易,有利于机构投资者匿名进行证券交易。

4. 不冲击证券市场。第四市场所进行的一般都是大宗证券交易,如果公开进行,可能会给证券市场的价格造成较大的影响,而在第四市场交易,因其不公开出价,可以避免对证券行情产生压力。

当然,第四市场也有其不利的一面,会给金融管理带来很大困难,连买卖交易的统计资料都很难获得,更不易对这类交易进行管理监督或制定行为规范,所以第四市场的存在和发展也对证券市场的管理带来了挑战。

第四节 创业板市场

一、创业板市场的概念和特点

(一) 创业板市场的概念

创业板市场,是指专门协助中小型公司和高成长型的新兴创新公司特别是高科技公司筹资并进行资本运作的市场,是多层次资本市场的重要组成部分,有的也称为二板市场、另类股票市场、增长型股票市场等。它与大型成熟上市公司的主板市场不同,是一个前瞻性市场,注重于公司的发展前景与增长潜力,其上市标准要低于成熟的主板市场。创业板市场是一个高风险的市场,因此它更加注重公司的信息披露。

国际上绝大部分成熟的证券市场都设有创业板市场。为满足小型、新兴和成长型企业进入公开资本市场的需要,1995 年 6 月,伦敦交易所设立了另类投资市场(Alternative Investment Market,又称高增长市场,简称 AIM),也被称为英国的创业板市场。自建立以来,共有超过 2 000 家公司在 AIM 上市,其中 212 家海外公司,共筹集资金达 190 亿英镑。短短十年间,伦敦证券交易所的 AIM 市场已经成为全球中小型企业的主要融资市场。AIM 由各行各业的公司组成,市场上涉及 33 个不同行业。

1999 年,香港特别行政区在原有的主板市场之外设立了创业板市场——香港创业板市场(Growth Enterprise Market,GEM),为不同行业及规模的具有良好增长潜力的公司提供筹资机会。2009 年 10 月 30 日,我国创业板市场正式启动。

(二) 创业板市场的特点

与主板市场相比,创业板市场具有以下特点:

1. 创业板市场是针对中小企业而设,为其提供一个持续融资的途径,以助其尽快成长与壮大,而主板市场则是针对那些具有一定业绩基础的大中型企业,为该类企业实现规模的扩张提供融资途径。

2. 在创业板市场上市的企业标准和上市条件相对较低。与主板市场注重上市公司的资本规模与既有业绩水平不同,创业板市场更注重上市公司未来发展前景和成长空间,看它是否有明确的战略目标与科学的发展计划,对其静态盈利能力与资本规模不作过多的要求,如公司经营年限可以相对较短,不设最低盈利要求。

3. 主板市场所容纳的上市公司基本归属成熟产业,规模、资本与收益均呈现相对稳定的特点,主板市场主要针对那些寻求相对稳定回报的投资者。而创业板市场中所容纳的上市公司大多处于初创时期,规模小、业务少,面临较大的技术风险、市场风险、经营风险等。具有高成长、高风险的特点,适宜具备相应的承受风险能力、寻求高回报的机构和个人投资者。

4. 由于在创业板上市的公司往往是一些高投资风险的公司,并且创业板的上市条件比主板市场宽松,为了保护投资者,创业板市场一般会在信息披露方面提出更加严格的要求。

5. 创业板市场具有交易的灵活性。其交易方式基本上是投资者与证券商、证券商与证券商之间一对一的直接交易。交易价格一般按净价基础确定,没有交易佣金。证券交易额没有数量起点和单位限制,既可以进行零数交易,也可以进行大额交易。

二、创业板市场的定位

创业板市场的定位重点突出以下几方面:

1. 创业板市场是为中国新经济服务的市场

在中国,随着市场化进程的逐步加快,一大批新兴企业、科技企业得到了蓬勃发展,展示出中国新经济良好的发展前景。大批成长性企业源源不断地涌现,成为促进中国产业结构调整、升级与国民经济持续发展的新生力量。然而,随着这批新兴企业的迅速发展和壮大,需要提供与其相适应的经济金融环境,需要不断补充新的发展动力,而中国的金融证券市场还不能满足它们迅速成长的需要。因此,开设创业板市场是中国新经济发展的必然要求。开设创业板市场,就是要为中国新经济创造一个生长和发展的宽松环境,就是要为这批新兴创业企业提供可持续发展的资金动力,提供比商业银行和传统证券市场更加灵活、方便而有效的融资渠道。

2. 创业板市场是注重上市公司成长性、讲求上市公司质量的市场

创业板市场要以上市公司的成长性与质量为核心,这已成为业内共识。纳斯达克之所以成功,根本原因在于它有一批成长性强、质量高的优秀企业,而不完全在于低门槛的诱惑。如果不顾质量而一味追求上市数量,只会加速市场的死亡。因此,能否成功地吸引发展潜力大、成长性强的企业在创业板市场上市就成为中国创业板能否持续发展、保持永久生命力的关键。

3. 创业板市场是培育创业者理念、催生创新机制的市场

创业板使创业的理念风行,创业板造就一大批知识经济的神话,创业一旦与创业板对接,焕发出令人惊异的力量。创业板的主体是高科技成长型企业,引领无数创业者投身创新创意事业,带领高科技成果走出实验室,走进市场,服务大众。一大批超高速成长、超大规模的高新技术企业群体必将在创业板市场上不断涌现。

创业板担负着制度创新的角色,人们对微软借纳斯达克一飞冲天的财富效应津津乐道,但纳斯达克带给微软制度上的创新和经营管理上的不断完善却是我们最需要的"他山之石"。由于创业板市场在中国是一个新兴的市场,它的各个要素将经受市场化的考验和洗礼,这个市场也必将会催生出一个全新的现代企业制度。

三、创业板首次公开募股上市条件

1. 发行人应当具备一定的盈利能力。为适应不同类型企业的融资需要,创业板对发行人设置了两项定量业绩指标,以便发行申请人选择。第一项指标要求发行人最近两年连续盈利,最近两年净利润累计不少于1 000万元,且持续增长;第二项指标要求最近一年盈利,且净利润不少于500万元,最近一年营业收入不少于5 000万元,最近两年营业收入增长率均不低于30%。

2. 发行人应当具有一定规模和存续时间。根据《中华人民共和国证券法》第五十条关于申请股票上市的公司股本总额应不少于3 000万元的规定,《首次公开发行股票并在创业板上市管理暂行办法》(以下简称《管理办法》)要求发行人具备一定的资产规模,具体规定最近一期末净资产不少于2 000万元,发行后股本总额不少于3 000万元。规定发行人具备一定的净资产和股本规模,有利于控制市场风险。《管理办法》规定发行人应具有一定的持续经营记录,具体要求发行人应当是依法设立且持续经营三年以上的股份有限公司,有限责任公司按原账面净资产值折股整体变更为股份有限公司的,持续经营时间可以从有限责任公司成立之日起计算。

3. 发行人应当主营业务突出。创业企业必须集中资源于核心业务,这样有

利于有效控制风险,也有利于形成核心竞争力。因此,《管理办法》要求发行人集中有限的资源主要经营一种业务,并强调符合国家产业政策和环境保护政策。同时,要求募集资金只能用于发展主营业务。

4. 对发行人公司治理提出从严要求。根据创业板公司特点,在公司治理方面参照主板上市公司从严要求,要求董事会下设审计委员会,强化独立董事职责,并明确控股股东责任。

四、创业板市场的主要模式和交易制度

(一)创业板市场的主要模式

1. 附属市场模式。创业板市场附属于主板市场,和主板市场拥有相同的交易系统;有的和主板市场有相同的监管标准和监察队伍,所不同的只是上市标准的差别。

2. 独立运作模式。创业板市场和主板市场相比有独立的交易管理系统和上市标准,完全是另外一个市场。采用这种模式的有美国纳斯达克市场(NASDAQ)、日本柜台交易市场(JASDAQ)等。

3. 新市场模式。小盘股市场连接而成,其会员市场达成最低运作标准,具有实时的市场行情,承认彼此的会员资格。

(二)创业板市场的交易制度

1. 做市高报价驱动交易制度

即做市商对其所选择做市的股票报出买卖价格,随时准备按此价格向要求买进的投资者卖出和从要求卖出的投资者买入。做市商从自己给出的买卖报价的差额中弥补做市的成本并获取一定收益。其优点是成交及时、交易价格相对稳定、能够抑制股价操纵,缺点是缺乏透明性、会增加投资商负担、监管成本较大、可能出现串谋。

2. 委托指令驱动交易制度

委托指令驱动制度又称竞价制度,先由集合竞价形成开市价格,随后对不断进入交易系统的投资者交易指令进行连续竞价处理。这种交易制度的优点是透明度高、信息传递速度快和运行费用低,缺点是处理大额买卖盘的能力较差,某些不活跃的股票可能持续萎缩,股票价格容易波动。

五、创业板、科创板和北交所的区别

创业板、科创板和北交所在市场定位、服务对象和交易规则等方面存在显著区别。

创业板,又称二板市场,是为暂时无法在主板市场上市的创业型企业提供融资途径和成长空间的证券交易市场。它主要服务于成长型的创新创业企业,支持传统产业与新技术、新产业、新业态、新模式的深度融合。创业板的上市公司通常是市值规模较小、成长潜力大的企业。

科创板则专注于服务具备关键核心技术的"硬科技"型企业,旨在鼓励和支持在科技前沿、经济主战场及国家重大需求领域的企业上市。科创板的上市公司大多符合国家战略导向,依靠核心技术运营,商业模式稳定,市场认可度高。

北交所则专注于服务创新型中小企业,尤其是先进制造业和现代服务业,推动传统产业转型升级,培育经济发展新动能。北交所实行注册制,上市规则与科创板、创业板等具有一定的一致性。

在交易规则方面,创业板的开通条件是20个交易日内日均资产10万元以上及2年证券交易经验;科创板的开通条件是20个交易日内日均资产50万元以上及2年证券交易经验;北交所的开通条件与科创板相同。这些差异使得投资者在选择投资平台时需要根据自身需求和风险承受能力进行合理选择。

思考题

1. 证券交易市场的特点和功能是什么?
2. 证券交易所的特征和功能是什么?
3. 请阐述一下证券交易所的运行架构。
4. 证券场外市场的概念与功能是什么?
5. 场外交易市场与证券交易所相比有哪些特点?
6. 创业板市场的特点有哪些?
7. 创业板、科创板和北交所有什么区别?

第四章

证券投资的工具

第一节 有价证券

一、有价证券的定义

证券是商品经济和社会化大生产发展的产物,其含义非常广泛。从法律意义上说,证券是指各类记载并代表一定权利的法律凭证的统称,用以证明持券人有权依其所持证券记载的内容而取得应有的权益。从一般意义上来说,证券是指用以证明或设定权利所做成的书面凭证,它表明证券持有人或第三者有权取得该证券拥有的特定权益,或证明其曾经发生过的行为。证券按其性质不同可以分为无价证券和有价证券。

无价证券也是一种表明对某项财物或利益拥有所有权的凭证。但这类证券的特征是,政府或国家法律限制它在市场上广泛流通,并不得通过流通转让来增加证券持有者的收益。因而无价证券事实上只是一种单纯的证明文件,如收据、发票等证据证券,它只表示是一种交易的证明;凭证证券虽然也能证明对某项权益拥有合法权利,但此类证券一般在流通上受到限制,不能通过转让来增加收益(除部分规定可以转让的存单外),所以这类证券在经济上缺乏实际的投资价值。

有价证券是指标有票面金额,证明持券人有权按期取得一定收入并可自由转让和买卖的所有权或债权凭证。这类证券本身没有价值,但由于它代表着一定量的财产权利,持有者可凭以直接取得一定量的商品、货币,或是取得利息、股息等收入,因而可以在证券市场上买卖和流通,客观上具有了交易价格。影响有价证券价格的因素很多,主要是预期收入和市场利率,因此,有价证券价格实际上是资本化了的收入,因而可以在证券市场上买卖和流通,客观上具有了交易价格。

有价证券与无价证券最为明显的区别是它的流通性,有价证券可以在相应的范围内广泛的流通,并且在转让过程中产生权益的增减。按有价证券在经济运行中所体现的内容可以将有价证券分为商品证券、货币证券和资本证券三类。

商品证券是证明持券人有商品所有权或使用权的凭证，取得这种证券就等于取得这种商品的所有权，持券者对这种证券所代表的商品所有权受法律保护。属于商品证券的有提货单、运货单、仓库栈单等。

货币证券是指本身能使持券人或第三者取得货币索取权的有价证券，货币证券主要包括两大类：一类是商业证券，主要包括商业汇票和商业本票；另一类是银行证券，主要包括银行汇票、银行本票和支票。

资本证券是指由金融投资或与金融投资有直接联系的活动而产生的证券。持券人对发行人有一定的收入请求权，它包括股票、债券及其衍生品如基金证券、可转换证券等。

资本证券是有价证券的主要形式，狭义的有价证券即指资本证券。在日常生活中，人们通常把狭义的有价证券——资本证券直接称为有价证券乃至证券。

二、有价证券的特征

（一）产权性

证券的产权性是指有价证券记载着权利人的财产权内容，代表着一定的财产所有权，拥有证券就意味着享有财产的占有、使用、收益和处分的权利。虽然证券持有人并不实际占有财产，但可以通过持有证券，在法律上拥有有关财产的所有权或债权。

（二）收益性

收益性是指持有证券本身可以获得一定数额的收益，这是投资者转让资本使用权的回报。证券代表的是对一定数额的某种特定资产的所有权或债权，而资产是一种特殊的价值，它在社会经济运行中不断运动，不断增值，最终形成高于原始投入价值的价值。有价证券的收益表现为利息收入、红利收入和买卖证券的差价。收益的多少通常取决于该资产增值数额的多少和证券市场的供求状况。

（三）流通性

证券的流通性又称变现性，是指证券持有人可按自己的需要灵活地转让证券以换取现金。流通性是证券的生命力所在。证券的期限性约束了投资者的灵活偏好，但其流通性以变通的方式满足了投资者对资金的随机需求。证券的流通是通过承兑、贴现、交易实现的。证券流通性的强弱，受证券期限、利率水平及计息方式、信用度、知名度、市场便利程度等到多种因素的制约。

（四）风险性

证券的风险性是指证券持有者面临着预期投资收益不能实现,甚至有使本金也受到损失的可能。这是由证券的期限性和未来经济状况的不确定性所致。在市场经济下,投资者难以确定他所持有的证券将来能否取得收益和能获得多少收益,从而就使持有证券具有风险。

三、有价证券的分类

（一）按证券发行主体分类

按证券发行主体的不同,有价证券可分为政府证券、政府机构证券和公司证券。政府证券是指由中央政府或地方政府发行的债券。中央政府债券也称国债,通常由一国财政部发行。地方政府债券由地方政府发行,以地方税或其他收入偿还,我国目前尚不允许除特别行政区以外的各级地方政府发行债券。政府机构证券是由经批准的政府机构发行的证券,我国目前也不允许政府机构发行债券。公司证券是公司为筹措资金而发行的有价证券,公司证券的范围比较广泛,有股票、公司债券及商业票据等。此外,在公司证券中,通常将银行及非银行金融机构发行的证券称为金融证券,其中金融债券尤为常见。

（二）按证券适销性分类

证券按是否具有适销性,可以分为适销证券和不适销证券。适销证券是指证券持有人在需要现金或希望将持有的证券转化为现金时,能够迅速地在证券市场上出售的证券。这类证券是金融投资者的主要投资对象,包括国债、股票、认股权证、金融债券等。不适销证券是指证券持有人在需要现金时,不能或不能迅速地在证券市场上出售的证券。这种证券虽不能或不能迅速地在证券市场上出售,但都具有投资风险较小、投资收益确定、在特定条件下也可以换成现金等特点,如定期存单等。

（三）按证券上市与否分类

按证券是否在证券交易所挂牌交易,证券可分为上市证券和非上市证券。上市证券又称挂牌证券,是指经证券主管机关批准,并向证券交易所注册登记,获得在交易所内公开买卖资格的证券。非上市证券也称非挂牌证券、场外证券,指未申请上市或不符合在证券交易所挂牌交易条件的证券。

（四）按证券收益是否固定分类

根据收益的固定与否,证券可分为固定收益证券和变动收益证券。固定收益证券是指持券人可以在特定的时间内取得固定的收益并预先知道取得收益的数量和时间,如固定利率债券、优先股股票等。变动收益证券是指因客观条件的变化其收益也随之变化的证券。如普通股,其股利收益事先不确定,而是随公司税后利润的多少来确定,又如浮动利率债券也属此类证券。

(五)按证券发行的地域和国家分类

根据发行的地域或国家的不同,证券可分为国内证券和国际证券。国内证券是一国国内的金融机构、公司企业等经济组织或该国政府在国内资本市场上以本国货币为面值所发行的证券。国际证券则是由一国政府、金融机构、公司企业或国际经济机构在国际证券市场上以其他国家的货币为面值而发行的证券,包括国际债券和国际股票两大类。

(六)按证券募集方式分类

根据募集方式的不同,证券可分为公募证券和私募证券。公募证券是指发行人通过中介机构向不特定的社会公众投资者公开发行的证券,其审批较严格并采取公示制度。私募证券是指向少数特定的投资者发行的证券,其审查条件相对较松,投资者也较少,不采取公示制度。

(七)按证券性质分类

按证券的经济性质可分为基础证券和金融衍生证券两大类。股票、债券和投资基金都属于基础证券,它们是最活跃的投资工具,是证券市场的主要交易对象,也是证券理论和实务研究的重点。金融衍生证券是指由基础证券派生出来的证券交易品种,主要有金融期货与期权、可转换证券、存托凭证、认股权证等。

四、有价证券的功能

有价证券在现代经济中具有重要功能,主要表现在以下几个方面:

1. 资本证券是结合成一体的资本、财产或债权债务关系的份额比,它既使得发行人能够方便地将社会上闲散的货币资金集中为整体社会资金或职能资本,又能使小额的货币资金享受巨额资本的规模效益,因此,资本证券是企业、政府筹集中长期资本的主要工具,也是社会公众收入投资增值的重要渠道。

2. 货币证券可以起到节省现金使用,方便交易支付和汇兑的作用,从而提高资本使用效率和资本转移的安全性。货币证券突破了现金不足的限制,使生产规模和交易规模都成倍地扩大。

3. 一些有价证券,特别是短期政府债券,是中央银行运用经济手段控制货币供应量、调节经济运行的重要工具。

4. 有价证券作为投资、融资工具,可以使资金迅速流动,使资金向效益好的方向流动,有利于社会资源的有效配置。

5. 随着现代经济的发展,金融证券化、国际化是必然的趋势。金融证券化,有利于金融工具的创新,使金融工具的发行、买卖进一步规范化。

6. 有价证券及其衍生工具的发展,使社会筹资范围进一步扩大,有利于在国际上进行投资和筹资。

总之,有价证券是信用制度的产物,也是信用制度深化的原因。证券交易的产生、丰富和发展对社会经济发展起着越来越重要的作用。

第二节　股票

一、股票的概念和特征

(一) 股票的概念

股票是指由股份有限公司发行的,用以证明投资者的股东身份、所持股份,并据以享受权益和承担义务的有价证券。这一定义有以下几层含义:①股票是由股份有限公司发行的,非股份有限公司不能发行股票;②股票是投资者向公司投资入股的凭证。购买股票和向公司投资是一个过程,股票投资者即为公司的股东,享有公司一定份额的资产所有权,其权力大小视所持股份占公司总股本的比例而定;③股票是一种有价证券。股票的价值主要体现在两方面:一是股票持有者拥有分配请求权,在正常情况下可以取得股息;二是股票持有者拥有公司资产的最终所有权,代表一定的价值量;因此,股票的转让是有价的。由于股东的权利附于股票上,股票的转让也就意味着股东权益的转移。

(二) 股票的特征

1. 不可偿还性

股票是一种无偿还期限的有价证券,投资者认购股票后,就不能要求退股,只能到二级市场转让。股票的转让只意味着公司股东的变更,并不减少公司股本。从期限上看,只要公司存在,它所发行的股票就存在,股票的期限等于公司的存续期限。对于股份公司而言,发行股票是筹措长期资金的主要手段,由于股票具有不可偿还性,所以通过发行股票增加了公司的权益资本。

2. 参与性

股东有权出席股东大会,选举公司董事会,参与公司重大决策。股票持有者的投资意志和享有的经济利益,通常是通过行使股东参与权来实现的。股东参与决策的权利大小,取决于其所持股份的多少。

3. 收益性与风险性

收益性是指持有股票可以为持有者带来收益。获取收益是人们投资于股票的基本目的。股票的收益可以分为两类：第一类来自股份公司。投资者购买股票后，对发行该股票的公司就享有经济利益，可以分取股息与红利，股息与红利的多少，主要取决于公司的盈利水平和利润分配政策。第二类来自股票流通。股票持有者可以在二级市场上进行股票交易，赚取股票差价收益，这种差价收益称为资本利得。

然而股票的收益是不确定的，会随着股份公司的经营状况和盈利水平上下浮动，并且受到证券市场行情的影响。股份公司经营状况越好，股票持有者就可获得越多的股息或红利，反之则会蒙受损失。因此，股票的收益性与风险性是并存的，认购了股票就必须承担一定的风险。

4. 流通性与价格波动性

流通性是指股票在不同投资者之间的可交易性。股票持有者可根据自己的需要和市场情况，灵活地转让股票。转让股票时，转让者收回投资（可能高于或低于原投资），而将股票所代表的股东身份及各种权益让渡给受让者。许多国家不仅在法律上承认股票的可转让性，而且还允许通过有组织的市场来进行股票的交易活动。所以，股票是流通性很高的有价证券。

与流通性相联系，股票价格有较大的波动性。股票在交易市场上作为交易对象，同商品一样，有自己的市场行情和市场价格。由于股票价格要受到宏观经济环境、公司经营状况、供求关系、银行利率、公众心理等多种因素的影响，而这些因素往往又是不确定的，因此股票价格往往处于不确定的波动状态之中。当然，也正是股票的可交易性和价格的波动性，才给人们带来了投资的欲望和获利的机会。

二、股票的分类

（一）按股东享有权利的不同可分为普通股票和优先股票

普通股票是指持有者在公司的经营管理以及盈利和财产的分配上享有普通权力的股票。目前我国上海和深圳证券交易所上市交易的股票都是普通股票。

优先股票是指股份有限公司筹集资金时，在股息分派分配方向给予投资者某些优先权的股票。

（二）按照股东是否对股份有限公司管理享有表决权，股票可分为表决权股股票和无表决权股股票

表决权股股票是指股票持有人对公司的经营管理享有表决权的股票。有表

决权股票又可分为单权股股票、多权股股票、限制表决权股股票、有表决权优先股股票等,持有这些股票的股东,均可参加股东大会;无表决权股股票是指根据法律或公司章程的规定,对股份有限公司经营管理不享有表决权的股票,持有这些股票的股东无权参与公司的经营管理和经营决策。

(三) 按照股票的面额形态分,股票有记名股票和不记名股票、面额股票和无面额股票、实体股票和记账股票

记名股票是指在股票和公司股东名册上记载股东姓名的股票。不记名股票是指股票票面不记载股东姓名的股票。记名股票代表的股东权益归属记名股东,如转让记名股票,须遵守法定的程序和规定的转让条件;不记名股票的转让比较自由。

面额股票是指在股票上记载一定金额的股票,也叫面值股票、有面额股票,记载的票面金额即为股票票面价值。无面额股票是指股票票面上不记载金额,只注明它是公司全部股本总额的百分之几的股票,也称份额股票。

实体股票是指股份公司给股东发放纸制的票券作为其持有股份的表现形式。记账股票是指不发行实体股票,只作股东名册登记的股票。

三、普通股股票与优先股股票

(一) 普通股股票的概念和特点

普通股股票是股票中最普遍的一种形式,是指每一股份对公司财产都拥有平等的权益,即公司对股东享有的平等权利不加限制,并能随股份有限公司利润大小分取相应股息的股票。普通股股票是最重要的股票种类,是构成公司资本的基础。

普通股股票具有四个特点:

1. 普通股股票持有者有参与公司经营决策的权利。持有普通股股票的股东是公司资本的所有者,可以行使所有者应有的权利,即普通股股东有权参与投资公司的股东大会,并且在股东大会上可以对公司财务报表和经营状况进行审查,对公司的经营方针和经营决策有发言权和建议权、有选举和被选举为公司董事和监事的权利、有优先认股权、有监督检查权等。

2. 普通股股票持有者有盈余分配权。普通股股东可以从公司获得的利润中分配到股息,其股票的股利是不固定的,它随着公司利润水平的变动而变动,公司经营状况好,盈利多,股息就高;反之股息就低。普通股的收益完全依赖于企业的经营状况,所以在各类股票中,普通股股票的收益率最高,但风险最大。

3. 普通股股票有剩余资产分配权。即在公司解散或清算中,若公司的资产

在偿付债权人和优先股股东的求偿权后还有剩余,普通股有权分配剩余资产。但是,普通股分配剩余财产的顺序排在优先股之后。因此,若公司剩余资产有限,普通股股东是最终的损失者。

4. 普通股股票可以在证券交易所上市交易。普通股股票在证券市场上能自由买卖和转让,普通股股东可以在股票市场上低进高出赚取股票价差,从而获取价差收入,这是由普通股股票极强的流通性决定的。

(二) 优先股股票的概念和特征

优先股股票是股份有限公司发行的在分配公司收益和剩余资产方面比普通股票享有优先权的股票,它是公司为特定目的而发行的股票,与普通股股票相同,代表持股人在公司中的财产或所有权,可以在市场上买卖和自由转让,与普通股同属于股东权益的一部分。

优先股的特点:

1. 优先股有领取股息的优先权。按公司章程规定,优先股可以先于普通股股东向公司领取股息或股本,即在股息分配中,优先股股东领取优先,通常,优先股未分配股利之前,普通股不得分配股息;在分取公司剩余资产中,优先股股东有权首先收取股金,普通股只能在优先股分取之后公司资产仍有剩余的条件下方可分取其剩余财产,所以,优先股比普通股安全、风险少。

2. 优先股有约定的股息率。优先股股票在发行时,即已约定了固定的股息率,且股息不受公司经营状况和盈利水平的影响,即优先股不享有公司利润增长的利益,也不分担公司经营不善的风险。但是优先股股票的股息率一般高于银行的长期存款利率,所以,其收入稳定又比债券利息率高,从而对稳健的投资者有吸引力。

3. 优先股具有一种财务杠杆作用。公司中有无优先股和优先股的多少,对普通股的影响较大,这种影响称为杠杆作用。具体来讲,因为优先股股息率不变,当公司总的资本盈利率提高时,杠杆作用可使普通股股息增长率大于资本盈利率的增长率,使普通股股息收入有很大增加;当总资本盈利率下降时,杠杆作用又会使普通股收益的下降幅度大于没有优先股时的下降幅度。

4. 优先股股东一般不出席股东大会。优先股股东一般不参与公司的经营决策,不拥有普通股股东拥有的表决权和选举权,所以,优先股股东一般不出席股东大会。只有在直接关系到优先股股东利益的表决时,才能行使表决权。

第三节　债券

一、债券的概念和特征

(一) 债券的概念

债券是发行者依照法定程序发行,承诺按约定利率和日期支付利息,并在特定日期偿还本金的有价证券。这一定义包含以下几层含义:①债券发行者是以借债方式筹措资金的经济主体,即债务人;②债券投资者是贷出资金的经济主体,即债权人;③债券发行者需按约定条件和期限还本付息;④债券是反映发行者与投资者之间债权债务关系的法律凭证。

(二) 债券的特征

债券作为一种投资对象,从投资者的角度看,具有以下特征:

1. 偿还性

偿还性是指债券有规定的偿还期限,债务人必须按期向债权人支付利息和偿还本金,这是由债券反映的债权债务关系的性质决定的。即使在特殊情况下发行的无限期公债,政府也须按期付息并在财政状况好转时偿还本金。债券的偿还性使得债券发行主体不能无限期地占用债券购买者的资金。这一特征与股票的无偿还性有明显区别。

2. 流动性

流动性即变现力,它是指债券持有人可按自己的需要和市场的实际状况,转让债券收回本息的灵活性特征。债券有规定的偿还期限,到期前不能兑付,但是,债券持有人在债券到期前如需现金,可到证券市场转让变现,也可到银行等金融机构进行质押贷款,因此,债券具有流动性。债券流动性的强弱主要取决于证券市场的发达程度以及债券发行主体的信誉状况。

3. 风险性

风险性一般是指发生损失的可能性。债券作为一种投资方式,由于受发行主体信誉、市场状况等因素的影响,也具有一定的风险性。债券风险主要体现在三个方面:一是违约风险,即债务人不能履行债务责任为投资者(债权人)带来的损失;二是利率风险,即因市场利率变化(上升)导致债券价格下跌,债券收益率下降为投资者带来的损失;三是通货膨胀风险,即由于发生通货膨胀,物价上涨,货币贬值,导致持有固定利率债券投资者实际收入减少。这一风险因通货膨胀程度、持续的时间不同会有不同影响。但是，相对于股票而言，债券的投资风险较小。因为债务的收益相对固定，不随发行者经营收益的变动而变动，可以按期收回本金，且市场价格波动小。所以，与其他证券相比，债券是一种风险较小、安全性较高的投资工具。

4. 收益性

收益性是指债券能为投资者带来一定的收入。这种收入主要表现为利息，即债券投资的报酬。在实际经济活动中，债券收益可以表现为两种：一种是债权人将债券一直保持至期满日为止，这样，在债券期限内，债权人可以按约定的条件分期、分次取得利息或者到期一次取得利息；另一种是债权人在债券期满之前将债券转让，这样，债权人有可能获得超过购入时债券价格的价差。理论上讲，如果利率水平一直不变，这一价差就是其持有债券这段时间的利息收益转让形式。但是，由于市场利率会不断变化，债券在市场上的转让价格将随市场利率的升降而上下波动。

二、债券的分类

债券的种类很多，各具特点，因划分标志的不同，对债券的分类也不尽相同。

（一）按债券发行主体分类，可分为政府债券、金融债券和公司债券

政府债券即一般所称的公债，它是政府为筹集资金而向投资者出具并承诺在一定时期支付利息和到期还本的债务凭证。国家在发行公债的过程中是以法人身份出现，投资者的购买行为完全是出于自愿，国家不凭借权力强制其购买。由于公债有政府信誉和财政收益作担保，因而其信誉度最高，风险性最小，所以又被称为"金边债券"，其利率也较一般债券要低。由于公债具有最高的信用地位，收益较为稳定，又容易变现，且购买公债可以享受优惠的税收待遇，甚至免税，因而对投资者的吸引力很大。

由于公债具有较高的安全性和流动性，它被广泛地应用于各种抵押和保证行为中。此外，公债还是中央银行的主要交易品种。中央银行通过对公债的公开市场交易，实现对货币供应量的调节，进而为实现最终的货币政策目标服务。

金融债券是由银行和非银行金融机构为筹措资金而发行的债务凭证。金融机构发行金融债券，有助于扩大长期投资性质的资产业务，有利于对资产和负债进行科学管理。由于金融机构在经济中具有重要的、特殊的地位和作用，各国政府对于金融机构实施较为严格的金融稽核制度，因此一般金融机构的信用要高于非金融机构，金融债券的安全性处于政府债券与公司债券之间，其利率水平一般低于公司债券而高于政府债券。

公司债券是公司为筹措资金而发行的一种债务契约,承诺在未来的特定日期偿还本金并按照事先规定的利率支付利息。通常公司都是为筹措长期资金、扩大生产而发行公司债券。公司债券的还款来源是公司的经营利润,如果公司经营状况不佳,就会使投资者面临巨大的风险。因此,与政府公债和金融债券相比较,公司债券的风险相对较大,安全性和征税待遇相对较低,但利率水平相对较高,这样才吸引到许多的投资者。

不同的公司发行不同的公司债券,就是同一家公司也经常发行期限、利率、权益、抵押担保方式等方面不同的债券,因此,公司债券的品种繁多。在债券市场比较发达的国家,公司债券可达到几千种,甚至上万种品种。

(二) 按债券是否附有息票,债券可分为有息票债券和无息票债券

有息票债券是在债券上附有各期利息息票的中、长期债券。债券持有人于息票到期时,凭从债券剪下来的息票领取本期的利息。息票剪完后,债券即到期,按面值归还本金。

无息票债券不附息票,利息一般在债券上注明。这又有两种情况:一种是筹资者在发行债券时采用低于债券票面价值的价格出售债券,即折价发行,面值与发行价格的差额就是应支付的利息。债券到期时,筹资者按债券面值兑付。这实际上是以利息预付的方式发行债券,这种债券也叫贴息债券。另一种债券是利息到期一并支付,即在归还时一并计算付息,不计复利。这种债券称为单利债券或一次还本付息债券。

(三) 按债券募集方式划分,可分为公募债券和私募债券

公募债券是指按法定手续,经证券主管机构批准在市场上公开发行的债券。这种债券不限定认购者,社会上的任何人都可以认购。为了保护投资者的投资安全,公募债券一般要有较高的信用等级作为必要条件,其发行者必须执行信息公开制度,向投资者提供各种财务报告和有关资料。

私募债券是向少数特定投资对象,即与发行者有特定关系的投资者发售的债券。私募债券的发行范围很窄,流动性也较差。私募债券的利率比公募债券高,几乎不上市流通,发行者无需公布其财务状况资料。

(四) 按偿还期限的长短,债券可分为短期债券、中期债券和长期债券

债券期限的长短,不同国家的划分标准不完全相同。一般说来,期限在一年以内的债券为短期债券;期限在 1 年以上 5 年以下的债券为中期债券;期限在 5 年以上的债券为长期债券。也有些国家将中期债券的期限规定在 1 年以上 10 年以下,而 10 年以上的债券为长期债券。在长期债券中,还有不偿还本金或

不规定本金偿还期限的债券,债券持有人只能按期领取利息而不能要求发债人偿还本金,这种债券又称为无期债券。中长期债券由于期限较长,利率风险较大,可能带有利率浮动或可赎回之类的条款,也可能采取分次支付利率的方式。一般情况下,期限越长的债券,其利率水平越高。在理论上,短期债券属于货币市场工具,中长期债券属于资本市场工具。

(五) 按有无抵押,分为抵押债券和无抵押债券

抵押债券指的是债券发行者以其自有并且有自主处置权的资产,如房地产、机器设备、股票、债券等作为固定抵押物而发行的债券。如果债务人在债券到期后不能赎回债券,即不能还本付息时,则债权人有权对所抵押的资产进行处理。

无抵押债券指的是债券的发行者依靠自身或他人的信誉,而不用任何资产作抵押所发行的债券。在无抵押债券中,又可以根据有无担保,分为有担保债券和无担保债券。有担保债券是指由担保人保证债券本息偿还的债券。根据担保人的身份不同,担保债券又可分为政府担保债券和法人机构(如大银行)担保还本付息的担保债券。担保人成为第二债务人,在债券的发行人到期不能还本付息时,有关债务便由担保人承担。无担保债券是完全凭自身的信用,没有其他部门以任何方式作保证而发行的债券。无担保债券一般期限较短,利率较高。

(六) 按债券的形态,可以将债券分为实物债券、凭证式债券和记账式债券

实物债券是一种具有标准格式实物券面的债券,是看得见、摸得着的债券,债券上不记载债权人的姓名。

凭证式债券主要通过银行或证券公司承销,向企业、事业单位和个人推销,向买方开出收款凭证的一种债券。这种债券可记名,可挂失,但不能上市流通,持有人可以到原购买网点办理提前兑付手续。

记账式债券没有实物形态的券面。记账式债券主要通过证券交易所来发行。投资者利用已有的股票账户通过交易所网络,按其欲购价格和数量购买。买入之后,债券数量自动进入购买者的账户内。

(七) 按债券发行的地域,可以将债券分为国内债券和国际债券

国内债券是指一国政府、金融机构或企业在本国国内,以本国货币计价发行的债券。国际债券是指政府、金融机构、公司在本国以外发行的债券,即债券发行人属于一个国家,而发行地点在另一个国家,且债券面额以外币计价。发行国际债券的主要目的在于弥补发行国政府的国际收支逆差和国内预算赤字,筹集国家大型工程项目所需资金,实施国际金融组织的开发计划,以及增加大型工商企业的经营资本等。

改革开放以来,我国政府、金融机构及大型国有企业从国际债券市场上筹集到大量的海外资金,在我国的经济建设起到了相当大的作用。

三、股票与债券的区别

股票与债券都是投资者进行长期投资的金融工具,也是筹资者用以进行长期筹资的对象,它们都是有价证券,都具有获得一定收益的权利,且两者的收益率相互影响,并可以进行转让买卖,这是两者的相同之处。股票是股权证券,体现了一种产权关系。债券是债权凭证,体现的是一种债权债务关系,这是两者最根本的区别。两者的主要区别为:

1. 两者权力不同。债券是债权凭证,债券持有者与债券发行人之间是债权债务关系,债券持有者只可按期获取利息及到期收回本金,无权参与公司的经营决策。股票则不同,股票是所有权凭证。股票所有者是发行股票公司的股东,股东一般拥有投票权,可以通过选举董事行使对公司的经营决策权和监督权。

2. 两者目的不同。发行债券是公司追加资金的需要,它属于公司的负债,不是资本金。股票发行则是股份公司为创办企业和增加资本的需要,筹措的资金列入公司资本。而且,有资格发行债券的经济主体很多,中央政府、地方政府、金融机构、公司组织等一般都可以发行债券,但能发行股票的经济主体只能是股份公司。

3. 两者期限不同。债券一般有规定的偿还期,期满时债务人必须按时归还本金,因此,债权是一种有期投资。股票通常是不能偿还的,一旦投资入股,股东便不能从股份公司抽回本金,因此股票是一种无期投资,或称永久投资。当然,股票持有者可以通过市场转让收回投资资金。

4. 两者收益不同。债券有规定的利率,可以获得固定的利息;股票的股息红利不固定,一般视公司经营情况而定。

5. 两者风险不同。股票的风险较大,债券的风险较小。这是因为:第一,债券利息是公司的固定支出,属于费用范围;股票的股息红利是公司利润的一部分,公司有盈利才能支付股息,且在支付时排在债券利息支付之后;第二,如果公司破产,清理资产后有余额偿还时,债券偿付在前,股票偿付在后;第三,在二级市场上,债券因其利率固定、期限固定,市场价格也较稳定;而股票无固定的期限和利率,受各种因素的影响,价格波动频繁,盈亏的不确定性大。

第四节 投资基金

一、投资基金的概念和特征

(一) 投资基金的概念

投资基金是指一种利益共享、风险共担的集合证券投资方式,即通过发行基金,集中投资者的资金,由基金托管人托管,由基金管理人管理和运用资金,从事股票、债券等金融工具投资,并将投资收益按基金投资者的投资比例进行分配的一种间接投资方式。证券投资基金属于金融信托的一种,反映了投资者与基金管理人、基金托管人之间的委托和代理关系。投资基金的发展已有 100 多年的历史了,它于 1868 年在英国产生;20 世纪 20 年代以后传入美国得到较大发展,不断兴盛;20 世纪 80 年代后则在全世界得到迅速发展。

(二) 投资基金的特征

1. 规模效益

投资基金通过发行基金单位或股份的方式,将众多中小投资者的零散资金巧妙地汇集起来,交给专业机构投资于某种金融工具,以谋取资产的增值。基金对投资的最低限额要求不高,投资者可以根据自己的经济实力决定购买数量。因此,基金可以最广泛地吸收社会闲散资金,汇成规模巨大的投资资金。在参与证券投资时,资金越雄厚,优势越明显,而且可能享有大额投资在降低成本上的相对优势,从而获得规模效益。

2. 分散风险

以科学的投资组合降低风险,提高收益,是基金的另一大特点。在投资活动中,风险和收益总是并存的,因此,"不能将所有的鸡蛋都放在一只篮子里"是证券投资的至理名言。但是,要实现投资资产的多样化,需要一定的资金实力,对小额投资者而言,由于资金有限很难做到这一点,而基金则可以帮助中小投资者解决这个困难。基金可以凭借其雄厚的资金,在法律规定的投资范围内进行科学组合,分散投资于多种证券,实现资产组合多样化。

3. 专家管理

投资基金实行专家管理制度,这些专家都受到过专业教育,经过专门训练,具有丰富的证券投资经验。他们善于利用基金与金融市场的密切联系,运用先进的技术手段分析信息资料,能对金融市场上各类品种的价格变动趋势做出比较正确的预测,最大限度地避免投资决策的失误,提高投资成功率。对于中小投资者来说,投资基金就可获得专家们在市场信息、投资经验、金融知识和操作技术等方面所拥有的优势,从而尽可能地避免盲目投资带来的失败。

4. 标准化运作

投资基金均有明确的投资目标,资产运用规范、有序。基金管理机构有完善的组织架构、运作规则和投资理念,买卖证券的品种、数量、时机等均有专业的判断标准,并在市场研究、投资运作、资产管理等方面建有相应的管理程序,从而使基金资产运作纳入标准化程序之中,实现投资理性化,有效保证投资质量。

二、投资基金的分类

(一) 从组织形态上划分,投资基金可分为公司型基金与契约型基金

公司型基金是依据公司法而成立的投资基金。它通过组建股份公司(投资公司)的形式,发行公司股票募集投资资金,其组建的股份公司即为基金公司本身。可见,公司型投资基金实际上是投资基金公司的股票。一般投资者购买基金公司的股票后,以基金持有人身份成为基金公司的股东。基金持有人会议是基金公司的最高权力机构,基金公司应根据基金持有人会议的决议,选择一家投资管理公司或基金管理公司来管理和运作基金公司的资产;同时,选择一家银行或其他金融机构来担任基金资产的保管人。公司设有董事会,负责制订基金投资政策,选聘投资顾问和公司经理。公司型投资基金的最主要特点是它的公司性质,即基金公司本身是一个独立法人机构,依据公司章程运作基金财产。

契约型基金又称信托型基金,是依据信托法、投资信托法而设立的投资基金。它通过发行受益凭证而组成投资基金。该基金一般由基金管理公司、基金保管公司及投资者三方当事人订立信托契约。基金管理公司是基金的发起人,通过发行受益凭证将资金筹集起来组成信托财产,并依据信托契约进行投资。基金保管公司一般由银行担任,根据信托契约,负责保管信托财产,具体办理证券、现金管理及有关的代理业务等。投资者是受益凭证的持有人,通过购买受益凭证,参与基金投资,享有投资收益。

公司型基金和契约型基金有以下几点区别:①公司型基金具有独立的法人资格,每一个基金的创立都要求是一个基金公司,即一个基金公司的内核就是共同投资基金。基金与公司是内容与形式的关系,如同股份公司一样。但它在运行过程中不能有其他债权债务。基金公司仅以单个基金为全部运行资本,基本上无其他债权债务。而契约型投资基金则不具有独立法人资格,它是由基金管理公司发起并通过发行受益证券方式募集基金的。②公司型投资基金依据投

公司章程进行招股、运作与管理,而契约型投资基金是依据单个基金的信托契约来进行募集、经营与管理。③公司型投资基金发行的证券为股票,基金持有者为股东,可以参与持有人大会,行使股东权利。契约型投资基金发行的证券为受益凭证,投资者不是股东,只有受益分配请求权。

在当今世界,欧美的投资基金一般为公司型,其中以美国、英国为典型代表。亚洲等地区的投资基金一般为契约型。

(二) 从所发行的证券是否可赎回划分,投资基金可分为开放型基金和封闭型基金

无论是契约型投资基金,还是公司型投资基金,都可以依据这一点分为开放型基金和封闭型基金。开放型基金,是指基金的资本总额及发行份数不是固定不变的,而是可以随时根据市场供求状况发行新份额或被投资人赎回的投资基金。由于这种投资基金的资本总额可以随时追加,又称为追加型投资基金,这是投资基金与一般股票的不同之处。投资者可以根据自己的意愿,向发行人请求按目前基金净资产价值扣除一定的手续费购回相应股份或受益凭证,证券持有者获得等值现金。

封闭型投资基金,是指基金资本总额及发行份数在未来发行之前就已确定下来,在发行完毕后和规定的期限内,不论出现何种情况,基金的资本总额及发行份数都固定不变的投资基金,故有时也称为固定型投资基金。由于封闭型投资基金的股票或受益凭证不能被追加、认购或赎回,投资者在不满意其收益时,只能通过证券经纪商在公开市场上将其持有的基金股票或受益凭证卖出,以收回投资。

在发展历史上,最早出现的基金是封闭型基金,因为在投资基金的初创阶段,人们总是希望基金运作更具稳定性,加上当时投资领域不广,技术条件以及市场环境都没有达到开放型基金所需要的要求。在这些方面都得到了很大的改善以后,封闭型基金已经难以满足市场的需要,开放型基金逐渐在市场上取得了主要地位。

(三) 根据投资风险与收益的目标不同,可将投资基金划分为积极成长型投资基金、成长型投资基金、成长加收益型投资基金、平衡型投资基金和收益型投资基金

积极成长型投资基金追求高风险、高报酬率,投资收益主要来自股票买卖的差价收入。所选择的投资对象多为具有高成长潜力和高风险的股票及其他证券,或可能被兼并的公司或股价暂时受到压抑、运营状况暂时困难的公司股票,以期能引起股票价格的快速上涨。在实际运作中,这些基金经理人还往往利用

贷款购买股票，以此获取最大的资本利得。这种基金获利能力强，但投机性相当高，很适合于敢冒风险者。

成长型投资基金同积极成长型基金相类似，追求以高风险获取资本的长期利得，而不是当期收入。它以成长性强的高科技公司和新型行业中的潜力公司为投资对象，以未来获得高收益为目标。

成长加收益型投资基金则兼顾资本利得和股息收入两种目标，力图把资本的长期增值与股息的稳定收入结合起来。有时这类基金会把成长置于收益之前，视资本利得稍重于利息股利收益。但总起来看，这类基金的投资策略要比成长型基金保守些，它只限于在股价波动较小的股票中进行投资。基金经理人多将资金投入派息较多而成长前景尚佳的股票及可转换公司债券上。

平衡型投资基金通常有三个投资目标：一是保存投资者的原始本金；二是获取当期收入；三是促进本金和收入的长期增长。为此它通常会把 25%～50% 的资金投向优先股和债券，以确保资金的安全性，其余的资金则投向普通股票。为保证安全性，可能会定有投资股票的限制比例。至于股票和债券投资的实际比例高低，基本上取决于经理人对证券市场前景的预测，可以做出一定的变动。

收益型基金的追求目标是稳定的、最大的当期收入，而不强调资本的长期利得和成长，也就是注重目前收益性，而未来的成长性则在其次，并希望能保住本金。其投资组合主要包括利息较高的债券、优先股和普通股，以及某些货币市场上的证券。

（四）其他分类

以上是投资基金的三种最主要的分类形式。实际上，由于投资基金因各国的经济、历史、社会、文化等环境的不同，因而呈现出各种各样的形态。

按投资的金融业务划分，可分为综合型投资基金与单项型投资基金。所谓综合型投资基金，是指基金投资的业务种类可以是多样的，既可以进行直接投资，也可以进行贷款、租赁、证券买卖、拆借融资等。所谓单项型投资基金，即仅从事股权或某种有价证券的投资，股权式投资基金是直接投入企业，着眼于企业股权增值或股票的未来公开转让与上市的资本收益。

按募集资金的币种、来源与运用国别划分，可分为本币投资基金与外币投资基金。前者是指向本国中小投资者以本国货币募集的基金，其运用方向与范围是在本国从事股权或有价证券投资。后者是指以国际上可自由兑换的任意一种外币向国内外中小投资者募集的基金，用于国内企业股权股票及债券投资，或到海外进行投资或买卖外国有价证券。如发达国家筹集的各类中国基金，旨在投资或买卖中国国内的 B 股，以期获得高于本国国内的投资收益。

按基金所指向的金融市场目标不同,投资基金可分为资本市场基金与货币市场基金。前者是将所发行的基金投向资本市场作中长期投资或流动性较好的证券市场、衍生产品市场。这类基金主要有股票基金、国债基金、公司债券基金、创业基金、认股权证基金、期货基金等。后者是由小额存款汇成为大额存款的投资基金,主要投资短期金融市场,如购买大额可转让存单、各类商业票据、银行票据,进行证券回购、短期融资等,其投资风险低、成本低、流通性好、收益也较低。

三、投资基金的收益与费用

(一)投资基金的收益

基金收益是基金资产在运作过程中所产生的超过自身价值的部分。即基金收益包括基金投资所得的股利、债券利息、买卖证券价差、存款利息和其他收入。

1. 股利,是基金因购买公司股票而享有的对该公司净利润分配的所得。一般而言,公司对股东的股利分配有现金股利和股票股利两种形式。基金作为长线投资者,其主要目标在于为投资者获取长期、稳定的回报,股利是构成基金收益的一个重要部分。所投资股票股利的多少,是基金管理人选择投资组合的一个重要标准。

2. 债券利息,是指基金资产因投资于不同种类的债券(国债、地方政府债券、企业债、金融债等)而定期取得的利息。债券利息也是构成投资回报的不可或缺的组成部分。

3. 买卖证券差价,是指基金资产投资于证券而形成的价差收益,通常也称资本利得。

4. 存款利息,指基金资产的银行存款利息收入。这部分收益仅占基金收益很小的一个组成部分。开放式基金由于必须随时准备支付基金持有人的赎回申请,必须保留一部分现金存在银行,存款利息相对较大。

5. 其他收入,指运用基金资产而带来的成本或费用的节约额,如基金因大额交易而从证券商处得到的交易佣金优惠等杂项收入。

(二)基金的费用

基金运作过程中,有一些必要的开支需由基金承担,其中基金管理费和基金托管费是基金支付的主要费用。

1. 基金管理费。基金管理费是支付给基金管理人的管理报酬,其数额一般按照基金净资产的一定比例,从基金资产中提取。基金管理人是基金资产的管理者和运用者,对基金资产的保值和增值起着决定性的作用。基金管理费是基金管理人的主要收入来源,基金管理人的各项开支不能另外向基金或基金公司摊销,更不能另外向投资者收取。基金管理费通常按照每个估值日基金净资产的一定比例(年率)如每年约 1.5‰~2.5‰,逐日累积,定期支付。

2. 基金托管费。基金托管费是指基金托管人为基金提供服务而向基金或基金公司收取的费用。托管费通常按照基金资产净值的一定比例提取,逐日计算并累计,至每月末时支付给托管人,此费用也是从基金资产中支付,不须另向投资者收取。基金的托管费计入固定成本。基金托管费收取的比例与基金规模和所在地区有一定关系,通常基金规模越大,基金托管费费率越低。新兴市场国家和地区的托管费收取比例相对要高。托管费年费率国际上通常为 0.2‰左右。

3. 操作费用。包括基金的上市费用,证券交易费用,基金信息披露费用,基金持有人大会费用,与基金相关的会计师费和律师费,可以列入的其他杂项费用。

四、投资基金与股票、债券的区别

1. 投资者的地位不同。股票持有人是公司的股东,具有法定的股东权利和义务;债券持有人是债券发行人的债权人,有权到期收回本金;基金单位持有人是基金的受益人,是基金资产的最终所有人,其主要权利为本金求偿权、收益分配权及参与投资人大会表决权等。

2. 所反映的经济关系不同。股票反映的是所有权关系,债券反映的是债权债务关系,而契约型基金反映的则是信托关系。

3. 所筹资金的投向不同。债券和股票是融资工具,筹集的资金主要投向实业,而基金主要是投向其他有价证券等金融工具。

4. 投资工具性质不同。股票和债券是直接投资工具,而基金是间接投资工具。

5. 收益与风险不同。债券的票面利率通常是预先确定的,到期还本付息,收益是固定的,投资者承担的风险较小;股票的收益取决于发行公司的经营状况,收益是不固定的,且影响的因素较多,投资风险较大;而基金主要投资于有价证券,且其投资选择相当灵活多样,从而使基金的收益有可能高于债券,投资的风险又可能小于股票。

思考题

1. 有价证券的定义和特征是什么？
2. 有价证券的功能表现在哪些方面？
3. 股票的概念和特征是什么？
4. 优先股的概念和特征是什么？
5. 债券的概念和特征是什么？
6. 股票和债券的区别有哪些？
7. 投资基金的概念和特征是什么？
8. 投资基金与股票、债券的区别有哪些？

分析篇

第五章

证券投资价值分析

第一节 证券的理论价值

一、资金的时间价值

（一）资金时间价值的概念

资金的时间价值是金融投资领域的一个十分重要的概念。随着时间的变迁，资金的价值会发生变化。在风险和物价既定的条件下，现在的1元钱与今后的这1元钱在价值量上也不相等，一般来说，后者要大于前者。这种资金在周转使用中由于时间因素而形成的差额价值，称为资金的时间价值。它是指一定量的资金在不同时点上价值量的差额，是资金在使用过程中随时间的推移而发生的价值增值，是在生产经营过程中产生的，来源于劳动者在生产过程中创造的新的价值，资金所有者为了进行某些投资活动而延期消费，就是为了获得资金的时间价值。

货币的时间价值具有两层含义：一是指由于时间因素的作用而使现在的一笔资金的价值高于将来某个时期的同等数量资金价值的差额；二是指资金随着时间的推移所具有的增值能力，亦即同样数量的一笔资金，现在比今后某个时期的价值更高也更值钱。

值得注意的是，对货币的时间价值不能笼统地一概而论，那些处于静止状态的货币资金（如锁在箱子里或放在口袋里的钱）永远不会产生时间价值；更有甚者，这些货币的原有价值还会因通货膨胀而贬值，所以只有动态的货币资金才有时间价值，将货币资金投入借贷过程或投资过程中，使之运动起来并得到有效的使用，货币的时间价值才会形成。

（二）资金时间价值的衡量和计算

资金时间价值的大小通常用利息率表示，其实际内容是社会资金利润率。

资金的时间价值有两种表现形式：一是相对数，可以用时间价值率（又称折现率）来表示，一般可以以无风险与通货膨胀条件下的社会平均资金利润率或通货膨胀率很低时的政府债券利率来度量；二是绝对数，可以用时间价值额来表示，一般可以以价值增值额来表示。

描述资金时间价值的指标很多，这里着重介绍复利终值和现值。假定没有风险和通货膨胀因素，那么时间价值就与利润率或利息率相一致了。

1. 复利终值

资金的时间价值一般用复利方法来计算。在复利方式下，"本能生利"，利息在下期转为本金与原来的本金一起再次计息，即所谓的"利滚利"。复利终值简单地说就是按复利计算的未来值。终值又称将来值，是指现在的一笔资金经过若干时期（通常以1年为一期）以后获得的本利和。终值的计算公式为：

$$FV_n = PV(1+i)^n \qquad (5-1)$$

式中：FV_n 表示第 n 年之后的终值；PV 表示期初数额或银行存款的现值；i 表示银行存款利率；n 表示存款年限，$(1+i)^n$ 又被称为复利终值系数，是时间的增函数，且递增速度随利率的提高而增加。复利终值系数可表示为 $CF_{i,n}$，因此，复利终值公式可以写成：

$$FV_n = PV \cdot CF_{i,n} \qquad (5-2)$$

式(5-1)是每年复利一次的计算公式。如果每年复利 m 次、每期的利率变为 i/m 次，期数变为 mn 次，上列公式变为：

$$FV_n = PV(1+i/m)^{mn} \qquad (5-3)$$

为了计算方便，一些机构常将复利终值系数制成表格的形式。复利终值系数表是以1元为本金按各种利率算出各期复利终值作为复利计算系数的表格。

当复利次数增至无穷大时，即本金在每一瞬间均复利生息，这种瞬间复利生息的复利称为连续复利。连续复利终值的计算公式为：

$$FV_n = PV \cdot e^{in} \qquad (5-4)$$

式中：e 为自然对数的底数，e＝2.718 281 828……。

2. 复利现值

复利现值就是将未来某一时期一笔资金按复利方式折合成现在的价值。复利终值的计算是已知本金（现值）、利率、期限，求本利和；而现值的计算则是已知终值（本利和）、利率、期限，求本金为多少。因而，可以用倒求本金的方法计算。

由终值求现值叫贴现。在贴现时所用的利率叫贴现率。现值的计算公式为：

$$PV = FV_n/(1+i)^n \qquad (5\text{-}5)$$

式中：$1/(1+i)^n$ 是复利现值系数或贴现系数，它是时间的减函数，且利率越高，递减的速度越快，复利贴现系数可表示为 $DF_{i,n}$，因此，复利贴现公式可以写成：

$$PV = FV_n \cdot DF_{i,n} \qquad (5\text{-}6)$$

在实际工作中，其数值可以查阅按不同利率和时期编制的复利现值表。

式(5-5)是每年复利一次的计算公式。如果每年复利 m 次、每期的利率变为 i/m，期数变为 mn 次，上列分式变为：

$$PV = FV_n/(1+i/m)^{mn} \qquad (5\text{-}7)$$

二、证券的理论价值

证券的理论价值的基本依据是现值理论。现值理论认为：人们之所以会购买证券这种本身无任何价值的凭证，其根本原因在于它能够为持有人带来预期收益。因此，证券的"价值"就取决于未来收益的大小。人们可将一笔现金存入银行或进行投资。一定时期后，这笔钱的本利和将大于今天的数额。如果我们能预测有价证券的未来收益流量，并按合理的贴现率和证券的有效期限折算成现值，就是证券的理论价值，或称内在价值(Intrinsic Value)。

由于所有的金融资产都是由各类预期的现金流量汇聚在一起构成的，因而从理论上来说各类资产都可以用同一原理进行评估，即我们将要探讨的一般估价模型。通常，一般估价模型对资产的评估可以分为以下几个步骤：

①评估现金流量状况，其中包括求出每一时期的现金流量和每期现金流量的风险值。

②确定每期现金流量所要求的收益率。这个收益率既可以是一个固定值，也可根据每期的现金流量确定不同的收益率。

③每期的现金流量按照所要求的收益率折现，然后将折现后得出的现值加总以求得该资产的总价值。

上述过程用公式表示为：

$$V = \frac{C_1}{(1+r)} + \frac{C_2}{(1+r)^2} + \frac{C_3}{(1+r)^3} + \cdots + \frac{C_n}{(1+r)^n} = \sum_{t=1}^{n} \frac{C_t}{(1+r)^t}$$

$$(5\text{-}8)$$

式中：V 是证券的现值，即内在价值；C_t 是 t 时点预期能获得的现金流量；r 是对每期现金流量要求的收益率，是在一定风险水平下合理的贴现率；n 表示预期产生现金流量的期间次数。这种使用投资期内所能获得的预期收益流贴现对证券的价值进行评估的方法，被称为收入资本化法。

第二节 股票投资价值分析

一、股票价值的影响因素

股票投资价值受许多因素共同影响，它们可分为外部因素和内部因素。其外部因素包括：

1. 经济增长

一般来说，一国的经济增长和国内证券市场的股价上涨是同步的。因为国民经济增长是平均增长率，对作为国内企业佼佼者的上市公司来说，其增长率应高于国民经济的平均增长率，其给投资者发放的股息、红利也将大增，从而支撑股价上升。美国学者对美国 1874—1955 年国民生产总值变化和同期 425 种工业股标准普尔指数变化的分析结果是：从长期趋势来看，股价增长率为同期国民经济增长率的 2/3。日本日兴证券的专家对经济合作与发展组织的主要成员国在 1953—1961 年间国民经济增长率与股价平均增长率进行了调查，得出了一个公式：股价平均增长率(Y)＝2.445×国民生产总值增长率(x)－4.749 2%，对不同样本的调查得出的结论几乎是一致的，即经济增长可以促使股价上升。

2. 经济周期

一国的经济增长和衰退存在着周期性的变化，受此影响，股市则以"牛""熊"交替相对应。从时间上来看，股市则是提前反映经济周期变化的先行指标。我们可从资金的流向来反映经济周期和股价之间的关系。在经济萧条时期，由于生产领域对资金的要求锐减，市场游资充斥，受利益机制的驱使，这些资金急欲寻找出路，而此时股价由于长时间的下跌，已具备投资价值，不少资金开始进入证券市场逢低吸纳，使股市中供需关系发生了逆转，股价开始上升，先于经济走出低谷。随着经济的复苏，股价也伴随着企业盈利的增加而上升，当经济进入高涨时，由于股价上升幅度已不大，不少投资者开始退出，一些生产领域的资金也从股市抽资，这使得股市中的供需关系再次发生逆转，股价也提前于经济见顶回落。

3. 经济政策

一国采取的宏观经济政策对股价也有间接的影响。从货币政策来看，中央银行调控经济常用到货币供应量增减、存款准备金增减、再贴现利率调整、公开市场操作这些手段，这些手段直接或间接地造成市场货币供应量的变化，造成市场利率的变化，从而影响到股票价格。

从宏观经济政策的另一组成部分——财政政策来看，它对股价的影响有两个方面：一是通过调节税率影响企业的利润，从而使股价发生变动；二是通过加大和缩小生产性的财政支出来调节整个国民经济的发展速度，从而影响企业的发展速度，进而影响企业股价。

4. 通货膨胀

通货膨胀对股票价格的影响通常可分为若干个阶段。通货膨胀初期，由于市场资金充足，一方面使得市场投资者不断增加，促使股价上升；另一方面，由于物价上升，使企业商品的销售价和存货计价也随之提高，企业账面利润增加，对投资者的股息发放量也会提高，这支撑着股价上扬。随着通货膨胀的蔓延，货币大幅度贬值，而企业资产也随物价上升而增值，投资者为了保值，更倾向于购买股票，使得股价不跌反涨。在通货膨胀的中后期，由于原材料的涨价，市场对产品有效需求下降，企业库存商品大量积压，使企业资金周转变得日益困难，利润开始滑坡，甚至出现了亏损，而支付给投资者的股息也大幅度减少，这引发了股价下跌。一般来说，通货膨胀对股价的负面影响要来得大些。

上述这些外部因素对股份的影响都是间接发生作用的，即需通过对企业的影响而发挥作用。企业本身的内部因素对股价的影响将是直接的，这些因素主要有以下几种。

1. 公司的经营业绩。

公司的经营业绩主要体现在公司的盈利水平及可持续性上。公司的盈利水平决定了给股东的股息水平，从而影响了公司股价。但对公司盈利的分析应辩证来看，买股票是长期投资，投资者更看重公司的成长性。公司目前的盈利水平不能代表将来，如公司无一个能提供稳定收入来源的主营业务，今日的高利润极可能是昙花一现；如公司极具成长性，即使目前暂时处于困境，但随着企业进入高成长期必将给持有者带来丰厚的报酬。

2. 公司的股息政策。

公司的股息大小来自于公司盈利水平。从传统理论上来说、公司的股份部分受到股息高低的影响，但不是全部。当一部分公司将全部盈利进行获利能力极强的项目投资时，公司的股价则并不会因不发股息而下跌，相反，还可能大幅度上升。公司的股息政策一般是根据公司的不同发展时期,投资者的不同偏好而制定的。在我国股市中,目前上市公司大都从公司发展角度来考虑股息分配,股息率较低。由于市场投资者偏好股票股息,在股息分配时,股票股息的发放要多于现金股息的发放。一般而言,一个稳定的股息政策将有助于公司股票价格的稳定,其对股价的影响远没有盈利水平变化来得剧烈。

3. 公司增资与股票拆细。

公司通过发行新股而增加资本额对股价的影响是双重的。从传统的观点来看,公司增发新股使得公司经济实力大增,且增资的投向又会成为产生公司利润的一个新增长点,从而促使股份上升。从公司股价长期趋势来看,可能符合此观点,但从股价短期趋势来看,则受制于新股发行方式和配售价格。在公司新股发行采取社会公开发行时,由于不考虑原有股东的权益,公司股份在发行前后会呈下跌趋势。

公司股票的拆细是将原有股票按面额等额划分成若干份额的技术处理。这种处理结果不影响股东的权益,由于进行拆细的股票大多是股价较高的,通过拆细来降低每股市场价格以便于中小投资者购买,因此,拆细后较低的股价常引起投资者的购买欲,从而促使股价上升。

4. 公司并购。

并购是指收购上市公司的股份来达到控制公司的目的的市场行为。并购行为总是能引起公司股价的剧烈变动。从并购方来说,如果斥巨资购入的公司物有所值,且公司能改善目前经营状况的,将促使股价上升。如购入的公司成为并购方负担的,股价就会下跌。对被购者来说,通过被并购活动总能使股价上升,其原因是:一方面,被购企业经营状况往往不太好,投资者期望公司领导层更换以后,企业有新的起色;另一方面,通过市场来收购,由于受到认定收购程序的制约,完成收购将持续相当长一段时间,其间股份会发生惊人的变化。在成熟的股市里,被购入公司的股价往往能上升30%~50%。

二、股票估值模型

股票的估值有两种基本的方法:现值法和市盈率估值(P/E)方法。现值分析是以股票收到的未来现金流通过适当的贴现率返回本期的价值,而市盈率估值分析是表明投资者愿意为被估的盈利投入资金的倍数(即股票的价格)。为此,需要估计公司的未来股息和盈利。如果所得估计值不同于每个估计值的平均值,那么证券及市场价格可能调整,预期可获得超额回报。现值方法认为,任何资产的内在价值是投资者未来预期得到自己资产的现金流。未来现金流用贴现率调整。贴现率不仅反映货币的时间价值而且还反映现金流的风险,即一个资产的现时内在价值等于未来现金流的贴现值。现值法的计算模型是贴现现金流模型。

(一) 贴现现金流模型

贴现现金流模型是运用收入的资本化定价方法来决定股票的内在价值。按照收入的资本化定价方法,任何资产的内在价值是由拥有这种资产的投资者在未来时期中所接受的现金流决定的。对于股票来说,这种预期的现金流即为未来时期预期支付的股利。贴现现金流模型的公式如下:

$$V_0 = \sum_{t=1}^{\infty} \frac{D_t}{(1+k)^t} \qquad (5\text{-}9)$$

式中:V_0 为股票现时的内在价值;D_t 为在未来时期以现金形式表示的每股股利;k 为在一定风险程度下现金流的合适的贴现率。

在整个方程中,假定在所有时期内,贴现率都是一样的。由该方程可以得出,如果购买这种资产在 $t=0$ 时是 P_0,那么它的净现值 NPV 等于内在价值与成本之差,公式如下:

$$NPV = V_0 - P_0 \qquad (5\text{-}10)$$

如果 $NPV>0$,即 $V_0>P_0$ 意味着所有预期的现金流入的现值之和大于投资成本,即这种股票被低估价格,可以购买这种股票。如果 $NPV<0$,说明这种股票价格被高估,不宜购买这种股票。

在股票内在价值的计算中,所用的贴现率应当能反映其所承担风险的大小,通常可用资本资产定价模型(CAPM)证券市场线来计算各证券的预期收益率,并将此预期收益率作为计算内在价值的贴现率。运用公式(5-9)确定股票的内在价值存在着一定的困难,即投资者必须预测所有未来时期支付的股利。由于股票没有到期期限,未来的股利流是不确定的,任何股利的发放必须由公司的董事会决定。公司的股利预期随时间增长。因此,要对股利的预期增长率做某些假设。一般来说,在时点 t 的股利为:

$$D_t = D_{t-1} \times (1+g_t) \text{ 或 } g_t = \frac{D_t - D_{t-1}}{D_{t-1}} \qquad (5\text{-}11)$$

例如,若预期在 $t=3$ 时每股股利是 4 元,在 $t=4$ 时每股股利是 4.2 元,那么 $g_4 = (4.2-4)/4 = 5\%$。不同类型的贴现现金流模型反映了不同的股利增长率的假定。

1. 零增长模型。假定股利增长率等于 0，即 $g=0$。$D_0=D_1=D_2=\cdots=D_n$，因为 $k>0$，按照数学中无穷级数的性质可得出零增长模型公式：

$$\sum_{t=1}^{\infty} \frac{1}{(1+k)^t} = \frac{1}{k} \Rightarrow V_0 = \sum_{t=1}^{\infty} \frac{D_0}{(1+k)^t} = \frac{D_0}{k} \tag{5-12}$$

式中：V_0 为股票现时的内在价值；D_0 为在未来无限时期支付的每股股利；k 为到期收益率。

例如，如果一公司预期的每股现金股息为 1.2 元，未来不变并且应得回报为 10%，那么应用上面的公式，可以认为每股价格为 12 元。假定股票的市价为 9 元，股票的净现值 $NPV=12-9=3$ 元，即 $V_0>P_0$，这种股票价格被低估，可以考虑购买这种股票。由于假定与现实的出入，零增长模型的应用受到一定的限制，但在特定情况下，对于决定股票的价值，仍然是有用的。

2. 不变增长模型。这种模型是假设未来股息以一个相同的比率增长。D_0 是现时已支付的股利，预期增长率为 g。那么 t 时点的股利为：

$$D_t = D_{t-1} \times (1+g) = D_0 \times (1+g)^t$$

可得不变增长模型：

$$V_0 = \sum_{t=1}^{\infty} \frac{D_0(1+g)^t}{(1+k)^t} \tag{5-13}$$

运用数学中无穷级数的性质，如果 $k>g$，可得：

$$\sum_{t=1}^{\infty} \frac{(1+g)^t}{(1+k)^t} = \frac{1+g}{k-g} \tag{5-14}$$

最后整理可得出不变增长模型的价值公式：

$$V_0 = \frac{D_0(1+g)}{k-g}, \quad D_1 = D_0 \times (1+g) \Rightarrow V_0 = \frac{D_1}{k-g} \tag{5-15}$$

例如，某一公司现在每股付息 1.2 元，投资者预期股息每年以 6% 增长，应得回报率为 10%，那么每股价值为 $V_0=D_1/(k-g)$ 元。假定现时市价为 33 元，净现值回报 $NPV=V_0-P_0=31.8-33=-1.2$ 元，或 $V_0<P_0$，因此，股价被高估，建议当前持有该股票的投资者应考虑出售。

3. 多元增长模型。该模型是被最普遍用来确定股票内在价值的贴现现金流模型。这一模型假设股利的变动在一段时间 t 内并没有特定的模式可以预测，在此段时间以后，股利按不变增长模型进行变动。这一模型是两个时期模型。假设在某个时期(典型的为 2 年到 10 年)以较高比率成长,随后在另一时期以一个长期的平稳比率成长。这个模型可表示为:

$$V_0 = \sum_{t=1}^{n} \frac{D_0(1+g_1)^t}{(1+k)^t} + \frac{D_n(1+g)}{k-g} \times \frac{1}{(1+k)^n} \quad (5\text{-}16)$$

式中:V_0 为股票现时的内在价值;D_0 为现时已支付的股息;g_1 为超正常(或低于正常)的股息增长率;g 为股利的不变增长率;k 为应得的收益率;n 为超正常(或低于正常)增长的时期数;D_n 为非正常增长期结束时的股息。

该模型公式中的第一项包括 n 期的股息流以反常的增长率 g_1 增长,以应得回报率贴现。第二项是不变增长模式,它以 $(n+1)$ 期开始,因此,贴现时必须乘以一个适当的贴现因子 $\frac{1}{(1+k)^n}$。

例:某公司现时股息为 1 元,预期前 5 年股息每年增长率为 12%,5 年后预期每年不变增长率为 6%,投资者的应得回报为 10%。那么股票的内在价值估计是多少?

解:因为第 5 年的股息预计是 $D_5 = 1 \times (1+12\%)^5 = 1.76$(元),根据公式(5-16),$V_0 = 34.28$ 元。

4. 有限期持有股票条件下股票内在价值的决定。无论是零增长模型、不变增长模型还是多元增长模型,它们都是对所有未来的股利进行贴现,即假设投资者接受未来的所有股利流。如果投资者只计划在一定期限内持有该种股票,该股票的内在价值该如何变化呢?如果投资者计划在一定期限后出售这种股票,他们接受的现金流等于从现在起的 1 年内预期的股利(假定普通股每年支付一次股利)再加上预期的出售股票价格。因此,该股票的内在价值的决定是用必要收益率对这两种现金流进行贴现,其表达式如下:

$$V_0 = \frac{D_1 + P_1}{1+k} \quad (5\text{-}17)$$

式中:D_1 为 $t=1$ 时的预期股利;P_1 为 $t=1$ 时的股票出售价格。

在 $t=1$ 时股票出售价格的决定是基于出售以后预期支付的股利,即:

$$P_1 = \frac{D_2}{(1+k)} + \frac{D_3}{(1+k)^2} + \cdots = \sum_{t=2}^{\infty} \frac{D_t}{(1+k)^{(t-1)}} \quad (5\text{-}18)$$

把方程(5-17)代入方程(5-18),得到

$$V_0 = \frac{D_1}{(1+k)} + \left[\frac{D_2}{(1+k)} + \frac{D_3}{(1+k)^2} + \cdots\right] \times \frac{1}{(1+k)} = \sum_{t=2}^{\infty} \frac{D_t}{(1+k)^t}$$

(5-19)

上述公式说明对未来某一时刻的股利和这一时刻原股票出售价格进行贴现所得到的普通股票的价值,等于对所有未来预期股利贴现后所得的股票价值,这是因为股票的预期出售价格本身也是基于出售之后的股利的贴现。因此,在有限期持有股票的条件下,股票内在价值的决定等同于无限期持有股票条件下的股票内在价值的决定。或者说,贴现现金流模型可以在不考虑投资者计划持有股票时间长短的条件下来决定一只普通股股票的内在价值。

(二) 市盈率估值模型

虽然贴现现金流模型存在固有的灵活性,但许多证券分析家仍愿意使用更简单的方法估计普通股票内在价值。这种模型被称为市盈率估值模型(P/E),又称为价格—收益比率模型,比现值法模型使用起来更普遍、更简单。如果能预测下年的盈利以及P/E,那么两者的乘积就是下一年的股票价格。该模型通过股利支付率P_t,把每股收益与每股股利D_t联系在一起,其公式为$D_t = P_t \cdot E_t$,从而在决定股票内在价值的一般公式中包含了对收益的贴现。公式如下:

$$V_0 = \sum_{t=1}^{\infty} \frac{D_t}{(1+k)^t} = \sum_{t=1}^{\infty} \frac{P_t \cdot E_t}{(1+k)^t}$$

(5-20)

在贴现现金流模型中,邻近的股利是通过股利增长率相联系的。同样,通过每股收益增长率,时刻t的每股收益与$t-1$时刻的每股收益也存在着一定联系。

假设每股盈利在第t年的增长率是g_{et},因为

$$E_t = E_{t-1}(1+g_{et}) = E_0(1+g_{e1})(1+g_{e2})\cdots(1+g_{et})$$

则V_0可表示为:

$$V_0 = E_0 \sum_{t=1}^{\infty} \frac{P_t \prod_{i=1}^{t}(1+g_{ei})}{(1+k)^t}$$

(5-21)

$$\text{或 } \frac{V_0}{E_0} = \sum_{t=1}^{\infty} \frac{P_t \prod_{i=1}^{t}(1+g_{ei})}{(1+k)^t}$$

(5-22)

公式(5-22)左端是股票现时的真实价值与盈利比。V_0/E_0代表着股票的

"正常的"或者说"公平的"价格收益。我们可用此公式检验现值法估值的结果：当 $V_0 > P_0$ 时，股票价格被低估；当 $V_0 < P_0$ 时，股票价格被高估。同样可用市盈率方法做出判断。如果 $V_0/E_0 > P_0/E_0$，说明正常的价格收益比率大于实际价格收益比率，股票价格被低估，建议购买这种股票；如果 $V_0/E_0 < P_0/E_0$，正常价格收益比率小于实际的价格收益比率，股票价格被高估，建议卖出该股票。由于公式(5-22)很复杂。下面考虑几种特殊的情形。

1. 零增长模型。该模型假定在未来无限长时期里每股股利保持固定，公司的盈利完全用于支付股利。根据该假定，在未来无限长时期内：$P_t = 1$（P_t 为股利支付率），$E_0 = E_1 = E_2 \cdots = E_t$，因为 $D_t = P_t \cdot E_t$，所以 $D_0 = E_1 = D_1 = D_2 = E_2 = \cdots$。

根据公式(5-22)可得：

$$\frac{V_0}{E_0} = \sum_{t=1}^{\infty} \frac{1}{(1+k)^t}$$

由无穷级数性质可得：

$$\frac{V_0}{E_0} = \frac{1}{k} \tag{5-23}$$

例如：一公司的股票现在每股股息为 8 元，应得回报为 10%，每股的市价为 40 元。根据公式(5-23)，$V_0/E_0 = 1/0.1 = 10$。而 $P_0/E_0 = 40/8 = 5$，因此 $V_0/E_0 > P_0/E_0$，此时股票价格被低估。

2. 不变增长模型。该模型假定股利支付率保持不变的水平，未来时期每股收益增长率 g_e 保持不变并且支付率 P_t 只为常数 P。

由 $E_t = E_{t-1}(1 + g_{et}) \Rightarrow P \cdot E_t = P \cdot E_{t-1}(1 + g_{et})$，即 $D_t = D_{t-1}(1 + g_{et})$

因此，每股股利的增长率和盈利的增长率相同。这说明贴现现金流模型中的不变增长模型与市盈率估值法中的不变增长模型等价。由(5-22)可得：

$$\frac{V_0}{E_0} = \sum_{t=1}^{\infty} \frac{P(1+g_{et})^t}{(1+k)^t} = P \times \frac{1+g_{et}}{k - g_{et}} \tag{5-24}$$

例如：A 公司在上一年支付的每股股利为 1.6 元，预计股利每年增长率为 6%，公司股票的收益率为 10%，目前股票市价为 35 元，上一年的每股收益为 2.2 元。于是，该公司的股利支付率等于 1.6/2.2 = 72.73%。由于该公司正常的价格收益比率应该是：$0.7273 \times (1 + 0.06)/(0.10 - 0.06) = 19.27$，而其实际价格收益比率为 35/2.2＝15.91,因此该公司的股票价格被低估。

3. 多重增长模型。对于多重增长模型,我们还是考虑两个时期模型。假设在前一时期每股盈利以 g_{e1} 增长,后一时期每股盈利以 g_{e2} 增长,由公式(5-22)可得:

$$\frac{V_0}{E_0} = \sum_{t=1}^{n} \frac{P_1(1+g_{e1})^t}{(1+k)^t} + \sum_{t=n+1}^{\infty} \frac{P_2(1+g_{e2})^t}{(1+k)^t}$$

即 $\frac{V_0}{E_0} = \sum_{t=1}^{n} \frac{P_1(1+g_{e1})^t}{(1+k)^t} + \frac{P_2(1+g_{e1})^n}{k-g_{e2}} \times \frac{(1+g_{e2})}{(1+k)^n}$ （5-25）

例如,某公司上一年每股盈利为 2.5 元,股利为 1 元,预期前 5 年股利每年增长率为 12%,5 年后预期每年不变增长率为 6%,公司股票的收益率为 10%,这时,$P_1=P_2=1/2.5=40\%$,那么,根据公式(5-25)得:

$$\frac{V_0}{E_0} = 0.4 \times \left[\sum_{t=1}^{5} \frac{(1+12\%)^t}{(1+10\%)^t} + \frac{(1+12\%)^5}{10\%-6\%} \times \frac{(1+6\%)}{(1+10\%)^5} \right] = 13.69$$

如果现时市价为 34 元,那么 $P_0/E_0=34/2.5=13.6$,P_0/E_0 与 V_0/E_0 近似相等。因此,此时股票的价格接近真实价格。

第三节 债券投资价值分析

一、影响债券投资价值的因素

债券是政府或企业筹措资金的重要手段,代表着一定的债权债务关系,同时也是重要的有价证券投资品种。其投资价值受各种因素的制约,除了受市场供求关系的影响,还受票面价值、利息率、还本期限、付息方式及市场平均收益率的影响。总体来看可以从其内部和外部两个层面对其影响因素进行分析。

（一）影响债券投资价值的内部因素

1. 期限。一般说来,在其他条件不变的情况下,债券的期限越长,其市场价格变动的可能性就越大,投资者要求的收益率补偿就越高。

2. 票面利率。债券的票面利率越低,债券价格的易变性也就越大。在市场利率提高的时候,票面利率较低的债券的价格下降较快。但当市场利率下降时,它们的增值潜力也很大。

3. 提前赎回条款。提前赎回条款对发行人是有利的。但对投资者来说,其再投资机会受到限制,这种风险应从价格上得到补偿。因此,具有该种条款债券的内在价值较低,应当有较高的票面利率。

4. 税收待遇。一般来说,免税债券的到期收益率比类似的应纳税债券的到期收益率低。在其他条件大致相同的情况下,低利附息债券比高利附息债券的内在价值要高。

5. 流动性。债券的这一性质可使债券具有可规避由市场价格波动而导致实际价格损失的能力。因此,流动性好的债券比流动性差的债券具有较高的内在价值。

6. 信用级别。信用级别越低的债券,投资者要求的收益率越高,债券的内在价值越低。

(二)影响债券投资价值的外部因素

1. 社会经济发展状况。在经济发展阶段,对债券的需求量减少,而供应增加,使债券价格下跌,利率上升;相反,在经济衰退阶段,对资金需求量少,企业和金融机构都会出现资金过剩,对债券的需求增加,供给减少,债券价格上升,利率下降。

2. 基础利率。基础利率是债券定价过程中必须考虑的一个重要因素,在证券投资价值分析中,基础利率一般指无风险债券利率。政府债券可以看做近似的无风险债券,它风险最小,收益率也最低。一般说来,银行作为金融机构,信用度很高,这就使得银行存款的风险较低,而且银行利率应用广泛。因此,基础利率也可参照银行存款利率来确定。

3. 市场利率。市场利率是债券利率的替代物,是投资于债券的机会成本。在市场总体利率水平上升时,债券的收益率水平也应上升,从而使债券的内在价值降低;反之,债券的内在价值上升。

4. 通货膨胀、汇率等因素。影响债券定价的外部因素还有通货膨胀水平以及外汇汇率风险等。通货膨胀的存在可能使投资者从债券投资中实现的收益不足以抵补由于通货膨胀而造成的购买力损失。当投资者投资于某种外币债券时,汇率的变化会使投资者的未来本币收入受到影响。

另外,债券市场的供求关系、财政收支情况、货币政策等都可对债券价格产生一定的影响。

二、债券的价值分析

不同种类债券的计息方法以及付息期不同,其价值评估所采用的方法也略有区别。

1. 到期一次还本付息债券的价值。债券到期一次付息时,其价值计算公式为:

$$p_v = \frac{A \times i \times n + A}{(1+R)^n} = \frac{A(1+i \times n)}{(1+R)^n} \tag{5-26}$$

式中:p_v 为债券现值;A 为债券面额;i 为票面利率;n 为期限;R 为贴现率。

例如,某债券面额为 1 000 元,年利率为 10%,3 年到期一次还本付息,贴现率为 12%。该债券价值应为:

$$p_v = \frac{1\,000 \times (1+3 \times 0.1)}{(1+0.12)^3} = 925 \text{ 元}$$

根据计算结果,该债券的理论发行价格应为 925 元。对于非发行日购买的上市债券,由于债券存续期减少,债券的市场价格已包含了应付利息,因此,要正确评价此类债券价值,应在计算时调整到期期限,这就给计算增加了难度。

如上例中债券已过了一年,在贴现率不变时,其价值为:

$$p_v = 1\,000 \times (1+3 \times 0.1)/(1+0.12)^2 = 1\,036(\text{元})$$

2. 分期付息到期还本债券的价值。债券每年付息一次时,其价值计算公式为:

$$p_v = \frac{A_i}{(1+R)} + \frac{A_i}{(1+R)^2} + \cdots + \frac{A_i}{(1+R)^n} + \frac{A}{(1+R)^n}$$

$$= \sum_{i=1}^{n} \frac{A_i}{(1+R)^i} + \frac{A}{(1+R)^n} \tag{5-27}$$

例如,某债券面额为 1 000 元,年利率为 10%,3 年期限,每年年末付息,贴现率为 12%。该债券价值为:

$$p_v = \frac{1\,000 \times 10\%}{(1+0.12)} + \frac{1\,000 \times 10\%}{(1+0.12)^2} + \frac{1\,000 \times 10\%}{(1+0.12)^3} + \frac{1\,000}{(1+0.12)^3} = 952$$

从以上可以看出,一次到期付息和分期付息在其他条件一致时,由于付息期不一致,使债的现值相差较远,其差额就是每期支付利息的时间价值。这种情况在每半年付息一次与每年付息若干次的现值计算中也会出现。

债券在每年付息 m 次时,公式(5-27)需要进行调整如下:

$$p_v = \sum_{i=1}^{mn} \frac{A_i/m}{(1+R/m)^i} + \frac{A}{(1+R/m)^{mn}} \tag{5-28}$$

式中:m 为每年付息次数。

例如,上述债券如其他条件不变时,付息方式为每半年一次。该债券价值应为:

$$p_v = \sum_{t=1}^{6} \frac{(1\,000 \times 10\%)/2}{(1+0.121\,2)^t} + \frac{1\,000}{(1+0.12/2)^6} = 951\,(元)$$

显然,根据上述计算结果,我们可看出,在其他条件相同时,债券支付利息的次数越多,其现值越大。

3. 贴现债券和永久性债券的价值。

①贴现债券由于每期利息为零,其现值是到期面额的贴现值,因此,其价值计算公式为:

$$p_v = \frac{A}{(1+R)^n} \tag{5-29}$$

例如,某贴现国债面额为 1 000 元,期限为 3 年,贴现率若为 12%,则此国债的价值为:

$$p_v = \frac{1\,000}{(1+0.12)^3} = 712\,(元)$$

②永久性债券没有最终的还本期限,其现值计算是各期支付的利息的贴现值,其价值计算公式如下:

$$p_v = \frac{A_i}{(1+R)} + \frac{A_i}{(1+R)^2} + \cdots + \frac{A_i}{(1+R)^\infty} \tag{5-30}$$

每年利息不变,且持有期为永久,$n \to \infty$,因此,上述公式可改写为:

$$p_v = \frac{A_i}{(1+R)} \left[1 + \frac{1}{(1+R)} + \frac{1}{(1+R)^2} + \cdots + \frac{1}{(1+R)^{(\infty-1)}} \right]$$

由于上述数列是由比值 $q = \frac{1}{1+R}$,常数项 $a=1$ 所组成的无穷等比级数,该级数 $|q|<1$,级数收敛,其极值为 $\frac{a}{1-q}$,因此,$p_v = \frac{A_i}{(1+R)} \cdot \frac{1}{[1-1/(1+R)]} = \frac{A_i}{R}$。

例如,某国政府发行无偿还期的公债,票面利率为 4%,面值为 1 000 元,如贴现率为 5% 时,此公债的现值应为:

$$p_v = \frac{1\,000 \times 4\%}{5\%} = 800\,(元)$$

三、债券的收益指标

在上述评估债券价值时,贴现率实际上是投资者的预期收益率,计算债券的收益率则是上述运算的逆过程,需给定债券价格和利息。现值的计算公式如下:

$$p_v = \frac{A_i}{(1+R)} + \frac{A_i}{(1+R)^2} + \cdots + \frac{A_i}{(1+R)^n} + \frac{A}{(1+R)^n}$$

现在 p_v、A 和 i 确定时,计算债券的收益率即是求未知数 R。为了反映不同价格、不同持有期下的收益水平,收益指标也有多种。

1. 票面收益率

票面收益率是根据票面利率而来的,即息票率,是年利息和票面金额之比。投资者按面额买入持有到期满,其投资收益率将与票面收益率一致,其计算公式为:

$$r_c = C/A \times 100\% \qquad (5-31)$$

式中:r_c 为票面收益率;C 为债券年利息;A 为债券面额。

2. 直接收益率

直接收益率又称本期收益率,是根据债券利息和债券市场价格计算出来的。其计算公式如下:

$$r_d = C/P \qquad (5-32)$$

式中:r_d 为直接收益率;C 为债券的年利息;P 为债券市场价格。

例如,某债券面额为 1 000 元,3 年期,到期一次还本付息,票面利率为 10%,投资者以 1 020 元的发行价购入。则该债券的直接收益率为:

$$r_d = \frac{1\,000 \times 10\%}{1\,020} = 9.8\%$$

直接收益率容易计算,但该指标只部分地反映了债券的收益。债券价格随市场条件的变化而变化,各期的价格完全有可能相差悬殊,对期满前就出售债券的投资者而言,r_d 没有反映出价格变动对资本损益的影响。

3. 到期收益率

到期收益率又称最终收益率。其计算的条件将满足:债券持有人把债券持有到期满,其间的利息再投资收益等同于到期收益率。到期收益率可根据债券的不同条件分别用上述公式(5-26)到公式(5-30)求得。在这些公式中,以市场

价格 P 来代替现值 p_v，然后换算成到期收益率，但计算有固定期限的定期付息债券的到期收益率相当麻烦。常见的方法是用插入法进行计算。

①到期收益率的近似值。因为到期收益率计算太繁琐，实际计算时经常使用近似值来代替到期收益率，而用插入法计算时，也常把近似值作为第一个估计值。其计算公式为：

$$R_A = \left[\frac{C + \frac{(A-P_v)}{n}}{\frac{(A+P_v)}{2}}\right] \times 100\% \qquad (5\text{-}33)$$

式中：R_A 为到期收益率；C 为债券年利息；A 为债券面额；P_v 为债券市场价；n 为至债券到期日的期限。

上述公式反映了在债券持有期内的平均收益率，即债券利息加上年资本利得之和除以平均投资额，没有考虑时间价值。

例如，某债券面额为 1 000 元，距到期日为 3 年，利率为 10%，每年支付一次利息，债券市场价格为 900 元。用近似式计算为：

$$R_A = \left[1\,000 \times 10\% + \frac{(1\,000 - 900)}{3}\right] / \frac{(1\,000 + 900)}{2} \times 100\% = 14\%$$

②到期收益率用插入法计算。我们利用上例中近似式计算结果作为第一次试算值进行试算：

$$900 \neq \sum_{i=1}^{3} \frac{1\,000 \times 10\%}{(1+14\%)^i} + \frac{1\,000}{(1+14\%)^3} = 232.16 + 674.97 = 907.13$$

由于 907.13 大于 900，说明到期收益率不是 14%，而是高于 14%，令 $R_A = 0.15$，继续试算：

$$900 \neq \sum_{i=1}^{3} \frac{1\,000 \times 10\%}{(1+15\%)^i} + \frac{1\,000}{(1+15\%)^3} = 228.32 + 657.52 = 885.84$$

这一结果说明到期收益率将低于 15%，现在，到期收益率 R_A 的分布区间是 (0.14, 0.15)，我们为以上数字建立一个等式如下：

$$\frac{0.14 - R_A}{0.15 - 0.14} = \frac{907.13 - 900}{885.84 - 907.13}$$

$$R_A = 0.143\,4 = 14.34\%$$

该债券的到期收益率为 14.34%。采用这种方法计算，正确度高，但运算麻烦,比较费时;但如在编制好的计算机软件上对价格、利率、期限等不同变量进行计算,则可充分发挥这种方式的正确性优势。

4. 持有期收益率

投资者买进债券有时是发行价格,有时也可能是已上市流通的价格;同时,投资者也可能会持有到期满或中途出售转让。因此,其对债券持有期的收益率特别关心。债券持有期的收益率的计算公式如下:

$$r_h = \frac{p_1 - p_0 + A_i}{p_0} \times \frac{360}{n} \times 100\% \qquad (5-34)$$

式中:r_h 为持有期收益率;p_1 为债券到期日价格或卖出时的价格;p_0 为债券买入价格;A_i 为期间利息收入;n 为持有期限。

例如,某投资者购入 3 年期债券,该债券以面额 1 000 元发行,利率为 10%,每年付息一次,1 年后他以 1 050 元价格售出。该投资者的持有期收益率为:

$$r_h = \frac{1\,050 - 1\,000 + (1\,000 \times 10\%)}{1\,000} \times \frac{360}{360} \times 100\% = 15\%$$

这里要注意的是,持有期收益率应换算成年收益率,即使持有期为一两个月也应换算成年收益率。另外,附息债券由于有不同付息期,如持有期跨过一次付息期后,则应计算利息的现值,我们可用计算到期收益率的方法计算持有期收益率。

第四节　投资基金的价值分析

一、影响投资基金价值的因素

投资基金是一种间接投资的工具。影响股票和债券价值的因素均能对基金的价值产生影响,除此之外,基金的价值还受到其本身特有的一些因素的影响。

1. 基金管理公司

投资基金的价值在很大程度上取决于基金管理公司。一个好的基金管理公司,往往能给基金持有者极高的投资回报;反之,则相反,个别的基金甚至因投资失败而使基金的净值大幅度下降。表 5-1 是 4 个契约开放式股票型投资基金在 2023 年年报中的每份基金收益情况。它反映了因投资基金管理机构不同所导致的基金业绩的差异。

表 5-1　上市基金 2023 年年报摘要

基金名称	基金类型	投资类型	2023 年度单位可分配收益
华夏优势精选股票	契约成长型	股票型	0.955 9 元
景顺长城中小创精选股票 A	契约成长型	股票型	1.229 0 元
招商研究优选股票 A	契约成长型	股票型	1.029 4 元
海富通股票混合	契约成长型	股票型	1.039 4 元

对基金管理公司可以从两方面去考察。一是对基金领导班子的整体专业水平、调研能力、实际运作经验的考核，尤其是要注意主要负责人的社会背景、决策能力。一个和社会各阶层的人士有密切关系的主要负责人，总能及时获取投资决策所必需的信息，从而能捕捉到投资良机，规避市场风险。二是考察基金管理公司的以往战绩。一般认为，基金的长期业绩是专业水平、信息量、决策能力等诸项要素的综合反映，不存在偶然因素，而以往的战绩则具体反映了基金管理公司的诸项能力的高低。由此，在人事上没有大变动的情况下，其将来也会维持目前的获利水平。

2. 基金销售费用

基金销售费用是信托资产运行时必不可少的费用。但费用率的高低则影响着对投资者的回报率。一项对美国投资基金的调查研究认为，销售费用收取的高低与基金的经营管理无关，即收费高的基金与收费低的基金业绩相差不大。在这种情况下，收费高的基金很明显降低了基金的资产，少了一部分本可以产生利润的基金资产；而收费低或不收费的基金则可将大部分基金资产或全部基金资产用来投资，产生利润的基数要比前者大。表 5-2 反映了 A、B 两个投资基金因收取费率的不同而造成的投资收益的差异。

表 5-2　收费率差异对盈利的影响　　　　　　　　　　　　单位：亿元

基金名称	发行规模	销售费率	年盈利率	年盈利
A	20	5%	10%	20×(1−5%)×10%＝1.90
B	20	1%	10%	20×(1−1%)×10%＝1.98

从表 5-2 我们可看出，A 基金高达 5% 的销售费用率使实际可以投资的基金资产只为 1.9 亿元，B 基金实际投资金额可为 1.98 亿元。在考虑每年的复利效果时，两者差别将更加明显。

3. 基金发行规模

基金发行规模的大小，将影响基金的收益水平，从而影响着基金的价值。

①规模的大小影响着基金投资证券的持有期。小型基金由于进出容易，常

进行短期投资,因此,回避系统风险的能力较强,常可获得较高的投资收益率。大型基金则相反,易进难出的特点决定了其长期持有的投资策略,因此,在发生价格的不利波动时,不能有效地规避风险,从而影响了基金的收益。

②规模的大小影响着基金的单位费用率。小型基金在发行、运作时由于受其中的不变成本的影响,使单位费率标准居高不下,影响了投资收益率;而大型基金由于规模大,易产生规模效应,从而摊低了单位费率。

③规模的大小影响着基金持有证券品种的多寡。小型基金由于资金量小,投资分散程度不够,不能有效规避非系统性风险;大型基金规模大,为了达到有关法律要求的持有比例,往往投资于几百个证券,但增加了管理成本,同时,也不利于选择最佳的投资目标。

4. 基金的举债规模

封闭型投资基金由于受固定规模的约束,不能靠增发基金份额来扩充经营规模,但它有多种筹资渠道,其中之一就是向金融机构及民间举债。举债目的,一是解决日常运作费用,二是扩大经营规模。

举债投资也称作投资的财务杠杆,它具有成倍放大盈亏的功能。分析举债规模时不仅要分析债务占基金净资产的比重及对基金本金的影响程度,还要分析债务利率对基金经营的影响。一般来说,当利率低于基金投资收益率时,使用财务杠杆较为有利;反之,则应弃之不用。

二、投资基金的价值分析

与股票相比,基金的价值决定有其独特之处,也就是说作为受益证券的基金与作为权益证券的股票具有不同的价格决定方式。在考虑基金的价值时,除了要注意现值的计算外,还要注意其自身的特点,就是基金的净资产值即净值。基金的净值是衡量一个基金经营好坏的主要指标,同时它也是开放型投资基金单位买卖价格的计算依据。一般地,投资基金经理公司必须定期公布基金的净产价值。因此,基金的估值十分重要。

(一) 投资基金资产估值

对基金资产估值的目的是客观、准确地反映基金资产是否得到了保值与增值。被估值的对象包括基金依法拥有的股票、债券、股息红利、债券利息和银行存款本息等资产。新型证券投资基金每个工作日都要对基金资产进行估值。

基金净资产是基金单位的内在价值,是进行基金价值分析的重要依据之一。投资基金的净资产是指在某一时点上每单位基金实际代表的价值。它是基金的资产值扣除了各项应支付的费用后,再除以该基金单位的总数所得出的单位价值。

对基金的资产进行估值所采用的方法主要是按照国际公认的会计平衡等式,基金资产净值等于基金资产总额减去基金负债总额。视基金持有资产性质的不同,估值的具体方法也有所变化。对投资于上市股票、认股权证或上市债券的基金资产来说,每次估值要计算出证券投资盈亏及基金所持有的证券组合情况,按照每天证券交易所的收市价格(或是以估值日的前5个交易日所有投资证券的收市价格的平均值)来计算;而对于未上市的公司内部股票、认股权证或其他方面的投资等的资产净值的估值,一般由指定的会计师事务所或资产评估机构来计算;未上市债券及银行存款以本金加计至估值日为止的应计利息额计算;派发的股息红利、债券利息,以至估值日为止的实际获得额计算(已宣布但未发放的股利)。基金的日常估值由管理人进行并经托管人复核。

1. 基金资产净值的计算

不管是开放型基金还是封闭型基金、在发行基金份额时,其单位基金是等额的,代表着发行时每份基金的价值量。在投资基金运用基金资产进行投资时,基金的资产净值伴随着基金持有证券的价格变动而变动。为了能正确反映单位基金的价值,就必须在某时点上对基金资产价值进行估算,资产价值的估算过程如下:

首先,确定估算日。根据各国基金管理制度的规定,基金管理机构必须定期计算并公布基金资产净值。由于各国的具体情况不同,有每天计算、每周计算或每月计算一次,只有在节假日、暂停营业、投资者巨额赎回,以及客观无法抗拒的因素使估值无法正确计算时,才可暂停估值。

其次,计算基金资产总值。根据基金所持证券估算日的收报价,分别计算其市值并汇总,再加上基金的库存现金即为基金总资产。计算公式为:

$$基金资产总值 = 所持证券市值总额 + 现金 + 应计利息收入 \quad (5-35)$$

2. 基金净资产的计算

在确定了基金在估算上的资产总额后,进一步计算基金资产净值总额和单位基金净资产。基金资产净值总额根据一般公认的会计原则,其计算方法如下:

$$基金资产净值总额 = 基金资产总额 - 基金负债总额 \quad (5-36)$$

式中:基金负债总额包括应付税金、应付利息以及应付基金资产管理者的佣金。

单位基金资产价值则是以整合资产净值总额除以投资基金发行的总份额。某基金在 t 期的单位基金资产净值(Net Asset Value, NAV),可由下列公式算出:

$$NAV_t = \frac{P_t - L_t}{N_t} \qquad (5-37)$$

式中：P_t，L_t 和 N_t 分别代表基金资产市场价值（总资产）、负债总量（总负债）以及发行在外的基金份额（股份数）。

例如，假设某投资公司截至 2023 年 12 月 28 日发行在外的基金份额为 2 000 万份，所持股票总市场价值为 3 000 万元，总负债为 900 万元，此时，投资基金的资产净值将为 1.05 元/基金单位，计算过程如下：

$$NAV_t = \frac{P_t - L_t}{N_t} = \frac{3\,000 - 900}{2\,000} = 1.05(元 / 基金单位)$$

（二）开放型基金的价值决定

开放型基金的发行总额不固定，投资者可随时在基金承销机构处购入基金份额或赎回基金份额，基金承销机构则根据估值日的每份基金净资产来计算基金的赎回价和认购价，来主持每天的基金交易，因此，开放型基金的市场价格代表着每份基金的内在价值。

开放型基金由于经常不断地按客户要求购回或者卖出自己公司的股份，因此，开放型基金的价格分为两种，即申购价格（认购价）和赎回价格。

1. 申购价格

开放型基金由于负有在中途购回股票的义务，所以它的股票一般不进入股票市场流通买卖，而是主要在场外进行，投资者在购入开放型基金股票时，除了支付资产净值之外，还要支付一定的销售附加费用。也就是说，开放型基金的申购价格包括资产净值和弥补发行成本的销售费用，该附加费一般保持在 4%～9% 的水平上，通常为 8.5%，并且在投资者大量购买时，可给予一定的优惠。开放式基金的申购价格、资产净值和附加费之间的关系可用下式表示：

$$申购价 = 单位基金净资产 + 销售费用 \qquad (5-38)$$

或 $\qquad 认购价 = 单位基金净资产 / (1 - 销售费用率) \qquad (5-39)$

公式(5-39)反映了销售费用是以认购价为基础计提的，而不是依据单位基金净资产而计提的。即：

$$销售费用率 = 销售费用 / 认购价$$

例如，某基金单位的净资产为 1.17 元，销售费用率为 2.5%，根据公式(5-39)，得：

$$认购价 = 1.17/(1-2.5\%) = 1.20(元)$$

但是,对于一般投资者来说,该附加费是一笔不小的成本,增加了投资者的风险。因此,出现了一些不收费的开放型基金,其销售价格直接等于资产净值,投资者在购买该种基金时,无需交纳销售费用,也就是说:

$$申购价格 = 资产净值$$

可见,无论是收费还是不收费的开放型基金,其申购价格都与其资产净值直接相关,而且成正比例关系。

2. 赎回价格

开放式基金承诺可以在任何时候根据投资者的个人意愿赎回其股票。承销机构的赎回价则根据赎回时是否收费,以及收费时是否根据持有者的持有年份享受优惠等条件所定。一般有下列两种计价方式:

①赎回时收费。有些开放式基金赎回时是收取费用的,费用的收取是按照基金投资年数不同而设立不同的赎回费率,持有基金券时间越长,费率越低。按基金持有者的持有的份额计算赎回费用,再加上算出的单位基金净资产作为赎回价。

$$赎回价 = 单位基金净资产 + 固定赎回费用 \times (1-折扣率) \quad (5-40)$$

当然也有一些基金收取的是统一费率。在这种情况下,开放式基金的赎回价格与资产净值、附加费的关系是:

$$赎回价格 = 资产净值 + 附加费$$

②赎回时不收费。这种基金以估算日的单位基金净资产作赎回价,即:

$$赎回价 = 单位基金净资产$$

可见,开放式基金的价格仅与资产净值密切相关(在相关费用确定的条件下),只要资产净值估算准确,基金的申购和赎回没有任何问题。

(三) 封闭式基金的价值决定

封闭式基金的理论价格是该类基金的内在价值的表现。由于开放式基金和封闭式基金在投资者的变现方式以及基金的存续期上存在着差别,其价格定价方式也有较大区别。对于封闭式基金而言,在基金净值决定价格的基础上还有几个不可忽视的因素影响基金价格。

1. 基金的收益率与投资者的预期

不同的基金管理公司的管理水平存在一定的差异,这种差异主要表现在能实现的收益率不同上。对于那些年收益率远高于基金平均投资报酬率的"明星"基金,投资者愿意支付较高的价格。

2. 同期无风险利率

作为受益证券的基金,其回报率是不稳定的,即投资有一定的风险。因而投资者对其收益率的期望是在无风险利率的基础上加一定的风险升水。国债利率可一般被看作是无风险收益率,投资者常会将基金的收益率与国债利率相比较,一旦国债利率上升到或接近于基金的收益率,资产选择的行为就会发生。理性的投资者将增加金融资产中国债的比重而减持基金的数量,基金的价格会下降。

3. 杠杆效应

封闭式基金的价格除受到上述因素影响以外,还受到杠杆效应高低程度的影响。封闭式基金发行普通股是一次性的,即基金的资金额筹集完后就封闭起来,不再发行普通股。但是出于管理上的需要,这类公司亦可以通过发行优先股和公司债券,作为资本结构的一部分,形成未偿优先债券,并且能获得银行贷款。这对公司的普通股股东来说,他们的收益要受到杠杆作用的影响。当基金资产价值提高时,基金普通股增长更快;反之,当基金资产价值下降时,基金普通股也下降更快。这种杠杆效应往往使某些封闭式基金公司的普通股市场价值的增减超过总体市场的升降。封闭式基金由于不承担购回其股票的义务,其股票只有在公开市场上出售才能回收,以及有时由于杠杆效应的影响。使得封闭式基金的普通股价格不如开放式基金的普通股价格稳定。封闭式基金的价格决定可以利用普通股票的价格决定公式进行。

思考题

1. 如何理解资金的时间价值?
2. 股票价值的影响因素有哪些?
3. 某一公司现在每股付息1.2元,投资者预期股息每年以6%增长,应得回报率为12%,假定现时市价为20元,当前持有该股票的投资者应考虑继续持有还是出售?
4. 影响债券投资价值的因素有哪些?
5. 某投资者购入5年期债券,该债券以面额1000元发行,利率为8%,每年付息一次,1年后他以1030元价格售出。该投资者的持有期收益率是多少?
6. 影响投资基金价值的因素有哪些?

第六章

证券投资的基本面分析

第一节 证券投资分析概述

一、证券投资分析的概念及意义

证券投资分析是证券投资的主要步骤,是对投资决策所确定的金融资产类型中个别证券或证券群的具体特征进行考察分析。这种考察分析的目的一个在于明确这些证券的价格形成机制和影响证券价格波动的诸多因素及其作用机制;另一个在于发现那些价格偏离其价值的证券。进行证券投资分析的意义,主要体现在它的必要性和重要性两个方面。

(一) 证券投资分析的必要性

进行证券投资分析首先是规避风险的需要。投资者进行证券投资,目的是获得预期回报,但这种回报必须以承担风险为代价。每一种证券都有自己的风险回报率特性,而这种特性又处于各相关因素的作用之下,随着各相关条件的变化而变化。通过考察分析每一种证券的风险回报率特征,投资者就可以确定各种证券的风险大小,从而选择风险较小的证券,避开风险较大的证券。

进行证券投资分析是实施投资决策的依据和前提。不同的投资者由于资金拥有量及其他条件的不同,会拥有不同的风险容忍度、不同的风险回报率态度和不同的投资持有期;同时,每一种证券的风险回报率特性由于受到各种相关因素的作用,并不是一成不变的。某一时期风险相对较高的证券,过了一段时间,其风险可能会有所下降;而某一时期风险相对较低的证券,在一段时间以后,风险可能会有所上升。而且证券的风险可以通过证券的流通加以转移。因此,在具体实施投资决策之前,投资者要明确每一种证券在风险性、收益性、流动性和时间性方面的特点。只有这样,投资者才可能选择到在风险性、收益性、流动性和时间性方面同自己的要求相匹配的、合适的投资决策。

(二) 证券投资分析的重要性

进行证券投资分析是能否降低投资风险、提高投资成功率的关键。证券投资的目的是证券投资净效用(即收益带来的正效用减去风险带来的负效用)的最大化。因此,投资回报率的最大化和风险最小化是证券投资的两大具体目标。但是,影响着两大目标实现程度的因素很多,起作用的机制也十分复杂。只有通过全面、系统和科学的专业分析,才能客观地把握住这些因素及其作用机制,做出比较正确的预测。证券投资分析运用基本分析和技术分析的手段,通过分析影响证券回报率和风险的要素,揭示其作用机制和规律性,用于指导投资决策,从而保证在降低投资风险的同时获得较高的投资回报率。

二、证券投资分析的信息来源

证券投资分析有三个基本要素:信息、步骤和方法。信息在证券投资分析中起着十分重要的作用,是进行证券投资分析的基础。来自各个渠道的信息最终都将通过各种方式对证券的价格发生作用,导致证券价格的上升或下降,从而影响证券的收益率。因此,信息的多寡、信息质量的高低将直接影响证券投资分析的效果。一般来说,进行证券投资分析的信息来源主要有以下几条渠道:

1. 各类期刊。每日每月出版的报纸杂志有成千上万种,有全国性的、地方性的,有综合性的、也有专业性的。期刊上一般都刊载有关于经济形势和国家宏观经济政策的专论,以及某个行业或某家企业的背景性文章。

2. 政府和政府机构公布的大量有关经济、金融行业的统计资料。政府在每年年初都要公布下年国民经济与社会发展计划。每个月、每个季度国家统计局和各地方统计局也会公布本月、本季度的生产、金融、市场、物价等信息。中央人民银行还经常会公布有关货币、外汇、利率等金融信息。

3. 金融服务机构提供专业性很强的金融信息和投资信息。现在,各种金融性投资咨询公司蓬勃发展,它们一般拥有过硬的专业知识、经验丰富的投资分析人员,能向投资者提供上市公司的背景材料、财务状况、市场表现和投资价值等。

4. 证券和期货经纪公司也是提供信息的一个来源。许多证券和期货公司的调研部门对相关信息进行了深入的研究,它们既对经济、行业、公司进行研究分析,也对某一具体股票的市场表现做出评论,并根据自己的研究成果向投资者提供推荐建议。

5. 上市公司有责任和义务向投资者提供有关本公司的信息。按规定,上市公司应在招股说明书、半年以及全年的财务报表上真实全面地向股东报告公司的经营及财务状况,同时还应通过股东大会及其他形式,报告公司最新的发展情况。

在进行投资分析时,信息的收集、分类、整理和保存是最基础的工作,是进行证券投资分析的起点,信息的广度和深度直接影响分析结论的准确性。

三、证券投资分析的主要方法

目前所采用的证券投资分析方法主要有两大类:第一类是基本分析法,第二类是技术分析法。

(一)基本分析法

基本分析法又称基本面分析法,是指对影响证券价格的社会政治、经济因素进行分析,其理论依据是证券价格由证券价值决定,通过分析影响证券价格的基础条件和决定因素,判定和预测今后证券价格发展趋势。这种方法主要根据经济学、金融学、财务管理学及投资学的基本原理,通过对决定证券投资价值及价格的基本要素如宏观经济指标、经济政策走势、行业发展状况、产品市场状况、公司销售和财务状况等的分析,评估证券的投资价值,判断证券的合理价位,从而提出相应的投资建议。

基本分析法是从宏观经济总体的运行态势到个别企业的经营状况、从整个证券市场发展前景到个别证券的内在价值变化进行对照比较,从中找出证券价格变动的内在依据和规律。基本分析法对预测整个证券市场的中长期前景很有帮助,能够比较全面地把握证券价格的基本走势,但对把握近期股市的具体变化作用不大,对选择买卖证券的时机不能提供明确的提示。基本分析法的这些不足,可以由技术分析法来弥补。

(二)技术分析法

技术分析法是指撇开社会、政治、经济等影响证券价值的因素,仅对证券市场的供求关系、证券价格变化的现状和动向进行分析,从中找出变化规律,以期寻找合适的投资对象和时机的一种分析方法。技术分析认为股票价格的变化完全取决于市场的供求关系,所有影响股票价格变化的因素都已反映在股票价格和交易量的变化之中,而不需要再去分析各种基本资料。技术分析法还认为市场变化的历史还会重演,股票市场的变化有一定规律,主要是利用统计学、数学的方法去发现过去股票价格形态重现的时机。

技术分析理论按照它们考虑的侧重点不同可以粗略地分为以下几类:K线理论、切线理论、形态理论、技术指标理论、波浪理论和循环周期理论。几乎所有的技术分析方法都可以归入以上的内容。

技术分析法同市场接近,对市场的反映比较直接,分析的结果也更接近实际市场的局部现象,指导证券买卖见效快。但技术分析法缺乏可靠、周密、有说服力的理论依据,它的分析指标没有统一标准,预测市场变动的准确率也不高,而且对市场的长远趋势不能进行准确的判断。

(三) 基本分析法与技术分析法的主要区别

1. 立足的角度不同。

基本分析法立足于证券价格波动深层原因的分析,研究各因素变化对证券市场的影响作用;技术分析法则立足于证券价格波动自身的分析,不考虑引起价格变化的原因。

2. 运用的分析方法不同

基本分析法中,虽然涉及到大量的经济指标,但经济指标的变化对证券市场的影响难以量化,只能主要作定性的描述;技术分析法中,则主要通过对价格、成交量的历史数据的分析,用定量的方法测算证券价格未来的变化。

3. 侧重点不同

基本分析法侧重于大势和内在因质的判断,结论具有一定的前瞻性,对证券市场的影响深远,对长线投资具有指导意义;技术分析法侧重于短期波动的分析,对短线投资操作有一定指导意义。

(四) 基本分析法与技术分析法的结合

可以看出,基本分析法和技术分析法是从不同的角度,运用不同的方法,研究同一个问题——证券价格波动的规律。基本分析法能够比较全面地把握证券价格的基本走势,用于解决如何理性地投资及投资"什么"的问题,但分析的时间跨度相对较长,短期走势预测的精确度相对较低。技术分析法对市场的反映比较直接,可以解决"何时"投资的问题,对短线投资指导作用强,但对长期趋势的分析帮助不大。在证券投资中,只有将两种分析方法结合起来使用,才能获得较好的投资效果。

第二节 宏观经济分析

宏观经济分析研究经济所处于的周期阶段,以宏观经济因素及经济政策对证券市场的影响为分析对象。宏观经济的运行是证券市场表现的最终决定因素,宏观经济运行中的任何细微的变化,都会在证券市场上有所反应,所以,人们常将证券市场(尤其是股票市场)称为经济运行的"晴雨表"。

一、宏观经济指标分析

(一) 国内生产总值(GDP)

国内生产总值是反映一国宏观经济状况最综合、最主要的指标之一,它是国家或地区一定时期内在本国领土或本辖区所生产的产品和提供的劳务的价值总和,其中包括一部分外国的生产要素在国内生产的价值,即不管价值是由国内还是国外的生产要素所生产的。政府每年都要定期公布国内生产总值的数据,国内生产总值分为名义和实际两种,实际国内生产总值是扣除通货膨胀影响之后得出的,投资者只有对实际国内生产总值进行比较分析才有意义。实际国内生产总值的变动与证券市场之间的变动有着紧密的联系,即证券市场的变化快于实际国内生产总值的变化。因为,国内生产总值的变动是宏观经济发生变动的最好指标,宏观经济的变动又通过影响公司的经营业绩进而影响利润并影响人们对证券价格的预测。

(二) 失业率

失业率是指正在寻找工作的劳动力占总劳动力(即包括正在工作和正积极寻找工作)的百分比,它的高低可以从侧面衡量宏观经济的好坏。一般来说,失业率高表明国家经济发展速度缓慢甚至处于停滞期,企业发展也不景气。当失业率高时,由于国民人均收入降低,股市投资者就会减少,从而使股价降低。反过来,失业率低表明经济增长迅速,企业处于扩充和发展阶段,大量需要劳动力,人们收入增加,股市的资金流入也会因此增加,股价也随之上升。

(三) 通货膨胀率

通货膨胀率是指价格全面上涨的程度,它主要是由于过多地增加货币供应量造成的。一般来说,当经济未处于充分就业时,适量的通货膨胀能使经济繁荣,就业增加,使居民收入和企业利润得到提高。企业利润提高,可分派的股息随之增加,从而刺激股价上涨;居民收入增加,对股票的需求随之上升,也有利于股价的上涨;另一方面,股份公司的资产按贬值的货币重新估价,使股票比存款更有保值作用。这样,投资者会把存款从银行提出转换为股票,从而进一步刺激股价的上升。

但如果通货膨胀率超出正常范围,一方面,物价普遍持续的上涨会使企业的原材料成本提高而降低企业的盈利。当经济处于充分就业时,物价的进一步上涨将不会刺激就业,只会使工人要求提高工资,从而提高了企业的劳动力成本,使企业的盈利进一步降低甚至亏损;另一方面,由于物价上涨使居民购买水平下降,抑制了居民对消费品的需求,造成企业产品销量下降;此外,人们对货币贬值、物价上涨的趋势也会越来越担心,这将导致人们将大量货币用于购买实物产品而不去投资预期股息会减少的股票。当人们普遍对经济失去信心而不愿投资于企业,纷纷抛售手中的股票时,股票价格自然会随之下跌。

(四) 利率

利率是影响证券价格的基本经济因素之一。股市随利率的变动而涨跌可见,利率对证券市场的影响是十分直接的。这有两方面的原因,一方面,利率水平的高低直接影响投资者的预期收益率。利率下降,投资者要求的收益率下降,证券价格上升;利率上升,投资者要求的收益率提高,证券价格下跌。另一方面,利率的高低影响企业的业绩,当利率水平下降时,公司贷款成本降低,利润就会增加,证券价格上升;当利率上升时,公司贷款成本提高,利润相应降低,证券价格下降。另外,利率对宏观经济的未来趋势有巨大的影响。利率在成熟的市场经济环境中,反映市场上资金的余缺状况。利率下降,就说明资金供应一方出现了剩余,或者资金需求一方出现了不足,宏观经济有可能摆脱萧条走向繁荣。利率上升时,就表示资金需求过旺,宏观经济投入过多,通货膨胀的压力增加,经济衰退的阶段就要来临。

(五) 汇率

汇率是指两国货币的兑换比率或换算关系。在直接标价法中,汇率上升表示外币升值,本币贬值;汇率下降表示本币升值,外币贬值。汇率的变动将影响进出口企业的利润。汇率上升,本币贬值,本国产品竞争力强,出口型企业将增加收益,因而企业的股票和债券价格将上涨;相反,依赖于进口的企业成本增加,利润受损,股票和债券价格将下跌。汇率下降则反之。

汇率的变动还将影响国外投资者的投资方向。汇率上升,本币贬值,将导致资本流出本国,资本的流失将使本国证券市场需求减少,从而证券市场价格下跌。汇率下降,将吸引外国投资,引起证券价格上升。

(六) 财政收支

财政收支制度本身具有内在的自动稳定功能。当经济出现波动时,财政制度的内在稳定功能就会自动发生作用,会减轻甚至消除经济的波动。一般来说,政府财政收支的自动稳定器作用对股市的调节如下:

1. 政府税收的自动调节对股市的影响。假定经济繁荣,股价在无任何约束的情况下会被旺盛的需求炒得很高,这时整个社会的就业人数增加,总收入水平较高,因而政府的税收会上升。由于实行的是收入累进税,政府税收的幅度大于收入上升的幅度,有利于抑制通胀,同时减少了人们的实际可支配收入水平,投资需求在一定程度上受到遏制,使股价上升的势头减缓了。反之,则会得出相反的结论。因此，税收在股市繁荣时累进，在股市萧条时累退，这种自动伸缩性有助于缓和股市的变动。

2. 政府支出的自动变化对股市的影响。当经济繁荣时，收入水平上升，失业率下降，政府的失业救济金和其他福利转移支付减少，降低了社会总需求水平，减少了人们的实际可支配收入水平和企业投资额，这对于抑制股价上涨有一定的制约作用。反之，则会得出相反的结论。可见，财政支出的自动伸缩性对稳定股价也是有利的。

财政制度的自动稳定器作为减缓股价波动的一道防线，只能对股价波动起减震的作用，但不足以消除股价波动，能使股价更为平稳运行的是政府使用的财政政策。

二、经济周期分析

经济周期的变动对证券市场具有显著的影响。证券市场综合了人们对了经济形势的预期，投资者根据这种预期而表现出的对经济复苏来临的信心或对经济危机发生的恐慌，都会直接改变其投资决策和投资行为，从而影响证券市场的价格，从证券市场的情况来看，证券价格的变动大体和经济周期一致。但是，不同行业受经济周期影响的程度会有差异，有些行业（如奢侈品行业、汽车行业等）受经济周期影响比较明显，而有些行业（如食品行业、医疗行业等）则受经济周期影响较小。

在复苏阶段，经济逐渐走出低谷，但由于萧条时期带来的不安，证券市场依然低迷。随着经济复苏的明朗，投资者已经预测经济将会好转，公司利润将会增加，而此时物价和利率仍处于较低水平。由于先知先觉的投资者的不断吸纳，证券价格实际上已经回升至一定水平，初步形成底部反转之势。随着各种媒介开始传播萧条已经过去、经济日渐复苏的信息，投资者的认同感不断增强，投资者自身的境遇亦在不断改善，从而推动证券价格不断走高，完成对底部反转趋势的确认。

在繁荣阶段，市场需求旺盛，公司产品库存减少，固定资产投资增加，致使公司利润明显增加，此时物价和市场利率也有一定程度的提高，但是生产的发展和利润的增加常会领先于物价和利率的上涨，由于经济的好转和证券市场上升趋势的形成得到了大多数投资者的认同。投资者的投资回报也在不断增加。因此，投资者的投资热情高涨，推动证券价格大幅上扬，并屡创新高，整个经济和证券市场均呈现一派欣欣向荣的景象。此时，一些有识之士在充分预测宏观经济形势的基础上认为经济高速增长的繁荣阶段即将过去，经济将不会再创高潮。

因而悄悄地卖出所持的证券。

在衰退阶段,由于繁荣阶段的过度扩张,社会总供给开始超过总需求,经济增长减速,存货增加,银根开始紧缩,利率提高,物价上涨,使公司营运成本上升,加之市场竞争日趋激烈,公司业绩开始出现停滞甚至下降之势。当更多的投资者认识到了衰退来临,加入到抛售证券的行列时,证券价格形成向下的趋势。

在萧条阶段,经济下滑至低谷,百业不振,公司经营情况不佳,证券价格在低位徘徊。由于预期未来经济状况不佳,公司业绩得不到改善,大部分投资者都已离场观望,只有那些富有远见且在不断地搜集和分析有关经济形势并合理判断经济形势即将好转的投资者在默默地吸纳。

三、经济政策分析

(一) 货币政策分析

货币政策是指政府为实现一定的宏观经济目标所制定的关于货币供应和货币流通组织管理的基本方针和基本准则。

货币政策对经济的调控是宏观和全方位的,货币政策的调控作用突出表现在以下几点:①通过调控货币供应总量保持社会总供给与总需求的平衡;②通过调控利率和货币总量控制通货膨胀,保持物价总水平的稳定;③调节国民收入中消费与储蓄的比重;④引导储蓄向投资的转化并实现资源的合理配置。

货币政策目标的选择,各国都是根据不同时期的具体经济环境和市场状况确定的,并适时进行调整。在现代社会,货币政策的目标总体上包括:稳定币值(物价),充分就业,经济增长和国际收支平衡。货币政策的目标之间关系十分复杂,有的比较协调,如充分就业与经济增长;有的存在矛盾,如稳定物价与充分就业;有的更加复杂,如稳定物价与经济增长、稳定物价与国际收支平衡等。这就要求货币政策应在四个目标之间进行权衡,并根据当时经济环境有所侧重,解决主要矛盾。

货币政策工具又称货币政策手段,是指中央银行为调控中介指标而实现货币政策目标所采用的政策手段。中国人民银行的货币政策的中介指标为:货币供应量、信用总量、同业拆借利率和银行备付金率。货币政策工具可分为一般性政策工具和选择性政策工具。

一般性政策工具是指西方经常采用的三大政策工具:法定存款准备金率、再贴现政策和公开市场业务。选择性货币政策工具包括直接信用控制和间接信用指导。

货币政策是国民经济宏观调控的重要手段。在经济调控中,货币政策充分显示了作用与威力,直接影响到国民经济结构、发展速度、企业规模和效益、居民收入、通货膨胀、利率以及市场运行等各个方面,自然对证券市场也产生直接的影响。尤其在向市场经济转变过程中,货币政策的影响力远远大于财政政策的作用。比如,紧缩时期,由于银根普遍抽紧,资金普遍紧张,进入股市的资金明显减少,从而减轻股市的竞购压力,使股市长时间处于低迷状态。

(二) 财政政策分析

财政政策是政府依据客观经济规律制定的指导财政工作和处理财政关系的一系列方针、准则和措施的总称。财政政策分为长期、中期、短期财政政策。各种财政政策都是为相应时期的宏观经济控制总目标和总政策服务的。

1. 财政政策的短期目标是促进经济稳定增长。财政政策主要通过预算收支平衡或财政赤字、财政补贴和国债政策手段影响社会总需求数量,促进社会总需求和社会总供给趋向平衡。

2. 中长期目标。首先是资源的合理配置,总体上说,是通过对供给方面的调控来制约经济结构的形成,为社会总供求的均衡提供条件。比如,政府支出方向直接作用于经济结构的调整和制约;财政贴息手段引导社会投资方向,以配合产业政策为经济持续稳定增长创造均衡条件。其次,中长期政策的另一个重要目标是收入的公平分配,目前世界各国尤其是发达国家通常的做法是运用财政政策中的税收和转移支付手段来调节各地区和各阶层的收入差距,达到兼顾平等与效率、促进经济社会协调发展的目的。

财政政策与货币政策同为现代市场经济中最重要的两种宏观调控手段,虽然财政政策总体上对证券市场的影响不如货币政策那样直接,但一方面,财政政策中关于国债、证券税收等项内容本身就构成证券市场宏观调控体系的一部分,作用力度较大;另一方面,财政政策的制订和运用对整个国民经济均有广泛而深远的影响,这种影响一定会反映到证券市场上。财政形势及政策因而成为证券投资分析的主要内容之一。

(三) 收入政策分析

收入政策是国家为实现宏观调控总目标和总任务在分配方面制定的原则和方针。与财政政策、货币政策相比,收入政策具有更高层次的调节功能,它规定着财政政策和货币政策的作用方向和作用力度,而且收入政策最终也要通过财政政策和货币政策来实现。

收入总量调控政策主要通过财政、货币机制来进行,还可以通过行政干预和法律调整等机制来进行。其中财政机制对收入政策的贯彻主要采取预算调控、税收调控、补贴调控和国债调控等手段。货币机制对收入政策的贯彻,主要有调控货币发行量、调控货币流通量、调控信贷方向和数量、调控利息率。

着眼于短期供求总量均衡的收入总量调控通过财政、货币政策来进行,因而收入总量调控通过财政政策和货币政策的传导对证券市场产生影响。

第三节　行业分析

一、行业经济结构分析

(一) 传统经济中的行业经济结构分析

根据行业中企业的数量、产品的差别程度、企业对价格的控制程度和企业进入或退出行业的难易程度,行业的经济结构基本上可以分为四种类型:完全竞争、垄断竞争、寡头垄断、完全垄断。

1. 完全竞争。完全竞争是指许多企业生产同质产品的市场情形。其特点是:生产者众多,各种生产资料可以完全流动;产品不论是有形的或无形的,都是同质的、无差别的;没有一个企业能够影响产品的价格;企业永远是价格的接受者而不是价格的制定者;企业的盈利基本上由市场对产品的需求来决定;生产者和消费者对市场情况非常了解,并可自由进入或退出这个市场。完全竞争是一个理论性很强的市场类型,这类行业的企业经营业绩波动较大,利润往往很不稳定,证券价格容易受到影响,投资风险比较大。在现实经济中,完全竞争的市场类型是少见的,初级产品的市场类型较相似于完全竞争。

2. 垄断竞争。垄断竞争是指许多生产者生产同种但不同质产品的市场情形。其特点是:生产者众多,各种生产资料可以流动;生产的产品同种但不同质,即产品之间存在差异,产品的差异性是指各种产品之间存在着实际或想象上的差异,这是垄断竞争与完全竞争的主要区别;由于产品差异性的存在,生产者可以树立自己产品的信誉,从而对其产品的价格有一定的控制能力。在国民经济各产业中,制成品的市场一般都属于这种类型。

3. 寡头垄断。寡头垄断是指相对少量的生产者在某种产品的生产中占据很大市场份额的情形。在寡头垄断的市场上,由于这些少数生产者的产量非常大,因此它们对市场的价格和交易具有一定的垄断能力;同时,由于只有少量的生产者生产同一种产品,因而每个生产者的价格政策和经营方式及其变化都会对其他生产者产生重要影响。在这个市场上,通常存在着一个寡头垄断的企业,引领着行业的发展。资本密集型、技术密集型产品,如钢铁、汽车等重工业,以及少数储量集中的矿产品,如石油等市场,多属这种类型,因为生产这些产品所必需的巨额投资、复杂的技术或产品储量的分布限制了新企业对这个市场的侵入。

4. 完全垄断。完全垄断是指独家企业生产某种特质产品的情形。特质产品是指那些没有或缺少相近的替代品的产品。

完全垄断可分为两种类型:①政府完全垄断,如国营铁路、电力等部门。②私人完全垄断,如根据政府授予的特许专营或根据专利生产的独家经营产品,以及由于资本雄厚、技术先进而建立的排他性的私人垄断经营。

完全垄断市场类型的特点是:由于市场被独家企业所控制,产品没有或缺少合适的替代品,因此,垄断者能够根据市场的供需情况制定理想的价格和产量,在高价少销和低价多销之间进行选择,以获取最大的利润,但是垄断者在制定产品的价格与生产数量方面的自由性是有限度的,它要受到反垄断法和政府管制的约束。

在现实生活中,公用事业(如交通运输、水电气行业、通信行业等)和某些资本、技术高度密集型或稀有金属矿藏的开采等行业属于这种完全垄断的市场类型。

(二)新经济时代经济结构的特点

随着科技的高速发展,"新"经济时代已经到来。新经济是指技术创新和经济全球化的突破,提高了生产率,为需求提供了新的供给能力。新经济时代,社会经济结构发生了巨大的变化,呈现出这样一些特点:

1. 企业的生存和发展取决于知识更新的速度和技术发展的快慢。在现代企业中,传统的资本积累已不大重要,知识和技术成为更大的资本,企业的价值并不全体现在有形资产上,而在很大程度上依赖诸如人力资源、商誉和知识等无形资产,其中与信息有关的高新技术又成为公司资产的重要组成部分。

2. 出现了新型的市场关系。网络技术的运用和发展,造就了"垂直营销",使产品和服务能够直接面对最终用户,生产者也不必费时费力地到世界各地去巡回推销,消费者不必非得挨家挨户地比较商品的性能价格。通过网络可以对市场进行"实时"跟踪,保证交易的顺利完成。当然,对企业来说,这种新型的市场关系也意味着更加激烈的竞争,而且对手往往就在"鼠标之侧"。

3. 竞争更加激烈、竞争规模空前。在信息技术和经济全球化的双重推动下,地理距离已不再是竞争的障碍,全世界的经济实体都面临着同样的竞争。有人预言,在新经济浪潮中,低成本、个性化的产品才会受到大众青睐;而单纯靠规模生产或为竞争对手设置市场准入障碍等手段取得胜利的可能性将越来越小。

4. 产生的价值是普及性而非稀缺性。在网络时代,任何软件的副本都可以被轻易地制造出来,并在市场上流通,而只有被用户关注最多的产品才会生存下去。拥有产品的人越多,产品越普及,才越能为公司创造价值。

5. 技术可以迅速地转化为生产力。随着产品的技术含量越来越高,生产者会发现要完成生产力的转换变得容易了。

二、 行业竞争性分析

竞争决定了一个行业的利润水平。竞争规律体现为五种竞争的作用力:新的竞争对手入侵,替代品的威胁,客户的讨价还价能力,供应商的讨价还价能力,以及现有竞争对手之间的竞争。这五种竞争作用力共同决定了某行业中的公司获取超额收益率的能力。但这些作用力的作用随着行业的不同而有所差异,不同行业的内在盈利能力并不一致。

(一)竞争者进入的威胁

行业的新进入者会对该行业的价格和利润造成影响。即使没有企业进入该行业,这种新进入者进入的威胁性也会对该行业的价格和利润造成向下的压力,因为过高的价格和利润会对新竞争者的进入形成鼓动效应。因此,行业进入的壁垒是行业竞争力的一个重要因素。显然,不同的市场结构在行业进入的壁垒上存在着显著的不同,竞争程度越高的行业,其竞争者进入的威胁越大;反之,垄断程度越高的行业,其竞争者进入的威胁越小。

(二)现有企业之间的竞争

如果一个行业内部存在着几个竞争者时,由于每个竞争者都寻求扩大自身的市场份额,因此行业内部的价格竞争程度会加剧,行业利润率会趋于下降。如果这个行业的扩张速度减慢,处于这个行业中的企业之间的竞争程度会随之加剧,因为每个企业只有通过从其他对手那里夺得市场份额才能扩大自身规模;如果生产成本中固定成本所占比例较高,企业为能够充分利用生产能力,将会使企业之间价格竞争的程度加大;如果行业内部企业生产的产品相似程度较高,由于企业无法通过产品的差异性进行竞争,这也会使企业之间的价格竞争程度加大。

(三)替代品对产品价格的压力

替代品意味着企业面临着来自相关产业产品的竞争。产品可供选择的替代品对该产品的价格构成了一定程度的约束性,替代品的范围越大,这种约束性的程度就越高。

(四)购买方讨价还价的能力

如果一个购买者购买了一个行业产出的绝大部分,这个购买者将拥有较大的讨价还价的能力,从而可以压低产品价格,降低该行业的利润率。行业产品的专一性越强,其产品价格受到购买方的约束力就越大;购买力形成的行业垄断程度越高,他们对所购买产品的价格约束力也越高。

(五) 供应商讨价还价的能力

如果产品某种关键原材料的供应商在这种原材料的生产中处于垄断地位,那么他们能够对这种原材料要求较高的价格,从而提高生产这种产品企业的生产成本,降低产品利润。决定供应商讨价还价力量的关键因素是这种原材料的可替代性。如果这种原材料存在替代品,那么供应商讨价还价的能力就会被大大削弱。

三、板块分析

板块效应是我国证券市场的特殊现象,是某些具有相同或类似题材或概念的证券在二级市场上产生一涨俱涨、此动彼动的价格联动效应。在不同时期,常常涌现出不同的板块成为市场的亮点。下面介绍资产重组板块、蓝筹股板块等我国证券市场的热点板块。

(一) 资产重组板块

资产重组是上市公司将其所拥有的资产重新组合,从而实现规模经济和资源优化配置的行为。资产重组的方式多种多样,有股权收购、公司合并、资产置换等,其中以股权收购为最常见。

证券市场的重要功能之一是实现资源的优化配置,而资源优化配置的前提是资源的充分流动,没有流动就谈不上资源的优化组合。我国上市公司的重组,可以分为两类,一类是实质性重组,另一类是非实质性重组,或者称为报表重组。在实质性重组中,上市公司通过资产重组不仅业绩指标得到了明显提高,而且其偿债能力、资产管理能力、股本扩张能力、成长性和主营业务状况等各方面的综合实力也得到了明显的改善。这是需要大力提倡的一种资产重组。在非实质性重组中,上市公司的资产、业务没有发生实质性的变化,只是通过自我交易等手段使财务报表上的盈利增加。这类重组不会使上市公司真正脱困或扭亏为盈,只不过暂时提高了公司的业绩从而实现保配等目的,这类重组会阻碍证券市场的健康发展。

(二) 蓝筹股板块

在西方发达国家,蓝筹股一般是指多年来业绩稳定增长的大型传统工业股和金融股。这些上市公司在同行业中占有重要的支配地位,业绩优良,收益稳定,股本规模较大,红利优厚,股票价格稳定,市场形象较好。我国证券市场上的蓝筹股投资也已经开始,投资者可参照以下标准挖掘一些具有蓝筹潜质的公司进行投资。

1. 行业快速成长且资本需求能力强的公司

这类公司所处的行业属资本密集型,需要大量的资本,行业处于高速发展之中,市场容量大,但行业壁垒高,先进入的公司能保持竞争力,获得垄断利润。我国的通信设备、宽频网络基础设施、电力、汽车、房地产、交通运输等行业具有以上特征。

2. 能获取垄断利润的公司

公用事业类公司通常能获得垄断利润,其他行业中具有技术和品牌优势的公司,如果将其技术或品牌优势与产量扩张相结合,也有可能获得垄断利润。

3. 控股型公司

控股型公司是投资银行及上市公司资本运作的产物,它们使企业的发展能够超越行业生命周期和扩张范围的制约。这类公司往往有一两个核心的盈利子公司,其利润投向这些高成长的子公司,从子公司的发展中获取长期的投资利润。

随着国民经济宏观和微观领域的进一步好转,商品流通领域的进一步规范,这类具有蓝筹潜质的企业的综合实力将会有更好的体现。

第四节 公司分析

一、公司的基本素质分析

(一)公司的基本财务状况

1. 每股收益

每股收益,也称每股净利润,是当期净利润与发行在外普通股股数的比值。其计算公式为:

$$每股收益 = 当期净利润 \div 发行在外普通股股数 \qquad (6-1)$$

式中:发行在外普通股股数,一般按期末发行在外普通股股数计算;如果年度中新发行普通股和回购普通股,那么应计算发行在外普通股加权平均数。

发行在外普通股加权平均数 = 期初发行在外普通股股数 + 当期新发行普通股股数×已发行时间÷报告期时间 - 当期回购普通股股数×已回购时间÷报告期时间

2. 每股净资产

每股净资产,是期末净资产与发行在外普通股股数的比值。其计算公式为:

$$每股净资产 = 期末净资产 \div 发行在外普通股股数 \qquad (6-2)$$

每股净资产在理论上提供了股票的最低价值,可以作为衡量现有股价水平的参考指标。

3. 每股经营现金流量

每股经营现金流量是企业一定时期经营活动现金流量净额与发行在外普通股股数的比率。其计算公式:

$$每股经营现金流量 = 经营活动现金流量净额 \div 发行在外普通股股数 \tag{6-3}$$

(二) 公司市场风险程度分析

1. 市盈率

市盈率,是普通股每股市价与每股收益的比值。其计算公式为:

$$市盈率 = 每股市价 \div 每股收益 \tag{6-4}$$

市盈率不仅可以作为股票发行价的依据,而且也可以作为衡量股价风险和股票投资价值的参考指标。

2. 市净率

市净率,是普通股每股市价与每股净资产的比值。其计算公式为:

$$市净率 = 每股市价 \div 每股净资产 \tag{6-5}$$

市净率也是衡量股价风险和股票投资价值的参考指标。

(三) 公司竞争能力分析

1. 销售额及其增长率

销售额的大小是衡量公司竞争力大小的主要标志。一家公司相对于该行业其他公司来说,它的销售额越大,表明其所占市场份额越大,它对市场的影响力就越大。销售额指标主要是从静态的角度判断公司的竞争力状况,而销售额增长率则是从动态的角度考察公司的发展趋势。如果一家公司能长期保持较高的销售额增长率,它就能长期保持在同行业中的竞争地位;如果其销售额增长率超过行业平均水平,则它是增长公司,增长公司有较大的发展潜力和良好的发展前景,随着销售额的快速增长,其利润额也会大量增加。高增长公司是最理想的投资对象。

2. 销售额的稳定性

销售额的稳定性在很大程度上决定了投资该公司风险的大小。当其他条件相同时,公司销售收入越稳定,投资者面临的风险就越小,对投资者的吸引力也就越大。公司销售收入的稳定程度与该公司所在行业有关。一般说来,提供基本劳务和生产生活必需品的公司,其销售收入较为稳定,而生产生产资料或耐用消费品的公司,销售收入的稳定性不一定太强。

二、公司经营管理能力分析

经营管理能力的大小是决定一家公司竞争成败的关键因素,它直接体现为能否最充分地利用各个生产要素,并使之发挥出最佳效能。对公司经营管理能力的分析。主要从公司治理结构、公司管理层的素质与能力、公司管理风格及经营理念、经营效率、新产品开发能力等几个方面入手。

(一)公司治理结构分析

公司治理结构有狭义和广义两种定义。狭义上的公司治理结构是指有关公司董事会的功能、结构和股东的权利等方面的制度安排。广义上的公司治理结构是指有关公司控制权和剩余索取权分配的整套法律、文化和制度安排,包括人力资源管理、收益分配和激励机制、财务制度、内部制度和管理等。健全的公司治理机制至少体现在以下几个方面:

1. 规范的股权结构

股权结构是公司法人治理结构的基础,许多上市公司的治理结构出现问题都与不规范的股权结构有关。规范的股权结构表现为:股权集中度较低;流通股股权适度集中;发展机构投资者、战略投资者;股权的普遍流通性。

2. 完善的独立董事制度

引入独立董事制度有利于增强公司董事会的独立性,有利于董事会对公司的经营决策作出独立判断。

3. 监事会的独立性和监督责任

一方面,应该加强监事会的地位和作用。增强监督制度的独立性和加强监督的力度,限制大股东提名监事候选人和作为监事会召集人;另一方面,应该加大监事会的监督责任。

4. 优秀的经理层

优秀的职业经理层是保证公司治理结构规范化、高效化的人才基础,而形成高效运作的经理层的前提条件是上市公司必须建立和形成一套科学的市场化和制度化的选聘制度和激励制度。

5. 相关利益者的共同治理

相关利益者包括员工、债权人、供应商和客户等主要利益相关者。相关利益者共同参与的共同治理机制可以有效地建立公司外部治理机制,以弥补公司内部治理机制的不足。

在我国的上市公司中,分析一家公司的管理是否有效率,公司治理结构是否合理是投资者必须考察的重要内容。

(二) 管理层的素质和能力分析

公司的管理层一般分为决策层(如以董事长为首的董事会成员)、高层经理人员(如总经理及其主要助手)和中下层经理人员等不同层次。投资者所关注的应是决策层和高层经理人员的素质及其能力。考察决策层和高层经理人员能力的指标有:维持公司竞争地位的能力;业务拓展与创新能力;保持较高盈利的能力;合理融资的能力;协调公司与员工关系的能力;应用现代管理技术与方法的能力;吸收和培养新员工的能力;对外宣传、推销、联系的能力及谈判、处理有关法律事务的能力等。

三、公司财务分析

公司的财务分析不仅可以使我们了解公司在整个报告期内的经营状况和期初、期末的资产负债状况,了解偿债能力、流动资金的充足率,还可以帮助我们评价企业的经营效率、发现经营中的问题、预测公司未来的发展前景、现金收支状况和风险程度等。

财务分析的方法主要有比率分析法和比较分析法。比较分析分为不同期比较分析和同行业不同公司之间的比较分析。财务比率分析是指在同一张财务报表的不同项目之间、不同类别之间,或在两张财务报表(资产负债表与损益表)的有关项目之间,用比率来反映它们的相互关系,从中发现企业存在的问题,评价企业的财务状况。

(一) 偿债能力分析

1. 流动比率

流动比率是企业会计期末流动资产与流动负债的比值。其计算公式:

$$流动比率 = 流动资产 \div 流动负债 \qquad (6-6)$$

按照一般的观点,流动比率为 2 比较合理,这样既达到资金应有的安全性,又充分利用了资金来源。流动比率过低,意味着企业短期偿债能力不足;流动比率过高,表明企业资金没有得到充分利用。但是,流动比率的考察标准并不是绝对的。企业短期偿债能力的考察不能拘泥于流动比率的一般标准,应当结合企业的具体情况和其他指标进行分析。

2. 速动比率

速动比率是企业会计期末速动资产与流动负债的比值。其计算公式:

$$速动比率 = 速动资产 \div 流动负债 \qquad (6\text{-}7)$$

速动比率是用来衡量企业某一时点上运用随时可变现资产偿付短期债务能力的指标。一般认为速动比率为1比较合理。但与流动比率一样,速动比率指标的评判标准不是绝对的,也应当结合企业的具体情况和其他指标进行分析。

3. 现金比率

现金比率是企业会计期末货币资金和交易性金融资产与流动负债的比值。其计算公式:

$$现金比率 = (货币资金 + 交易性金融资产) \div 流动负债 \qquad (6\text{-}8)$$

现金比率中的货币资金和交易性金融资产是流动性最好的资产,可直接用于偿付企业的短期债务。因而,从稳健性角度看,现金比率用于衡量企业短期偿债能力最为合适。但是,也应该看到,流动负债是指可以在一年内或超过一年的一个营业周期内偿还的债务,并不要求即时支付,而计算现金比率,实际上是将某一时点可直接支付的资金与该时点并不需要全部偿付的流动负债对比。因而,现金比率不一定能正确反映企业短期偿债能力。尽管如此,现金比率在反映企业短期偿债能力方面,还可以作为一个重要的参考指标。

4. 资产负债率

资产负债率是企业会计期末负债总额与资产总额的百分比。其计算公式:

$$资产负债率 = 负债总额 \div 资产总额 \times 100\% \qquad (6\text{-}9)$$

一般地,资产负债率为50%比较合适,有利于偿债风险与收益的平衡;如果资产负债率低于30%,则表明企业筹资能力弱,未能有效利用财务杠杆;如果资产负债率大于70%,则表明企业负债过多,偿债风险较大;如果资产负债率突破100%,则表明企业已经资不抵债,视为超过破产的警戒线。但是,还应当结合企业的具体情况进行分析评价。

5. 净资产负债率

净资产负债率,即产权比率,是企业会计期末负债总额与所有者权益总额的百分比。其计算公式:

$$净资产负债率 = 负债总额 \div 所有者权益总额 \times 100\% \qquad (6\text{-}10)$$

由于资产与负债的差额就是所有者权益,即净资产,因而净资产负债率也是衡量企业长期偿债能力的一个重要指标。它反映了企业清算时,企业所有者权益对债权人利益的保证程度。一般地,该指标为100%时较为合理。

（二）发展能力分析

考察一个企业总体发展能力，一般通过企业净资产增值率、营业收入增长率等衡量。

1. 净资产增长率

净资产增长率是企业本年所有者权益增长额与年初所有者权益的百分比。其计算公式为：

$$净资产增长率 = 本年所有者权益增长额 \div 年初所有者权益 \times 100\% \tag{6-11}$$

净资产增长率，是从股东角度通过本期和上期两期所有者权益水平的对比来反映企业净资产增值程度。

2. 营业收入增长率

营业收入增长率是企业本年营业收入增长额与上年营业收入的百分比。其计算公式为：

$$营业收入增长率 = 本年营业收入增长额 \div 上年营业收入 \times 100\% \tag{6-12}$$

营业收入增长率，也是从企业角度通过本期和上期两期营业收入水平的对比来反映企业营业收入的增长情况。

（三）经营获利能力分析

所谓经营获利能力，就是形成的营业收入或耗费的成本取得利润的能力。经营获利能力分析，通常考察两类指标：一类是利润与营业收入的比率，统称收入利润率；另一类是利润与成本的比率，统称成本利润率。

1. 收入利润率分析

反映收入利润率指标有营业收入利润率、营业收入净利率、营业收入息税前利润率等。

①营业收入利润率。营业收入利润率是营业利润与营业收入的百分比。它反映企业营业收入获取营业利润的水平。其计算公式：

$$营业收入利润率 = 营业利润 \div 营业收入 \times 100\% \tag{6-13}$$

②营业收入净利率。营业收入净利率是净利润与营业收入的百分比。它反映营业收入获取净利润的水平。其计算公式：

$$营业收入净利率 = 净利润 \div 营业收入 \times 100\% \tag{6-14}$$

③营业收入息税前利润率。营业收入息税前利润率是息税前利润总额与营

业收入的百分比。它反映企业营业收入获取广义利润的水平。其计算公式：

$$营业收入息税前利润率＝息税前利润总额÷营业收入×100\% \quad (6-15)$$

其中，息税前利润总额为利润总额与利息支出之和。

2. 成本利润率分析

反映成本利润率指标有营业成本利润率、成本费用营业利润率、成本费用利润率等。

①营业成本利润率。营业成本利润率是营业利润与营业成本的百分比。它表明营业成本获取营业利润的水平。其计算公式：

$$营业成本利润率＝营业利润÷营业成本×100\% \quad (6-16)$$

②成本费用营业利润率。成本费用营业利润率是营业利润与成本费用总额的百分比。它表明包括营业成本和期间费用在内的成本费用总额获取营业利润的水平。其计算公式：

$$成本费用营业利润率＝营业利润÷成本费用总额×100\% \quad (6-17)$$

其中，成本费用总额为营业成本与销售费用、管理费用、财务费用之和。

③成本费用利润率。成本费用利润率是利润总额（或净利润）与成本费用总额的百分比。它表明成本费用总额获取利润总额或净利润的水平。其计算公式：

$$成本费用利润率＝利润总额（或净利润）÷成本费用总额×100\% \quad (6-18)$$

（四）投资获利能力

投资获利能力，就是指投资获取收益的能力，主要考察净资产收益率和总资产报酬率。

1. 净资产收益率

净资产收益率是企业一定时期净利润与平均净资产的百分比。其计算公式：

$$净资产收益率＝净利润÷平均净资产×100\% \quad (6-19)$$

式中：平均净资产＝（年初所有者权益＋年末所有者权益）/2

净资产收益率，在诸多财务比率指标中是综合性很强的指标，在杜邦分析体系中是最为核心的指标。

2. 总资产报酬率

总资产报酬率是企业一定时期息税前利润总额与全部资产平均总额的百分

比。其计算公式：

$$总资产报酬率=息税前利润总额÷全部资产平均总额×100\% \quad (6-20)$$

（五）经营能力分析

经营能力，一般指企业资产营运能力，也称经营效率、资产管理比率，通常可采用资产营运的周转率或周转速度指标来表达。经营能力的分析，可分为三个层次：总资产周转率、类别资产周转率、重要项目资产周转率。

1. 总资产周转率

总资产周转率是企业一定时期营业收入与全部资产平均总额的比值。其计算公式：

$$总资产周转率(次)=营业收入÷全部资产平均总额 \quad (6-21)$$

总资产周转率，是从企业全部资产角度反映总的周转速度，是一个所有资产的平均周转速度指标。

2. 类别资产周转率

类别资产周转率，通常主要考察资产构成类别中流动资产或者是非流动资产或者是固定资产周转率。其中，流动资产周转率是企业一定时期营业收入与流动资产平均余额的比值。其计算公式：

$$流动资产周转率(次)=营业收入÷流动资产平均余额 \quad (6-22)$$

流动资产周转率，是从企业流动资产角度反映周转速度的指标，着重考察企业资产中流动性最快的流动资产的周转速度。

3. 重要项目资产周转率

影响资产周转速度的重要项目，一般是指流动资产构成项目中的存货和应收账款等。因而，重要项目资产周转率的分析，就是要着重考察存货、应收账款等项目的周转率。

①存货周转率。存货周转率是企业一定时期主营业务成本与存货平均余额的比值。其计算公式：

$$存货周转率(次)=主营业务成本÷存货平均余额 \quad (6-23)$$

②应收账款周转率。应收账款周转率是营业收入与应收账款平均余额的比值。其计算公式：

$$应收账款周转率(次)=营业收入÷应收账款平均余额 \quad (6-24)$$

(六) 现金获取能力分析

现金获取能力分析,一方面可根据现金流量表的信息资料通过考察现金流量比率、经营活动现金流量比率、现金流量满足率等指标进行分析;另一方面还可结合资产负债表、利润表的信息资料通过考察资产现金回收率、销售经营性现金流量比率、盈余现金保障倍数等指标进行分析。

1. 现金流量比率

现金流量比率是企业一定时期现金流入总量与现金流出总量的比率。其计算公式:

$$现金流量比率 = 现金流入总量 \div 现金流出总量 \quad (6-25)$$

该指标主要用于分析企业现金流入对现金流出的总体保障能力。一般而言,如果现金流量比率大于1,即现金流入总量大于现金流出总量,表明从整体上讲,企业对各种现金支付的需要是有保障的,企业形成了正的现金及现金等价物净增加额。

2. 经营活动现金流量比率

经营活动现金流量比率是企业一定时期经营活动现金流入与经营活动现金流出的比率。其计算公式:

$$经营活动现金流量比率 = 经营活动现金流入量 \div 经营活动现金流出量$$
$$(6-26)$$

经营活动的现金流量是企业整体现金流量的构成主体,经营活动产生的现金流入对经营活动产生的现金流出的保障程度,是整个现金流量结构稳健的前提基础,也是企业价值创造的核心。如果该比率大于1,表明企业有着良好的现金支付保障能力基础,能够形成正的经营活动现金流量净额,具备现金获取能力;反之,当该比率小于1时,意味着企业收益质量低下,经营活动产生的现金流入匮乏,甚至处于过度经营的危险状态。

3. 现金流量满足率

现金流量满足率是经营活动现金流量净额与投资活动现金流量净额的比率。其计算公式:

$$现金流量满足率 = 经营活动现金流量净额 \div 投资活动现金流量净额$$
$$(6-27)$$

该指标用来衡量企业用其经营活动现金流量净额满足投资活动资金需求的能力。该指标大于或等于1,说明经营活动现金流入能够满足投资活动的现金需求;小于1,表示经营活动现金流入不能满足投资活动的现金需求,企业需要另筹资金。

4. 现金流动负债比率

现金流动负债比率是企业经营活动现金流量净额与流动负债的百分比。其计算公式为:

$$现金流动负债比率 = 经营活动现金流量净额 \div 流动负债 \times 100\% \quad (6-28)$$

现金流动负债比率,是用来反映企业未来时期流动负债偿付能力的指标。

5. 资产现金回收率

资产现金回收率是企业一定时期经营活动和投资活动现金流量净额与全部资产的比率。其计算公式:

$$资产现金回收率 = (经营活动现金流量净额 + 投资活动现金流量净额) \div 资产平均总额 \times 100\% \quad (6-29)$$

资产现金回收率说明企业一定时期全部资产产生现金的能力。

6. 营业收入现金比率

营业收入现金比率是企业一定时期经营活动现金流量净额与营业收入的比率。其计算公式:

$$营业收入现金比率 = 经营活动现金流量净额 \div 营业收入 \times 100\% \quad (6-30)$$

企业在营业收入增长的过程中,必须高度关注营业收入的变现质量问题,即必须将营业收入的增长建立在充分有效的经营活动产生的现金流量净额基础之上。通过分析营业收入现金比率,能够对营业收入与经营活动现金流量净额的关系有一个较为深入的了解,以便在实现营业收入良性增长的同时,减少以至消除财务危机的隐患。

7. 盈余现金保障倍数

盈余现金保障倍数也称净利现金比率,它是企业一定时期经营活动现金流量净额与净利润的比率。其计算公式:

$$盈余现金保障倍数 = 经营活动现金流量净额 \div 净利润 \quad (6-31)$$

该指标反映企业本期经营活动现金流量净额与净利润之间的比率关系,可用于考察企业未来时期的创利水平。在一般情况下,该指标比率越大,表明企业盈利质量越高;如果比率小于1,则说明本期净利中存在尚未实现现金的收入,在这种情况下,即使企业盈利,也可能发生现金短缺,严重时会导致企业的破产。

思考题

1. 证券投资分析的概念及意义是什么？
2. 证券投资分析方法有哪些，他们之间有什么区别与联系？
3. 如何进行证券投资的宏观经济分析？
4. 如何进行证券投资的行业分析？
5. 如何进行证券投资的公司分析？

第七章

证券投资的技术分析

第一节 技术分析的概述

一、技术分析的定义

技术分析是对证券的市场行为所作的分析,是通过观察分析证券在市场中过去和现在的具体表现,应用有关逻辑、统计等方法,归纳总结出在过去的历史中所出现的典型的市场行为特点,得到一些市场行为的固定模式,并利用这些模式预测证券市场未来的变化趋势。

基本分析和技术分析是证券投资的两大分析方法,也是证券投资者理性投资、科学决策必须掌握的工具。技术分析与基本分析方法的目的是共同的,即预测价格移动的方向。但这两种分析方法所采用的方法、研究的方向是大不相同的。技术分析专门研究市场行为,而基本分析则集中研究供给与需求的经济力量造成价格往上、往下移动或停留原处的相关因素。可以说,技术分析研究市场价格移动的影响,而基本分析研究市场价格移动的动因。

技术分析重视量与数,以统计学作为基础来进行实际操作,比较客观。而基本分析重视消息、新闻,主要从主观上对掌握的各种材料加以判断。基本分析一般会从政治、经济、金融、公司经营状况和企业管理等各种方向去搜集资料,再加以综合研判。

总之,基本分析法主要告诉投资者投资的方向,而技术分析法主要告诉投资者买卖的时机。

二、技术分析的理论基础

技术分析存在的基础是下面的三个假设。

(一) 市场行为包含一切信息

第一个假设是进行技术分析的基础。该假设认为,影响证券价格变动的所有内外因素都将反映在市场行为中,没有必要对影响价格因素的具体内容给予过多的关心。这个假设的合理性在于,投资者关心的目标是市场中的价格是否会发生变化,并不关心是什么因素引起的变化,因为价格的变动才真正涉及到投资者的切身利益。如果某一消息公布后价格没有大的变动,就说明这个消息对市场不产生影响,尽管有可能很多人预测这个消息的影响力都是相当大的。

(二)价格沿趋势移动,并保持趋势

第二个假设认为,价格的运动是按一定规律进行的,如果没有外力的影响,价格将保持原来的运动方向。从物理学的观点看,这就是牛顿第一运动定律。

按照牛顿第一运动定律的说法,一段时间如果价格一直是持续上涨(或下降),那么,今后没有特殊情况,价格也会按这一既定的方向继续上涨(或下降),没有理由改变原来已经存在的运动方向。证券市场中的"不出意外"就是牛顿第一运动定律中所要求的"平衡力"。"顺势而为"是证券市场中的一条名言,如果没有产生调头的内部和外部因素,就没有必要逆大势而为。

(三)历史会重演

第三个假设是从统计学和人的心理因素方面考虑的。在市场中具体进行买卖交易的是人,决策最终是由投资者作出的。既然是人,其行为就必然要受到某些心理因素的制约。在某个特殊的情况下,如果某个交易者按某种方式进行交易并取得成功,那么以后遇到相同或类似的情况,他就会按同一方式进行交易。如果前一次失败了,后面他就会采取不同于前一次的交易方式。投资者自己的和别人的投资实践,将在投资者的头脑里留下很多的"战例",其中有失败的,也有成功的。市场交易的实际结果留在投资人头脑中的阴影和快乐将会永远影响投资人的行动。人们倾向于重复成功的做法,回避失败的做法。

对三个假设的合理性一直存在争论。例如,市场行为反映的信息只体现在价格的变动之中,同原始的信息毕竟有差异,信息损失是必然的。正因为如此,在进行技术分析的同时,还应该适当进行一些其他方面的分析。再如,就第三个假设而言,证券市场中的市场行为是千变万化的,不可能有完全相同的情况重复出现,差异总是或多或少存在,有时这样的差异可能是很大的。在进行具体的统计分析的时候,由于要考虑的因素太多,"重复性"将受到考验。

三、技术分析的要素

证券市场中,价格、成交量、时间和空间是进行分析的几大要素。这几个因素的具体情况和相互关系是进行正确分析的基础。

（一）价和量是市场行为最基本的表现

市场行为最基本的表现就是成交价和成交量。过去和现在的成交价、成交量涵盖了过去和现在的市场行为。技术分析就是利用过去和现在的成交量、成交价资料，以图形分析和指标分析工具来分析、预测未来的市场走势。这里，成交价、成交量就成为技术分析的要素。如果把时间也考虑进去，技术分析其实就能简单地归结为：对时间、价、量三者关系的分析，在某一时点上的价和量反映的是买卖双方在这一时点上共同的市场行为，是双方的暂时均势点，随着时间的变化，均势会不断发生变化，这就是价量关系的变化。一般说来，买卖双方对价格的认同程度通过成交量的大小得到确认，认同程度大，成交量大；认同程度小，成交量小。双方的这种市场行为反映在价、量上就往往呈现出这样一种规律：价增量增，价跌量减。根据这一规律，当价格上升时，成交量不再增加，意味着价格得不到买方确认，价格的上升趋势就将会改变；反之，当价格下跌时，成交量萎缩到一定程度就不再萎缩，意味着卖方不再认同价格继续往下降了，价格下跌趋势就将会改变。成交价、成交量的这种规律关系是技术分析的合理性所在，因此，价、量是技术分析的基本要素，一切技术分析方法都是以价、量关系为研究对象的，目的就是分析、预测未来价格趋势，为投资决策提供服务。

（二）成交量与价格趋势的关系

1. 股价随着成交量的递增而上涨，是市场行情的正常特性。此种量增价涨关系，表示股份继续上升。

2. 在一波段的涨势中，股价随着递增的成交量而上涨，突破前一波的高峰，创下新高价，继续上涨，然而此波段股份上涨的整个成交量水准却低于前一波段上涨的成交量水准，价突破新高，量却没突破创新水准量，则此波段股价涨势令人怀疑；同时，也是股份趋势潜在的反转信号。

3. 股份随着成交量的递减而回升，股价上涨，成交量却逐渐萎缩，成交量是股价上涨的原动力，原动力不足显示股价趋势潜在反转的信号。

4. 有时股价随着缓慢递增的成交量而逐渐上涨，渐渐地，走势突然变成垂直上升的喷出阶段，成交量急剧增加，股价跃升暴涨。紧随着此波走势，随之而来的是成交量大幅度萎缩；同时，股价急速下跌。这种现象表示涨势已到末期，上升乏力，走势力竭，显示出趋势反转的现象。

5. 股价走势因交易量递增而上涨，是十分正常的现象，并没有暗示趋势反转的信号。

6. 在一波段的长期下跌，形成谷底后股价回升，成交量并没有因股价上涨而递增，股价上涨欲振乏力，然后再度跌落至先前谷底附近，或高于谷底。当第二谷底的成交量低于第一谷底时,是股价上涨的信号。

7. 股价下跌,向下跌破股价的某条重要支撑线,同时出现大成交量,是股价下跌的信号,强调趋势反转形成空头。

8. 股价跌落一段相当长的时间,出现恐慌卖出,随着日益扩大的成交量,股价大幅度下跌,继恐慌卖出之后,预期股价可能上涨;同时,恐慌卖出所创的低价,将不可能在极短时间内跌破。随着恐慌大量卖出之后,往往是(但并非永远是)空头市场的结束。

9. 当市场行情持续上涨很久,出现急剧增加的成交量,而股价却上涨乏力,在高档盘旋,无法再向上大幅上涨,显示股价在高档大幅震荡,卖压沉重,从而形成股价下跌的因素。股价连续下跌之后,在低档出现大成交量,股价却没有进一步下跌,价格仅小幅变动,此表示进货。

10. 成交量作为价格形态的确认。在形态学讲解中,如果没有成交量的确认,价格上的形态将是虚的,其可靠性也就差一些。

11. 成交量是股价的先行指标。关于价和量的趋势,一般说来,量是价的先行者。当量增时,价迟早会跟上来;当价增而量不增时,价迟早会掉下来。从这个意义上,我们往往说"价是虚的,而只有量才是真实的"。特别是在一个投机市场中,机构大户打压、拉抬股价,投资者不能仅从价上来看,而要从量上去把握庄家操纵的成本,如此才能摸清庄家的策略,并最终获利。

时间在进行行情判断时起到关键作用。一方面,一个已经形成的趋势在短时间内不会发生根本改变,中途出现的反方向波动,对原来趋势不会产生大的影响;另一方面,一个形成了的趋势又不可能永远不变,经过了一定时间又会有新的趋势出现。循环周期理论着重关心的就是时间因素,它强调了时间的重要性。

空间在某种意义上讲,可以认为是价格的一方面,指的是价格波动能够达到的空间上的极限。

四、技术分析的分类

技术分析经过一百多年的发展和完善,现已形成了比较完整的体系,对于技术分析的分类也有多种观点。下面介绍常见的两种分类方法。

(一)按技术分析具体方法的分类

按技术分析的具体方法,可以把技术分析划分为大盘分析、辅助线分析、股价分析、成交量分析和技术指标分析五大类。每一大类又由许多具体分析方法构成。其具体构成见图 7-1。

由于这种分类方法存在着一定的缺陷,所以我们倾向于下面的分类方法。

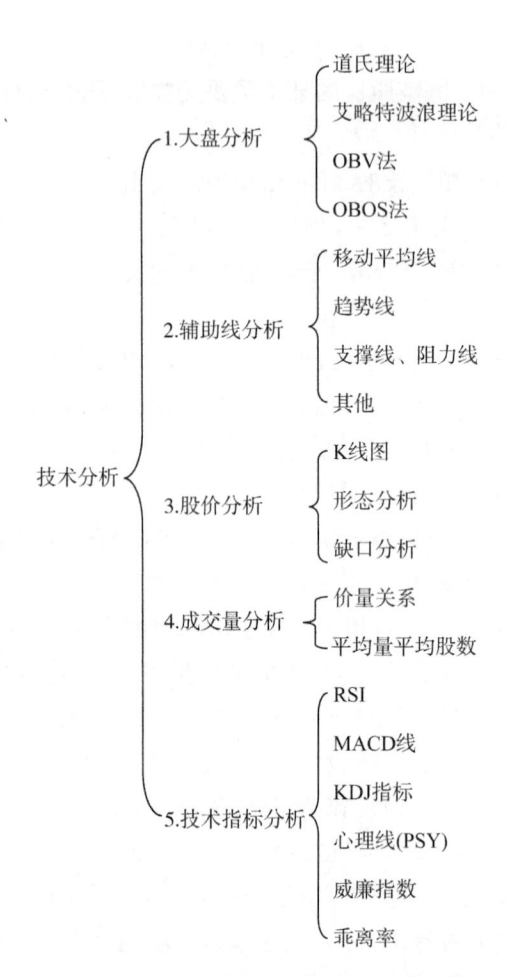

```
                              ┌ 道氏理论
                   1.大盘分析  │ 艾略特波浪理论
                              │ OBV法
                              └ OBOS法

                              ┌ 移动平均线
                   2.辅助线分析│ 趋势线
                              │ 支撑线、阻力线
                              └ 其他

                              ┌ K线图
   技术分析────── 3.股价分析  │ 形态分析
                              └ 缺口分析

                              ┌ 价量关系
                   4.成交量分析│
                              └ 平均量平均股数

                              ┌ RSI
                              │ MACD线
                              │ KDJ指标
                   5.技术指标分析│ 心理线(PSY)
                              │ 威廉指数
                              └ 乖离率
```

图 7-1　技术分析按分析方法划分的种类

（二）按照技术分析产生与发展的时间及其难易程度的分类

按照技术分析方法产生与发展的时间先后及其难易程度的大小，可以把技术分析划分为两类，也可以划分为三类。

两类划分法是将技术分析分为图表解析法和技术指标分析法。

1. 图表解析法

早期的图表解析法即通过市场行为所构成的图表形态，来推测未来的价格变动趋势。图表解析法又可以分为 K 线分析、形态分析、切线分析、缺口分析等类型。但是，这种图表解析方法在实际运用上，易受分析者主观意识的影响，对于一个价格变化，不同人有不同的预测，正所谓"仁者见仁，智者见智"。

2. 技术指标分析法

技术指标分析法就是利用股价、成交量或涨跌个数等市场行为产生的信息，再经过特定公式计算出具体反映目前市场态势的数据指标，通过这些专门的数据指标的分析来推测未来股票价格变动方向的方法。

三类划分法将技术分析分为基本图形分析、基本形态分析和基本指标分析三大类，即把二类划分法中的图表解析法又细分为基本图形分析和基本形态分析两类。

1. 基本图形分析

基本图形分析，是指投资者运用一定的图表符号，把股票价格的变化轨迹制成图形，然后根据图形变化用道氏理论或艾略特波浪理论及其他基本技术分析原理，来预测股票价格变化趋势的专门分析方法。基本图形分析提供了一个简要的价格历史，对任何交易者来讲，这是一个最基本的信息要素。图形可以给交易者对市场波动的一个良好的盘感，这对预计风险是重要的。图形可以被用作选择入市时机的工具，运用基本分析方法的交易者也要用图形来决定入市时机。图形还是一种资金管理的工具，可用于确定止损的具体价位。图形也能反映市场行为，特别是一些重复的类型。

2. 基本形态分析

股票的市场价格在经过一段时间的上涨和下跌后，往往会有一段时间的盘整，经过盘整，不是继续原来的趋势，就是使原来的趋势发生逆转。中间的盘整反映在股票行情走势图上，就会形成各种不同的图形，如三角形、旗形等，一般称之为股票价格走势的各种形态。通过对各种形态进行分析来研判股票行情变化趋势的方法称为基本形态分析。

形态可以分为两大类：一类是股票价格经过盘整后继续原来形态的称为整理形态；另一种是股票价格经过盘整后改变了原来的方向，如由上升转为下跌，或者由下跌转为上升，称为反转形态。有的图形只为某种形态所特有，如旗形仅出现在整理形态中；但大多数图形在两种形态中都出现，只是出现的频率不同而已。经常在形态中出现的图形主要有三角形、矩形、旗形、楔形、头肩形、双重底等。不同的图形和形态预示着不同的价格变化趋势。

3. 基本指标分析

基本指标分析，又称股票投资技术指标分析，是指通过对事先设定的技术分析指标的计算、比较、分析来预测未来股票市场行情变化的专门方法。所谓股票投资技术指标是指投资者或投资咨询机构根据股票的市场价格、成交量或涨跌家数等市场信息，按照一定的计算公式计算出反映目前市场态势的数据。随着数据分析技术的发展,股票投资技术分析中的技术指标已经发展到数十上百种。当前常见的技术分析指标主要有:移动平均线(MA)、相对强弱指数(RSI)、腾落指数(ADL)、涨跌比率(ADR)、超买超卖指标(OBOS)、能量潮(OBV)、随机指数(KD)、乖离率(BIAS)、动向指数(DMI)、心理线(PSY)、人气指数(AR)、意愿指标(BR)、动量指标(MTM)、震荡量指数(OSC)、威廉指数(W%R)、成交量比率(VR)、抛物线转向系统(SAR)、逆势操作系统(CDP)、指数平滑异同移动平均线(MACD)、指数点成交值(TAPI)等。

这些技术指标大体可分为三类:①反映价格变化的技术指标,包括移动平均线(MA)、乖离率(BIAS)、指数平滑异同移动平均线(MACD)、威廉指数(W%R)、相对强弱指数(RSI)、随机指数(KD)、动向指数(DMI)、动量指标(MTM)、抛物线转向系统(SAR)等。②反映成交量的技术指标,如:能量潮(OBV)、成交量比率(VR)、指数点成交值(TAPI)等。③反映市场人气心理的技术指标,如心理线(PSY)、超买超卖指标(OBOS)、腾落指数(ADL)、涨跌比率(ADR)等。

第二节 技术分析的主要理论

一、道氏理论

股票市场分析起源于道氏理论(Dow Theory),道氏理论被认为是一种最古老、最著名的股票分析工具,它是由查尔斯·亨利·道(Charles Henry Dow)创立的基本原理。道氏理论认为:股票市场虽然变化多端,但总是沿着一些特定的趋势运行,而这些趋势又可以从市场上某些代表性股票价格的变动中反映出来,认识和掌握了这种趋势,就可以通过考察这些股票过去的变动情况,预测出整个市场将来的运行方向。道氏理论的核心是将股市概括为三种趋势,基本趋势、次级趋势、短级趋势。这三种趋势相互推移,互相转变。投资者通过对趋势的判断来决策买卖股票。

(一) 基本趋势

基本趋势指股票市场上股价长期上涨或下跌的变动趋向。这种变动趋向持续的时间很长,一年以上,有时甚至好几年,股价沿着一定的方向运行。道氏理论将基本趋势又分为两大类:牛市(Bull Market)即多头市场和熊市(Bear Market)即空头市场。如果股价一段行情的平均数新高点比前一段行情的平均数最高点还高,即一峰比一峰高,基本趋势是上升的,就称为牛市或多头市场;如果一段行情的平均数新低点比前一段的行情的平均数最低点还低,即一谷比一谷低,基本趋势是向下的,称为熊市或空头市场。

(二) 次级趋势

次级趋势又称中期趋势和中期性调整。发生在基本趋势之中,时间要比基本趋势短,它的变动方向正好与基本趋势相反。即在牛市里,可以出现较大幅度的回档,股价的短期性低点较上次低点还低,不过其基本趋势没有遭到破坏,通常是这次回档下跌的幅度只是上次升幅的 1/3～2/3 左右,这就是所谓的中期性调整。在调整后,股市仍将回复原来的上升趋势;在熊市里,股价可能出现大幅度的回升,短期的高点较上次的高点还高,但仍不能改变基本向下的趋势,通常这次回升是上次跌幅的 1/3～2/3 左右,这就是中期性反弹,反弹过后,股市仍会继续下跌。

一般来说,次级趋势是对以往市场行为的一种修正,属于正常的市场自我调整,常常出现在急升或急跌之后,持续的时间约为几个星期到几个月。

(三) 短级趋势

短级趋势是指股票价格在较短时间内的变动情况。其变动快则几小时,慢则几天就结束,属于次级趋势中较短线的波动。短级趋势往往容易被人为操纵,容易对投资者产生误导,而次级趋势和基本趋势就难以被人为的力量操纵控制。因此短级趋势波动并没有重要的意义。

综上所述,道氏股票价格理论是由基本趋势、次级趋势、短级趋势组成。整个股价运行过程由几个短级趋势波动组成一个次级趋势,再由几个次级趋势组成一个基本趋势;再由基本上升趋势转变为基本下跌趋势,再由基本下跌趋势转为基本上升起势,这样无休无止,循环变动,具有一定的规律性。信奉道氏理论的分析专家认为,股票价格变动有一种"势头",股价一旦沿着一定的方向移动时,股价运动的这种势头就往往沿着同一方向继续运动。

二、波浪理论

美国的经济学家,著名的技术分析大师艾略特提出了关于股票和商品价格变动趋势的理论——波浪理论。艾略特波浪理论认为:不管是股票还是商品,其价格波动与大自然的潮汐一样,具有相当程度的规律性,一浪跟着一浪波动,周而复始,永无休止,任何的波动,都有迹可循,具有规律性。投资者根据波浪运动的规律预测和分析价格未来的变动趋势。

(一) 波浪理论的基本形态

波浪理论认为:一个价格的波动周期,从牛市(基本上升趋势)到熊市(基本下降趋势)的完成,包括了 5 个上升波浪和 3 个下降波浪,共计 8 个波浪,如图 7-2。

每一个上升的波浪,称之为推动浪,如图7-2中的1、3、5波浪,每一个下跌波浪,是为前一个上升波浪的调整浪,如图7-2中的2、4波浪。

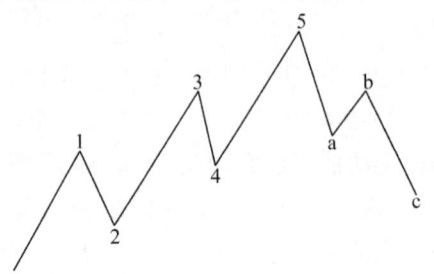

图7-2 波浪理论的基本形态

对整个大循环来讲,第1浪至第5浪是一个"大推动浪",a、b、c三浪则为"大调整浪"。

在每一对上升的"推动浪"与下跌的"调整浪"组合中,大浪中又可细分成小的波浪,小的波浪也同样以8个波浪来完成较小的级数的波动周期,在图7-3中,一个大的价格波动周期涵盖了34个小波浪,其中①和②为2个大波浪,(1)(2)(3)(4)(5)(a)(b)(c)为8个中波浪,1、2、3、4、5、a、b、c等为34个小波浪。

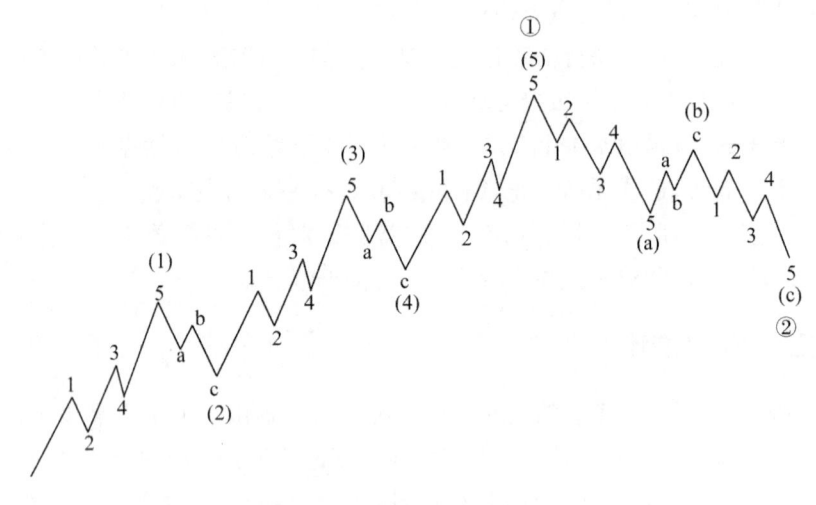

图7-3 波浪理论的基本形态

(二) 各种波浪的基本特征

艾略特尽管提出和总结了波浪理论,但对各种波浪的特征并没有详细的说明。对波浪理论的各种波浪特征加以详细说明的是罗伯·派瑞特的《艾略特波浪理论》。各种波浪的特征总结如下:

第1浪：

约半数以上的第1浪属于打底的形态。由于长期萧条，作为空头市场跌势后的反弹，缺乏多方支持，加上空方的卖压经常回档较深；另外约半数的第1浪，出现在长期趋势底部形成后，通常此段行情上升幅度很大。

第2浪：

这一浪下跌调整幅度很大，当行情跌到接近第1浪起涨点时，市场惜售心理趋强，成交量开始逐渐减少，当量萎缩到一定程度，才结束了第2浪的调整。

第3浪：

第3浪的涨势可以确认是最大、最具有爆发力的一浪，这段行情期间，升幅通常是5浪中最长的一浪，此时，市场内投资者信心恢复，交投活跃，尤其是在第3浪向上穿越第1浪的顶部，代表了各种传统的突破信号，这一浪由于涨势强烈，经常出现延长波浪，并且此浪中的交易量为最大，走势强烈，一些图形上的关卡，很容易被突破，甚至会产生跳空缺口。

第4浪：

由于前一浪涨幅过大，一些获利了结盘出现，使得股价下调，但下调的幅度不深。尽管这一浪与第2浪同属调整浪，但形态往往完全不同，经常会出现三角形的走势，并且此浪的最低点高于第1浪的最高点，如图7-4所示。

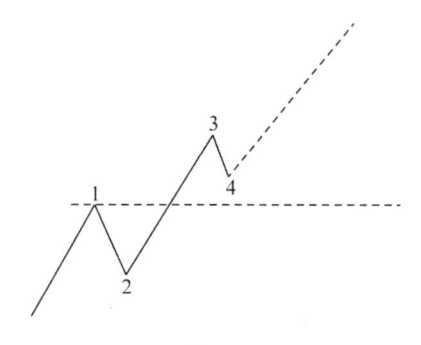

图7-4

第5浪：

在股票市场中，第5浪的涨势通常小于第3浪，且常常有失败的情形，如图7-5。而在商品期货市场，第5浪通常是最长的一浪，且常常出现延长波浪。

a浪：

当上升趋势进入调整阶段后，a浪常常被误解成只是正常的回档，并不认为是行情转势，从而失去了最佳出货机会。实际上，a浪的下跌在第5浪通常已有了警告信号，如量价背离、技术指标的背离，精明的投资者会通过这些信号去确认行情的转势。

b浪：

b浪是新的下降趋势的反弹，通常成交量不大，可以认为是多头的逃命线，然而经常会使一些投资者误认为是另一波浪的涨势，形成多头陷阱。

c浪：

c浪通常跌幅较大，持续时间长，具有很大的杀伤力，在这一浪的下跌过程中，会产生大量传统形态的卖出信号。

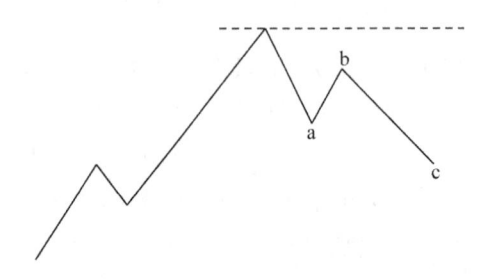

图7-5 失败的形态

三、量价理论

（一）量价理论的基本内容

在技术分析理论中，量价理论越来越被受重视。量价理论最早见于美国股市分析家葛兰碧（Joseph E. Granville）所著的《股票市场指标》一书中。其认为：成交量是股市的元气，成交量的变动，直接表现股市交易是否热络，人气是否旺盛，而且体现了市场运作过程中供给与需求间的动态实况。没有成交量的变动，市场价格就不可能变动，自然也无股价趋势可言，成交量的增加或萎缩都表现出一定的股价趋势。

一些技术分析家通过市场行情的波动总结出了"成交量与股价趋势同向同步"的结论，他们认为成交量增加时，股价会上升，而成交量递减时，股份会回落。成交量因后劲不足而无法显示出正在进行的趋势时，股价趋势即将反转，另外成交量与股价背离时，股价趋势也将反转。更多的研究表明，在空头市场和多头市场，成交量几乎先行于股价，成为股价的先行指标。

量价理论的内容也就是成交量与股价趋势的关系，成交量的增加或减少都反映出一定的股价趋势。

（二）成交量与股价趋势的八种关系

1. 股价随着成交量递增而上涨，为市场行情的正常特征，此种量增价涨的关系表示股价继续上升。事实上,价涨量增表示投资者承认了该股的投资价值,亦即所谓的有价有市。

2. 在一段时期的涨势中,股价随递增的成交量而上涨,突破前一段涨势的高峰,创下新高价后继续上涨,然而后来这段涨势中的成交量却没有突破前一段涨势中的成交量,则此时股价的涨势随时可能反转。

3. 股价随成交量递减而回升,即股价上涨而成交量却逐渐萎缩,显示出股价趋势存在反转信号。因为成交量是股价上涨的原动力,原动力不足,股价自然会放慢上涨速度甚至回跌。

4. 有时股价会随着缓慢递增的成交量而逐渐上涨,然后走势突然成为垂直上升的井喷行情——成交量剧增,股价暴涨,随即而来的是成交量大幅萎缩,股价急速下跌,这表明涨势已到末期,上升乏力,趋势即将反转。反转的幅度将视前一轮股价上涨幅度的大小及成交量的变化程度而定。

5. 股价走势因成交量递增而上涨的行情持续数日之后,一旦出现成交量急剧增加而股价却上涨乏力,在高档盘旋却无法再向上大幅上涨时,表明股价在高档卖压沉重,此为股价下跌的先兆。股价连续下跌后,在低档出现大成交量,股价却并未随之下跌,仅小幅度变动,则表示行情即将反转上涨,是买进的机会。

6. 在一段长期下跌形成谷底后,股价回升,成交量却并没因股价的上升而递增,股价上涨行情欲振无力,然后再度跌落至先前谷底附近(或高于谷底)时,如第二谷底的成交量低于第一谷底,则表示股价即将上涨。

7. 股价下跌相当长的一段时间后,会出现恐慌性抛盘,随着日益增加的成交量,股价大幅度下跌。继恐慌卖出之后,预期股价可能上涨,同时因恐慌卖出所创的低价将不可能在极短时间内突破。故随着恐慌性抛盘之后,往往是(但并非一定是)空头市场的结束。

8. 股价向下跌破股价形态趋势线或移动平均线,同时出现大成交量、股价下跌的信号。

四、切线理论

(一)趋势的基本概念

1. 趋势的定义

趋势就是股票价格市场的运动方向。一般来说,股票市场中股票的价格变动不是朝一个方向直来直去,中间肯定会有曲折,从图形上看就是一条蜿蜒曲折的折线,每一个折点处就形成了一个波峰或波谷,从这些波峰或波谷的相对高度就可以看出股票价格的变动趋势。

2. 趋势的方向

股票价格的变动方向有三种：上升方向（上升趋势）、下降方向（下降趋势）和水平方向（无趋势）。

①随着时间的推移，如果后面的峰和谷都高于前面的峰和谷，则股价的方向是上升的，也就是股市中常说的一底比一底高或底部抬高，见图7-6(a)。

②随着时间的推移，后面的峰和谷都低于前面的峰和谷，则股价的方向是下降的，也就是股市中常说的一顶比一顶低或顶部逐步降低，见图7-6(c)。

③随着时间的推移，如果后面的峰和谷与前面的峰和谷相比没有明显的高低之分，几乎是呈水平方向延伸，这时的趋势就是水平方向，见图7-6(b)。

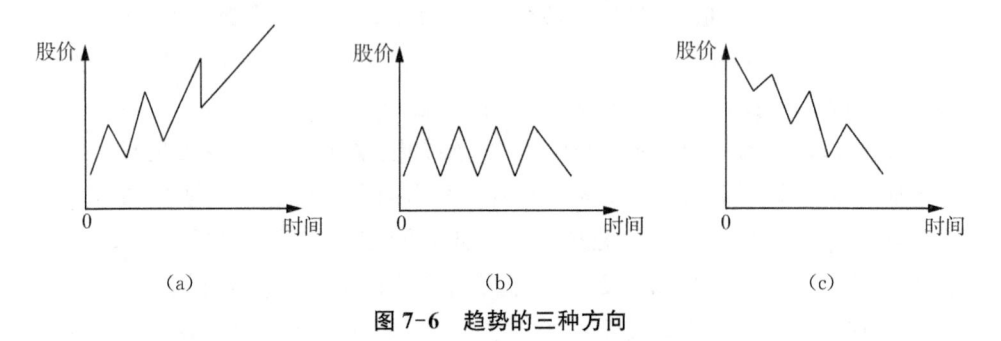

图 7-6 趋势的三种方向

（二）支撑线和压力线

支撑线（Support Line）又称为抵抗线，起阻止股价继续下跌的作用。当股价下跌到某个价位附近时，股价停止下跌，甚至还有可能回升，这是因为此时多方开始占据优势。这个起着阻止股价继续下跌的价格就是支撑线所在的位置。

压力线（Resistance Line）又称为阻力线，压力线起阻止股价继续上升的作用。当股价上涨到某价位附近时，股价会停止上涨，甚至回落，这是因为此时空方开始占据优势。这个起着阻止或暂时阻止股价继续上升的价格就是压力线所在的位置。

支撑线与阻力线在上升趋势和下降趋势中其意义是不一样的。在上升趋势中，阻力往往意味着上升过程中休息的地方，此后该阻力迟早会被多方攻克。下降趋势中，支撑往往意味着下降过程中的暂缓，此后还要下跌，支撑也会被击穿。支撑线和压力线具体图示见图7-7。

无论在上升行情中还是下跌行情中，都存在着支撑线和压力线。只不过在上升行情中，人们更关注压力线，更关心股价能涨到什么价位；在下跌行情中人们更关注支撑线，更关心股价会跌到什么价位。支撑线与压力线不是一成不变的，是可以相互转换的。当支撑线（压力线）被有效突破后，便转换为压力线（支撑线），如图7-8所示。

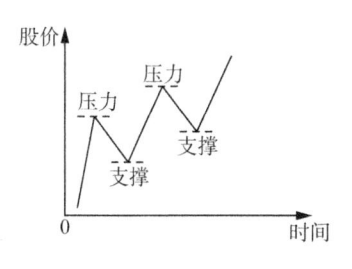

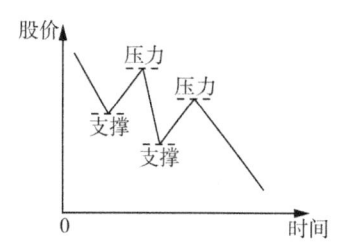

图 7-7　支撑线和压力线

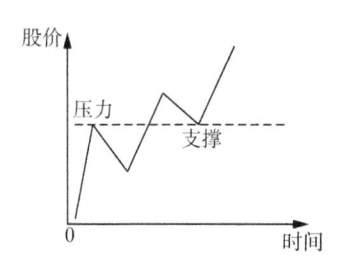

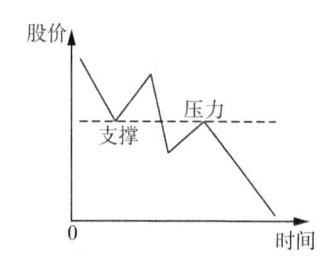

图 7-8　支撑线和压力线的转化

（三）趋势线和轨道线

1. 趋势线的定义

趋势线简单地说就是将两个低点连成一条直线,如果是上升趋势线,这条线位于相应的股价之下(见图 7-9(a));将两个高点连成一条直线,如果是下降趋势线,这条线位于相应的股价之上(见图 7-9(b))。由图中看出上升趋势线,起支撑作用,下降趋势线起阻力作用。

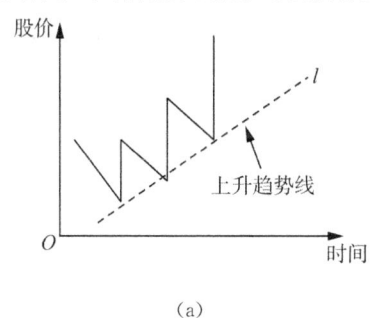

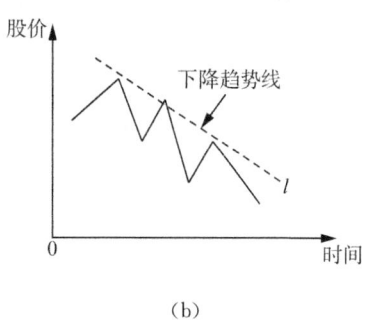

图 7-9　趋势线

2. 趋势线的作用

一旦画好并确认一条趋势线,就可以运用它在一段时间内对股价进行预测。一般说来,趋势线有两种作用：

第一,对股价今后的变动起约束作用,使股价总保持在上升趋势线的上方或下降趋势线的下方。也就是说,趋势线起了支撑线或压力线的作用。

第二,趋势线被突破后,就说明股价下一步的走势将要反转方向。越重要越有效的趋势线被突破,其转势的信号越强烈。被突破的趋势线原来所起的支撑或压力作用,现在将相互交换角色。即原来是支撑线的,现在将起压力作用;原来是压力线的,现在将起支撑作用。

3. 筛选趋势线的方法

在实际应用趋势线的过程中,要从众多条趋势线中进行筛选,保证趋势线的有效性,具体的方法有两种:

①必须确认趋势的存在。也就是说,在上升趋势中,必须具有两个依次上升的低点;在下降趋势中,具有两个依次下降的高点。只有这样,将两个点连成的直线才能成为趋势线,才能确认趋势的存在。

②连接两点所形成的趋势线必须得到第三个点的验证才能说明这条趋势线是有效的。一般来说,所画的趋势线被触及而不被突破的次数越多,其作为趋势线的有效性越强,用它进行预测的准确性越有效。此外,这条趋势线延续的时间越长,越有效。

4. 轨道线

轨道线也叫通道线,是指在两条平行的阻力线与支撑线之间形成的上升或下降轨道。轨道线的确定比较简单。在上升趋势中,先作出股票的上升趋势线,然后从第一个显著的高点出发,用虚线作出一条趋势线平行线,两条线共同构成一条上升通道。在以后的行情中,如果股价在抵达该条通道线时受阻而回落,那么便说明轨道线在起作用,如果回落的低点正好在趋势线上受到支撑,那么这条轨道线便形成了(见图 7-10(a))。同理,在下降趋势中,先确定下降趋势线,然后从第一个明显的低点出发,用虚线作出一条趋势线的平行线,两条线构成一条下降通道,在以后的行情中,股价在触及这条轨道线时发生反弹,那么这条下降

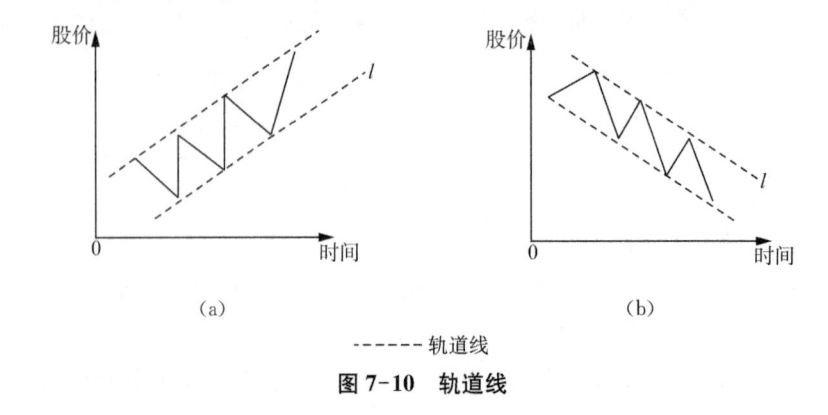

(a)   (b)

------ 轨道线

图 7-10 轨道线

轨道线便形成了(见图7-10(b))。值得注意的是,轨道线与趋势线是相互合作的一对。两者的关系是先有趋势线,后有轨道线。趋势线比轨道线重要得多。趋势线可以独立存在,而轨道线则不能。

第三节 技术分析的图形分析

图形分析是技术分析中使用最广泛的方法,它是用有关数据资料绘制成各种图形,用以研究股价走势的方法。图形分析的基本思路是股价的波动形式会及时地告诉投资者进行证券投资所需要的一切信息,在这种分析方法中,投资者甚至根本不需要知道证券的名称,他只需对股价波动做出正确的解释。

一、单线图

单线图是将每日、每周或每月的收盘价标在图表上,然后用线条将各点连接起来的价格图,如图7-11所示。

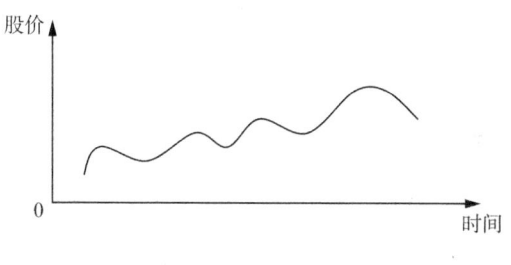

图7-11 单线图

单线图的优点是简单明了,能使投资者迅速了解某种投资工具价格的变化动态。但它有一个明显的缺点,即图形所反映的信息量太少,只反映收盘价一个指标。

二、棒状图

棒状图又称柱形图,是用点线来表示收盘价、最高价、最低价的一种股市分析图形。其绘制方法是先把当期(日或周)最高价、最低价用垂直线相连接,然后在此直线的左方标出开盘价,右方标出收盘价。从棒状图棒体的长度,我们可以看出全日(或全周)股价波动的幅度,从收盘价的高低可以看出投资者对后市的信心。棒体长说明股价波动幅度大,棒体短说明股价波动幅度小;收盘价值高说明后市看好,收盘价值低说明后市势弱。通过对棒状图各种排列的连续观察还可以对后市进行预测。棒状图的基本形状参见图7-12。

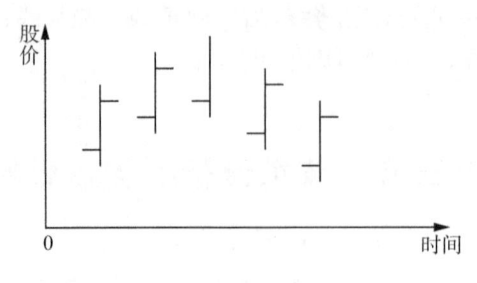

图 7-12 棒状图

三、K 线图

(一) K 线图的画法

K 线图起源于日本德川幕府时期大阪堂岛的米市交易,是将一定时期内(如一天、一周、一月或一年)股票市场或个别股票的价格升降与行情变化,用图形来加以表现的形式。K 线一般分为日线、周线、月线,都是以一定时期的开盘价、收盘价、最高价、最低价绘制成的。如果收盘价高于开盘价,实体用红色或白色绘制,称为阳线;如果收盘价较开盘价低,实体用绿色或黑色绘制称为阴线。最高价超过实体的部分称为上影线;最低价低于实体的部分称为下影线。其具体绘制方法参见图 7-13。

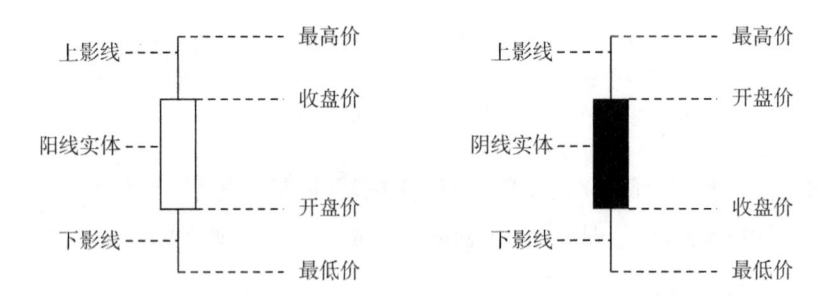

图 7-13 K 线图画法

通常情况下,K 线图中的阳线实体代表多头势力的大小,阴线实体代表空头势力的大小;上影线代表卖方压力的轻重,下影线代表支撑力的强弱。K 线的分析就是根据实体阴阳的性质及长短、上下影线的长短来判断多空双方的力量对比,从而对行情作出推测的。

(二) K 线的分析

K 线图反映了证券全天(以下都以日 K 线为主,周、月 K 线分析类似)的主要价格。一根日 K 线往往能说明该证券一天的走势,对于一些特殊形状的 K 线或 K 线组合,还可据此判断后市行情。

1. 一根 K 线分析

①光头光脚 K 线(如图 7-14)。包括光头光脚阳线和阴线,又可细分为大阳线和小阳线;大阴线和小阴线。因小阳、小阴反映市场窄幅波动难以形成趋势,这里只分析光头光脚大阳线和大阴线。以大阳线为例(阴线分析类似):光头光脚大阳线说明开盘价即为最低价,收盘价即为最高价。说明多方力量强大,开盘便控制市场,将证券价格一路推高,直至收盘。阳线拉得越长,多方力量越强,后市仍应为强劲走势。

光头光脚阳线　　　　光头光脚阴线

图 7-14　光头光脚 K 线

②光脚阳线和光头阴线(如图 7-15)。光脚阳线和光头阴线,是两根分析相同、内容相反的 K 线,以光脚阳线为例:开盘价即是最低价,说明多方占优,但长上影线说明多方在高位受阻,并被打压下来,上升阻力增大。上影线越长,空方压力越大,后市可能发生多空力量转换。

光脚阳线　　　　光头阴线

图 7-15　光脚阳线和光头阴线

③十字星(如图 7-16)。十字星是一种开盘价等于收盘价的特殊 K 线,说明多空双方力量均衡;双方由开盘开始搏杀,直至收盘未分胜负。影线越长,多空争夺越激烈。十字星如果出现在高位,说明上涨受到空方挑战,并且空方力量强大,后市可能反转;若出现在低位,说明下跌受到多方挑战,并且多方力量强大,后市可能反转向上。另外,有时开盘价与收盘价并不完全相等,而是形成了带影线的小小阳和小小阴,也视作十字星,称为阳十字星和阴十字星。

④T字形和倒T字形(如图7-17)。这两种形态是光头阴线和光脚阳线的延续。T字是多方将空方逼回开盘价,倒T字形是空方将多方打压回原地,分别说明多方和空方力量增强,后市出现反转可能性增大。

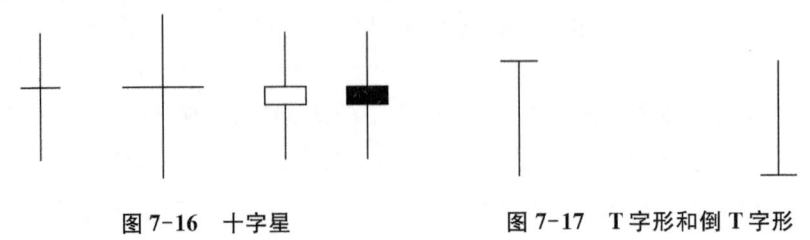

图7-16 十字星　　　　图7-17 T字形和倒T字形

2. 两根K线分析

一根K线推测后市走势,需视其总体发展趋势,并存在很多不确定性。两根K线或多根K线的组合能更好地把握机会。两根K线组合情况非常多,这里只介绍几种特定的组合形态,读者可以举一反三,分析理解。

①如图7-18所示,图形显示多空中的一方已完全控制市场,今后的走势以取胜方为主要运动方向。左图是多方力量占优,右图是空方力量强大。

②如图7-19所示,右图连续两根阴线,但第二根的收盘不比第一根低。说明空方力量有限,多方可趁机反攻。左图与右图相反,第二根阳线涨势不足,说明力量已弱,空方可能卷土重来。

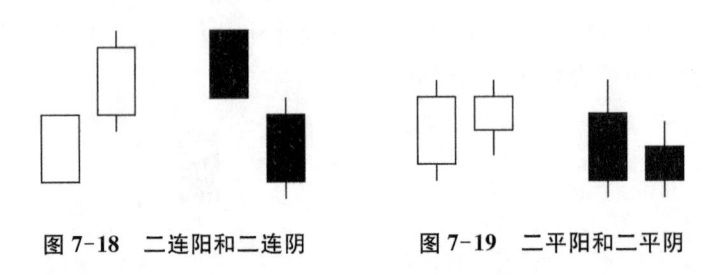

图7-18 二连阳和二连阴　　　　图7-19 二平阳和二平阴

③如图7-20所示,左图显示虽价格上涨,却受到空方阻力。若出现在高价区,说明空方正在阻止上升;若出现在上升途中,说明空方昙花一现,多方仍控制市场。右图与左图情况完全相反。

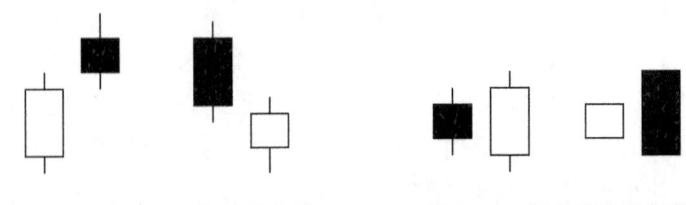

图7-20 上升遇阻和下降支撑　　　　图7-21 阳包阴和阴包阳

④如图 7-21 所示,左图为阳包阴,多方发挥强大力量控制了市场,后市应涨。右图为阴包阳,空方压力巨大,将前市的上涨全部吞没,控制了市场,后市应跌。

⑤如图 7-22 所示,左图显示下跌中,多方进行抵抗,但收效不大,市场仍以下跌为主;右图说明,上涨中空方打压,但没有成果,市场仍将以上涨为主。

图 7-22　下降中继和上涨中继

3. 多根 K 线分析

虽然双日 K 线的分析弥补了单日 K 线分析的缺憾,但若市场主力对大势尚无控制能力,而对单日、双日或短期走势却能予以控制,那么,为避免在分析上受到市场主力的影响,实有必要对连续二日以上的多日 K 线加以分析,从而得到更可靠的分析结论。

①三条同高型。K 线连续三日的涨幅大致相同,如图 7-23 所示。应当注意此种情形出现的机会不多,连续三日都是中或长阳线,表示涨幅已大,随时会有获利回吐的浮码出现,可考虑暂时退出观望。这种靠不断地换手来将价值拉高的盘面随着价位的升高会逐渐增加供应的筹码,以致出现供大于求的情况。

②前长后短型。第一日行情大涨,随后出现涨势减弱,如图 7-24 所示。这表示虽然在第二日或第三日仍以阳线收盘,但跟进力量减少,不宜追高。若行情向下跌破第一日的最低点,宜退出观望。若在大阳线之后的第二、第三日出现连续的小阴线,而这两小阴线又无法跌破大阳线的中价(a 线)或最低价(b 线)时,应谨防主力的诱空,待形成轧空时,股价将有大幅度的上扬。

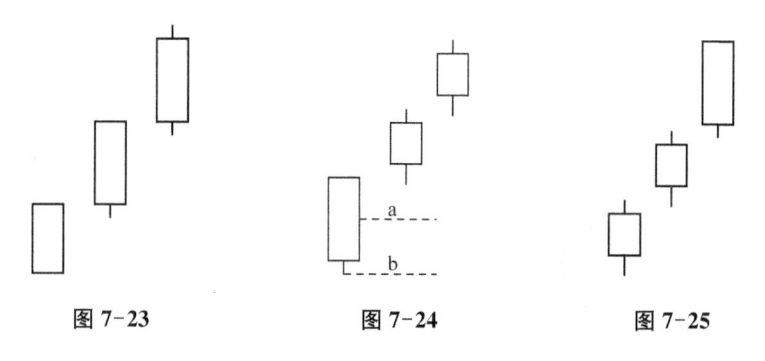

图 7-23　　　　图 7-24　　　　图 7-25

③前短后长型。K 线在第三日出现大阳线,摆脱了前两日小幅度行情的局

面,如图 7-25 所示。它表示空头回补,市场投资者趋于一致看好。

④阶梯上升型。连续数日阳线都有较长的上影线与下影线,如图 7-26 所示。表示在低价位有承接力,但在高价位亦有压力,行情呈胶着挣扎的状态,常出现在头部或底部。若行情上涨很久而出现此图形时,应视为卖出信号;反之,视为买进信号。

⑤上升待变型,如图 7-27 所示。它与阶梯上升型的不同在于第三日的小幅回跌,表示出多方力量的转弱、退却。若第四日多方能够站稳在第二日的最高价之上时,可再追高买入。

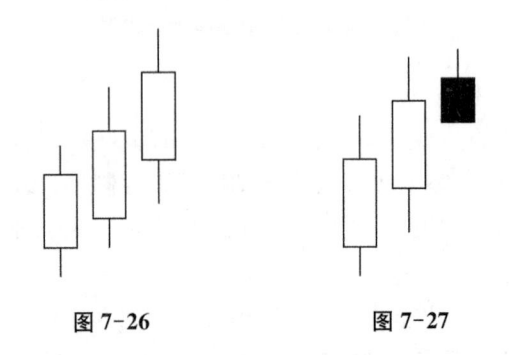

图 7-26　　图 7-27

⑥阳线转阴线。K 线在第一日拉出大阳线后,多方力量减弱,空方乘机反击,但空方力量尚弱,连续进攻二日,才攻占了多方部分阵地,如图 7-28 所示。它表示多方即将发动反攻。

⑦缓步上升型。K 线如图 7-29 所示。这表示在第一日拉出大阳线后,多方并不急于继续攻击,而是在大阳线上连续多日以小阳线作强势调整,继之再以大阳线突破。这意味着空方力量的退出,多方控制了局势,后市仍可看好。

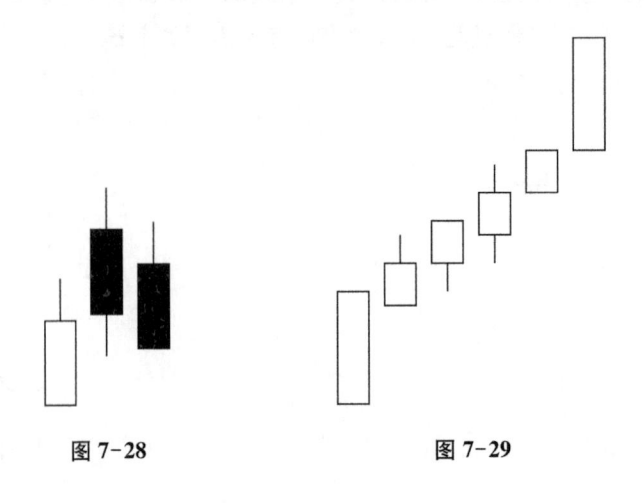

图 7-28　　图 7-29

⑧上升抵抗型。上升抵抗型的K线如图7-30所示。与缓步上升型类似，区别在于第四日出现了小阴线，这是多方在拉出大阳线之后利用市场上投资者的心理进行洗盘与诱空，在经过整理后再以大阳线突破，涨势强劲有力，后市仍然看好。

⑨上升中继型。K线如图7-31所示。这是在多根阳线中夹杂着一些小阴线的回档整理，经过清洗浮动筹码，再向上拉出阳线，缓步地将股价往上推进，其特征为阴线和最低价均未跌破前面二日阳线的收盘价位，且阴线当日行情上下波幅不大。这种图形常出现在多头市场中缺乏强而有力的主力关照的个股，其趋势为随大势上涨，本身并无很好前景。

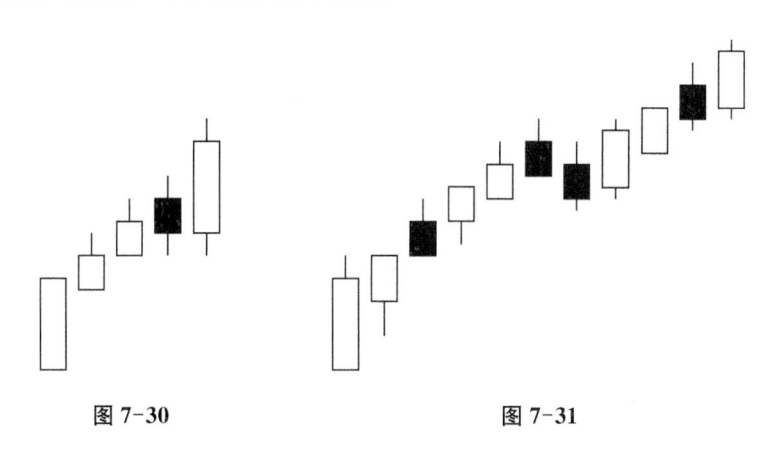

图 7-30　　　　　　　　图 7-31

4. K线的转势

以K线图观察股价走势，关键在于预测后市的趋势，因此，能否及时准确地捕捉到市场将出现的转势，对于使用K线图进行技术分析的投资者来说显得至关重要。K线的转势信号主要有：

①早晨之星。早晨之星的喻意是晨星闪烁于太阳升起以前，一片光明，后市自然看好。早晨之星的K线组合如图7-32所示。其通常出现在下跌市势当中，可先见到连续的中阴或长阴线，随着卖盘的逐渐消化，紧随最后一根实体较长的明线之后，第二日在该阴线的下端出现了实体很短的阴线或阳线，形成了星的主体部分，构成星形，第三日平地拔起一根实体较长的阳线，显示多方经蓄势之后开始发动进攻，代表市势可能见底回升。

②黄昏之星。日暮之际，黄昏之星悄然出现，而后太阳落山，后市理应看淡。黄昏之星的K线组合与早晨之星相反，如图7-33所示。其常出现在上升市势当中，随着一段升势最后出现一根实体较长的阳线，第二日在该阳线的上端出现了一根空体较短的阳线或阴线，构成星形部分，第三日多方抵挡不住空方进攻，

拉出了一根实体较长的阴线,这是转势信号,代表市场可能见顶回落。

早晨之星或黄昏之星代表市场可能反转,如果同时出现下列三个因素,则转势信号的准确率会大大提高。

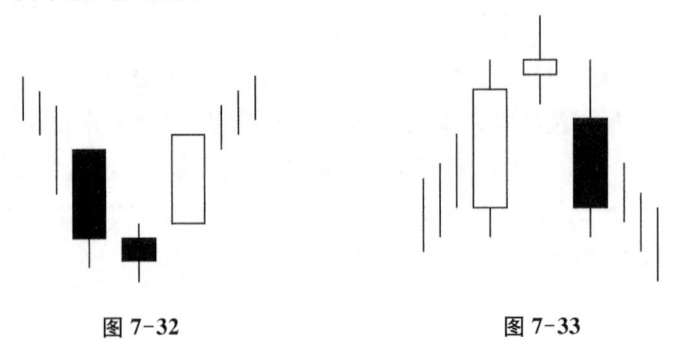

图 7-32   图 7-33

第一,左右两根 K 线与星形部分均出现缺口;
第二,第三根 K 线的收盘价已深入第一根 K 线的实体部分;
第三,第一根 K 线的成交量较小,而第三根 K 线的成交量较大。

③十字之星。十字之星有两种,如图 7-34 所示。单独一颗十字星,已有转向的意蕴,至少表示上升或下跌的动力已经大幅度减弱,市场等待新的因素去冲击而决定方向,这从单日 K 线的分析中可以看到。当在一个上升市势中,出现十字星,接着又拉出了向下突破的阴线,其转向下跌信号便较为可信,这种图形可称为黄昏十字星。相反趋向的形态称之为早晨十字星,表示市场可能见底回升。

黄昏十字星   早晨十字星

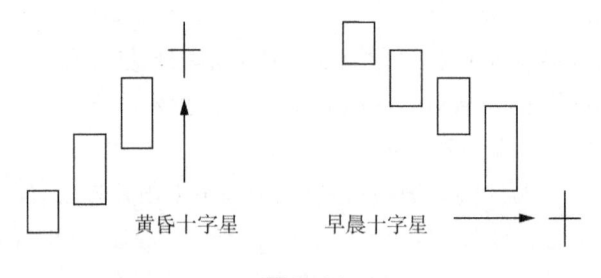

图 7-34

④射击之星。射击之星似欲向上射击之箭,如图 7-35。其特征是实体(阳线或阴线)较短,而上影线却偏长。射击之星常常出现在上升市势中,表示市场已丧失了上升的持久力,随时可能见顶回落,如图 7-36 所示。

单独一颗射击之星所发出的转势信号的可靠性低于黄昏之星,只是升势可能受阻的警戒信号。标准的射击之星与前一根 K 线应有个跳空缺口,但在实际的分析中,缺口是否出现并不重要。

图 7-35　　　　　　图 7-36

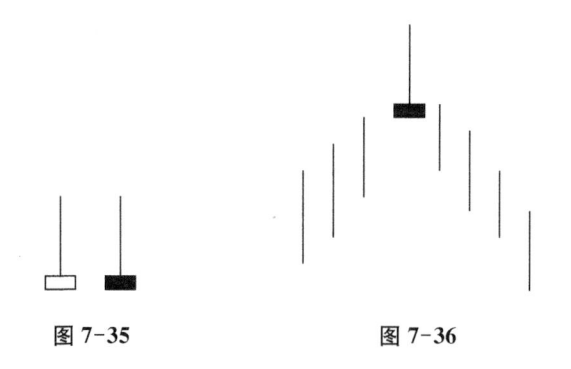

⑤乌云盖顶。晴转多云,乃至天色变暗,是即将下雨的征兆。以乌云盖顶形容一种 K 线图形,便是指市场已面临一种见顶回落的局面。乌云盖顶的图形由两根 K 线组成,如图 7-37 所示。第一根 K 线是长阳线,第二根 K 线的开盘价比上日最高价还高,但收盘价却沉于当日股价波动幅度的底部,且已盖过第一根长阳线实体的幅度一半以上。当在行情的顶部或一段升势中出现此种图形时,若第二根 K 线的收盘价愈低,即吞没第一日长阳线愈多,见顶回落的趋势愈明显;若第二日的交易在开盘时曾冲破较明显的阻力区域,然后回头下跌,构成乌云盖顶的图形,表示多方已不能控制大局,见顶回落的机率自然大大增加;若第二日开盘交易后的小段时间内,成交量愈大,说明中埋伏的投资者愈多,表示市场转淡的机率愈大。

⑥曙光初现。黎明前的黑暗是一天中最黑暗的时刻,而后微露的曙光将出现于东方的地平线上,一轮朝阳随即升起,照亮大地。以曙光初现比喻一种 K 线图形,后市理应看好,是一种见底回升的转势讯号。

曙光初现的形态亦由两根 K 线组合,如图 7-38。其特征是:第一日是一根长阴线,第二日的开盘价比上日的最低价还低,但收盘价却升至当日股价波动幅度的顶部,且高于第一根阴线实体一半以上。

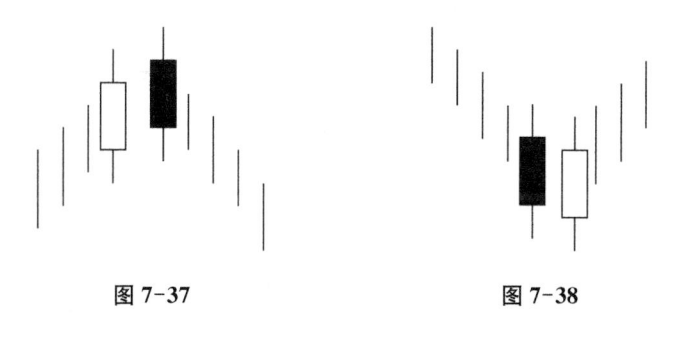

图 7-37　　　　　　图 7-38

曙光初现的图形与乌云盖顶的图形正好相反,所以可反向思考。即当行情处于底部或一段跌势时,出现曙光初现的图形,那么,若第二根K线的收盘价愈高,见底回升的趋势愈明显;若第二日的交易在开盘时曾突破较明显的支撑区域,然后掉头回升,形成曙光初现的K线组合,则大市见底回升的机会将大大增加;若第二日开盘后的初段交易中,成交量愈小,表示后市转好的机会愈大。

K线组合方式还有很多,这里不再一一列举。

(三) 应用K线应注意的问题

1. 无论是一根K线,还是两根K线或者多根K线,都只是对多空争夺作出一个描述,因为存在很多意外因素,由它们的组合得到的结论都是相对的,不是绝对的,只能起参考作用。

2. K线应服从趋势。K线总是描述一两天的价格走势,分析结果只反映短期变化,投资者只可以依据做短线操作,而不能完全以K线分析结果进行长期投资的选择,必须考虑到K线所在的趋势。

四、缺口

缺口就是没有交易的范围,即某一K线的最低价比前一K线的最高价还要高,或某一K线的最高价比前一K线的最低价还要低,使K线图上出现跳空的现象。缺口分为普通缺口、突破缺口、继续缺口和竭尽缺口四种,如图7-39所示。

①普通缺口:就是股价在盘整期间出现的缺口,缺口出现后并未使股价脱离盘局图形上升或下降,股价短期内仍处于盘局,缺口也在短期内被封闭,如图7-40所示。

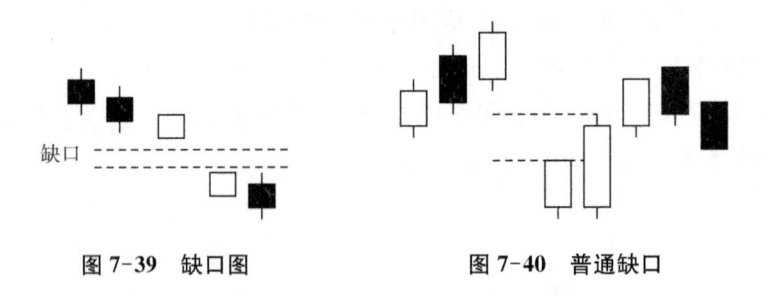

图 7-39 缺口图   图 7-40 普通缺口

②突破缺口:当形态完成后,K线以缺口跳空上升或下降远离形态,突破盘局,表示真正的突破已经形成,行情将顺着原来的趋势运行下去。股价向形态上端突破,盘整区域和缺口便成为将来回档的支撑区,股价将有一段上升行情,是买进时机;股价向图形下端突破,盘整区域和缺口就成为将来反弹或上升的阻力区,股价将继续下跌,是卖出时机。突破缺口愈大,表示将来的股价变动愈强烈。股价向图形下端突破,并不需要大成交量的配合,仍然有效。另外,突破缺口在

短期内是不被封闭的如图 7-41 所示。

③继续缺口：又称持续缺口、中段缺口和测量缺口，通常是在股价突破形态上升或下跌远离形态而至下一个整理或反转形态的中途出现的缺口，它具有加速股价上升或下跌的作用，表示股价运行维持原先的趋势。由于继续缺口通常出现在股价变动的小点，因此，根据此种缺口可以大约地预测股价未来的上升或下跌距离。值得注意的是，在上升或下跌行情中，有时可能出现两次或两次以上的继续缺口，每次继续缺口的出现，都说明股价跳空的行情有加强原先趋势的力量如图 7-41 所示。

④竭尽缺口：出现在上升行情或下跌行情的尾声，是长期上升或下跌行情将结束的信号，股价将进入整理或反转阶段。上升趋势中缺口发生的当日或次日，成交量比以前交易日成交量庞大，而预期将来一段时间内不可能出现比此更大的成交量或维持此成交量水平，极可能是竭尽缺口。如果缺口出现后的次日行情有反转情形而收盘价停在缺口边缘，就更加肯定是竭尽缺口；同样，下跌行情结束前，出现向下跳空的缺口，成交量萎缩，此缺口也是竭尽缺口如图 7-41 所示。

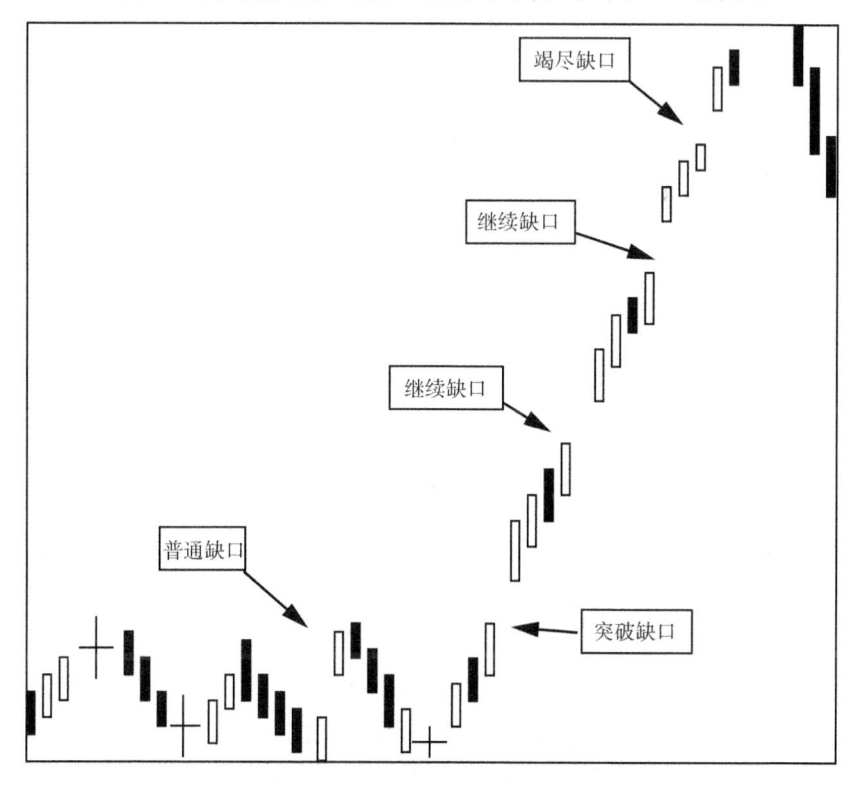

图 7-41　普通缺口、突破缺口、继续缺口和竭尽缺口

第四节 技术分析的形态分析

价格的移动过程主要是保持平衡的持续整理和打破平衡的突破这两种过程。这样，我们把股价曲线的形态分成两个大的类型：①持续整理形态(Continuation Patterns)；②反转突破形态(Reversal Patterns)。前者保持平衡，后者打破平衡。

一、反转形态

（一）双重顶和双重底

双重顶和双重底(Double Tops and Double Bottoms Pattern)就是市场上众所周知的 M 头和 W 底，这种形态在实际中出现得非常频繁，是利用形态进行判断中不可缺少的基本形态。基本图形见图 7-42，从图中可以看出，双重顶和双重底总共出现两个顶和底，也就是两个相同高度的高点和低点。

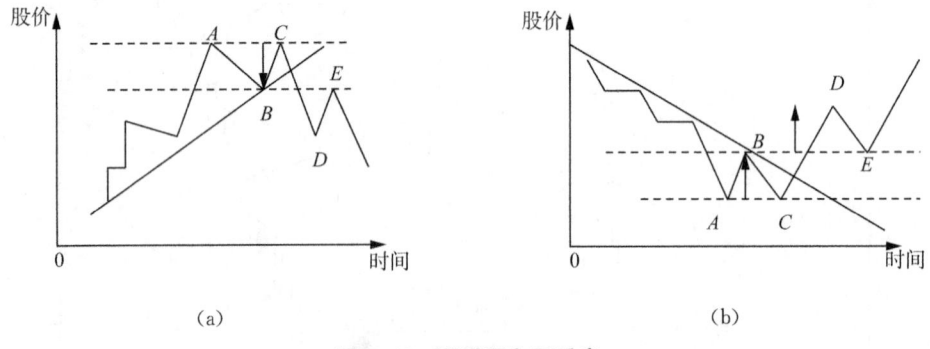

图 7-42 双重顶和双重底

1. 双重顶的形成过程。当股价快速上升至某一水平后遇阻力回落并在峰位留下大成交量，然后成交量随股价下跌而萎缩；当股价获支撑再度回升时，成交量虽有所放大，却不如先前水准，上升动力不足以使股价冲破前次峰位，股价再次遇阻回落并突破颈线，形成下跌趋势。当股价向下突破颈线时，成交量不一定要放大。如图 7-42(a)，在上升趋势过程的末期，股价在第一个高点 A 建立了新高点，之后进行正常的回档，受上升趋势线的支撑，这次回档将在 B 点附近停止。往后就是继续上升，但是力量不够，上升高度不足，在 C 点（与 A 点等高）遇到压力，股价向下，这样就形成 A 和 C 两个顶的形状。

2. 双重底形成过程。股价高档回落,成交量随之萎缩,当跌破至某一水平后,部分投资人认为跌幅已深从而逢低吸纳,股价止跌回升,但反弹幅度有限,成交量也温和上升,随后股价再次滑落,成交量也随之进一步萎缩,当股价回至上次低点时重获支撑前回升,此时成交量迅速扩大(这次回升时的成交量要大于前一次反弹时的成交量),强大的买气促使股价冲破颈线,形成上升趋势,如图7-42(b)所示。

双重顶、底形成以后,有两种可能的前途:第一是未突破 B 点的支撑位置,股价在 A、B、C 三点形成的狭窄范围内上下波动,演变成今后要介绍的矩形。第二是突破 B 点的支撑位置继续向下,这种情况才是真正出现了双重顶底反转突破形态。前一种情况只能说是出现了一个潜在的双重顶底反转突破形态。

3. 双重顶(底)的颈线

以 B 点作平行于 A、C 连线的平行线(图中中间一条虚线),就得到一条非常重要的直线——颈线(Neck Line)。A、C 连线是趋势线,颈线是与这条趋势线对应的轨道线,这条轨道线在这里起的是支撑(压力)作用。一个真正的双重顶(底)反转突破形态的出现,除了必要的两个相同高度的高点以外,还应该向下(上)突破 B 点支撑。

突破颈线就是突破轨道线,突破支撑线,所以就有突破被认可的问题。双重顶(底)完成后,股价突破颈线幅度超过 3% 以上方为有效突破。此后,股价的最小量度跌(升)幅为峰顶(谷底)至颈线之间的垂直距离。

4. 双重顶(底)形态的高度和测算功能

双重顶(底)反转突破形态一旦得到确认,就可以用它进行对后市的预测了。它的主要功能是测算功能,具体如下:从突破点算起,股价将至少要跌(涨)到与形态高度相等的距离。所谓的形态高度就是从 A 或 C 到 B 的垂直距离,亦即从顶点(低点)到颈线的垂直距离。图 7-42(b)箭头所指将是股价至少要跌(涨)到的位置,换句话说,股价必须在这条线之下才能找到像样的支撑,这之前的支撑都不足。

5. 反扑(Pull Back)

颈线被突破后,价格不是一直不回头地移动下去,价格往往会有一个返回的过程,并且在颈线被阻止。这个现象叫反扑(如图 7-42(a)中 E 点)。颈线在这里起着支撑和压力作用,也就是说这种返回将受到颈线的阻挡。对于双重顶(底)来说,最重要的是在反扑的时候"出逃(买进)",因为只有在这个时候我们才确切地知道应该怎么办。图 7-42 中的 E 点将是最好和最安全的行动位置。

按照理论上的观点,在整个双重顶底的过程中,投资者只有在反扑的时候才真正知道应该做什么。在这个时候,应该采取行动,俗称"逃命",是最后的机会。对于双重顶,是多方"逃命",对于双重底,是空方"逃命"。需要注意的是,如果在离开颈线很远后开始反扑,可以结合支撑压力理论的有关方法选择采取行动的地点。

6. 对双重顶底形态的补充说明

①要求双重顶底的两个顶或底完全相同是很困难的,在绝大多数情况下它们不相等,允许有一些差异。第2峰若稍高于(或低于)第1峰,并不能认为是向上(下)突破,原有的上升(下降)趋势恢复了。此时会遇到如何判断两个顶或底的差异是否处在所允许的差别范围内的问题,这显然要涉及到主观因素的判断。

②两个顶和底可能是由多个小顶底组成的复合形状。在形成顶底时,价格有时并不是刚接触到这个价位就立即调头反向,而有可能经过多次小的波动冲击这个顶底,不成功之后才调头,这样就有可能形成一个顶底复杂多样的情况。

③在成交量方面,双重顶和双重底有细小的不同。双重顶的两顶的位置成交量都很大,但第2顶一定比第1顶成交量少。双重底的第1个底成交量最大,触底上升时成交量也不少,但第2个底的成交量显著萎缩。除此之外,双重底向上突破颈线时,一定要有大的成交量配合,而双重顶向下突破颈线时,则没有成交量配合的要求。

④如果两个顶点(底点)出现时间非常近,则只代表一个次级下跌(或上升),大多属整理形态,之后股价将朝原方向运动;相反,两个顶点(底点)产生时距甚远,则反转形态的可能性很大。两个顶或两个底之间相距的距离越远,也就是形成双重顶或双重底所延续的时间越长,则将来双重顶或底反转的潜力越大,波动越剧烈。时间长短体现的是形态的规模。小规模的双重顶底的两个顶底之间应相距2周至3周,大规模的双重顶底可能会延续数年。

⑤双重顶底的形态高度与形态之前的上升(或下降)趋势的波动幅度相比,不能过低也不能过高,过低容易将其当成波动过程中的小干扰而被忽略,如果过高,则形态中的波折本身就可以被看成是一次新的上升或下降的趋势,而与原来的趋势不属于同一层次。

(二) 头肩顶和头肩底

头肩顶和头肩底(Head and Shoulders Tops and Bottoms Pattern)是实际股价形态中出现得最多的形态,是最著名和最可靠的反转突破形态。图7-43就是这种形态的简单形式。

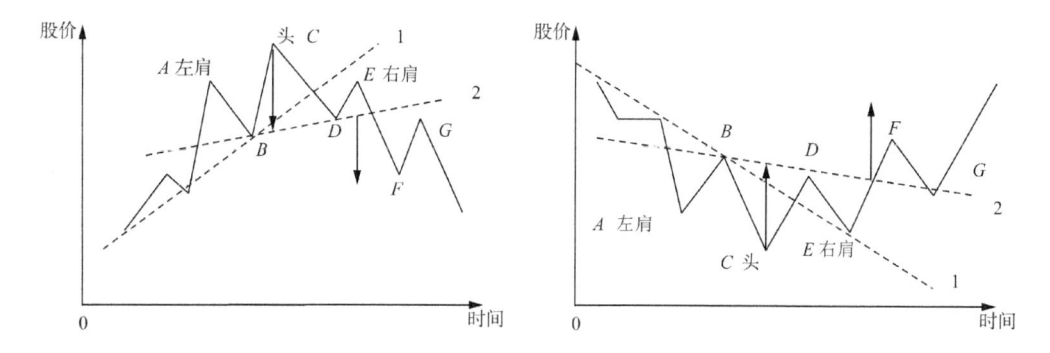

图 7-43 头肩顶和头肩底

1. 头肩形的形成过程

从图 7-43 中可以看出,这种形态一共出现三个顶和底,也就是要出现三个局部的高点和局部低点。中间的高点(低点)比另外两个都高(低),称为头,左右两个相对较低(高)的两个高点(低点)称为肩,这就是头肩形名称的由来。

以下以头肩顶为例,在上升趋势中,不断升高的各个局部的高点和低点保持着上升的趋势,然后在某一个地方趋势的上涨势头将放慢。图 7-43 中 A 和 B 点还没有放慢的迹象,但在 C 和 D 点已经有了势头受阻的信号,这说明这一轮上涨趋势可能已经出了问题。最后,股价走到了 E 和 F 点,这时反转向下的趋势已势不可挡。

头肩顶反转向下的道理与支撑线和压力线的内容有密切关系。上图中的直线 1 和直线 2 是两条明显的支撑线。在以 C 点和 D 点突破直线 1 说明上升趋势的势头已经遇到了阻力,E 点和 F 点之间的突破则是趋势的转向。另外,E 点的反弹高度没有超过 C 点,D 点的回落高度已经低于 A 点,都是上升趋势出了问题的信号。

头肩顶底形态走到了 E 点并调头向下,只能说是原有的上升趋势已经转化成了横向延伸,还不能说已经反转向下了。只有当图形走到了 F 点,即股价向下突破了颈线,才能说头肩顶底反转形态已经形成。

从头肩顶的形成过程可以看出多空双方的拉锯情况,具体可以划分为以下不同的部分:

①左肩形成阶段:股市经过一段时间上升后升幅已大,并配有相当大的成交量,前段时间买进的人皆有利可图,有些投资者开始获利回吐导致股价出现短期的回落,成交量锐减,从成交量的图形看,左肩是高成交区。

②头部形成阶段:股价经过短期的回落后,开始新一轮上升走势,成交量亦

随之增加但小于左肩,说明买方跟进者减少,股价升破上次的高点后,在获利盘惯压下重新回到左肩的低点附近,成交量在这回落期间亦同样减少。

③右肩形成阶段:股价下跌到接近上次的回落低点又再获得支持回升,可是,市场投资的情绪显著减弱,成交量较左肩和头部明显减少,股价没法抵达头部的高点,只升至左肩附近回落,于是形成右肩部分。

④突破颈线:从右肩顶下跌穿破由左肩底和头部底所连接的底部颈线,其突破颈线的幅度要超过市价的3%以上。

简单说来,头肩顶的形状呈现3个明显的高峰,其中位于中间的一个高峰较其他两个高峰的高点略高。至于成交量方面,则出现梯级形的下降。

在分析头肩顶形态时要注意以下几点:

①头部高点比左右肩高点高,左肩和右肩的高点大致相等。部分头肩顶的右肩较左肩略低或略高。但如果右肩的高点较头部还要高,形态便不能成立。

②成交量方面,大致是左肩最大,头部次之,而右肩最少。有人认为,大约有1/3的头肩顶,左肩成交量较头部为多,1/3的成交量大致相等,其余的1/3是头部的成交量大于左肩的成交量。

③股价跌破颈线后,头肩顶形态才宣告成立。股价在跌破颈线后可能会出现暂时性的回升(回抽),这情形通常会在低成交量跌破时出现。不过回抽不应超越颈线水平,否则头肩顶不成立,有可能是骗线。

④当颈线跌破时,不论成交量增加与否也要坚定信念。倘若成交量在跌破时激增,显示市场的抛售力量十分庞大,股价会在成交量增加的情形下加速下跌。

⑤头肩顶是一个杀伤力很强的反转形态,其最小跌幅可以这样确定:从头部的最高点画一条垂直线到颈线,然后在完成右肩突破颈线的一点开始,向下量出同样的长度,由此量出的价格就是该股将下跌的最小幅度。

⑥跌破颈线后的反抽往往是最后一次逃命机会,要乘机出清持货。

⑦这是一个长期性趋势的转向形态,通常会在牛市的尽头出现。若在低价区出现,则可能是多头陷阱。

头肩底是将头肩顶倒过来,又称倒头肩式,是空翻多的可靠反转,又可分为以下不同的部分:

①左肩形成阶段:股价下跌,成交量增加,接着是一次成交量较小的次级上升。

②头部形成阶段:股价又再下跌且跌破上次的最低点,成交量再次随着下跌而增加,较左肩反弹阶段时的交投为多,形成头部;从头部最低点回升时,成交量有可能增加。从整个头部的成交量来说,较左肩为多。

③右肩形成阶段：当股价回升到上次的反弹高点时，出现第三次的回落，这时的成交量很明显少于左肩和头部，股价在跌至左肩的水平便稳定下来，形成右肩。

④突破颈线：最后股价正式策动一次升势，且伴随成交大量增加，当其颈线阻力冲破时，成交量更显著上升，整个形态使告成立。

在分析头肩底形态时要注意以下几点：

①头肩顶和头肩底的形状差不多，主要的区别在于成交量方面。

②当头肩底颈线突破时，就是一个可靠的买入信号。其最少升幅的量度方法是从头部的最低点画一条垂直线相交于颈线，然后在右肩突破颈线的一点开始，向上量出同样的高度，所量出的价格就是该股将会上升的最小幅度。

③当颈线阻力突破时必须要有成交量激增的配合，否则可能是多头陷阱。

④一般说来，头肩底形态较为平坦、波动幅度较小，因此需要较长的时间来完成。

⑤在升破颈线后常会出现暂时性的回跌，但回跌不应低于颈线。

⑥在头肩底的形态内，后抽多数会出现。

2. 头肩形的颈线

图 7-43 中的直线 2 其实就是头肩顶底形态中极为重要的直线——颈线，在头肩顶底形态中，它是支撑线，起支撑作用。与双重顶不同，头肩形颈线的实用性比较差。在实际中，颈线的画法比较困难，因为两个"低谷地区"的情况复杂，确定两个"低谷"有多样性。头肩形的颈线有可能是倾斜的，倾斜程度对今后的影响很大。头肩形的颈线只是在理论上存在，实际中几乎不使用。

同大多数的突破一样，这里颈线的被突破也有一个被认可的问题。

3. 头肩形的形态高度与测算功能

颈线突破，反转确认后，我们就知道股价下一步的大方向是下跌或上涨而不是横盘。下跌（上涨）的深度，我们可以借助头肩顶形态的测算功能。从突破点算起，股价将至少要跌（涨）到与形态高度相等的距离。形态高度的测算方法是这样的，量出从头（底）到颈线的距离（图 7-43 中从 C 点向下或上的箭头长度），这个长度就是头肩形态的形态高度。上述原则是股价下落（上涨）的最起码的深度，是最近的目标。股价的实际下落（上涨）的位置要根据很多别的因素来确定。上述原则只是给出了参考，对我们有一定的指导作用。预计股价今后将要跌到什么位置能止住或将要涨到什么位置而调头，永远是进行股票买卖的人最关心的问题，也是最不易回答的问题。

对头肩底而言，除了在成交量方面与头肩顶有所区别外，其余可以说与头肩顶一样,只是方向正好相反。例如,上升改成下降,高点改成低点,支撑改成压力。值得注意的是,头肩顶形态完成后,向下突破颈线时,成交量不一定扩大,但日后继续下跌时,成交量会放大。头肩底向上突破颈线,若没有较大的成交量出现,可靠性将降低,或者会再跌回底部整理一段时间,积蓄买方力量才能上升。

4. 对头肩形的补充说明

①头肩形的两个肩的高度可以不一样高,图 7-43 中 A 点和 E 点可以不相等。其实绝大多数情况下两者都是不相等的,相等只是偶然现象。同样,肩与头之间的两个低点或高点也通常是不相等的。这就是说,颈线多数情况下不是水平的,而是倾斜的直线。

②头肩形有很多的变形体复合头肩形。这种形态的肩和头有可能是两个高点或低点,局部形状很像双重顶和双重底。如果站在更广阔的地位看它,把相距较近的两个高点或低点看成是一个,就可以认为是局部的双重顶底,是更大范围内的头肩形。对头肩形适用的规律同样适用于复合头肩形。此外,如果头和肩的起伏不大,复合头肩形有时可能与后面的圆弧形相似。

③在成交量方面,头肩顶和头肩底有区别。从左肩,右肩和头这三者相比来看,右肩的成交量一定是最少的,左肩与头相比,成交量没有结论,但是一般倾向于认为左肩的成交量大于头部的成交量。另外,突破颈线后,头肩底要求有较大的成交量,头肩顶则没有这个要求。

④头肩形形成的过程所花费的时间越长,价格在此过程中的起伏越大,将来突破颈线后,价格反转的潜在力量就越大,对头肩形适用的规律越可信。这属于形态的规模大小的问题,时间一般以 1 个月为准。大的头肩形可能需要花几年的时间。

⑤颈线被突破后,价格可能不是一直就朝突破的方向走下去,而是有一定的回头,这也叫反扑。但是,这种反扑会遭到颈线的控制。反扑到颈线是"逃命"的时机。突破颈线之后的反扑更容易发生在头肩底形态中。由于头肩形中的颈线不容易确定,利用反扑就没有双重顶底那样方便。只有在比较特殊的情况下对头肩形才能使用反扑技术。

⑥头肩形有时可能是持续整理形态,而不是反转突破形态。如果头肩形作为持续整理形态,形成头肩形的时间一般比较短,主要发生在三种情况下:

A. 下降趋势中出现头肩顶,并且颈线向上倾斜;

B. 上升趋势中出现头肩底,并且颈线向下倾斜;

C. 与形态之前的价格波动的幅度相比,形成头肩形的价格的波动区域太小。

前两种情况与后面要介绍的旗形很相似,最后一种情况需要进行主观的判断。

以上以头肩顶为例对头肩形顶底形态进行了介绍。对头肩底而言,除了在成交量方面与头肩顶有所区别外,其余可以说与头肩顶一样,只是方向正好相反。例如,上升改成下降,高点改成低点,支撑改成压力。

(三) 三重顶(底)形态

三重顶(底)形态(Triple Tops and Bottoms Pattern)是头肩形态的一种小小的变体,它是由三个一样高或一样低的顶和底组成。与头肩形的区别是头的价位回缩到与肩差不多相等的位置,有时可能甚至低于或高于肩部一点。从这个意义上讲,三重顶(底)与双重顶(底)也有相似的地方,前者比后者多"折腾"了一次。

图 7-44 是三重顶(底)的简单图形。三重顶(底)的颈线差不多是水平的,三个顶和底也是差不多相等高度的。

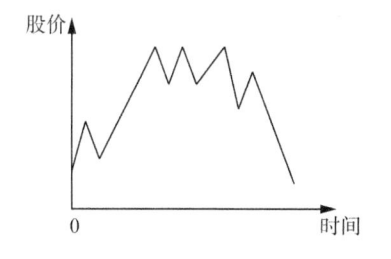

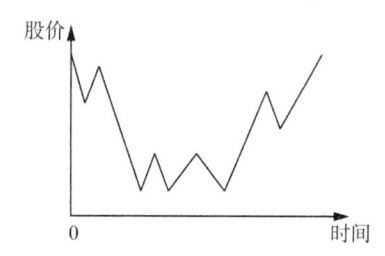

图 7-44 三重顶和三重底

应用和识别三重顶(底)主要是用识别头肩形的方法,直接应用头肩形的结论和应注意的事项。头肩形适用的内容三重顶(底)都适用,这是因为三重顶(底)从本质上,说就是头肩形。有些文献上甚至不把三重顶(底)单独看成一类形态,而直接纳入头肩形态。

与一般头肩形最大的区别是,三重顶(底)的颈线和顶部(或底部)连线是水平的,这就使得三重顶(底)具有矩形的特征。比起头肩形来说,三重顶(底)更容易演变成持续形态,而不是反转形态。另外,如果三重顶(底)的三个顶(或底)的高度依次从左到右是下降(上升)的,则三重顶(底)就演变成了直角三角形态。这些都是我们在应用三重顶(底)时应该注意的地方。严格意义上的三重顶(底)形态在实际中较少,因为要求三个顶(底)相同或相近是比较困难的。

(四) 圆弧形态

股市由升势转为跌势或者由跌势转为升势的转换过程,有时会有迅雷不及掩耳之势,有时也会形成缓慢的波动,逐步形成上升(圆弧底)或下跌(圆弧顶)的形态。圆弧形态对于我们捕捉买卖时机很有帮助,由于形成整个形态需有一个过程,可使我们根据形态的过程从容考虑买进或卖出。

将股价在一段时间的顶部高点用折线连起来,每一个局部的高点都考虑进去,我们有时可能得到一条类似于圆弧的弧线,盖在股价之上。将每个局部的低点连在一起也能得到一条弧线,托在股价之下(图7-45)。它与其他反转形态在运动过程中多空双方争斗激烈现象不同,它的股价变动较为和缓,一般呈弧形。

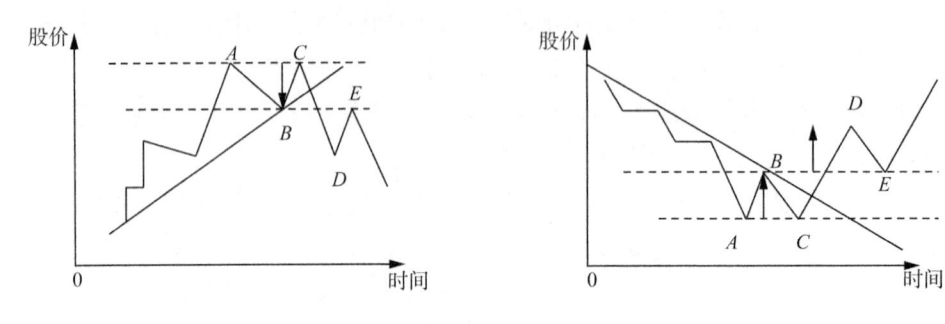

图 7-45 圆弧顶(底)

(五)反转突破形态中的操作策略

反转形态的共同点是,只有形成了突破才能谈得上形态的完成,一系列的测算功能才能用得上。但是,如果真的到了能够确信反转成立的时候,往往价格已经变得很高或很低了,此时行动所获得的收益就会很小。如果不等反转被确信就采取行动,又有可能遭遇假突破或形态失败等不利情况,而遇到巨大的损失。这个矛盾和难题是每个技术分析使用者永远不可能避免的。证券市场中有句老话:你不可能击败市场。

在反转突破形态正在形成的过程中,未经突破时有些人为了不损失机会就采取行动。我们不能说这个行动肯定是错误的,但可以说这个行动带有很强的冒险性,前途如何还难以预料。采取这种冒险行为的人,应该清楚自己这个行为的性质。

在完成反转形态的末期,如头肩形的右肩、双重顶底形的第二顶底,往往不是简单地朝一个方向直线行动,而是有些局部的曲折,这样,我们就可以得到一些短期的压力线或支撑线。这些短期的支撑线或压力线被突破,就意味着我们采取行动的开始。另外,颈线被突破前,从更早期的价格图形中可以得到百分比线、黄金分割线等一批在支撑压力理论中介绍的支撑线和压力线。这些直线被突破,也是采取行动的信号。得到这些早期的支撑线和压力线与当前这些反转形态的形成过程无关。

突破颈线后大量买进或抛出是人所共知的了。突破颈线后的反扑,并到达颈线,遭到阻挡,这时的买入和卖出也是很重要的。

二、整理形态

从某种角度上讲,股票市场就是股票买卖双方对比交锋的战场。交战双方经过一阵激烈战斗之后,双方都必须稍事休息,才能继续进行激烈的战斗,表现在股票价格上就是:股票的价格经过一段时间的快速变动后,即不再剧烈上升或下降,而是在一定的区域内上下窄幅变动,等待时机成熟后再继续原来的走势。这种显示以往走势的形态称之为整理形态。整理形态图形上分为三角形、矩形、旗形、楔形等。

(一) 三角形

根据三角形在"折腾"过程中的具体表现,可以将三角形分为三种——对称三角形、上升三角形和下降三角形,后两种合称直角三角形。

1. 对称三角形(Symmetrical Triangle Pattern)

①对称三角形的基本形状和形成过程。对称三角形情况大多发生在一个大趋势进行的途中,它表示原有的趋势暂时处于休整阶段,之后还要沿着原趋势的方向继续行动。由此可见,出现对称三角形后,今后价格运动方向最大的可能是原有的趋势方向。图7-46是对称三角形在上升过程情况下的一个简化图形。图中的原有趋势是上升,所以三角形形态完成以后是突破向上。从图中可以看出,对称三角形有两条聚拢的直线,上面的向下倾斜,起压力作用;下面的向上倾斜,起支撑作用。两直线的交点称为顶点(Apex)。另外,对称三角形要求至少应有4个转折点。4个转折点的要求是必须的,因为每条直线的确定需要2个点,上下两条直线就至少要求有4个转折点。正如趋势线的确认要求第三点验证一样,对称三角形一般应有6个转折点,这样,上下两条直线的支撑压力作用才能得到验证。

对称三角形仅仅是原有趋势在运动途中的休整阶段,所以持续的时间不应该太长。持续时间太长,保持原有趋势的能力就会下降。一般说来,突破上下两条直线的包围,继续沿原有方向的时间要尽量早些,越靠近三角形的顶点,三角形的各种功能就越不明显,对我们进行买卖操作的指导意义就越不大。根据多年的经验,突破的位置一般应在三角形的横向宽度的1/2至3/4的某个点。三角形的横向宽度指的是图7-46(a)中的顶点到虚线的横向距离。

图7-47是某公司某年1月到三后年4月的周线图,从中可以看到第二年5月到第三年1月形成了一个大的对称三角形。

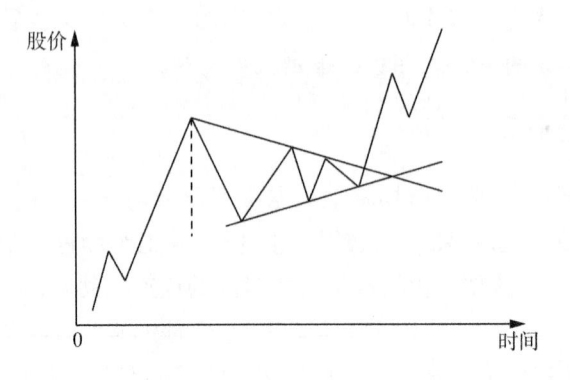

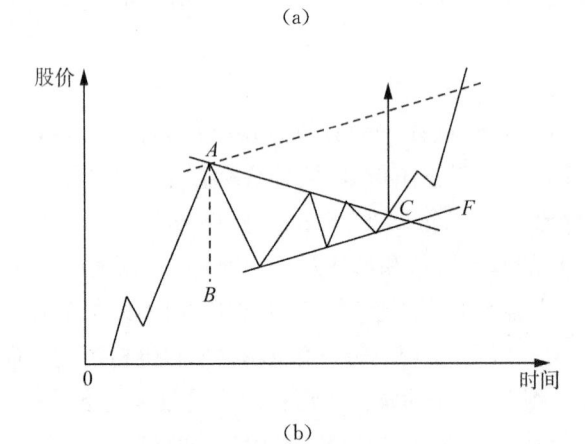

图 7-46　对称三角形

图 7-47　某公司周线图

②对称三角形测算功能和三角形的突破。由对称三角形的特殊性,实际上可以预测价格向上或向下突破的时间区域,只要得到了上下两条直线就可以完成这项工作。我们可在图上根据两条直线找到顶点,然后计算出三角形的横向宽度,标出 1/2 和 3/4 的位置。这样,这个区域就是价格未来可能要突破并保持原来趋势的位置,这对于买卖是很有指导意义的。不过这需要一个大前提,必须认定价格一定要突破这个三角形。前面已经说过,如果价格没有在预定的位置突破三角形,那么这个对称三角形形态可能转化成别的形态。价格一直漂下去,直到顶点以外。

对称三角形被突破后,也有测算功能。这里介绍两种测算价位的方法。以原有的上升趋势为例。

方法 1:如图 7-46(b)所示。从 C 点向上的带箭头的直线的高度,是未来价格至少要达到的高度。箭头直线长度与 AB 连线长度相等。AB 连线的长度称为对称三角形的形态高度。从突破点算起,价格至少要运动到与形态高度相等的距离;

方法 2:如图 7-46(b)所示。过 A 作平行于 F 边直线的平行线——图中的斜虚线,这是价格今后至少要达到的位置。

从几何学上可以知道,用这两种方法得到的两个价位在绝大多数情况下是不相等的。前者给出的是固定的数字,后者给出的是不断变动的数字,达到虚线的时间越迟,价位就越高。这条虚线实际上是一条轨道线。方法 1 比较简单,易于操作和使用。方法 2 更多的是从轨道线方面考虑。

2. 上升三角形(Ascending Triangle Pattern)

上升三角形是对称三角形的变形体。对称三角形有上下两条直线,将上面的直线由逐渐向下倾斜变成水平方向就得到上升三角形。除了上面的直线是水平的以外,上升三角形与对称三角形在形状上没有什么区别,如图 7-48 所示。

我们知道,上面的直线起压力作用,下面的直线起支撑作用。在对称三角形中,压力和支撑都是逐步加强的。一方是越压越低,另一方是越撑越高,看不出谁强谁弱。在上升三角形中情况就不一样了,压力线是水平的,压力始终都是一样,没有变化,而支撑则是越撑越高。由此可见,上升三角形比起对称三角形来,有更强烈的上升意识,多方比空方的表现更为积极主动。通常以三角形的向上突破水平压力线作为这个上升三角形过程终止的标志。

如果价格原来的趋势方向是向上,那么很显然,遇到上升三角形后,几乎可以肯定今后将突破上升水平压力,继续向上运动。这是因为,一方面三角形要保持原来的趋势方向;另一方面上升三角形形态本身就有向上的愿望。两个方面的因素使今后价格的波动很难与原来的方向相反。

如果原有的趋势是下降，则出现上升三角形后，前后价格的趋势判断起来有些难度。一方要继续下降，保持原有的趋势；另一方要上涨，两方必然发生争执。如果在下降趋势处于末期时（下降趋势持续了相当一段时间）出现上升三角形，还是以看涨为主。这样，上升三角形就成为反转形态的底部。上升三角形被突破后，也有测算的功能，测算的方法与对称三角形类似。图 7-48(a)中是上升三角形的简单图形表示以及测算的方法。图中的箭头范围将是今后价格波动至少要达到的位置。

3. 下降三角形（Descending Triangle Pattern）

下降三角形同上升三角形正好反向，是看跌的形态。它的基本内容同上升三角形相似，只是方向相反。从图 7-48(b)中可以很明白地看出下降三角形所包含的内容。

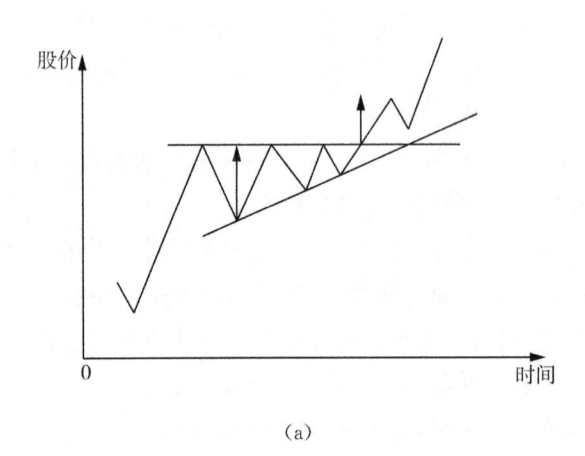

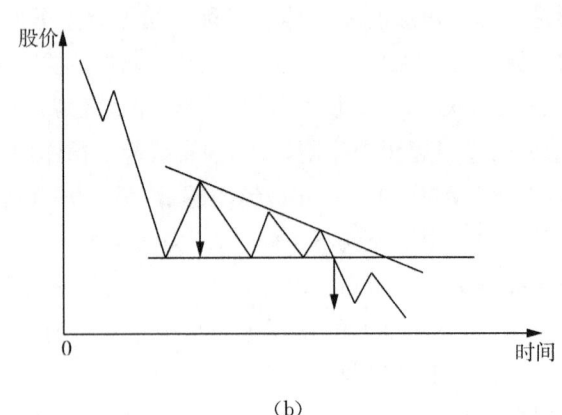

(a)

(b)

图 7-48　上升三角形和下降三角形

4. 三角形补充说明

①三角形形态更适用于日线图形。

②持续时间过短的三角形可能是别的形态，例如后面要介绍的楔形等。

③三角形形成的过程中，从左到右成交量逐渐减少。

④对称三角形上下两条边的倾斜程度可能不一样。直角三角形的水平直线可能不是水平的，允许有一点倾斜。换句话说，对称三角形和直角三角形都不是数学几何学中严格的几何图形。

⑤在直角三角形中，一旦水平线被突破，之后的股价可能有反扑的情况。这时，这条水平线就会起阻止回头的作用。

（二）矩形

1. 矩形的基本形状和形成过程。

矩形又叫箱形，是一种典型的持续整理形态。价格在两条横着的水平直线之间上下波动，上也不是，下也不是，长时间没有突破，一直作横向延伸的运动。图 7-49 是矩形的基本形状。

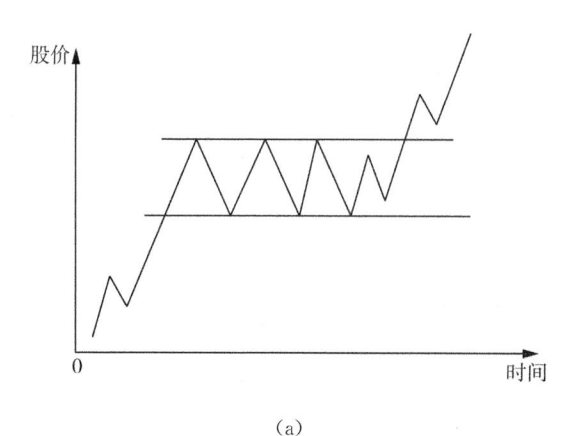

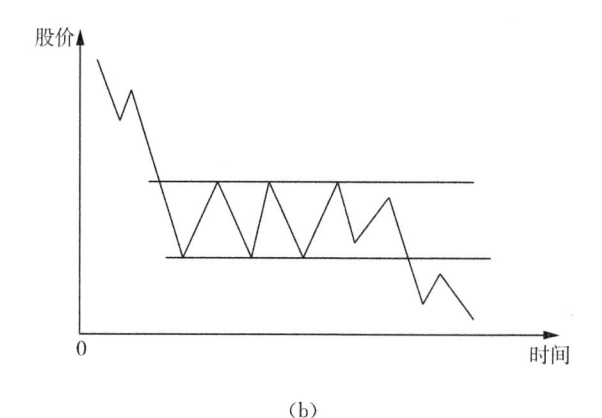

(a)

(b)

图 7-49　矩形

矩形在形成之初，多空双方全力投入，各不相让，形成双方的拉锯场面。当价格走高上去后，空方就在某个位置抛出；当价格下跌到某个价位后，多方就买入。时间一长就形成两条明显的上下界线。随着时间的推移，双方的战斗热情会逐步减弱，市场趋于平淡。这种情况反映在技术图表上就是从左向右成交量逐步减少。

2. 矩形的突破方向和短线交易机会。

如果原来的趋势是上升，那么经过一段矩形整理后，会继续原来的趋势，多方会占优并采取主动，使价格向上突破矩形的上界。如果原来是下降趋势，则空方会采取行动，突破矩形的下界。从图7-49中可以看出，矩形在其形成的过程中极有可能演变成三重顶底形态。正是由于矩形的判断有这样一个容易出错的地方，在面对矩形和三重顶底进行操作时，几乎一定要等到突破之后才能采取行动。因为这两个形态今后的走势完全相反，一个是反转突破形态，要改变原来的趋势；一个是持续整理形态，要维持原来的趋势。

此外，从图7-49中可以看出，在矩形临近完成的时候，有一些迹象会提供今后突破的方向。如果在矩形的最近的波动过程中出现"不到位"的现象，即价格波动没有接触到下界甚至远离下界就回头向上，这实际上具有上升三角形的特点。在这种情况下，认为今后将向上应该是合理的。

与别的大部分形态不同，矩形为我们提供了一些短线的机会。如果矩形的宽度比较大，而在矩形形成的早期，又能够预计到价格将按矩形进行调整，那么就可以在价格接近矩形的下界线附近买入，在矩形的上界线附近抛出，来回作短线的进出。如果矩形的上下界线的距离比较远，这种短线的收益也是相当可观的。

3. 矩形的测算功能。

矩形被突破后，也具有测算意义，形态高度就是矩形的高度。价格突破后，至少要移动到形态高度的位置。面对突破后价格的反扑，矩形的上下界线同样具有阻止反扑的作用。

图7-50 某公司某年1月到4月的日线图，从中可以看到该年2月到3月形成了一个矩形形态。

（三）旗形(Flags Formation)

旗形和楔形也是最为常见的持续整理形态。在价格的曲线图上，这两种形态出现的频率最高。一段上升或下跌行情的中途，可能多次出现这样的图形。两者都是一个趋势的中途休整过程，休整之后，还要保持原来的趋势方向。这两个形态的特殊之处在于，它们的形态本身都有明确的方向，并与价格波动原有的趋势方向相反。

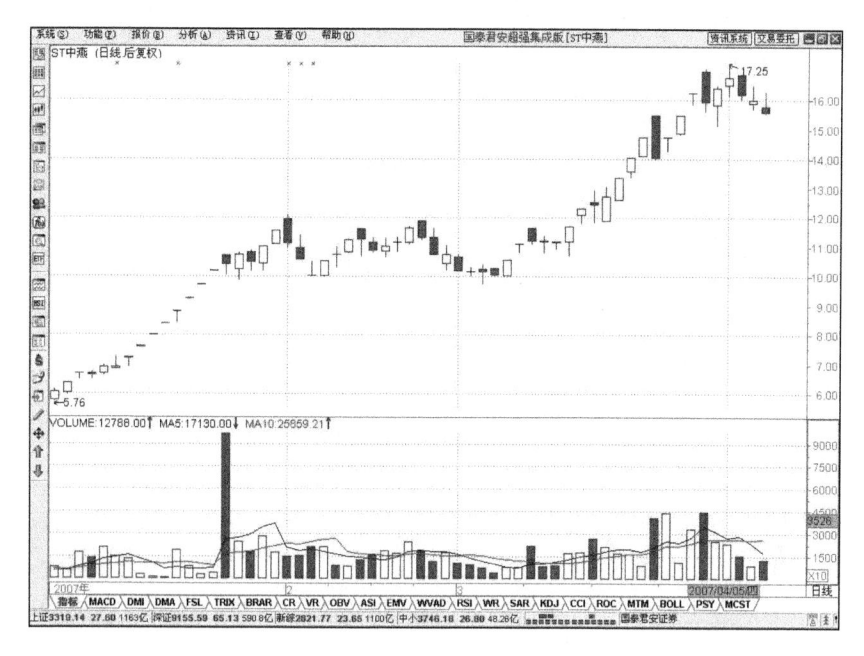

图 7-50　某公司日线图

从本质上讲,旗形和楔形没有根本的区别,在实际的画图过程中,有时也很难区别。

1. 旗形的基本形状和形成过程。

从几何学的观点看,旗形应该叫平行四边形。它的形状是一个上倾或下倾的平行四边形。如图 7-51。

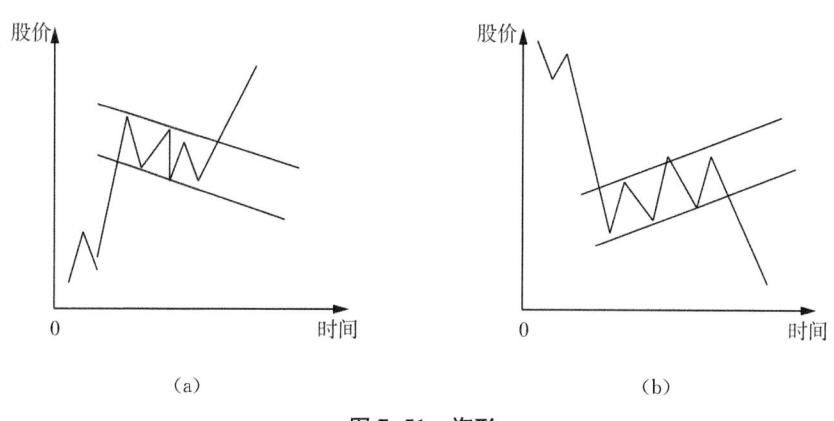

图 7-51　旗形

旗形大多发生在市场极度活跃的情况下,价格的运动是剧烈的,近乎直线上升或直线下降的。这种剧烈运动的结果就是产生旗形的条件。由于上升下降得过于迅速,市场必然会有所休整,旗形就是完成这一休整过程的主要形式之一。

2. 旗形的突破和测算功能。

旗形的上下两条平行线起着支撑和压力作用,这一点有些像轨道线。这两条平行线的某一条线被突破是旗形完成的标志。旗形也有测算功能。旗形的形态高度是平行四边形左右两条边的长度。旗形被突破后,价格至少要走到形态高度的距离。另一种测算方法是用"旗杆"的高度。价格的波动在突破旗形后,大多数情况要运动到"旗杆"高度的距离。

3. 有关旗形的补充说明。

①旗形出现之前,应该有一个"旗杆";也就是价格有一个近乎直线上升或直线下降的运动过程,这在行情"火爆"的时候经常能够看到。

②旗形持续的时间不能太长。时间如果太长,旗形保持原来趋势的能力将下降。

③旗形形成之前和被突破之后,成交量都很大。在旗形的形成过程中,成交量从左向右逐渐减少。

(四) 楔形(Wedge Formation)

1. 楔形的基本形状。

楔形和旗形是两个极为相似的形态,楔形有时也被称为第二旗形。如果将旗形中上倾或下倾的平行四边形变成上倾和下倾的三角形,就会得到楔形。图7-52是楔形的基本形状。

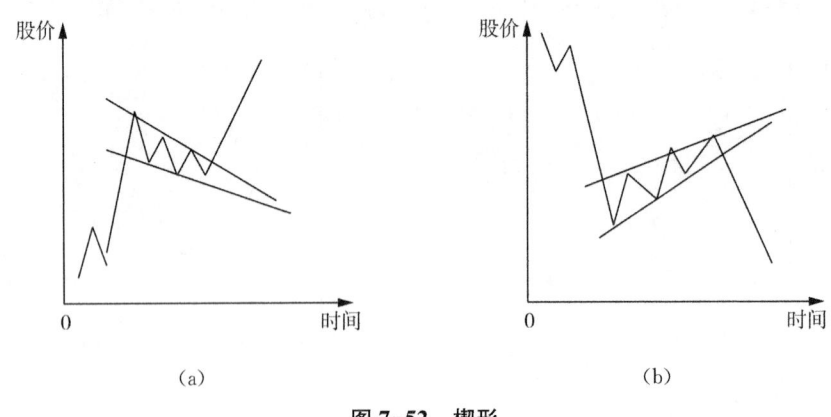

图 7-52 楔形

楔形也有保持原有趋势方向的功能。有关突破和测算的叙述与旗形一致,对旗形的补充说明也适用于楔形。

2. 楔形与三角形和旗形的区别。

楔形的上下两条边都是朝着同一个方向倾斜,而前面介绍的三角形上下两边的倾斜方向相反。与旗形和三角形稍微不同的地方是,楔形偶尔也可能出现在顶部或底部而作为反转形态。这种情况一定是发生在一个趋势经过了很长时间接近尾声的时候。尽管如此,当我们看到一个楔形后,首先还是把它当成持续整理形态。与旗形的另一个区别是,楔形形成所花的时间要长一些。

思考题

1. 技术分析的定义及理论基础是什么?
2. 证券技术分析法有哪些具体的类型?
3. 请简要阐述一下道氏理论。
4. 请简要阐述一下波浪理论的基本特征。
5. 请绘制一下K线图。
6. 应用K线图应注意哪些问题?
7. 请简要说明一下头肩顶的形成过程。
8. 在分析头肩底形态时要注意哪些内容?
9. 技术分析时有哪些整理形态?

第八章

证券投资的技术指标分析

第一节 技术指标概述

一、技术指标的定义

要了解技术指标,我们首先要知道技术指标法。技术指标法是指按事先规定好的固定的方法对原始数据进行处理,将处理之后的结果制成图表,并用制成的图表对股市进行行情分析。经过技术指标法处理出来的数据就是技术指标。

那么,技术指标法所用的原始数据和处理数据的方法又各是什么呢?原始数据指的是开盘价、最高价、最低价、收盘价、成交量和成交金额,简称4价2量,有时还包括成交笔数、财务指标和股本结构等其他数据。通常的原始数据是指4价2量。但是,需要注意的是,由于交易制度和金融工具不同,在其他一些市场上,原始数据包含的内容有所变化。例如,期货市场中有 Open Interest,在期权交易中有关于 Call 和 Put 的特定数据。本章的分析主要以股票市场为主,所以原始数据是指上面的6个。

对原始数据进行处理指的是将这些数据的部分或全部根据我们的需要进行整理与加工,让它们能为我们所用。不同的处理方法产生不同的技术指标。有多少种处理原始数据的方法就会产生多少种技术指标;反过来,有多少种技术指标,也就意味着有多少种处理原始数据的方法。从数学的观点来看,技术指标是一个6元函数,6个自变量就是6个原始数据,因变量就是技术指标值,函数就是处理自变量的方式。

二、产生技术指标的方法

从大的方面看,产生技术指标的方法有两类,即数学模型法和叙述法。

1. 数学模型法。数学模型法有明确的计算技术指标的数学公式,只要给出原始数据,按照公式和简单的说明,就可以比较方便地计算出技术指标值,一般是用计算机来完成计算的过程,这一类是技术指标中极为广泛的一类,著名的随机指标 KDJ 指标、RSI 相对强弱指标、乖离率 BIAS 指标、MA 指标和方向指标 DMI 等都属于这一类。

2. 叙述法。叙述法没有明确的数学公式,只有处理数据的文字叙述。对原始数据只说明应该怎样进行变形,遇到这种情况应该怎样办。这一类指标的客观性较差,被市场接受的指标相对较少。

三、技术指标的应用法则

1. 指标的背离(Divergence)。指标的背离是指技术指标曲线的走向与价格曲线的走向不一致。实际中的背离有两种表现形式,第一种是顶背离(Negative Divergence),第二种是底背离(Positive Divergence)。技术指标与价格背离表明价格的波动没有得到技术指标的支持。技术指标的背离是使用技术指标最为重要的一点。

2. 指标的交叉(Cross)。指标的交叉是指技术指标图形中的两条曲线发生了相交现象。实际中有两种类型的指标交叉,第一种是同一个技术指标的不同参数的两条曲线之间的交叉,常说的黄金交叉和死亡交叉就属于这一类;第二种交叉是技术指标曲线与固定的水平直线之间的交叉。水平直线通常是横坐标轴,横坐标轴是技术指标取值正负的分界线,技术指标与横坐标轴的交叉表示技术指标由正变负或由负变正,技术指标的交叉表明多空双方力量对比发生了改变,至少说明原来的力量对比受到了"挑战"。指标的交叉如图 8-1 所示。

死亡交叉　　　　黄金交叉　　　　与横坐标交叉

图 8-1　指标的交叉示意图

3. 指标的极端值。技术指标的极端值是指技术指标的取值极其大或极其小,技术术语上将这样的情况称为技术指标进入"超买区和超卖区(overbought or oversold)"。大多数技术指标的"初衷"是用一个数字描述市场的某个方面的特征,如果技术指标值的数字太大或太小,就说明市场的某个方面已经达到了极端的地步,应该引起注意。

当然,我们在技术指标达到某种程度就可以被认为是极端值方面,并没有一个固定的数字。因为,对同一个技术指标,不同证券的极端值不可能一样,同一证券在不同的时间区间也可能会有不同的极端值。

4. 指标的形态。技术指标的形态是指技术指标曲线出现了形态理论中所介绍的有关形态。在实际中,出现的形态主要是双重顶底和头肩形,个别时候还可以将技术指标曲线看成价格曲线,根据形态使用支撑压力线。

5. 指标的转折。技术指标的转折是指指标的图形发生了调头,这种调头通常发生在高位或低位。有时,这种调头表明前面过于极端的行动已经走到了尽头,或者暂时遇到了"麻烦";有时,这种调头表明一个趋势将要结束,而另一个趋势将要开始。技术指标中转折的典型代表是方向指标 DMI。

6. 指标的盲点。技术指标的盲点是指技术指标无能为力的时候,也就是说,技术指标既不能发出买入的信号又不能发出卖出的信号。有人认为:从实践来看,技术指标在大部分时间里是处于"盲点"状态的,只有在很少的时间里,技术指标才发出"正确"的信号。因此,"每天都期待技术指标为我们提供有用的信息"是对技术指标的误解,也是极其有害的。我们必须充分认识到这一点,否则在使用技术指标时将会犯错误。

四、技术指标的本质

每一个技术指标都是从一个特定的方面对股市进行观察,特定的数学公式产生的特定技术指标,总是反映股市特定方面的深层内涵,而这些内涵仅仅通过原始数据是很难看出来的。

另外,投资者在投资实践中会对市场有一些想法,有些基本思想可能只停留在定性的程度,没有进行定量分析。技术指标可以进行定量分析,这将使得具体操作时的精确度大大提高。例如,股价不断地下跌时,跌多了总有一个反弹的时候和到底的时候。那么跌到什么程度,我们就可以买进了呢?仅凭前面定性方面的知识是不能回答这个问题的,一些技术指标所拥有的超买超卖功能在很大程度上能帮助我们解决这一问题,尽管它们不能百分之百地解决问题,但至少能在我们采取行动前从数量方面给我们以帮助。

五、应用技术指标应注意的问题

首先,使用技术指标应考虑其适用范围和环境。每种技术指标工具都有自己的适应范围和适用的环境,有时有些工具的效果很差,而另一些工具的效果比较好,有时情况可能会相反。投资者在使用技术指标时,常犯的错误是机械地照搬结论,而不问这些结论成立的条件和可能发生的意外。有些人盲目地绝对相信技术指标,出了错误以后,又走向另一个极端,认为技术分析指标一点用也没有,这显然是错误的,这只能说他们不会使用指标。技术指标是一种工具,如何使用好它取决于使用的人。

其次,每种指标都有自己的盲点,不仅如此,这些技术指标在条件不成熟的时候还会失效。市场中遇到的技术指标高位钝化就是技术指标失效的具体体现。所有这些要求我们在实际中应该不断地总结,并找到盲点和失效所在。这对在技术指标的使用中少犯错误是很有益处的。遇到了技术指标失效,要把它放置在一边,去考虑别的技术指标,众多的技术指标,总会有几个能对我们进行有益的指导和帮助。尽管有时这种帮助可能不大,但总比没有强,至少投资者心里会有点底,具有一定的可操作性。

最后,了解每一种技术指标是很必要的,但是,众多的技术指标我们不可能都考虑到,每个指标在预测大势方面也有能力大小和准确程度的区别。一些投资者通常使用的手法是以四五个技术指标为主,别的指标为辅,依此构建自己的指标体系。选择技术指标体系因人而异,各有各的习惯,不好事先规定,但是,我们可以从实战出发,对自己所选择的几个指标进行不断地调整,调整的内容包括对技术指标的调整和对技术指标参数的调整。不断地对技术指标的效果进行考察是使用技术指标不可缺少的步骤。

第二节 市场价格指标

一、移动平均线(MA)

通常每日股价(或指数)上下波动较大,不容易看出变化趋势。如将每日股价(或指数)的不规律变化平均化,就构成移动平均线 MA(Moving Average)。通过对移动平均线 MA 的位置、相互关系和运动方向加以分析,就可用来预测股价(或指数)的变化趋势,从而决定买卖时机。移动平均线 MA 能很好地给出趋势发生逆转的信号,移动平均线 MA 的敏感度取决于移动平均线 MA 的时间周期的长短。时间周期短敏感度高,时间周期长敏感度低。

(一)移动平均线的计算与绘制

移动平均线上的点值可以用下式计算:

$$MA = (C_1 + C_2 + C_3 + \cdots + C_n)/n \tag{8-1}$$

式中：MA 代表移动平均线；C 为某日收盘价；n 为移动平均周期。

所谓"移动"的平均数是指以某日为周期，在新的数据加入后，剔除基期中最前一日的数据（第一日）。即 5 天收盘价依次相加并除以 5 得 5 日均线，每日数据记为 $MA(5)$，将 $MA(5)$ 在日线图上标出，并连成一条线，即为 5 天移动平均线或简称 5 日均线。同理，可以计算 10 日均线、30 日均线。如计算 5 日均线，最少要 5 日以上收盘价数据，计算 30 日均线需要 30 日以上的收盘价资料。

计算平均数所用的天数 n 不宜过短，也不宜过长。过短，则反应过于敏感，难以显示价格变动趋势；过长，则又反应迟钝，难以显示价格趋势的转变。具体说，n 取值的大小主要取决于：第一，股票市场价格变动频率。股票价格变化频率较高，则 n 的取值可以相对小一些；反之，若股票价格变化频率较低，则 n 的取值可以相对大一些。第二，投资者的偏好。投资者如偏好长期投资，n 的取值应相应大一些；反之，投资者如偏好于短期投资，那么 n 的取值应相应小一些。

计算 MA，除了以上这种简单算术平均法外，还有加权移动平均法和平滑指数法，但其制作方法较为复杂，效果也并不比简单移动平均法好，因此，不作进一步讨论。

（二）移动平均线的功能

1. 移动平均线能够反映出股票市场价格水平的发展方向。通过移动平均线的描绘，可以略去股票市场中一些偶然性的波动，从而揭示变动趋势。因为如果将股票价格原样制成，则会夸大价格的波动，无从判断其发展趋势，或被夸大的波动所迷惑，难以对市场前景作出准确的预测。

2. 移动平均线能够清晰地反映出一定期间内的股票投资的平均成本，为投资者的买卖价格决策提供比照数值。以较低的价格购进股票后再以较高的价格卖出股票，这是每个投资者所追求的，无论是较低的价格还是较高的价格都是相对而言的，是相对平均价格而言的，因为股票价格日线最高价、最低价具有随机性，无规律可循，所以不宜作为比较参照值。

3. 移动平均线有助于投资者对道氏理论做更好的理解与运用。前面讲到的道氏理论将股票价格的变动分为三种，移动平均线与道氏理论一样依时间长短也分为三种，其含义与道氏理论三种运动基本相同，移动平均线是将道氏理论加以数据化，从数字的变动中去预测未来股票市场短期、中期和长期变动趋势。同时运用移动平均线和道氏理论分析股票市场走势无疑会产生互补作用，收到相得益彰的功效。

（三）葛兰威尔移动平均线八大法则

美国技术分析大师葛兰威尔根据 200 天移动平均线与每日股价曲线之间的

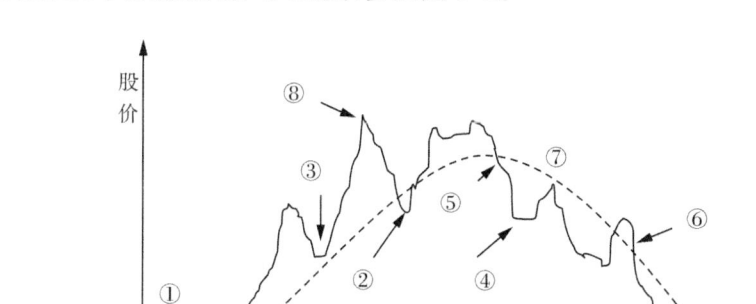

关系提出了买卖股票的八大法则,参见图 8-2。

图 8-2　葛兰威尔移动平均线示意图

这八大法则中有四大法则是用来确定买进时机的:

1. 当移动平均线持续下降后逐渐转为盘局或上升,而每日股价曲线从移动平均线下方向上突破移动平均线,为买进信号,即图 8-2 中的①。这是因为移动平均线止跌转平,表示股价将转为上升趋势,而此时股价又突破了移动平均线向上延伸,则意味着当前股价已突破卖方阻力,买方已处于较为有利的地位。

2. 移动平均线呈上升状态,而股价刚跌破移动平均线便掉头向上,为买进信号,即图 8-2 中的②。这是因为移动平均线的变化较为缓慢,当移动平均线持续上升时,如果股价急速向下跌破移动平均线,在多数情况下,这种下跌只是一种技术回调的表象,整个上升的趋势并没有发生变化,所以,过几天后,股价又会向上延伸再次突破移动平均线,因而也是一种买进信号。

3. 股价连续上升远离移动平均线之上,股价突然下跌,但还没有跌破处于上升状态的移动平均线时便又立刻反转上升,为买进信号,即图 8-2 中的③。这是因为在这种情况下,有不少投资者账面盈利甚丰需获利了结,从而造成了股价的突然下跌。但由于大部分投资者对后市仍然看好,故而承接力较强,经过短期调整后,股价又会强劲上升。所以,这也是买进时机。

4. 当移动平均线由上升走平继而下降时,股价突然大幅下跌穿破移动平均线,且远离移动平均线,为买进信号,即图 8-2 中的④。这是因为这种情况下,股价偏低,极有可能出现一轮反弹行情。

葛兰威尔八大法则中的另外四大法则是对股票卖出时机的界定,这些卖出时机如下:

1. 移动平均线由上升逐渐变平继而下降时,股价向下跌破了移动平均线,为卖出信号,此时表明股市将由多头转为空头,即图 8-2 中的⑤。

2. 移动平均线持续下降,股价跌落于移动平均线之下,然后又向移动平均线弹升,但未突破移动平均线即又告回落,为卖出信号。此时表明股市仍处于熊市状态。股价的此次上升只是一种技术反弹而已,即图 8-2 中的⑦。

3. 移动平均线处于下降状态,股价从下向上突破移动平均线,但立刻又掉头向下,为卖出信号。此时表明股市上升乏力,疲软看跌,即图 8-2 的⑥。

4. 移动平均线处于上升状态,股价急速上升而远离移动平均线,此时股价极有可能出现回跌趋向于移动平均线,为卖出信号。因为此时股市虽然处于多头状态,但由于股价太高,有回档整理的要求,即图 8-2 中的⑧。

(四)移动平均线的组合判断

上述八大法则是根据一条移动平均线来研判股票市场价格变动趋势,从而确定买卖股票时机的。移动平均线可分为短期线、中期线、长期线。短期线对价格变动比较敏感,买进或卖出的信号显示也较为频繁;中、长期线对价格变动的反应则较为迟钝,但却能说明股票市场的中长期发展趋势。综合利用这三种移动平均线的特性,对于把握好投资时机很有价值,如图 8-3。

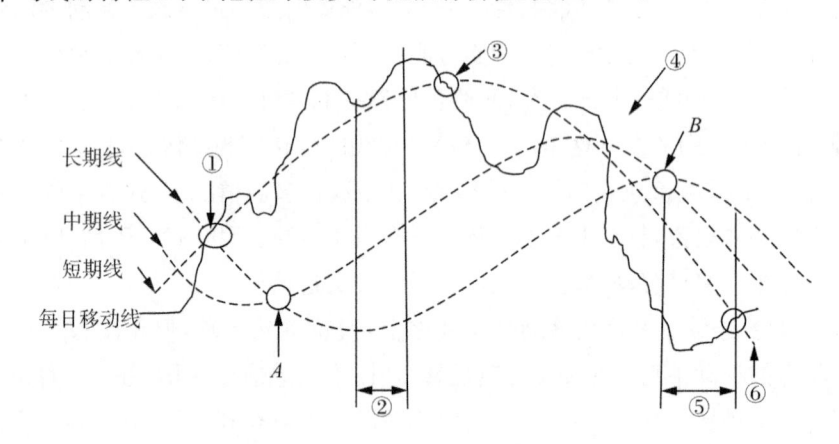

图 8-3 移动平均线组合判断示意图

1. 当短期移动平均线快速地超越中、长期线向上延伸时,意味着买进时机的到来,即图 8-3 的①。这是因为当股价持续下降至谷底转为上升趋势时,对此反映最快的是短期移动平均线,所以从图中看,短期移动平均线首先超过中、长期移动平均线而居于三线的最上方,随后中期移动平均线移至长期移动平均线和短期移动平均线之间。

2. 每日行情曲线位于最上方并与短期线、中期线和长期线并列,且各条线都呈上升趋势,表示股票行情坚挺,是投资者的安全时区,即图 8-3 的②。

3. 行情坚挺了相当一段时日后,每日行情曲线向下跌破短期线,且短期线也从盘整状态的高点出现下降势头,则意味着高价区动摇,这时投资者应及时卖出获利了结,即图 8-3 的③。

4. 当短期线、中期线和长期线这三条移动平均线开始出现微妙地交叉时,通常是一个明显的空头信号,即图 8-3 的④。

5. 当短期线、中期线和长期线按下、中、上的顺序排列且三条线都是呈下降态势时,这是典型的空头疲软行情,即图 8-3 的⑤。

6. 下跌行情持续了相当一段时间后,短期线从谷底转为上升倾向时,则表示市场行情可能止跌反转,将出现新的一轮上升趋势,投资者应择时购进,即图 8-3 的⑥。

图中的 A 点通常称之为"黄金交叉点"(Golden Cross),即中期移动平均线向上延伸穿破长期移动平均线时的交点。这一点是熊市与牛市的分界岭,它标志着股票市场已由熊市开始进入牛市状态。黄金交叉点出现后,短期线、中期线和长期线开始自上而下依次排列,这便是股票市场多头排列的情形。

图中 B 点通常称之为"死亡交叉点"(Dead Cross),即中期移动平均线向下跌穿长期移动平均线的交点。它标志着上涨趋势已经结束,股票市场已由牛市转变为熊市。死亡交叉点出现后,长期线、中期线、短期线由上至下依次排列,这便是股票市场空头排列的情形。

二、指数平滑异同移动平均线(MACD)

平滑异同移动平均线 MACD(Moving Average Convergence and Divergence)是在指数平滑的基础上进一步计算得到的,它可以用来进行行情研判。

(一) MACD 的计算公式

MACD 由正负差(DIF)、异同平均数(MACD)和柱状线(BAR)三部分组成,正负差是 MACD 核心,MACD 是在 DIF 的基础上产生的,BAR 是在 DIF 和 MACD 基础上产生的。

1. 先介绍 DIF 的计算方法和参数。DIF 是快速平滑移动平均线与慢速平滑移动平均线的差。正负差的名称由此而来。快速和慢速的区别是进行指数平滑时采用的参数的大小不同,快速是短期的,慢速是长期的。以现在流行的参数 12 和 26 为例,对 DIF 的计算过程进行介绍。

快速平滑移动平均线(EMA)是 12 日的,计算公式为:

今日 $EMA(12) = [2/(12+1)] \times$ 今日收盘价 $+ [11/(12+1)] \times$ 昨日 $EMA(12)$

$$\text{(8-2)}$$

慢速平滑移动平均线(EMA)是 26 日的，计算公式为：

今日 $EMA(26) = [2/(26+1)] \times$ 今日收盘价 $+ [25/(26+1)] \times$ 昨日 $EMA(26)$

$$\text{(8-3)}$$

以上两个公式是指数平滑的公式，平滑因子分别为 2/13 和 2/27。如果选别的系数，也可以照此公式办理：

$$DIF = EMA(12) - EMA(26) \quad \text{(8-4)}$$

单独一个 DIF 也能进行行情预测，但为了使信号更可靠我们引入了另一个指标 MACD。

2. MACD 的计算公式和参数。MACD 的计算是计算 DIF 的移动平均，也就是连续若干个交易日的 DIF 的移动平均。对 DIF 作移动平均就如同对收盘价作移动平均一样，其计算方法同 MA 一样。引进 MACD 的目的是为了消除 DIF 的一些偶然现象，使信号更加可靠。

要计算移动平均，就要涉及参数，这是 MACD 的另一个参数。计算一共需要 3 个参数。前两个用于计算 DIF，后一个用于计算 MACD。计算公式为：

$$MACD(12,26,10) = (DIF_{t+1} + DIF_{t+2} + \cdots + DIF_{t+10})/10 \quad \text{(8-5)}$$

3. BAR 的计算公式。BAR 的计算公式为：

$$BAR = 2 \times (DIF - MACD) \quad \text{(8-6)}$$

从公式中可以看出，BAR 是 DIF 与 MACD 的差距。在分析软件中，将画成柱状线，分为绿色和红色两种。BAR 的大小反映了 DIF 与自己的移动平均 MACD 之间的差距，有点类似于证券价格与自己的 MA 之间的差距。在后面技术指标的介绍中可以看到，这样的差距被称为摆动(Oscillate)。

(二) MACD 的应用法则

利用 MACD 进行行情预测，主要是从三个方面进行。

1. 从 DIF 和 MACD 的取值和这两者之间的相对取值(交叉)对行情进行预测。其应用法则如下：

①DIF 和 MACD 由负值变为正值，与横坐标轴产生交叉，则市场属于多头市场。在较低的位置 DIF 向上突破 MACD 是买入信号，属于黄金交叉的范畴；在横轴附近，DIF 向下跌破 MACD 只能认为是回落，作获利了结。

②DIF 和 MACD 由正值变为负值,与横坐标轴产生交叉,则市场属于空头市场。在较高的位置 DIF 向下突破 MACD 是卖出信号,属于死亡交叉的范畴;在横轴附近,DIF 向上突破 MACD 只能认为是反弹,作获利了结。

③当 DIF 的取值达到很大的时候,应该考虑卖出;当 DIF 的取值达到很小的时候,应该考虑买进。当然,"很大"和"很小"必须涉及定量的问题,需要有主观的判断。在实际中,这一条不常用,原因是定量的问题不好解决。

DIF 是正值,说明短期的比长期的平滑移动平均线高,这类似于 5 日线在 10 日线之上,所以是多头市场。DIF 与 MACD 的关系就如同股价与 MA 的关系一样,DIF 上穿或下穿 MACD 都是一个 DIF 将要上升还是下降的信号。而 DIF 的上升或下降,进一步又是价格将要上升或下降的信号,上述的操作原则是从这方面考虑的。

2. 利用 DIF 和 MACD 与价格曲线的背离。这属于技术指标背离的范畴,DIF 和 MACD 与价格形成背离是比较强烈的采取行动的信号,是卖出还是买入要根据 DIF 的上升和下降情况而定,如果 DIF 或 MACD 与价格曲线在比较低的位置形成底背离,是买入的信号;如果 DIF 或 MACD 与价格曲线在比较高的位置形成顶背离,是卖出的信号。

3. BAR 的使用。BAR 的通常使用方法是:当横轴下面的绿线缩短的时候买入,当横轴上面的红线缩短的时候卖出,这样操作的好处是比较快,容易在比较好的时候行动。

(三) MACD 的优缺点

与 MA 相比,MACD 的优点是去除了 MA 产生的频繁出现的买入卖出信号,使发出信号的要求和限制增加,避免假信号的出现,用起来比 MA 更有把握,因此,在证券市场上许多投资者都在使用它。

但是,同 MA 一样,MACD 在股市没有明显趋势而进入盘整时,失误的时候极多。另外,对未来股价的上升和下降的深度,MACD 不能给出有帮助的建议。

三、相对强弱指数(RSI)

相对强弱指数(Relative Strength Index,RSI)是以价格变动幅度为分析对象,通过比较一段时间内的平均收盘价(或平均收盘指数)涨幅与平均收盘价(或平均收盘指数)跌幅,来研判股票市场买卖盘的动向和实力,从而作出对股票行情未来变动趋势的判断。起初,相对强弱指数主要是用来研判变幻莫测的期货市场的行情走势,后来又逐渐用于预测涨跌幅较大的债券行情或是股票行情,它现在已成为最流行、也最广为使用的技术分析工具之一。

(一) 相对强弱指数的计算

相对强弱指数是同一分析对象在价格波动中平均上涨幅度与平均下降幅度的比较。其计算式如下：

$$RSI = 100 - 100/(1+RS) \qquad (8-7)$$

式中：RS 为相对强度，其计算方法是：

$$RS = A/B = n \text{日内收盘价上涨数的平均值}/n \text{日内收盘价下跌数的平均值} \qquad (8-8)$$

式中：$A = n$ 日内收盘价上涨数的总和$/n$；

$B = n$ 日内收盘价下跌数的总和$/n$。

计算 RSI，必须首先明确时间参数 n 值。n 取值过小，反应过于敏感；反之，n 取值过大，反应又过于迟钝。投资者应根据市场特征、股票活动性及分析目的确定具体的 n 值。最初 RSI 提出来时采用的是 14 天并作为默认值。后来在实际操作中，投资者觉得 14 天太长了，所以，又有用 6 天和 12 天的。一般而言，投资性强、比较稳定的市场其 n 取值可以大一些。如果利用 RSI 来研判大势，只须将上述公式中的收盘价换为收盘指数即可。

(二) 相对强弱指数的应用

1. 强弱势研判

从计算公式可以看出，不论价位如何变动，相对强弱指数的值均在 0～100 之间。RSI 持续高于 50，意味着市场处于强势态势；反之，RSI 持续低于 50，则表明市场处于弱势状态。

2. 超买超卖研判

超买，即买气过重，价格过高而面临回档；超卖，即卖气过重，价格偏低而面临回升。相对强弱指数一般在 30～70 的区域内波动。当 RSI 上升到达 80 时，意味着市场已有超买现象，如果继续上升超过 90 以上时，则表明市场已到严重超买的警戒区，股票价格已形成头部，极可能在短期内反转回跌。当 RSI 下降至 20 时，意味着市场已有超卖现象，若是继续下跌至 10 以下时，则表示市场已到严重的超卖警戒区，股票价格已形成底部，极可能在短期内反转回升。必须注意，超买超卖的界定还应考虑以下几个因素：第一是市场的稳定性。价格比较稳定的市场，其 RSI 超过 70 时，就可视为超买，低于 30 时可视为超卖。第二是 n 取值的大小。n 取值小，超买值应高一些，超卖值应低一些；反之，n 取值大，超买值应低一些，超卖值则应高一些。如 9 日 RSI，可以规定 80 以上为超买；对于

24日RSI,可以规定70以上为超买,30以下为超卖。第三是分析对象的属性。①绩优的股票其超买值应低一些,超卖值则应高一些;业绩一般或较差的股票,其超买值应高一些,超卖值则应低一些。例如,绩优股的RSI达到80时,就可视为超买,达到30时就可视为超卖;而一般股,其RSI达到85～90时,可视为超买,达到20～25时,方可视为超卖。②股性活泼的股票,其超买的数值应高一些(90～95),超卖的数值应低一些(10～15);反之,股性牛皮的股票,其超买的数值应低一些(70～85),超卖的数值应高一些(35～40)。但有些股票有其自身的超买超卖水准,因此投资者在买卖某一具体的股票之前,一定要先找出该股票的超买、超卖水准,这可以参照该股票过去12个月相对强弱指数曲线图。在操作中,投资者切忌直接机械地套用上述超买超卖的界定数值。必须特别提醒的是,超买超卖本身并不等于买入、卖出的信号。有时,市场行情变化迅速,RSI会很快地超出正常范围,这时RSI发出的超卖超买信号就会失去其作为出入市场的指导作用。比如,当股票市场由空头转为多头的初期,RSI会很快地超过80,并在此区域内停留相当长一段时间,但这并不表示上涨行情将要结束,恰恰相反,它是一种强势的表现。同样,在熊市的初期,RSI则会很快下滑到20以下,但这并非表示行情会很快止跌回升,而是说明市场处于弱势状态。在股票市场中,超买还有再超买、超卖还有再超卖的现象时有发生。因此,投资者一般不宜仅凭RSI发出的超买超卖信号采取出、入市行动,还应结合其他方法综合分析,如趋势线分析、移动平均线分析等发出了与RSI同样的信号,方可采取实际的买卖行动。

3. 背离研判

相对强弱指数值上升而股票市场行情却下跌,或是相对强弱指数值向下滑落而股票市场行情却上涨,这种情况称之为"背离"。"背离"有"顶背离"与"底背离"两种形式。当股票市场行情屡创新高,而RSI只是在70～80区域内窄幅波动不能随之创出新高,这便是"顶背离"的情形;当股票市场行情屡创新低,而RSI只是在20～30区域内窄幅波动不能随之创出新低,这便是"底背离"的情形。这种背离现象一般被认为是股票市场行情趋势即将发生重大反转的信号。"顶背离"表示股票市场行情将由上升趋势反转为下降趋势;"底背离"则表示股票行情将由下降趋势反转为上升趋势。这种背离现象是RSI指标最具有指示意义的信号。

4. 形态研判

RSI所发生的超买超卖信号,只是向投资者发出的一种警告,并不是实际的买卖信号,但RSI在超买超卖区一般会形成M头、W底、头肩顶、头肩底等形态,投资者结合这些形态来研判市场行情变动趋势可获得较为准确的买卖指令。如果RSI于20附近出现W底及头肩底形态,则提示投资者可以买进;如果RSI

于 80 附近出现 M 头及头肩顶形态，则提示投资者可以卖出。

5. 切线突破研判

切线突破分析是利用 RSI 曲线确定买卖股票时机的一种方法。在股票市场行情上升过程中，连接一段时间 RSI 曲线上的明显的低点便形成切线（支撑线），当 RSI 曲线在后来的延伸中向下跌破这一切线，为卖出信号；在股票市场行情下跌过程中，连接一段时间 RSI 曲线的明显高点便形成下降切线（阻力线），当 RSI 曲线在后来的延伸中向上突破这一切线时，为买进信号。

6. 多空市场研判

当不同天数的 RSI 呈现出这样的关系，即 3 日值＞5 日值＞10 日值＞20 日值＞60 日值，这时的股票市场属多头市场；反之，当 3 日值＜5 日值＜10 日值＜20 日值＜60 日值时，便属空头市场。

7. 超前研判

相对强弱指数与股票行情比较时，一般会超前显示未来股票行情的变化，即股票行情未涨而 RSI 曲线先向上延伸及股票行情未跌而 RSI 曲线先向下滑落，这种特性在股票行情的高峰与谷底反应最为明显，利用这一特性投资者可以加深对"高峰"与"谷底"的认识。

（三）相对强弱指数的评价

相对强弱指数具有显示超买超卖的功能，能预测股票行情将见顶回落或见底回升。但 RSI 只能作为一个警告信号，并不意味着价格变动必然朝这个方向发展，在市场剧烈震荡时尤其如此。只有在价格本身也确认转向之后，才能确定买卖时机。还有背离走势的信号通常都是"事后诸葛亮"，难以事前确认。当市场处于牛皮盘整状态时，RSI 值徘徊于 40～60，虽有时向上突破阻力线和向下跌破支撑线，但股票价格并无实质性的上升或下跌。RSI 的时间周期难以科学地确定。此外，以收盘价或收盘指数计算 RSI 的值缺乏可靠性，特别是当计算日的行情波幅极大，上下影线很长时，RSI 的涨跌便不足以反映该段行情的波动。因此，投资者在实际操作中，应参考其他指标综合分析，切忌单独依赖 RSI 的信号确定买卖的时机。

四、随机指数（KD 线）

随机指数（Stochastic）是由乔治·蓝恩博士（Dr. George Lane）发明的，它的图形由 %K 和 %D 两条曲线所构成，因此简称 KD 线。它是期货和股票市场最常用的技术分析工具之一。随机指数的理论依据是：在股票行情处于上升过程中，收盘价往往接近于当日最高价；而在下降趋势中，收盘价通常接近于当日最低价。随机指数的目的在于反映近期收盘价在价格区间中的相对位置,即是偏向于最高价,还是偏向于最低价。

(一) 随机指数的计算

随机指数的计算方法有两种:一种是原始计算法,另一种是修正计算法。

1. 随机指数的原始计算法

$$\%K = (C - L_n)/(H_n - L_n) \times 100$$
$$\%D = H_3/L_3 \times 100 \qquad (8\text{-}9)$$

式中:C 为当日收盘价;L_n 为 n 日内最低价;H_n 为 n 日内最高价;n 为时间参数,一般选用 5 天;H_3 为最后三个 $(C - L_n)$ 之和;L_3 为最后三个 $(H_n - L_n)$ 之和。

$\%K$、$\%D$ 线的上下变动区间为 0~100,将计算得到的 K 值、D 值分别连接起来,便是 $\%K$ 与 $\%D$ 线,通常用实线代表 $\%K$ 线,用虚线代表 $\%D$ 线。从计算公式可以看出,$\%D$ 线其实只是 $\%K$ 线的 3 日移动平均线,所以 $\%K$ 线较敏感,$\%D$ 线较平缓。

2. 随机指数的修正计算法

上述方法所计算出的 $\%K$ 值、$\%D$ 值,其反应比较敏感,进出信号比较繁杂,所以后来人们为提高随机指数的测试功能,便采用慢速处理的方法对上述公式进行修正。这又有两种不同的做法:一种做法是去掉比较敏感的 $\%K$ 线,将原先的 $\%D$ 线变为新的 $\%K$ 线,再对新 $\%K$ 线进行 3 日移动平均,作为新的 $\%D$ 线。经处理后的 $\%D$ 线信号更为可信。

另一种做法就是将原先的 $\%K$ 值作为"未成熟随机值"(Row Stochastic Value,RSV),再据此分别计算 $\%K$ 和 $\%D$ 值。计算公式如下:

$$RSV_t = (C_t - L_n)/(H_n - L_n) \times 100$$
$$\%K_t = 2/3\%K_{(t-1)} + 1/3RSV_t$$
$$\%D_t = 2/3\%D_{(t-1)} + 1/3\%K_t$$
$$\%J = 3\%D - 2\%K \qquad (8\text{-}10)$$

式中:C_t 为当日收盘价;L_n 为 n 日内最低价;H_n 为 n 日内最高价;$\%K_{(t-1)}$ 为昨日 $\%K$ 值;$\%D_{(t-1)}$ 为昨日 $\%D$ 值;RSV_t 为计算日未成熟随机值;$\%J$ 为 $\%K$ 与 $\%D$ 的乖离度;n 为时间参数,一般取 9 天;$\%K$、$\%D$ 值的原始值可取 50 或用当日 RSV 值代替。

如果用随机指数来研判大势,只需将上述公式中的收盘价、最高价、最低价改为收盘指数、最高指数、最低指数即可。

（二）随机指数的运用

随机指数主要是运用%K、%D值两条曲线之间的关系来分析股票行情的超买超卖现象、背离走势现象，从而预示中、短期走势的到顶、见底过程，发出买卖信号。

1. 超买超卖研判

一般认为，当%K值大于80，%D值大于70时，表示当前收盘价处于偏高的价格区域内，市场呈超买态势；当%K值小于20，%D值小于30时，表示当前收盘价处于偏低的价格区域内，市场呈超卖态势。当%D值跌到15甚至10以下时，意味着市场呈严重的超卖状态，为买入信号；当%D值涨到85甚至90以上时，意味着市场呈严重的超买状态，为卖出信号。

2. 背离研判

股票行情的走势一波高于一波，而随机指数曲线却一波低于一波；或股票行情的走势一波低于一波，而随机指数的曲线却一波高于一波，这就是背离现象。前者称为跌背离，后者称为涨背离。背离现象的出现意味着市场的中短期趋势将要发生转变，即市场中短期行情已到顶或见底。这时，如果%K线、%D线发生交叉，且%D线调头转向明显，方为真正的买卖信号。

3. 交叉突破研判

当%K线居于%D线上方时，表明当前的市场行情趋势是向上涨升的，因此当%K线由下往上穿破%D线时，是买进的信号，如果这一现象发生在底部（%D值小于30），其买进信号更为准确；当%D线居于%K线之上，表明当前的市场行情走势是向下滑落的，因此，当%K线从上方向下跌破%D线时，是卖出信号，如果这一现象发生在顶部（%D值大于70），其卖出信号更为可信。

4. %K线形态研判

当%K线坡度渐小、趋于平缓时，为短期转势的警告信号。

5. %J线研判

%J值为%K线与%D线的最大乖离程度，它具有先于KD值预见股票行情头部和底部的功能。当%J值超过100时，为超买信号；当%J值小于10时为超卖信号，从而为%K与%D线发生交叉后是否应采取买卖行为提供判断依据。

（三）随机指数的评价

随机指数在设计中综合了动量观念、强弱指数和移动平均线的一些优点。它通过研究收盘价与最高价、最低价之间的关系，即通过计算既定时间内的收盘价、最高价、最低价等价格波动的幅度，反映股票行情变动趋势的强弱特征及超买超卖现象。同时，随机指数在设计中还充分考虑了股票价格波动的随机振幅和中、短期波动的测算,使其短期测试信号比移动平均线更准确、更可信;在预测市场短期超买超卖方面,又比相对强弱指数灵敏。因此,在波动较大的股票市场中,随机指数作为中、短期技术分析指标,比较实用有效。但随机指数一般只适用中、短期市场行为的研判,对长期趋势的预测作用不大。对发行量较小、交易量不大的股票行情的分析一般也无用武之地。特别是极强或极弱势的市场状态中,$\%K$、$\%D$ 进入顶部或是到达底部后,常常发生徘徊现象,而股票价格却继续原有趋势,这时,随机指数发出的买卖信号,其参考的价值就不大。此外当 $\%K$ 线、$\%D$ 线在 50 左右发生交叉突破,且市场行情走势又呈牛皮盘整时,随机指数的买卖信号也是无效的。事实上,投资者在 $\%K$ 值大于 80 时买进不见得会赔钱;在 $\%K$ 值低于 20 时放空亦有可能赚钱。因此,投资者在实际操作过程中,不能机械地套用理论上的研判法则,应运用各种指标进行综合分析与判断,方可作出较为科学的投资决策。

第三节 市场成交量指标

一、成交量净额法(OBV)

成交量净额法主要是通过将交易量值予以数量化,构造 OBV 曲线,并配合价格走势图,从价格变动与交易量的增减关系来证实价格运动或给出价格逆转的警告信号。OBV 的理论基础是市场价格的变动必须有交易量配合,交易量是价格涨跌的能量。此外,物理学中的惯性法则和重力原理也是 OBV 分析技术的基本依据。

(一)成交量净额法的计算

OBV 的计算是以当日的收市价和成交量为依据的。当今日收市价较上一交易日收市价高时,今日的成交量为"正值";当今日收市价较上一交易日低时,今日的成交量即为"负值"。OBV 数值相加即成为今日的 OBV 数值。即:

$$\text{当日 OBV} = \text{前一日的 OBV} \pm \text{今日交易量} \tag{8-11}$$

然后将累计所得的交易量逐日定点连接成线,与价格曲线并列于一图表中,观察其变化。式中交易量以金额计算。作图时刻度应根据数据而定,以尽量使图形简单为好。下表为 OBV 计算实例。将 OBV 值连接起来就构成了 OBV 线。

表 8-1 OBV 计算实例(某公司交易量涨跌情况)

	2日	3日	4日	5日	6日	7日
交易量增减(万)		+308.25	+303.46	+287.83	+260.10	−222.20
价格涨跌		涨	涨	涨	涨	跌
OBV 值	5 832 (假设值)	5 832 +308.25	6 140.25 +303.46	6 443.71 +287.83	6 731.54 +260.10	6 991.64 −222.20
		6 140.25	6 443.71	6 731.54	6 991.64	6 769.40

(二)成交量净额法与行情趋势变动原则

1. 当 OBV 线由跌势转为上升时,表示买方的相对优势逐渐加强,此时投资者若不买进,则将来股价上升,会使购买成本上升。

2. 当 OBV 线上升而股价下跌时,表示价格较低,市场逢低承接意愿比较强,此时是买进信号。

3. 当 OBV 线暴涨时,是卖出信号,这是因为买方已全力买进,而再无力购买,必须立即卖出。

4. 当 OBV 线上升转为下跌时,表示买方的购买力量已经逐渐减弱,是卖出信号。

5. 当 OBV 线下降而股价上涨时,表示市场追高意愿转弱,此时应卖出。

6. 当 OBV 线暴跌时,是买进信号,这是因为会出现卖方回补现象,所以必须立即买进。

(三)成交量净额法的研判

1. OBV 线与个股分析

个股的 OBV 线以价格上涨日的成交量为正数,而价格下跌日的成交量为负数,加以累计,就可以做出买进或卖出股票的判断。但是对于 OBV 的运用,除了看它的正负变化外,还要看它与股价趋势是否配合。例如,股价虽然上涨,但 OBV 线上升趋于缓和或已逐渐向下挫低时,表示成交量的配合不足以使股价上升或就此下跌。有时,股价走势仍是盘档,但 OBV 线已开始逐步上扬,显然量已注入,即将产生发动另一段行情的能量,这是及早买进的信号。

2. OBV 与 M 头

常用的通则是判断股价波动趋势形成所谓的 M,当股价在高价区可能形成两个高峰的趋势,但第二高峰尚未确定时,技术分析主要是研究判断股价趋势是否能持续上涨,还是后继无力或即将反转形成一段下跌行情。在此时,OBV 线发挥决定性作用，也就是说，如果 OBV 线随着股价趋势同步上升，能量潮相互配合将会不断出现新高峰。反之如果此时 OBV 线无力上扬，成交量反见萎缩，则容易形成 M 头，股价开始下跌。

3. OBV 线与收集、派发信号

一般技术分析专家认为，仅仅观察 OBV 线的升降，并无意义，关键是将 OBV 线与图表走势相配合，才具有实质性判断作用：一般情况下，市场价格的走向趋势，或多或少与成交量的变化有关系，此时 OBV 线的曲线则呈现与价格趋向几乎平行的移动，这种情况并无特别意义。当 OBV 线曲线与价格趋势出现背离走势时，则可用以判别目前市场内处于吃货还是出货状况：如果价格轻微下跌，OBV 线继续上升，则大户可能正在收集筹码，即暗地进货；如果价格上涨，OBV 线继续下降，则大户可能正在进行卖出动作，即暗地出货。

(四) 对能量潮的评价

1. OBV 的优点

一般来说，OBV 线的最大用处，在于观察股市经过一段时期盘局整理后，股价何时脱离盘局以及突破。股票价格升降配合 OBV 的走势，可以局部显示出市场内部主要资金的移动方向。由于在大部分情况下，这种资金的流转是在不动声色的情况下产生的，所以一般投资者对其毫无觉察。OBV 虽然不能够显示主要资金转移的原因，但却能显示不寻常的超额成交量是在低价位成交还是在高价位成交。这种显示对于技术分析者来说是相当珍贵的，因为它可以帮助你领先一步深入研究市场内部价格变动的原因。

2. OBV 的不足

①OBV 线的计算原理比较简单，它提供的信号，通常无法区别是否与随机产生的突发性消息有关，一项突发性的谣传消息，往往会使成交量有不寻常的变动。

②OBV 线的计算仅以收盘价的涨跌为依据，难免有失真现象。例如当天最高指数涨 200 点，但收盘时却跌了 40 点，在这种特殊情况下，OBV 的基本理论是不能完全反映实际情况的。因此有人提出试图以需求指数来代替收盘价。所谓需求指数是指最高价、最低价与收盘价三个价位的平均值。

③OBV 线是短期操作技术的重要判断方法，但难以判断和分析股票市场的基本因素，因此适用范围主要应用于短期操作，对长线投资不太适应。

④仅仅根据 OBV 线有时难以反映股市的实质结构与人气动向的改变。例如某日股市总成交值或股票成交量虽然很大，但当日股价变动也很大，最后加权指数或收盘价却与前一日相同，此时，OBV 线的累计数与前日相同，就这种线而

言,表示这一日没有什么信号,事实上并非如此。

二、容量比率(VR)

容量比率(Volumn Ratio)又称为成交量比率,是通过分析某段期间股价上升日成交量与股价下降日成交量的比值从而掌握市场买卖方气势的技术指标,主要用于个股分析,且适宜中期观察。容量比率的理论基础可归结为"价量相联"和"量先于价行",以成交量的变化来预测股价运动的趋向,从而选择买卖时机。

(一)容量比率的计算

容量比率的计算公式为:

$$VR = N \text{ 日内股价上升日成交额总和}/N \text{ 日内股价下降日成交额总和} \times 100\% \tag{8-12}$$

式中:N 为设定的周期参数,一般定为 26 日。

(二)容量比率的运用

在实际的运用中,容量比率运用法则主要总结归纳以下几点:

1. 将 VR 按数值大小分为四个区域,而在不同区域采取不同的操作方法。

①低价区域:一般当 VR 值为 40%~70%时为低价区域。低价区域是投资者购入的大好时机。

②安全区域:一般当 VR 值在 80%~150%为安全区。此时股票价格波动不大,是持有股票的时机。

③获利区域:一般当 VR 值在 160%~450%为获利区域。此时根据市场情况进行买卖,获得收益的可能性较大。

④警戒区域:一般当 VR 值超过 450%时为警戒区域。此时股票价格一般达到了顶峰,应伺机卖出,以保平安。

2. 当成交额经萎缩后放大,而 VR 值也从低区向上递增时,行情可能开始启动,是买进的时机。

3. 当 VR 值在低价区不断增加,股价盘整时,可考虑伺机买进。

4. 当 VR 值升至安全区时,而股价盘整时,一般可以持股不卖。

5. 当 VR 值在获利区增加,股价不断上涨时,应把握时机售出。

6. 一般情况下,VR 值在低价区的买入信号可信度较高,但在获利区的卖出时机要把握好,由于股价涨后可以再涨,在确定卖出之前,应与其他指标一起研判分析,再做出投资选择。

(三) 对容量比率的评价

1. 容量比率的数值在低价区时，买入信号的可信度较高，但在高价区时，操作时的信号的可信度往往存在偏差，这时应与其他参数指标密切配合，进行综合分析，做出投资选择。

2. 容量比率是领先指标，比涨跌比率更能准确地显示整段走势的高低点。

3. 容量比率在股市狂涨或狂泻时，无法进行操作，因为长时间的狂涨或狂泻会使容量比率公式中分子或分母为零，从而无法计算容量比率。

总之，容量比率作为一个量的考核指标，对股市投资按区域分析有一定的实际意义，在具体运用中若能与其他指标密切配合会有较好的作用。

三、指数点成交值（TAPI）

指数点成交值（Total Amount Weighted Stock Index，TAPI）的意思是"每一加权股价指数的成交金额"。它是描述每一个交易日的指数和成交金额的关系的技术指标。

(一) TAPI 的计算公式和构造的基本原理

从 TAPI 的叙述中就可以明确地知道 TAPI 的计算公式：

$$TAPI = A/PI \tag{8-13}$$

式中：A 为每日的成交金额；PI 为当天的股价指数，有些是综合指数，有些是成分指数。

TAPI 是没有参数的技术指标，这在技术指标中是不多的，只要将成交金额与指数相除就够了。

至于 TAPI 构造的基本原理，可以用一个简单的情况加以说明。如果我们假设股票市场只有一只股票上市交易，那么股价指数也是根据这一只股票进行计算的。由股价指数的计算方法可知，当天的股价指数是当天的市场总值与基期市场总值的比率。由于只有一只股票，所以股价指数其实就是这只股票当天的价格与基期价格之比。TAPI 的意思实际上是：

$$TAPI = (A/C) \times (C_0/100) \tag{8-14}$$

式中：A 为当日成交金额；C 为当日收盘价；C_0 为基期价格，C_0 是个不变的常数，只有 A 和 C 在变动（随时间变动）。

成交额/价格的涵义是成交数量，由此可知，TAPI 有点接近成交量的意思，只不过多乘上一个常数 $C_0/100$。

从以上对 TAPI 在简单情况下的解释,可以推断出它在一般情况下的涵义。总的来说,TAPI 可以理解为成交量乘上一个固定的常数,所以,在对 TAPI 的应用上有很多地方类似于成交量。

(二) TAPI 的应用法则和注意事项

1. 在多头市场中,TAPI 将同股价一样不断地创出新高,但在 TAPI 与股价不同步的时候,就是多头市场进入尾声的信号。这也可以理解为背离现象。

2. 在空头市场中,TAPI 将同股价一样不断地创新低。如果某一次股价创新低,而 TAPI 并未创新低,反而有所上升,就是空头市场将要结束的前兆。

3. TAPI 的上升和下降与成交量和成交金额始终是同步的,三者可以彼此参考。

4. 从 TAPI 的绝对取值上,我们不能得到任何有关多空双方力量对比的信息,只有从 TAPI 的相对取值上才能得到。TAPI 的高低是相对的,无一定的高和低的界限,必须根据实际情况进行观察。

5. 从以上四点可以看出,TAPI 是不能单独使用的技术指标,必须同股价的图形如％K 线图结合使用才能发挥作用。这一点对成交量和成交金额也是适用的。

四、平均量指标

平均量就是每笔交易的平均成交量,它是用来测知大户是否入市买卖股票的有效办法,以成交量与成交笔数的综合观察,即可推算出个别股每笔平均成交股数的变化,从而推断主力大户的动向,其计算公式为:

$$每笔平均成交量 = 成交量/成交笔数 \quad (8-15)$$

由于主力大户买进或卖出股票,数量十分庞大,因此不论其如何化整为零,将买进或卖出数量,分户成多笔买进或卖出的委托,其每笔买进或卖出的数量,仍远大于一般散户投资者,因此该个股在有主力大户参与进出的场合,其每笔平均成交股数,自然会明显大于该个股无主力大户参与交易时的每笔平均成交股数,例如某个股连续一段时间每笔成交股数,均维持在 900 股左右,当该股每笔平均成交股数突然由 900 股左右跃至 1 800 股时,即表示主力在此时可能介入该个股。

但从每笔平均成交股数中,只能看出主力是否介入该个股,却不能判断主力的介入系买进或卖出股票,若要判定主力站在买方或卖方,尚须参考其他情况而定,其研判原则如下:

1. 当股份在低档盘整或处于上涨趋势初期时,出现每笔平均成交股数明显放大的情形,表示主力介入,且站在买方的可能性居大,股价可望上涨。

2. 当股价已上涨相当幅度,而出现每笔平均成交股数明显放大的情形,则表示主力卖出的可能性增大,行情可能即将逆转或盘整,应密切注意获利了结之时机。

3. 当股价在高档盘整或处于下跌趋势初期时,出现每笔平均成交股数明显放大的情形,表示主力入市,且站在卖方的可能性居大,股价可能下跌。

4. 当股价已下跌相当幅度,而出现每笔平均成交股数明显放大的情形,则表示主力买进的可能性增大,行情可能即将反弹或回稳,可介入买进。

运用个别股每笔平均成交股数,必须每日计算,连续比较观察,才能得出该个股每日大概的每笔成交股数。若往后的交易日中,每笔平均成交股数明显较前若干日增加时,即显示主力大户介入,且每笔平均成交股数增加愈多,表明主力大户介入数量愈多,程度愈深,往后该个股的涨幅或跌幅也可能随之增大。

平均量指标主要适用于对个股的短期行情走势分析。

第四节　市场人气指标

一、心理线(PSY)

心理线研究投资者的心理趋向,它是将一段时间内投资者趋向买方或卖方的心理与事实转化为数值,从而进行分析判断股价变动趋势的一种人气指标。

(一)心理线的计算

心理线计算一般以12日为运算基础,其计算公式为:

$$PSY = 12日内上涨的天数 \div 12 \times 100\% \qquad (8-16)$$

应当说选定以12天为周期,主要是用于研究短期投资指标。在研究中长期投资指标时,一般以24日为周期。

(二)心理线的运用

1. 心理线指标在25%～75%是合理变动范围。

2. 超过75%或低于25%时,就有超买或超卖现象出现。当然在特殊情况下可以考虑调整超买或超卖点。特别是在多头或空头市场初期,可将超买超卖点调整

7~8个百分点,即调整至83%、17%左右,待到行情尾声,再调回到75%与25%。

3. 当一段上升行情展开之前,通常超卖现象的最低点一般出现两次。同样地,当一段下跌行情展开之前,超买现象的最高点也会出现两次。

4. 高点密集出现两次为卖出时机,低点密集出现两次为买进时机。

5. 当出现低于10%或高于90%时,行情反转的机会较大,是真正的超卖超买现象;因此,当低于10%时为买进时机;而当高于90%时,为卖出时机。

6. 心理线和成交量比率(VR)配合使用,决定短期买卖点,可以找出每一波动的高低点。

7. 心理线和逆时针曲线配合使用,可提高准确度,明确指出头部和底部。

(三) 对心理线的评价

1. 将心理线与%K线图相互对照了解超买或超卖的情形。

2. 心理线可以和VR配合使用,由于VR值在高价区变动相当大,可找出调整段涨跌幅的高峰区或谷底区。

3. 心理线和逆时针曲线配合使用,可观察出股市看涨和看跌的人气及资金聚集分散的情形,明确指出股价头部和底部。

4. 心理线只是描述大势的高价或低价区位,但没有明确的买卖信号。

5. 心理线采用的设计参数条件比较简单,只考虑上涨与下跌两个变量,无法充分反映股价行情的变化。当股价暴涨或暴跌时,涨跌天数不能迅速反映股价激烈震荡的情况,使得运用心理线预测有时会不准。

二、超买超卖指标(OBOS)

OBOS是通过计算一定时期内市场涨、跌股票数量之间的相关差异性,从而了解整个市场买卖气势之强弱,以及未来大势走向的技术指标。

(一) 超买超卖指标的计算

超买超卖指标的计算公式为:

$$OBOS = 10日内股票上涨累计家数 - 10日内股票下跌累计家数 \quad (8\text{-}17)$$

(二) 超买超卖指标的运用

OBOS指标是一项分析股市大趋势的技术指标,不能用于个别股票分析,应用时应注意以下几点:

1. OBOS的数值可为正数亦可为负数,当OBOS为正数时,市场处于上涨行情,反之为下跌行情。

2. 10日OBOS对大势能发挥先行指标的功能,一般走在大势前,6日或

24日OBOS因其波动太敏感或太滞缓,参考价值不大。

3. 当OBOS达到一定正值时,大势处于超买阶段,可选择时机卖出。反之,当OBOS达到一定的负数值时,大势处于超卖阶段,可选择时机买进。OBOS的超买和超卖的指标区域,因市场上市的总股数多寡而变。

4. OBOS走势与股价指数相背离时,需注意大势反转迹象。

5. OBOS可用趋势线原理进行研判,当OBOS突破其趋势线时,应提防大势随时反转。

6. OBOS亦可用形态原理对其研判,特别是OBOS在高档走出M头或低档走出W底时,可按形态原理作出买进或卖出之抉择。

(三) 超买超卖指标的评价

OBOS的计算简单易学,较适合一般中、小股民运用,同时由于它是分析股市大趋势的一项有效的技术指标,亦被技术专家纳入不可缺少的技术指标之列。

OBOS能反映股市的大趋势,但对个股的走势不提出明确的结论,因此在应用时只可将其作为大势的参考指标,不对个股的具体买卖发生作用。OBOS具有简单有效的优点,同时也存在一些不足之处:

1. N选取的随意性。N的大小对OBOS指标的敏感性影响很大,前面已有所提及。原则上说,N可以取1以上的任意数。具体取数时要针对实际情况,使得指标既能反映股市大势,又能较灵敏地发现买卖时机。对于国内股市目前的状况,N取10比较合适。

2. 买卖时机的模糊性。OBOS的超买超卖线因市场上市总股数、不同投资人的形势判断而异,没有一个完全肯定的超买超卖指标区域,而且股市并不一定会在指标显示出超买或超卖后立即反转,往往出现大势一再上扬或下挫。最佳买卖时机的选择需要投资人凭经验和应用其他技术分析指标研判。

3. 信息采集的片面性。股市信息多种多样,OBOS仅采集了每日收盘价较前日比较是上升还是下跌的信息,只从一个方面来描述股市大势,缺乏精确性和全面性。

三、腾落指数 (ADL)

腾落指数属于趋势分析的一种,它利用简单的加减法来计算每天各种股票涨跌累积情形,与大势相互对照,反映当时股价变动情形与未来变动的趋向。

(一) 腾落指数的计算

$$ADL = 当日股票上涨家数 - 当日股票下跌家数 + 前一日 ADL \quad (8-18)$$

（二）腾落指数的运用

1. 加权股价指数持续下跌，并创新低点，腾落指数下降也创新低点，短期内大势继续下跌可能性大。

2. 加权股价指数持续上升，并创新高点，腾落指数上升，也创新高点，短期内大势继续上扬可能性较大。

3. 当腾落指数下降3天，反映大势涨少跌多的情况持续，而股价指数却连续上涨3天，这种不正常现象难以持久，并且最后向下回跌一段的可能性较大。此种背离现象是卖出信号，表示大势随时回档。

4. 当腾落指数上升3天，反映大势涨多跌少的事实，而股价指数却相反地连续下跌3天，这种不正常现象也难以持久，并且最后上涨的可能性较大。此种背离现象的买进信号，表示大势随时会反弹或扬升。

5. ADL走势与指数走势有类似的结果，一般可以用趋势线研判方式，以便了解其支撑所在。

6. 高档M头的形成与低档W底的形成，是卖出与买进的参考信号。

7. ADL因以股票家数为计算基准，不受权重大小影响，故在指数持平或小幅上扬而ADL下跌时，有对大势反转之先行表现，空头市场转多头市场时亦然。

8. 股市处于空头市场时，ADL是下降趋势，期间如果突然出现上升现象，接着又下跌突破原先所创低点，则表示一段新的下跌趋势产生。

9. 股市处于多头市场时，ADL呈现上升趋势，期间如果突然出现下跌现象，接着又回头转向上，创下新高点，则表示行情可能创下新高峰。

（三）腾落指数的评价

1. 它可以弥补股价指数的缺点。由于股价指数受权重大的股票所左右，有时会出现大多数股票上涨，而少数权重大的股票却重跌，因此，大势虽然呈涨多跌少的局面，而当日的股价指数却下跌。这种现象给投资者以错觉，而腾落指数可以较真实地反映当日涨跌的情形。

2. 当大势朝固定方向行进一段时间后，即将反转上升或下跌时，腾落指数虽然可从个别股票涨跌家数的变化洞悉大势将有所变化，但对个别股票却没有显示买进卖出的时机。

四、涨跌比率（ADR）

涨跌比率分析又称回归式的腾落指数。构成涨跌比率的理论基础是"钟摆原理"，由于股市的供需就像钟摆的两个极端位置，当减少供给量时，会产生物极必反的现象，则往需求方向摆动的拉力愈强，也愈急速，反之亦然。

（一）涨跌比率的计算

$ADR = N$ 日内股票上涨家数的移动合计 $/N$ 日内股票下跌家数的移动合计

(8-19)

国内技术专家多采用 10 个交易日个别股涨跌情形加以统计，代入涨跌比率的公式，求出 10 日的涨跌比率。

（二）涨跌比率的运用

1. 10 日内涨跌比率的常态分布通常在 0.5～1.5 之间，而 0.5 以下或 1.5 以上则为非常态现象。

2. 在大多头、大空头市场里，常态分布的上限与下限将扩增至 1.7 以上与 0.4 以下。

3. 涨跌比率超过 1.5 时，表示股价长期上涨，已脱离常态，超买现象出现，股价容易回跌，是卖出信号。反之涨跌比率低于 0.5 时，股价容易反弹，是买进信号。

4. 除了股价进入多头市场或展开第二段上升行情的初期，涨跌比率有机会出现 2.0 以上绝对超买数字外，其余次级上升行情在超过 1.5 时就是卖点。

5. 多头市场的涨跌比率值，大多数时间维持在 0.6～1.3（若是上升速度不快，只是盘整走势时），超过 1.3 时应准备卖出，而低于 0.6 时，可逢低买进。

6. 多头市场低于 0.5 的现象极少，是极佳买点。

7. 对大势而言，涨跌比率具有先行的警示作用，尤其是在短期反弹或回档时，更能比图形抢先出现征兆。10 日内涨跌比率的功能在于显示股市买盘力量的强弱，进而推测短期行情可能出现反转。

8. 涨跌比率如果不断下降，低于 0.75 通常显示短线买进机会已经来临，在多头市场如此。在空头市场初期，通常暗示中级反弹即将出现，而在空头市场末期，降至 0.5 以下时则为买进时机。

9. 涨跌比率下降至 0.65 之后，再回升至 1.40，但无法突破 1.40，则显示上涨的气势不足。

10. 涨跌比率上冲过 1.40 时，暗示市场行情的上涨至少具有两波以上的力量。

（三）涨跌比率的评价

1. 涨跌比率是运用此数值的结果，提醒投资者目前股市买气是否过于旺盛而出现超买现象，或股价跌得过头而出现超卖现象，进而选定买进或卖出时机，它给投资者揭示的买卖准确性较高。

2. 涨跌比率是一种判断大势未来趋势的指标，但对个别股票的强弱分析判断则需结合其他技术分析工具,如相对强弱指数、MACD 等方法来作为买卖的辅助依据。

五、人气指标(AR)和意愿指标(BR)

人气指标(AR)和意愿指标(BR)都是以分析历史股价为手段的技术指标,其中人气指标较重视开盘价格,反映市场买卖的人气;意愿指标则重视收盘价格,反映市场买卖意愿的程度。两项指标分别从不同的角度对股价波动进行分析,从而达到追踪股价未来动向的共同目的。

(一)人气指标

人气指标是以当天开市价为基础,与当日最高价、最低价比较,按照固定的公式,计算一定时期内开市价在股价中的地位,即把开市价的地位数量化,反映市场买卖的人气。人气指标的计算公式为:

$$AR = N\text{日内}(H-O)\text{之和}/N\text{日内}(O-L)\text{之和} \qquad (8-20)$$

式中:H=当日最高价;L=当日最低价;O=当日开市价;N为公式中的设定参数(计算周期),一般设定为26日。

AR 指标的一般分析要点如下:

1. AR 指标介于 0.8～1.2 时,属于盘整行情,股价不会激烈地上升或下降。

2. AR 指标上升到 1.5 以上时,就必须注意股价将进入回档下跌,可准备卖出,但必须对照以往出现的高点研判。

3. AR 指标值高,表示行情很活泼,过高时表示股价已达到最高的范围,需退出;而 AR 值低时,表示人气衰退,需要充实,过低则暗示股价已达低点,可考虑介入,一般 AR 值跌至 0.7 以下时,股价有可能随时反弹上升。

4. 从 AR 曲线可以看出一段时期的买卖气势,并具有先于股价到达顶峰或跌入谷底的趋势。

(二)意愿指标

意愿指标(BR)是以昨日收市价为基础,分别与当日最高价、最低价比较,按照固定公式计算一定时期收市价在股价中的地位,即把收市价的地位数量化,反映市场买卖意愿的程度。意愿指标的计算公式为:

$$BR = N\text{日内}(H-C_Y)\text{之和}/N\text{日内}(C_Y-L)\text{之和} \qquad (8-21)$$

式中:C_Y=昨日收市价;N为公式中的设定参数,与 AR 计算公式中的 N 的一致。

BR指标的一般分析要点如下：

1. BR值的波动较AR值敏感,当BR值在0.7～1.5波动时,属盘整行情,应保持观望。

2. BR值高于3以上时,股价随时可能回档下跌,应选择时机卖出;BR值低于0.3以下时,股价随时可能反弹上升,应选择时机买入。

一般情况下,AR可以单独使用,BR则需与AR并用,才能发挥效用。因此,在同时计算AR、BR时,AR与BR曲线应绘于同一图中。AR和BR合并后,分析要点如下：

1. AR、BR急速下降时,意味着距离股价高峰已近,持股者应准备获利了结。

2. 若BR比AR低,且指标处于低于1以下时,可考虑逢低买进。

3. BR从高峰回跌,跌幅达二分之一时,若AR无警式信号出现,就要趁低买进。

4. BR急速上升,而AR盘整或小回档时,应逢高出货。

(三) AR、BR指标评价

人气指标(AR)和意愿指标(BR)通过简单计算,测定股市近期的买卖人气意愿,描述了大盘的上行阻力与下滑支撑力,对我们进出股市具有较高的参考价值。由于股市的复杂性、指标本身的简单性以及数据的局限性,AR、BR指标在实际应用中存在某些不足之处。

思考题

1. 技术指标的定义和应用法则是什么?
2. 葛兰威尔移动平均线八大法则是什么?
3. 请阐述MACD的应用法则。
4. 如何运用RSI进行研判?
5. 成交量净额法是什么及如何进行研判?
6. 容量比率是什么及如何评价它?
7. 如何运用心理线进行分析?
8. 腾落指数的公式是什么及如何运用?
9. 如何运用涨跌比率进行分析?

第九章

证券投资组合管理

第一节 证券投资组合理论概述

一、证券投资组合理论的发展史

1952年,哈里·马科维茨(Harry Markowitz)在《金融杂志》上发表了一篇具有里程碑意义的论文《投资组合选择》,其提出的均值-方差模型,标志着现代投资组合理论(Modern Portfolio Theory,MPT)的开端,同时,该理论也使得金融投资学开始摆脱以往纯粹描述性的研究和单凭经验操作的状态,数量化的方法从此进入金融投资领域。此后,在投资组合理论基础上,马科维茨的学生威廉·夏普(William Sharpe)和另外两位学者林特尔(J. Lintner)、莫辛(J. Mossin)分别独立推导出资本资产定价模型(Capital Asset Pricing Model, CAPM),这一模型是现代金融投资学完善和发展过程中最重要的里程碑,它第一次使人们可以量化市场的风险,并且能够对资产进行具体的定价。1976年,斯蒂芬·罗斯(Stephen Ross)基于多因素模型,提出了一个替代CAPM的理论——套利定价理论(Arbitrage Pricing Theory,APT)。

目前,在西方发达国家中,有1/3的投资管理者在利用数量化的方法进行投资组合管理,而利用传统的基本分析和技术分析进行投资管理的人也各占1/3。可以说,利用这三种投资管理方法的业务在总体上差不多,只不过在科学化投资管理的时代,数量化的方法更合乎时代的趋势。

马科维茨的投资组合理论给出了一种确定投资者的最优证券投资组合的方法。使用这种方法的步骤是:投资者首先了解所有证券的预期收益率、标准差、这些证券彼此之间的协方差以及无风险利率,然后再根据投资者的个人偏好来确定最优的证券投资组合。由于在无风险资产存在条件下的有效集是线性的,所以,最优投资组合的构成实际上是投资者将整个投资资金在切点投资组合和无风险资产之间进行分配的问题。

二、优势法则和无差异曲线

(一) 优势法则

大量事实证明,投资者普遍是厌恶风险的,即人们在投资决策时,总是希望预期收益越大越好,而风险越小越好。这种态度反映在证券的选择上,可以用优势法则(Dominance Rule)来描述。假定有两种证券资产 i 与 j,它们的预期收益分别用 $E(r_i)$ 和 $E(r_j)$ 表示,而风险则分别用 i 与 j 资产的标准差 σ_i 和 σ_j 来表示,投资者在两种资产间的投资选择过程为:

1. 当 $E(r_i)=E(r_j)$,且 $\sigma_i \geqslant \sigma_j$ 时,则投资者的选择是风险较小者,即 j 资产;

2. 当 $E(r_i) \geqslant E(r_j)$,且 $\sigma_i = \sigma_j$ 时,则投资者的选择是收益较大的 i 资产;

3. 当 $E(r_i) \geqslant E(r_j)$,且 $\sigma_i \leqslant \sigma_j$ 时,则投资者的选择是收益较大且风险较小的 i 资产;

4. 当 $E(r_i) \geqslant E(r_j)$,且 $\sigma_i \geqslant \sigma_j$ 时,则投资者在这种情况下难以直观地做出选择。

事实上,不同的投资者可能会得到完全不同的回答,其主要取决于投资者的风险厌恶程度。在上述投资选择的过程中,前两种情况即为所谓的"优势法则"。

投资者的上述投资选择过程可以用效用函数来表示。在金融投资理论中,目前广泛使用的一个效用函数如下:

记一项投资的预期收益为 $E(r)$,收益的方差为 σ^2,则投资者的效用值 U 为:

$$U = E(r) - 0.005 A \sigma^2 \tag{9-1}$$

式中: A 代表投资者的风险厌恶指数(其系数 0.005 是一个按比例计算出的估计值)。显然,在面对不同的投资机会时,为达到投资者效用值 U 的最大化,投资者的选择与上述优势法则是一致的,即在预期收益 $E(r)$ 一定的情况下选择最小的方差 σ^2,或在方差 σ^2 一定的情况下选择最大的预期收益 $E(r)$。

(二) 无差异曲线

按照优势法则,有些证券之间是不能区分好坏的,如前面的第四种情况,证券 i 虽然比证券 j 承担着较大的风险,但它同时也带来了较高的预期收益率,这种预期收益率的增量可认为是对增加的风险的补偿,如图 9-1 所示。

由于不同投资者对预期收益率和风险的偏好态度不同,当风险从 σ_j 增到 σ_i 时,预期收益率将从 $E(r_j)$ 增加到 $E(r_i)$,收益率的增加是否满足投资者个人对风险补偿的要求则因人而异,即投资者会按照他们各自不同的偏好态度对图 9-1 两种证券做出完全不同的比较。

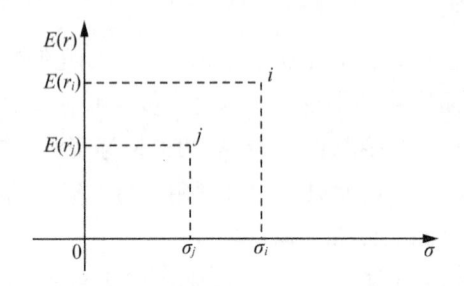

图 9-1 优势法则不能区分的资产

如投资者 K 会认为:增加的预期收益率恰好能补偿增加的风险,所以 i 与 j 两种证券的满意程度相同,选择哪一种都无所谓,即证券 i 与 j 无差异。再如投资者 L 会认为:增加的预期收益率不足以补偿增加的风险,所以 i 不如 j,更令他满意的是 j。另外,对于投资者 M 来说,他可能会认为:增加的预期收益率超过了对增加风险的补偿,所以 i 比 j 更令人满意。

实际上,在同等的风险状态下,投资者要求的预期收益率补偿越高,表明该投资者对风险越厌恶。上述三位投资者中 L 对风险厌恶的程度最高,因而他也最保守,K 则次之,而 M 对风险厌恶程度最低,故其更具冒险精神。从上述三位投资者做出选择的依据来看,他们都是根据自己的厌恶风险程度来选择能够补偿增加风险对应的预期收益率。

一个特定的投资者,任意给定一个证券,根据他对风险的态度,按照预期收益率对风险补偿的要求,可以得到一系列满意程度相同的证券或组合。如图 9-2 中,某投资者认为经过 j 的那一条曲线上的所有证券或组合对他的满意程度相同,因此我们称这条曲线为该投资者的一条无差异曲线(Indifference Curve)。有了这条无差异曲线,任何证券或组合均可与证券 j 进行比较。图 9-2 中,按该投资者的偏好,证券 i 与 j 无差异,而证券 k 比 j 好,因为 k 比 i 好,而 i 与 j 无差异。实际上,证券 k 比该无差异曲线上的任何证券都好;相反,证券 l 则比 j 坏,因为它落在该无差异曲线的下方。

同样,也有一系列证券或组合与 k 无差异,从而形成经过 k 的一条无差异曲线,类似地,经过 l 也有一条无差异曲线。事实上,任何一个证券或组合都将落在某一条无差异曲线上,如图 9-3 所示。落在同一条无差异曲线上的证券或组合有相同的满意程度,而落在不同的无差异曲线上则有不同的满意程度。一个组合不会同时落在两条不同的无差异曲线上,也就是说,不同的无差异曲线不会相交。此外,无差异曲线的位置越高,它带来的满意程度越高。对一个特定的投资者,他的所有无差异曲线形成一个曲线族,我们称之为该投资者的无差异曲线族,图9-3中只画出几条作为代表,实际上,无差异曲线的条数应该是无限的,而且将密布整个平面。

图 9-2　一条无差异曲线

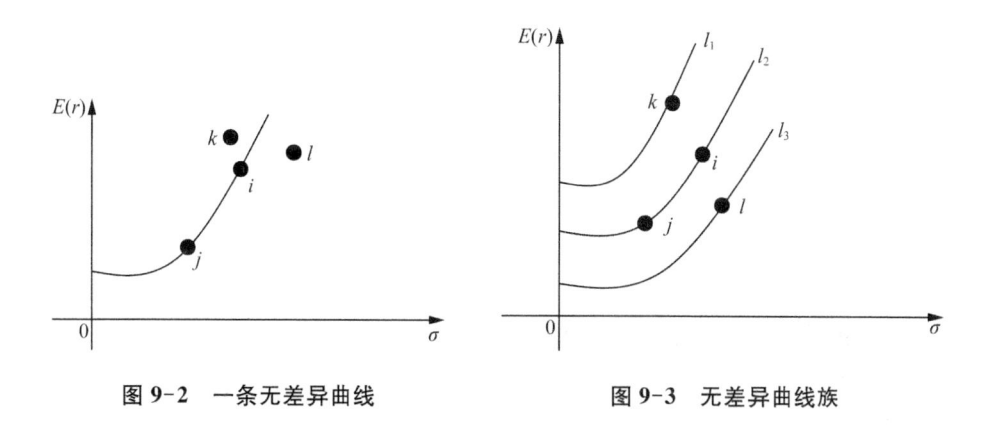

图 9-3　无差异曲线族

图9-3表明无差异曲线是一族互不相交的向上倾斜的曲线,且一般情况下,曲线越陡表明风险越大,投资者要求的边际收益补偿也越大。无差异曲线的这一特性(具有正斜率而且下凸)是由优势法则决定的。不过,不同的投资者厌恶风险的程度不同,有些投资者有较高的风险厌恶,而另一些投资者则可能只有轻微的风险厌恶。这意味着不同的投资者有不同的无差异曲线族。图9-4的①、②、③分别展示了高度风险厌恶者、中等风险厌恶者、轻微风险厌恶者的无差异曲线族。从这些图形可以看出,一个越是厌恶风险的投资者,有着越陡的无差异曲线族,它们反映了不同类型投资者的风险厌恶程度。

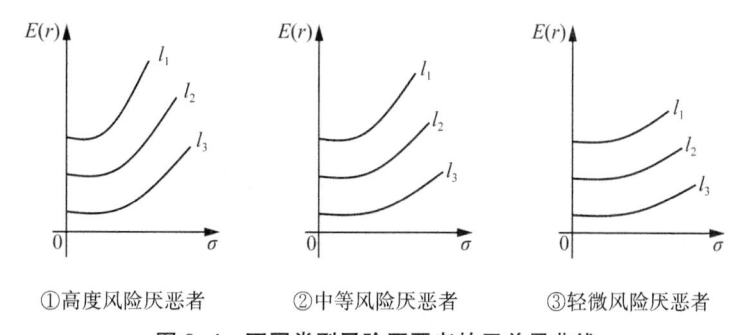

①高度风险厌恶者　②中等风险厌恶者　③轻微风险厌恶者

图 9-4　不同类型风险厌恶者的无差异曲线

有两种极端情形,一类投资者只关心风险,风险越小越好,对预期收益毫不在意,这类投资者的无差异曲线是一族竖直线,如图9-5的①所示;另一类投资者对风险毫不在意,只关心预期收益,收益越高越好,这类投资者的无差异曲线是一族水平线,如图9-5的②所示。

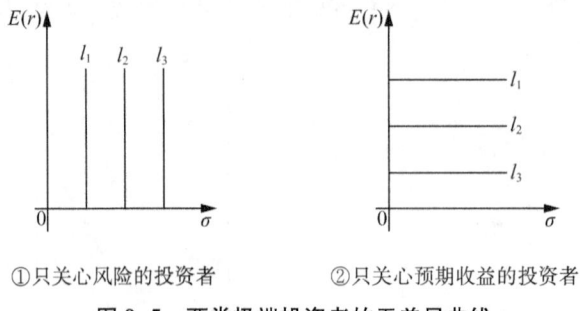

①只关心风险的投资者　　②只关心预期收益的投资者

图 9-5　两类极端投资者的无差异曲线

三、组合投资与风险管理

投资者的投资决策的原则是以尽可能小的方差(风险)获得尽可能高的预期收益率,也就是尽可能选择处于左上方的无差异曲线上的证券进行投资,但是,如果仅投资于单个证券,投资者的决策选择将只有有限种,不一定能确保投资者获得最满意的投资机会,即效用最大化。为了获得更多的投资机会,投资者可以采用多样化的方法将资金按一定的比例分散投资于若干不同的证券,我们将这种投资方式称为证券的组合投资。通过组合投资,投资者可以创造出无限多种的新的投资选择机会。

一般来说,多样化投资可以显著降低投资者把所有资金投资于单个证券所承担的风险,而这种因分散投资而使风险下降的效果就被称为资产组合效应或资产分散化(Diversification)效应。这里,资产分散化效应的大小主要取决于构成投资组合的证券之间相互关联的程度。当构成投资组合的证券之间关联程度越低甚至负相关时,通过资产分散化降低风险的效果就越明显。但现实中,证券之间的关联性并不总是令人满意的。统计检验发现,多数股票的收益率与其他股票收益率之间存在正相关关系,它们会受经济和行业的共同因素的影响。其实,这种由于某些共同因素的影响而引起的投资收益的可能变动就是证券投资的"系统性风险"。由于这些共同的因素会对所有企业产生不同程度的影响,而且不能通过多样化投资而分散,因此,系统性风险又被称为不可分散化风险。我们知道,与系统性风险相对应的是"非系统性风险",其指某一特殊因素引起的只对个别公司的证券收益产生影响的风险。无疑,这种风险可以通过多样化投资来抵消或回避,所以我们又把非系统性风险称为可分散化风险。

正是由于系统性风险和非系统性风险对于组合投资有不同的效应,虽然非系统性风险在投资充分分散化后可以消除,但系统性风险无论如何不可能降到零,所以证券投资的总风险是始终存在的。那么,如何才能有效地降低系统性风险呢?一种办法是将风险证券与无风险证券进行组合投资,当增加无风险证券的投资比例时,系统性风险将降低。极端的情况是将全部资金投资于无风险证券,这时风险便全部消除了。但是,绝对的无风险证券实际上是不存在的,即使把钱存入银行,也将承担利率风险和通胀风险。另一种办法是证券组合管理实践中常用的方法,即进行套期保值,如在进行股票投资的同时通过股指期货套期保值。

此外,从收益与风险关系来看,系统性风险可以带来收益性补偿,而非系统性风险则得不到收益性补偿,因此,投资者往往义无反顾地要求降低非系统性风险。对于系统性风险,投资者则是根据自己的风险承受能力来决定承担多大的系统性风险,以期获得相应的收益,故投资者并不普遍采取措施来完全消除系统性风险,他们通常根据自己的风险承受能力来选择使系统性风险处于自己最满意位置的投资。

第二节 证券组合的收益与风险

所谓投资组合,是指由两种或两种以上资产所构成的组合。在现实经济生活中,投资者一般同时持有若干种实物资产或金融资产,换句话说,这些实物资产和金融资产一般都是作为一个投资组合的一部分被投资者所持有的。如个人或家庭一般同时拥有房地产、有价证券、银行存款等,公司则一般同时持有厂房、机器设备、银行存款和应收票据等资产。现在我们将分析投资组合的收益与风险的衡量问题。

一、投资组合的期望收益率

记 r_p 为投资组合 P 的实际收益率,$E(r_p)$ 或 μ_p 为投资组合的期望收益率,则公式为:

$$r_p = \sum_{i=1}^{n} x_i r_i \tag{9-2}$$

$$\mu_p = E(r_p) = E(\sum_{i=1}^{n} x_i r_i) = \sum_{i=1}^{n} x_i E(r_i) = \sum_{i=1}^{n} x_i \mu_i \tag{9-3}$$

(9-2)和(9-3)式中:x_i 为投资组合 P 中第 i 种证券的市场价值比重;$\sum_{i=1}^{n} x_i = 1$;n 为投资组合 P 中证券的种数。

由公式(9-3)我们可以看到,投资组合的期望收益率是构成组合的各种证券的期望收益率的加权平均数,权数为各证券在组合中的市场价值比重。

二、投资组合的风险衡量

投资组合的期望收益率是构成组合的各证券期望收益率的线性组合,现在我们来看看投资组合的风险是不是也存在着这种关系。

任何投资组合的本身都可以作为单项资产来对待,所以投资组合的风险也可用与单种风险证券的风险计量相类似的方法进行计算。

$$\sigma_p = \sqrt{\mathrm{Var}(r_p)} = \sqrt{\mathrm{Var}(\sum_{i=1}^{n} x_i r_i)} = \sqrt{\sum_{i=1}^{n} \sum_{k=1}^{n} x_i x_k \sigma_i \sigma_k \rho_{ik}}$$

$$= \sqrt{\sum_{i=1}^{n} x_i^2 \sigma_i^2 + 2 \sum_{i=2}^{n} \sum_{k<i} x_i x_k \sigma_i \sigma_k \rho_{ik}} \tag{9-4}$$

式中:ρ_{ik} 为证券 i;k 投资收益率间的相关系数,其他符号如前。对于只有两种证券构成的投资组合来说,根据公式(9-4),可得:

$$\sigma_p = \sqrt{x_1^2 \sigma_1^2 + x_2^2 \sigma_2^2 + 2 x_1 x_2 \sigma_1 \sigma_2 \rho_{12}}, x_1 + x_2 = 1 \tag{9-5}$$

由此可见,投资组合的风险(方差或标准差)并非是构成组合的各种证券的风险(方差或标准差)的加权平均数。

由公式(9-4)可以看到,要计算一个投资组合的风险(方差或标准差),需要计算构成组合的每一种证券的方差或标准差,还要计算各证券间的协方差或相关系数。因此,计算的工作量是相当大的。当一个投资组合由多种证券构成时,计算投资组合的风险(方差或标准差)的公式就会大大拉长,计算量也将呈几何级数增长。例如,若一个投资组合只包含 6 种证券,为计算方差或标准差而涉及到的相关系数有 15(6×5/2)个,而当组合所包含的证券达到 60 个时,所涉及的相关系数就会急剧增加到 1 770(60×59/2)个,是原来的 118 倍。

三、相关系数对投资组合风险的影响

我们已经看到,投资组合的风险与构成组合的各证券收益率之间的相关系数有很大的关系。为了便于分析,我们仅考虑两证券投资组合,并且仅考虑相关系数是+1、0、-1 这三种情况。由多种证券构成的投资组合也有相类似的规律。

由公式(9-5)，当 $\rho=+1$ 时，有：

$$\sigma_p=\sqrt{x_1^2\sigma_1^2+x_2^2\sigma_2^2+2x_1x_2\sigma_1\sigma_2}=|x_1\sigma_1+x_2\sigma_2| \qquad (9-6)$$

构成组合的各证券的收益率呈完全正相关时，投资组合的风险就等于构成组合的各证券的风险的加权平均数。在这种情形下，投资组合并不能带来风险的降低。

当 $\rho=0$ 时，由公式(9-5)，有：

$$\sigma_p=\sqrt{x_1^2\sigma_1^2+x_2^2\sigma_2^2} \qquad (9-7)$$

当 $\rho=-1$ 时，有：

$$\sigma_p=\sqrt{x_1^2\sigma_1^2+x_2^2\sigma_2^2-2x_1x_2\sigma_1\sigma_2}=|x_1\sigma_1-x_2\sigma_2| \qquad (9-8)$$

后面两种情形中，投资组合的风险都小于构成组合的各证券的风险的加权平均数，因而都在一定程度上降低了风险。

除了构成投资组合的所有证券的收益率之间全都呈完全正相关的极端情形外，投资组合的风险要小于构成组合的各证券风险的加权平均数，因此，投资组合具有分散风险的功能。同一股票市场的大多数股票之间一般呈正相关关系，但相关系数小于1。所以，在这种情况下挑选出来的股票所构成的投资组合可以减少风险，但不能完全消除风险。实际上，一个良好的投资组合可以大大降低或完全消除非系统风险，这也是投资组合能够存在的理由。

四、两种资产组合的期望收益率和标准差

假设有两种风险资产 A_1 和 A_2，它们的投资收益率分别是 R_1 和 R_2，期望收益率分别是 ER_1 和 ER_2，收益率方差分别是 σ_1^2 和 σ_2^2，标准差分别是 σ_1 和 σ_2，协方差为 σ_{12}。其中，协方差的计算公式为：

$$\sigma_{12}=E(R_1-ER_1)(R_2-ER_2) \qquad (9-9)$$

投资者投资于两种风险资产 A_1 和 A_2 的资金比例分别是 W_1 和 W_2，并且 $W_1+W_2=1$。

对于组合 $P=(W_1,W_2)$，期望收益率 ER_p 与风险 σ_p 分别是：

$$ER_p=w_1ER_1+w_2ER_2 \qquad (9-10)$$

$$\sigma_p^2=w_1^2\sigma_1^2+w_2^2\sigma_2^2+2w_1w_2\sigma_{12}$$

$$\sigma_p = \sqrt{w_1^2 \sigma_1^2 + w_2^2 \sigma_2^2 + 2w_1 w_2 \sigma_{12}} \quad (9\text{-}11)$$

显然,对于每一可能的组合(W_1, W_2)都有一组唯一的数据(σ_p, ER_p)与之对应。

考虑到$W_2 = 1 - W_1$,则$\sigma_p = f(W_1)$,$ER_p = g(W_1)$,即标准差与期望收益率都是参数W_1的函数,这是一个参数方程。数学上可以证明,在通常情况下$(\sigma_{12} \neq 0)$,组合$P = (W_1, W_2)$的(σ_p, ER_p)构成风险收益率平面上的一条上凸的二次曲线,如图9-6所示。

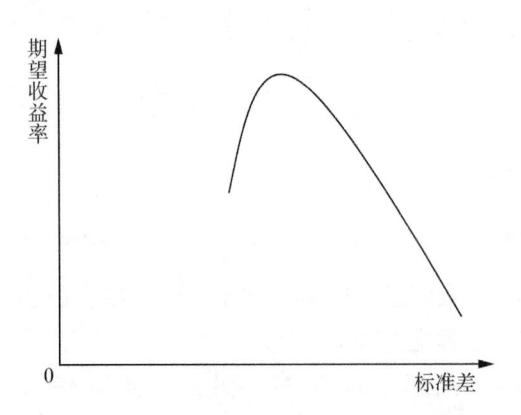

图9-6 投资于两种证券组合的机会集

五、n 种资产组合的期望收益率和标准差

假设有n种风险资产$A_1, A_2, \cdots, A_n$,它们的投资收益率分别是$R_1, R_2, \cdots, R_n$,ER_i是第i种资产A_i的期望收益率。σ_i是资产A_i收益率的标准差,σ_{ij}是资产A_i和资产A_j收益率的协方差。

投资者投资于各种风险资产的资金比例分别是$W_1, W_2, \cdots, W_n$,并且$\sum_{i=1}^{n} w_i = 1$。

对于投资组合$P = (W_1, W_2, \cdots, W_n)$,期望收益率$ER_p$与风险$\sigma_p$分别是:

$$ER_p = w_1 ER_1 + w_2 ER_2 + \cdots + w_n ER_n = \sum_{i=1}^{n} w_i ER_i \quad (9\text{-}12)$$

$$\sigma_p = \sqrt{\sum_{i=1}^{n} \sum_{j=1}^{n} w_i w_j \sigma_{ij}} \quad (9\text{-}13)$$

显然,对于n种资产的每一可能组合$P = (W_1, W_2, \cdots, W_n)$都有一组唯一的数据$ER_p$和$\sigma_p$与之对应,因而在风险收益率平面上存在唯一的一点与之对应。数学上可以证明,在 $n>2$ 时,这些点的集合不再局限于一条曲线上,而是风险收益率平面上的一个区域,该区域的上边界线是一条左凸的二次曲线,如图 9-7 所示。

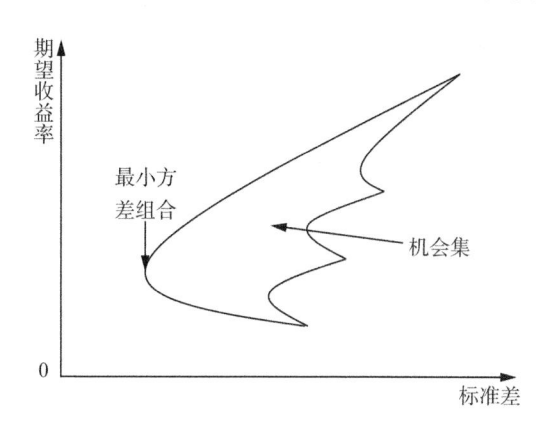

图 9-7　多种证券组合的机会集

在图 9-7 中,最小方差组合是图 9-7 最左端的点,它具有最小的标准差。从最小标准差组合点到最高期望收益率点的边界曲线,称为投资的效率边界(Efficient Border)。效率边界对应的投资组合称为有效组合(Efficient Portfolio)。所谓有效组合是指这样的一些投资组合:在相同风险条件下,期望收益率最高;在相同期望收益率下,风险最小。

效率边界以外的投资组合与效率边界上的组合相比,有三种情况:相同的标准差和较低的期望收益率;相同的期望收益率和较高的标准差;较低的期望收益率和较高的标准差。效率边界以外的投资组合都是无效的。如果一个投资组合是无效的,可以通过改变投资比例转换到有效组合,达到提高期望收益率而又不增加风险,或降低风险而不降低期望收益率的目的,或者得到一个既提高期望收益率又降低风险的组合。

在效率边界上,相对于同样期望收益率的可行集,标准差最小;相对于同样的标准差的可行集,期望收益率最高。因此,理性投资者应在效率边界上寻找适合自己的投资组合。

第三节　有效组合与最优分散化

我们知道 N 种证券所有可能的投资组合可以表示为在 $(\sigma, E(r))$ 坐标系中的可行集。然而,如果按照优势法则,可行集中的很多组合将是被所有投资者排除在选择之外的,因为我们总可以在可行集中找到一个更好的投资组合供投资者选择,这个组合就是有效组合。

一、有效组合

一个有效的投资组合一定是一个可行的投资组合,且该组合有以下两个性质:①没有其他的可行组合以较低的风险提供相同的预期收益率;②没有其他的可行组合提供较高的预期收益率而又表现出同样的风险水平。这意味着,一个有效的投资组合是在给定预期收益率下风险最低的投资组合或在给定风险下预期收益率最高的投资组合。

如图9-8所示,纵轴为投资组合预期收益率$E(r_p)$,横轴为投资组合标准差σ_p,曲线围成部分表示所有可能投资组合的可行集,每一投资组合的收益-风险组合可被$(\sigma, E(r))$空间的任意点所决定。

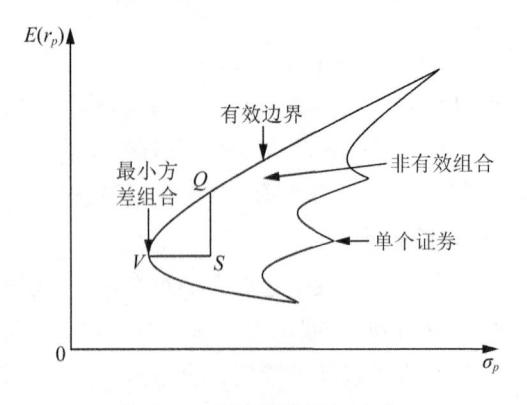

图9-8 投资组合的机会集

从图中可以看出,有些风险和收益组合比其他组合更令人满意,尤其是在可行集西北方向曲线上的点代表最满意风险组合的集合,这就是所谓的有效边界。

位于有效边界上的组合优于所有的内部各点。例如S点代表一个可行组合,S与V比,收益率相同而风险较大;S与Q比,风险相同而收益率较小。因此,当V、Q与S点同时存在时,没有人愿意选S点。

有效边界上的所有点构成有效集(Efficient Set),有效集是由那些风险一定而收益最高,或收益一定而风险最小的投资组合构成的。寻找有效集的过程,其实可归结为以下两方面的优化过程:

1. 约束风险，求最大收益的问题

目标函数：
$$\max E(R_p) = \sum_{i=1}^{n} w_i E(R_i) \tag{9-14}$$

约束条件：$\sigma_p = \sqrt{\sum_{i=1}^{n}\sum_{j=1}^{n} w_i w_j \text{cov}(r_i, r_j)} = 常数$

$$\sum_{i=1}^{n} w_i = 1$$

其他约束

当给定不同风险水平（常数），即可求得对应的最大收益，重复以上步骤，即可找到有效集。

2. 约束收益，求最小风险的问题

目标函数：
$$\min \sigma_p = \sqrt{\sum_{i=1}^{n}\sum_{j=1}^{n} w_i w_j \text{cov}(r_i, r_j)} \tag{9-15}$$

约束条件：$E(R_p) = \sum_{i=1}^{n} w_i E(R_i) = 常数$

$$\sum_{i=1}^{n} w_i = 1$$

其他约束

给定不同的收益常数，即可求出相应的最小标准差，重复以上过程，即可找到最小标准差集合，最小标准差集合对应的左边缘的上半部分就是有效集。

上述两个条件极值问题是对偶问题。有效集的性质是：有效集的位置和形状与构成投资组合的证券预期收益、标准差和两证券间的协方差有关，收益愈大，标准差和协方差愈小，有效集愈靠近左边，且位置愈高。

二、最优分散化

确定证券组合的有效集以后，投资者就可从这个有效集中选出更适合自己的证券组合，这种选择取决于个人的偏好。投资者个人的偏好通过他自己的无差异曲线来反映，无差异曲线位置越靠上，表明其满意程度越高，因而投资者需在可行域上（实际上只要在有效边界上）找到一个投资组合相对于其他可行组合（有效组合）处于最高位置的无差异曲线上，该组合便是他最满意的可行组合，这个组合显然就是无差异曲线族与有效边界的切点所代表的组合。

如图 9-9 所示，某投资者按照他的无差异曲线族 L，将选择有效边界上 B 点所代表的证券组合作为他的最优组合（Optimal Portfolio），因为 B 点在所有可行组合中获得最大的满意程度，其他有效边界上的点都将落在 l_3 下方的无差异曲线上。

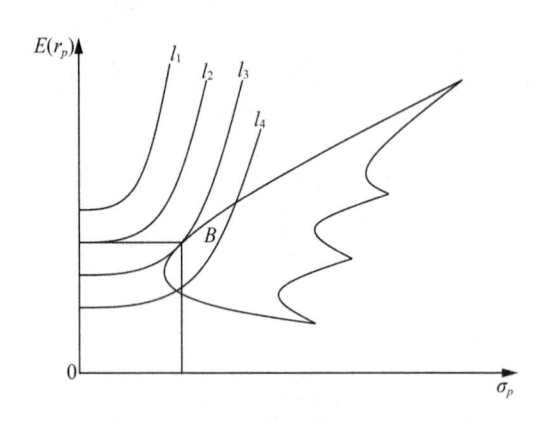

图 9-9　利用无差异曲线选择最优组合

不同的投资者偏好不同，因此并非每个人都会选择 B 点所代表的组合，他们都会在有效边界上选择投资组合。图 9-10(a)和(b)反映的是另外两个假设投资者的无差异曲线，图 9-10(a)中的投资者有较高的风险厌恶程度，选定的投资组合靠近最小标准差组合；图 9-10(b)中的投资者有较低的风险厌恶程度，所选择的投资组合有较高收益。

(a) 投资者有较高的风险厌恶程度　　(b) 投资者有较低的风险厌恶程度

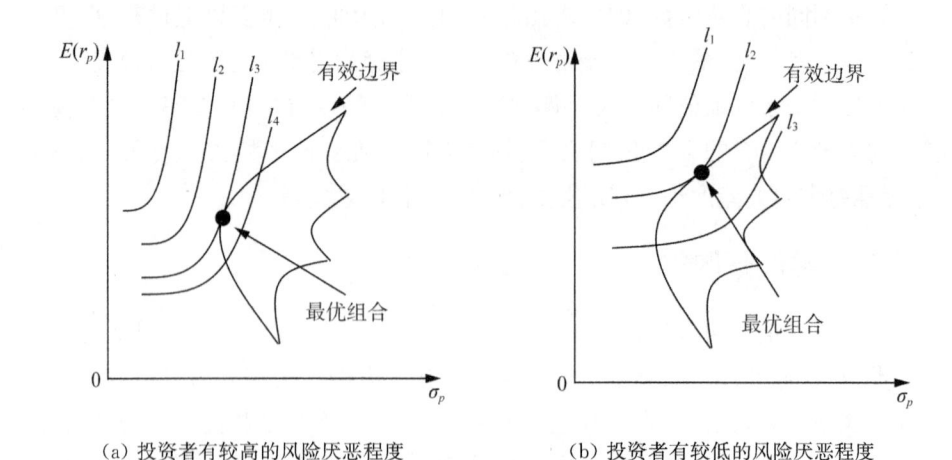

图 9-10　不同类型投资者的最优组合

第四节 无风险借入与贷出

我们现在将无风险证券纳入投资组合管理之中。首先,我们将允许投资者不仅能投资于风险证券,而且可以投资于无风险证券,这意味着,在 N 种可以购买的证券中,有 $N-1$ 种风险证券和一种无风险证券。其次,投资者将被允许借入资金,但须支付与贷出相同的利率,这相当于投资者卖空一定比例的无风险证券。

一、无风险证券

由于假定投资决策仅涉及单一持有期,所以将无风险证券定义为在持有期间具有确定收益率的证券。这意味着,如果投资者在期初购买了一种无风险证券,则他将准确地知道在持有期期末这种证券的准确价值。由于无风险证券的最终价值没有任何不确定性,因而其标准差应为零。进一步讲,无风险证券的收益率与任何风险证券的收益率之间的协方差也是零,因为 $\mathrm{cov}(r_i,r_j)=\rho_{ij}\sigma(r_i)\sigma(r_j)$,若 $\sigma(r_i)=0$,则 $\mathrm{cov}(r_i,r_j)=0$。

二、无风险证券与风险证券的组合

根据上述无风险证券的定义,无风险证券收益率的标准差为零。其预期收益率 R_f 为一常数,对应坐标系 (σ,E) 中纵轴上某一点。考虑一个由风险证券 A 和无风险证券构成的投资组合,这一组合的预期收益率将是:

$$E(r_p)=x_A E(r_A)+(1-x_A)R_f \tag{9-16}$$

这一组合标准差很简单,因为有:

$$\sigma(r_p)=0,\mathrm{cov}(R_f,r_A)=0$$

得:$\sigma(r_p)=\sqrt{x_A^2\sigma^2(r_A)+(1-x_A)^2\times 0+2x_A(1-x_A)\times 0}=x_A\sigma(r_A)$
$$\tag{9-17}$$

容易看到,投资组合标准差等于风险证券的持有比例乘以风险证券标准差。

由公式(9-16)和(9-17)可知,$E(r_p)$ 与 $\sigma(r_p)$ 之间的关系是以 x_A 为参数的直线方程形式,消去 x_A,得到:

$$E(r_p)=R_f+\frac{E(r_A)-R_f}{\sigma(r_A)}\cdot\sigma(r_p) \tag{9-18}$$

方程(9-18)表示(σ, E)坐标系中从点$(0, R_f)$向A无限延伸的一条射线,如图 9-11 所示。图中$R_f A$表示以无风险利率贷出部分资金与投资于风险证券的组合,H点即为该投资组合。若允许无风险借入,点A右上方的点可行,表示卖空无风险证券以筹集资金投资于风险证券A,借入越多,向右上方走得越远,投资者的风险和预期收益率也都随之增大。

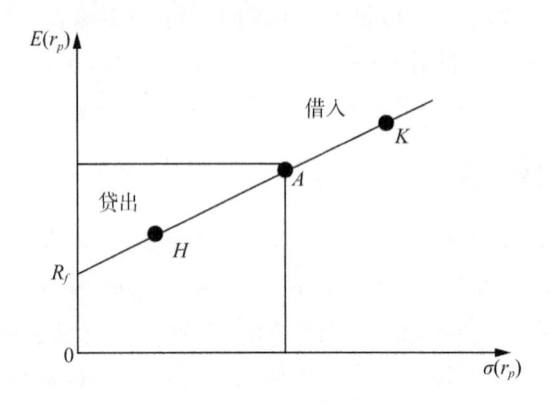

图 9-11 无风险证券与风险证券构成的投资组合

如果把无风险贷出看作对无风险证券的投资,则无风险借入就好比购买股票的保证金交易,当无风险借入利率低于风险证券预期收益率时,无风险借入具有提高投资组合预期收益率和风险的作用,见图 9-11 中的K点。

三、有效边界、最优风险组合与分离定理

引入无风险证券后,新的可行投资组合将包含无风险证券与所有可行的风险证券组合的再组合,而我们可以将风险证券组合也视为一种风险证券,于是,按前面所述,无风险证券与所有可行的风险证券组合的再组合就是从无风险证券发出的经过该风险证券组合的一系列射线。如图 9-12 所示,我们可以将F点与原来风险证券可行域中的每一点相连。

在新的可行域中,通过T的射线FT就代表着新的有效边界,这里T点是从F点出发的射线与原来有效边界相切的切点。切点T特别重要,首先T是一个风险证券组合,既未借入也未贷出无风险证券,这个风险组合在没有无风险证券时就已是一个有效组合,现在仍然是有效组合;其次,将无风险证券纳入证券组合以后,所有有效组合将由无风险证券与风险证券T的组合来产生,无论投资者对风险持何种态度,他拥有风险证券的最好组合都是T。这时风险态度将体现在不同投资者会在FT这条射线上获得不同位置,这些位置均由无风险

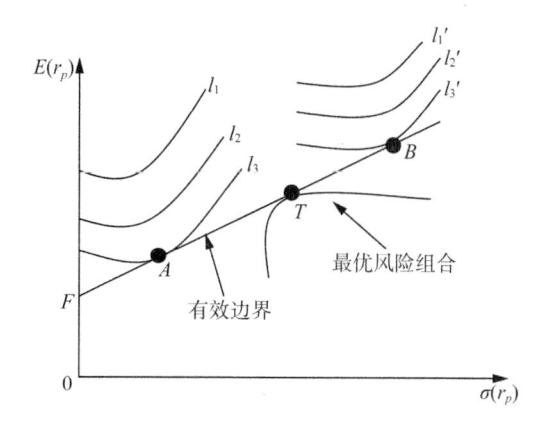

图 9-12　引入无风险借入和贷出后的有效边界与投资选择

证券与风险证券组合 T 之间组合产生。如果投资者相对保守一些,不愿承担太大的风险,可以同时买入适量的无风险证券和风险证券组合 T,从而获得 F 与 T 之间的某个位置,比如,图 9-12 中选择 A 点的投资者。如果投资者更愿意冒险一些,希望承担更大一些的风险,那么投资者可以借入无风险证券并将收入连同自有资金投资于风险证券组合 T,从而获得 FT 的右上方延长线上一个适当的位置,如 B 点。无论投资者的风险收益态度如何,他总会持有相同的风险证券组合 T。

可见,风险证券组合 T 极大地简化了对投资组合的选择,投资者只需根据自己的偏好态度决定借入或贷出多少即可,剩余的资金只有一种适当的风险组合 T 是唯一最佳的选择,因而我们将风险证券组合 T 称为最优风险组合。最优风险组合的存在将我们愿意承担多大风险的所谓金融决策与具体确定持有多种风险证券比例的投资决策分离开来,因此,这一特性通常被称为"分离定理",分离定理在投资实践中具有十分重要的意义。实践中,个人投资者进行投资选择可分为两步:首先决定最优的风险证券组合,它取决于所有风险证券的预期收益率、标准差、协方差以及无风险证券的利率;然后决定将其投资财富分配于最优风险组合与无风险证券之间的比例,它取决于个人投资者的风险态度。

思考题

1. 请阐述一下证券投资组合理论中的优势法则是什么。
2. 请绘制一下多种证券组合的机会集。
3. 请写出收益确定时,最小风险有效组合的函数公式。
4. 请绘制出引入无风险借入和贷出后的有效边界与投资选择。

第十章
资本资产定价模型和套利定价理论

第一节 资本市场线

资本资产定价模型(Capital Asset Pricing Model,CAPM)是识别期望收益和风险值(β系数)之间确定关系的模型。它最初由威廉·夏普(William Sharpe)于1964年建立,后由林特尔(J. Lintner)和莫辛(J. Mossin)完善。资本资产定价模型是现代投资理论的重要内容,很多投资活动都运用此模型进行分析。

一、CAPM 模型的假定条件

1. 投资者根据一段时间内的证券组合的期望收益率和标准差来评价组合的优劣。投资者在风险一定时,优先选择期望收益大的投资组合;在期望收益率相同时,他将选择标准差小的投资组合。投资者选择的最优投资组合就是使其效用达到最大化的投资组合。

2. 单一资产无限可分。意味着投资者能按任意比例购买他偏好的资产,投资组合权数则为连续的随机变量。

3. 资本市场是有效的资本市场,资本市场上没有摩擦。市场上资本和信息可以自由流动,对所有投资者来讲,可以免费地获得所有的相关信息。在有效的资本市场上,没有交易成本,也不存在对股息、红利收入和资本收益的征税。

4. 所有投资者对各种证券收益率的分布情况看法一致。由于假定信息可以自由流动,投资者总可以从市场上获取有关信息,形成对证券收益率分布的了解,他们的预期相同,即他们对证券收益率、标准差和协方差看法一致。

5. 存在无风险资产,投资者可以按同样的无风险利率借入或贷出任意数量的无风险资产。

6. 单一的投资期限,即假定所有投资者在相同的时间内选择他们的投资,在这段时间内,忽略投资的机会成本可能的变化。

有了以上假设，CAPM 就可以将问题简化。证券市场是个完全市场，投资者掌握相同的信息，对证券前景看法一致，这样，我们就可以将注意力从考察个别投资转移到考察整个市场中每个人以相同的方式投资，证券价格发生什么变化等情况上去。

二、资本市场线

1. 市场证券组合。在给定的假设条件下，投资者可以借入或贷出无风险资产，他们对未来作出相同的预期，所以他们也面临着完全相同的处境，因而所有投资者都在图 10-1 中的射线 FR 上选择最优组合。

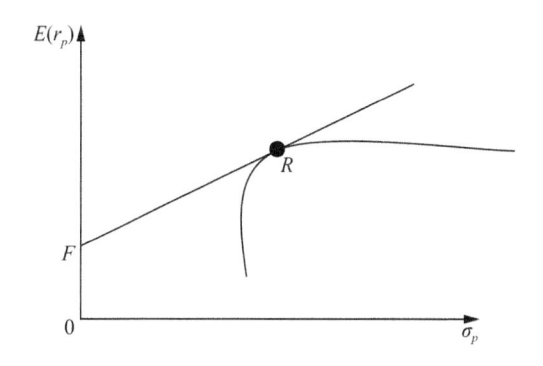

图 10-1　最优证券组合和资本市场线

在 FR 线上的不同位置，有些人借入无风险资产，有些人贷出无风险资产，有些人不借也不贷，但他们把资金以相同的方式分散投资到各种风险证券上去，风险证券组合 R 代表一个最优的风险资产组合。总之，在市场均衡时，借入的数量必然等于贷出的数量，整个市场投资于无风险资产的净额必然为零。因此，最优风险证券组合 R 存在于市场，它由市场上所有的风险证券组成，并且组合和整个市场风险证券比例一致，即最优证券组合中每种证券的权数必然同该证券的相对市场价值一致。设市场组合为 M，x_{iM} 表示市场证券组合中证券 i 的比例，n 为全部风险资产的数目，Q_i 为流通股数，P_i 为第 i 种证券的市场价格，则：

$$x_{iM} = \frac{P_i Q_i}{\sum_{i=1}^{n} P_i Q_i} \quad (i=1,2,\cdots,n) \tag{10-1}$$

2. 资本市场线。决定投资组合有效边界也是资本资产定价模型中的一项基本工作。图 10-2 中，M 点代表市场证券组合，它是包含全部风险资产的最优组合，r_f 代表无风险资产收益率。连接 F 点和 M 点，形成的直线是包含无风险资产的有效证券组合。这条线表示在市场均衡的条件下,所有投资者都面临相同的线性有效边界。这条直线叫作资本市场线(Capital Market Line,CML)。除了市场证券组合和无风险资产借贷构成的证券组合外,其他所有证券组合都位于资本市场线的下方。

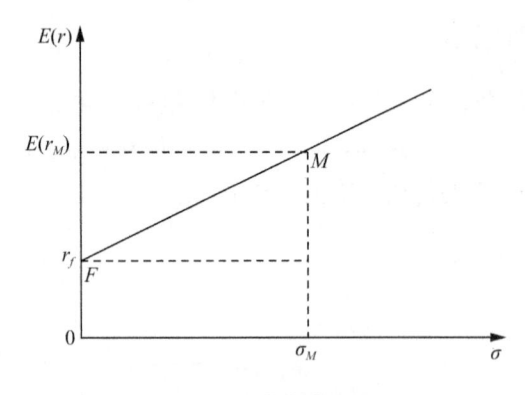

图 10-2　资本市场线

从图 10-2 中可以看出,资本市场线的截距为 r_f,斜率等于市场证券组合期望收益率和无风险资产收益率之差除以它们的风险差 σ_M,因此资本市场线的代数表达式为:

$$E(r_p) = r_f + \frac{E(r_M) - r_f}{\sigma_M} \sigma_p \tag{10-2}$$

式中:$E(r_p)$ 和 σ_p 分别表示资本市场线上任一投资组合 P 的期望收益率和标准差。

资本市场线上任一投资组合都是有效投资组合,因此,有效投资组合的期望收益率就由两部分构成。一部分是无风险收益率 r_f,它表示投资者推迟当前消费所获得的补偿,可以视作时间等待的报酬;另一部分为风险报酬,它是投资者承担风险所得的补偿。斜率 $\frac{E(r_M) - r_f}{\sigma_M}$ 表示资本市场给投资者单位风险的报酬或风险的价格。从本质上讲,证券市场为投资者提供了一个时间和风险的交易场所,也提供了一个由供需达到平衡来决定证券价格的场所。从某种意义上说,资本市场线的截距和斜率分别代表了时间的价格和风险的价格。

三、资本资产定价模型

资本市场线揭示了资本市场均衡条件下,有效投资组合的期望收益率和风险的关系。只有有效证券组合才位于资本市场线上,单个证券和无效证券组合都位于资本市场线的下方,因此资本市场线提供的定价关系不适合单个证券的定价。那么,在证券组合中,单个证券的收益和风险是什么关系呢?

证券组合的方差为:

$$\sigma_M^2 = \sum_{i=1}^n \sum_{j=1}^n x_{iM} x_{jM} \sigma_{ij} \tag{10-3}$$

式中:x_{iM} 和 x_{jM} 表示证券 i 和 j 在市场证券组合 M 中的组合权数,σ_{ij} 为证券 i 和 j 之间的协方差,于是式(10-3)可以改写为:

$$\sigma_M^2 = x_{1M} \sum_{j=1}^n x_{jM} \sigma_{1j} + x_{2M} \sum_{j=1}^n x_{jM} \sigma_{2j} + \cdots + x_{nM} \sum_{j=1}^n x_{jM} \sigma_{nj} \tag{10-4}$$

市场证券组合的收益率等于组合中各证券收益率的加权平均,即:

$$r_M = x_{1M} r_1 + x_{2M} r_2 + \cdots + x_{nM} r_n$$

证券 i 与市场证券组合 M 间的协方差为:

$$\begin{aligned}\sigma_{iM} &= \mathrm{cov}(r_i, r_M) = \mathrm{cov}(r_i, x_{1M} r_1 + x_{2M} r_2 + \cdots + x_{nM} r_n) \\ &= \mathrm{cov}(r_i, x_{1M} r_1) + \mathrm{cov}(r_i, x_{2M} r_2 + \cdots + x_{nM} r_n) \\ &= \sum_{j=1}^n x_{jM} \mathrm{cov}(r_i, r_j) = \sum_{j=1}^n x_{jM} \sigma_{ij}\end{aligned} \tag{10-5}$$

将公式(10-5)代入公式(10-4)得:

$$\begin{aligned}\sigma_M^2 &= x_{1M} \sigma_{1M} + x_{2M} \sigma_{2M} + \cdots + x_{nM} \sigma_{nM} \\ &= \sum_{i=1}^n x_{iM} \sigma_{iM}\end{aligned} \tag{10-6}$$

公式(10-6)表明,市场证券组合的方差是组合中各证券与组合协方差的加权平均,权数为每种证券在市场证券组合中的投资比例。

理性投资者购入某种证券,往往是作为有效证券组合的一部分来投资的。公式(10-6)表明,投资者选择的有效投资组合中,总风险取决于每种证券和市场证券组合之间的协方差,而不取决于单个证券的方差,因此,协方差才是投资组合中单个证券风险的恰当衡量。协方差比较小的证券,即使其方差 σ_i^2 较大,也会被认为是风险较小的证券。

关于证券均衡期望收益率与风险之间的关系,我们先构造一个单一证券 i 与市场证券组合的再组合 Z。设 x_i 表示证券 i 的权数(不包括 M 中证券 i 的部

分),x_M 表示市场证券组合 M 的权数,则:

$$E(r_Z)=x_i \cdot E(r_i)+x_M \cdot E(r_M)$$

$$\sigma_z^2=x_i^2\sigma_i^2+x_M^2\sigma_M^2+2x_ix_M\sigma_{iM}$$

用 $x_M=1-x_i$ 代入以上两个方程,得到 i 与 M 的结合线方程:

$$E(r_Z)=x_i \cdot E(r_i)+(1-x_i) \cdot E(r_M) \tag{10-7}$$

$$\sigma_z=\sqrt{x_i^2\sigma_i^2+(1-x_i)^2\sigma_M^2+2x_i(1-x_i)\sigma_{iM}} \tag{10-8}$$

我们从图 10-3 中可以看到,证券 i 和市场证券组合的结合线上不同的点所代表的组合是不同的。iM 曲线部分表示投资者以公正的投资比例投资 i 和 M,在 Mi' 曲线部分,投资者卖空证券 i,将所得资金与原有资金一起投到 M 上去。结合线 iZi' 也必然会同资本市场线相切于点 M。因为经过 M 的曲线如果不同 FM 相切,则相交于点 M,也就是说,iMi' 曲线上有一些点是位于资本市场线上,而这与市场均衡时,所有有效证券组合都落在资本市场线上是相矛盾的。因此结合线与 FM 相切于点 M。

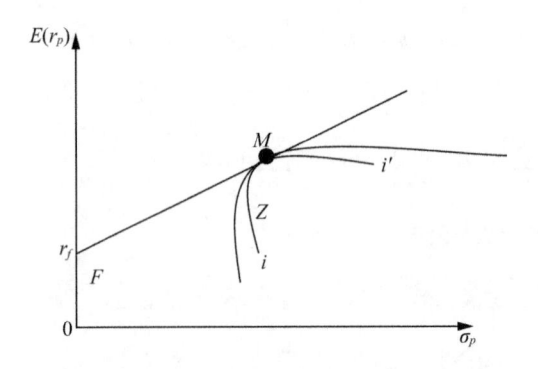

图 10-3 证券 i 与市场组合 M 的结合线

对公式(10-7)和公式(10-8)求导,得:

$$\frac{\partial \sigma_z}{\partial x_i}=\frac{x_i(\sigma_i^2+\sigma_M^2-2\sigma_{iM})+\sigma_{iM}-\sigma_M^2}{\sigma_z}$$

$$\frac{\partial E(r_z)}{\partial x_i}=E(r_i)-E(r_M)$$

所以,得:

$$\frac{\partial E(r_z)}{\partial \sigma_z}=\frac{E(r_i)-E(r_M)}{[x_i(\sigma_i^2+\sigma_M^2-2\sigma_{iM})+\sigma_{iM}-\sigma_M^2]/\sigma_z}$$

在 M 点，$x_i=0$，$\sigma_z=\sigma_M$ 代入上式求得结合线在 M 点的斜率：

$$\left.\frac{\partial E(r_z)}{\partial \sigma_z}\right|_{x_i=0} = \frac{E(r_i)-E(r_M)}{\sigma_{iM}-\sigma_M^2}\sigma_M \tag{10-9}$$

资本市场线的斜率为：

$$K=\frac{E(r_M)-r_f}{\sigma_M}$$

上述两个斜率相等，即：

$$\frac{E(r_M)-r_f}{\sigma_M}=\frac{E(r_i)-E(r_M)}{\sigma_{iM}-\sigma_M^2}\sigma_M$$

简化得：

$$E(r_i)=r_f+\frac{E(r_M)-r_f}{\sigma_M^2}\sigma_{iM} \tag{10-10}$$

这就是资本资产定价模型表达式。它表示：在市场均衡状态下，任何一种证券期望收益率由两部分构成：一部分为无风险利率 r_f，是时间等待的报酬；另一部分代表投资者承担风险而得的补偿，为风险报酬。

第二节 证券市场线

一、单个证券风险

我们定义 $\beta_i=\frac{\sigma_{iM}}{\sigma_M^2}$，则公式(10-10)转化为：

$$E(r_i)=r_f+\beta_i[E(r_M)-r_f] \tag{10-11}$$

式中：β_i 代表了证券 i 对市场证券组合风险的贡献度，称作证券 i 的 β 系数。在讨论单一证券风险的测定时，我们得出结论：协方差 σ_{iM} 越大，证券的风险越大。在引入 β 系数后，可以看到 β_i 与 σ_{iM} 同向变化，σ_{iM} 越大则 β_i 也越大，相应风险就越大，所以我们就可以用 β 系数作为单个证券风险的度量。在 r_f 和 $E(r_M)$ 一定时，β 值越大，期望收益率也越大。

二、总风险及 β 值的计算

如果将证券 i 换成任意证券组合 P，用前面同样的推导方法，可以得到投资组合的期望收益率和风险的关系：

$$E(r_P) = r_f + \beta_P [E(r_M) - r_f] \qquad (10\text{-}12)$$

风险资产组合 P 中各类资产组合权数为 $x_i (i=1,2,\cdots,N)$，则组合 β_P 系数可写作：

$$\beta_P = \frac{\text{cov}(r_P, r_M)}{\sigma_M^2} = \frac{\text{cov}(x_1 r_1 + x_2 r_2 + \cdots + x_N r_N, r_M)}{\sigma_M^2}$$

$$= \frac{\sum_{i=1}^{n} x_i \text{cov}(r_i, r_M)}{\sigma_M^2} = \sum_{i=1}^{n} x_i \beta_i \qquad (10\text{-}13)$$

公式(10-13)实际上给出了总风险的计算方法，它等于各证券风险的加权和。

β 系数是从市场的实际表现，通过过去一段时间内的数据来估计的，因而它属于一个实证而非预测的范畴。根据时间记录单位不同，可以计算出日 β 系数、周 β 系数和月 β 系数等。一般可用移动取样计算。设前 N 个时间单位证券 i 的收益率为 $r_{i1}, r_{i2}, \cdots, r_{in}$，市场证券组合收益率用市场指数来代替，记作 $r_{M1}, r_{M2}, \cdots, r_{MN}$。根据 β_i 的公式 $\beta_i = \dfrac{\text{cov}(r_i, r_M)}{\sigma_M^2}$，将协方差 $\text{cov}(r_i, r_M)$ 用样本协方差来估计，方差 σ_M^2 也用其样本方差来估计，则：

$$\hat{\text{cov}}(r_i, r_M) = \sum_{i=1}^{N} [r_i - E(r_i)][r_{Mi} - E(r_M)]$$

$$\hat{\sigma}_M^2 = \sum_{i=1}^{N} [r_{Mi} - E(r_M)]^2$$

从而得到 β_i 的估计值：

$$\beta_i = \frac{\hat{\text{cov}}(r_i, r_M)}{\hat{\sigma}_M^2} \qquad (10\text{-}14)$$

当然我们也可以假定证券所有相邻时期的 β 系数呈线性关系，用经验公式来估计下一个时期的 β 值：

$$\beta_{i,t+1} = a + b\beta_{i,t} + \varepsilon_i \qquad (10\text{-}15)$$

式中：a 和 b 是固定系数；ε_i 表示随机误差。

CAPM 模型认为，在市场均衡的状态下，证券期望收益率和风险之间存在着线性关系。在横轴为 σ_{iM} 或 β 系数，纵轴为期望收益率的坐标平面上，反映证券期望收益率和风险之间线性关系的直线叫作证券市场线（Security Market Line，SML）。

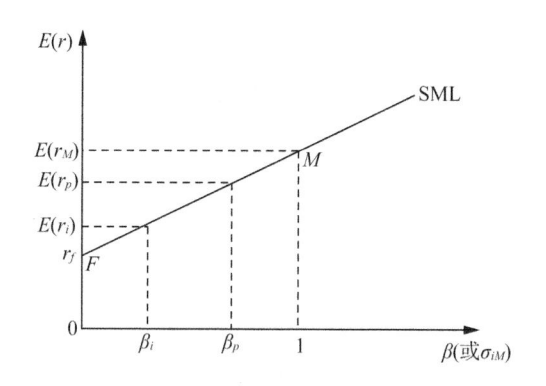

图 10-4 证券市场线

如图 10-4 所示的证券市场线 FM，纵轴上的截距为 r_f，斜率是市场证券组合 M 的风险报酬 $E(r_M)-r_f$（或 $[E(r_M)-r_f]/\sigma_m^2$）。市场证券组合 M 的 β 值为 1，因为证券市场组合与自身的协方差即为其方差，所以 $\beta_M=\dfrac{\sigma_{MM}}{\sigma_M^2}=\dfrac{\sigma_M^2}{\sigma_M^2}=1$。其他证券或证券组合的 β 值大于 1 或者小于 1，它们分布在证券市场线 M 的两侧。当 β 值大于 1 时，投资者可以获得高于市场平均水平的期望收益率；当 β 小于 1 时，投资者只能得到低于市场平均水平的期望收益率。

三、资本市场线与证券市场线的关系

资本市场线与证券市场线这两条直线都服务于资本资产定价模型，它们有通性，但两者之间也存在一些差别。资本市场线与证券市场线的关系可概括如下：

1. 资本市场线仅适用于经过充分投资分散化处理后的有效投资组合，而证券市场线适用于所有单种证券或组合，包括投资分散化处理得不够充分的非有效投资组合。

2. 在资本市场线的几何图形中，衡量风险的指标是方差或标准差，它是对资产总风险（包括系统风险和非系统风险）的衡量；而在证券市场线的几何图形中，衡量风险的指标是 β 值，它仅仅是对有价证券或金融资产所涉及的系统风险

的衡量。

3. 当证券市场处于均衡时,充分进行过投资分散化处理的投资组合处于资本市场线这条直线上,而各单项证券的点都处于资本市场线的下方。对证券市场线来说,金融市场的均衡意味着所有单项有价证券或由风险资产和无风险资产构成的投资组合全都处在证券市场线上。

第三节 因素模型

CAPM 模型的影响因素集中于一个变量及单个证券的 β 值。事实上,证券的实际收益率可能受到很多因素的影响,如市场资产组合收益率、国民生产总值增长率、通货膨胀率等因素都可能影响证券的收益率。自变量的选择是否合理,关键看它是否能真正代表或反映市场变化的共同因素。因素模型(Factor Model)认为,某一证券的收益率取决于各种因素的影响,证券分析的目的就在于识别这些因素以及这些因素对证券收益的影响。本节我们首先从最简单的因素模型形式——单因素模型(Single-factor Model)开始讨论。

一、单因素模型

单因素模型认为证券收益的产生过程只涉及一个主要因素,这个因素可能是证券市场指数、某一行业证券指数、国民生产总值、工业总产值等。一般来说,单因素模型可以用下列公式表示:

$$R_i = a_i + b_i X + \varepsilon_i \tag{10-16}$$

式中:R_i 是证券 i 的收益率,它是一个随机变量;X 是影响证券 i 收益率的主要因素,也叫模型中的解释因素;a_i 和 b_i 是待估计参数;ε_i 是随机误差项,并且假定 $E(\varepsilon_i)=0$,ε_i 与因素 X 无关。

如果知道一组样本数据,对参数 a_i 和 b_i 的估计一般采用最小二乘法,计算公式是:

$$b_i = \frac{\sum (X_k - \overline{X})(R_{ik} - \overline{R_i})}{\sum (X_k - \overline{X})^2}$$

$$a_i = \overline{R_i} - b_i \overline{X}$$

式中:R_{ik} 为证券 i 收益率的各次样本观察值,$\overline{R_i}$ 为证券 i 收益率各次样本观值的平均值，X_k 为模型中解释因素 X 的各次样本观察值，$\overline{X}$ 为解释因素各次样本观察值的平均值。

二、证券特征线

(一) 证券特征线方程

如果将市场资产组合的风险报酬率看作单因素模型中影响证券 i 风险报酬率的解释因素，那么我们有线性关系式：

$$R_i - R_f = a_i + b_i(R_M - R_f) + \varepsilon_i \tag{10-17}$$

式中：R_i 是证券 i 的收益率，它是一个随机变量；R_M 是市场资产组合的收益率，它也是一个随机变量；R_f 是无风险收益率；ε_i 是随机误差项并且假定 $E(\varepsilon_i)=0$，$\mathrm{cov}(\varepsilon_i, R_M)=0$。

考虑随机误差项 ε_i 的方差：

$$\begin{aligned}
\varepsilon_i &= R_i - R_f - a_i - b_i(R_M - R_f) \\
\sigma_{\varepsilon_i}^2 &= \mathrm{Var}[R_i - R_f - a_i - b_i(R_M - R_f)] \\
&= \mathrm{Var}(R_i - b_i R_M) \\
&= \mathrm{Var}(R_i) + b_i^2 \mathrm{Var}(R_M) - 2b\,\mathrm{cov}(R_i, R_M)
\end{aligned} \tag{10-18}$$

式中：$\mathrm{Var}(\ )$ 表示括号内随机变量的方差，$\mathrm{cov}(R_i, R_M)$ 表示证券 i 与市场资产组合的协方差。

在随机误差项 ε_i 的方差最小时应有 ε_i 的方差对 b_i 的导数等于零，即：

$$2b_i \mathrm{Var}(R_M) - 2\mathrm{cov}(R_i, R_M) = 0$$

从而，得：

$$b_i = \frac{\mathrm{cov}(R_i, R_M)}{\mathrm{Var}(R_M)}$$

把方差、协方差用我们前面习惯的表示法重新表示，即有：

$$b_i = \frac{\sigma_{iM}}{\sigma_M^2} \tag{10-19}$$

显然 b_i 与均衡状态下的证券市场线方程 $E(r_i) - r_f = \beta_i [E(r_M) - r_f]$ 中的 $\beta_i = \frac{\sigma_{iM}}{\sigma_M^2}$ 是一致的。

于是，人们一般将以市场资产组合风险报酬率作为解释因素的单因素模型

中待估计参数 a_i, b_i 分别写作 α_i 和 β_i，即：

$$R_i - R_f = \alpha_i + \beta_i(R_M - R_f) + \varepsilon_i$$

两边同时求期望，得：

$$ER_i - R_f = \alpha_i + \beta_i(ER_M - R_f) \tag{10-20}$$

人们将上式称作证券 i 的特征线方程。

（二）α 的意义

在资本资产定价模型下，如果市场处于均衡状态，证券的期望收益率与市场资产组合收益率满足：

$$ER_i - R_f = \beta_i(ER_M - R_f) \tag{10-21}$$

但实际市场可能满足资本资产定价模型下的均衡，也可能不满足，或许满足一种我们并不知道的均衡。这时便存在市场对价格的误定，这种误定体现在实际市场对收益率的预期与资本资产定价模型下期望收益率的差别上。

实际收益率由它的特征线来反映，即：

$$ER_i - R_f = \alpha_i + \beta_i(ER_M - R_f) \tag{10-22}$$

α_i 表示第 i 种证券的实际预期收益率与均衡预期收益率之间的差额，可以说是证券 i 的超额收益。

$\alpha_i > 0$，实际收益率的期望值高于均衡状态下的收益率的期望值，超额收益为正，意味着证券 i 当前的市场价格偏低。

$\alpha_i < 0$，实际收益率的期望值低于均衡状态下的收益率的期望值，超额收益为负，意味着证券 i 当前的市场价格偏高。

$\alpha_i = 0$，表示超额收益为零，证券 i 当前的价格适中。

三、多因素模型

单因素模型把影响证券的收益率看作由一个因素决定，多因素模型认为影响证券的收益率的因素是由不止一个而是多种因素决定的。这些因素可以包括国内生产总值、银行利率、通货膨胀率、外汇汇率、行业景气指数等。

为简化起见，同时又不失一般性，我们考虑二因素模型：

$$R_i = a_i + b_{i1}X_1 + b_{i2}X_2 + \varepsilon_i \tag{10-23}$$

式中：R_i 是证券 i 的收益率，它是一个随机变量；X_1, X_2 是影响证券 i 收益率的两个主要因素，是模型中的解释因素，它们都是随机变量；a_i, b_{i1}, b_{i2} 是待估计参数;ε_i是随机误差项并且假定$E(\varepsilon_i)=0$,ε_i与因素X_1,X_2无关。

如果知道样本数据,对二因素模型中的参数a_i,b_{i1},b_{i2}仍采用最小二乘法进行估计,最后转化为求解下列线性方程组:

$$\begin{cases} na_i + b_{i1}\sum_{k=1}^{n}X_{1k} + b_{i2}\sum_{k=1}^{n}X_{2k} = \sum_{k=1}^{n}R_{ik} \\ a_i\sum_{k=1}^{n}X_{1k} + b_{i1}\sum_{k=1}^{n}X_{1k}^2 + b_{i2}\sum_{k=1}^{n}X_{1k}X_{2k} = \sum_{k=1}^{n}X_{1k}R_{ik} \\ a_i\sum_{k=1}^{n}X_{2k} + b_{i1}\sum_{k=1}^{n}X_{1k}X_{2k} + b_{i2}\sum_{k=1}^{n}X_{2k}^2 = \sum_{k=1}^{n}X_{2k}R_{ik} \end{cases} \quad (10\text{-}24)$$

式中:R_{ik}为证券i收益率的各次样本观察值,X_{1k}为模型中解释因素X_1的各次样本观察值,X_{2k}为模型中解释因素X_2的各次样本观察值,样本数为n。

资本资产定价模型预先假定有一个唯一的解释因素,市场资产组合的风险可以解释单个证券的风险,因而单个证券的风险报酬只由它对于市场资产组合的β值决定。但实际情况并不总是如此。

考虑一个相对年轻的投资者,他的未来财富很大部分由劳动收入来决定。未来劳动收入也是有风险性的,并且与其工作的企业命运紧密地联系在一起,这样该投资者可能倾向于选择一个有助于分散掉其劳动收入风险的投资组合。为了达到这个目的,具有与未来劳动收入较低相关度的股票更容易被看中,也就是说,这类股票在投资者的个人投资组合中,将比在市场资产组合中具有更高的权重。如果这种做法对投资者来讲很普遍,那么带有套期保值特性的证券价格将上升,其期望收益率将减少,资本资产定价模型中的期望收益率——β就是无效的。这种情况下,多因素模型也许为我们提供了一个更加实际的预测证券期望收益率的方法,但也应注意的是,多因素模型本身并没有告诉我们在模型中应该包括哪些影响因素,它只是给我们提供了一种解决问题的思路。

第四节 套利定价理论

套利定价理论(Arbitrage Pricing Theory, APT)是由斯蒂芬·罗斯(Stephen Ross)于1976年提出来的一个替代CAPM的理论。APT是以多因素模型为基础,建立在一个重要的假设基础上的理论。这一重要假设是:当市场达到均衡时,不存在套利机会。这一假设的一个等价的规则是"一价法则(Law of

One Price)":两种具有相同风险和收益的证券,其价格必定相同。

套利定价理论是建立在一个很重要的概念——套利(Arbitrage)基础之上的。那么什么是套利呢？所谓套利,是指利用证券价格之间的不一致进行资金转移,从中赚取无风险利润的行为。套利是资本市场理论的核心概念。进行套利,必须存在套利机会。"套利机会"是指一种能毫无风险地赚取收益的条件。理论上,我们可以将套利机会分为第一类套利机会和第二类套利机会。

第一类套利机会是指这样一种机会:投资者能够在期初投资为零,即投资时没有付出任何费用,通常是仅仅通过卖空一些资产并同时购买另一些资产;而期末收益大于零,即期末得到一些正的收益。

第二类套利机会则是指另一种投资机会:投资者能够在期初投资为负,即上述的投资中没有将卖空的收益全部用于购买另一些资产,而期末收益非负,即期末平仓无需任何支出。

第一类套利机会可以使你白手起家而赚取收益。例如,有人将一万元人民币无息地借给你一年,你用这一万元购买一年期年利率为3%的国库券,表明你可以实现套利300元,这是第一类套利。

第二类套利机会可以使你现在就可以赚到收益而到期末无需付出任何代价。例如,有一个游戏玩家找到你,要以3 000元卖掉他的游戏账号,而刚好另一位游戏玩家向你寻购这种账号,并愿支付4 000元,同时支付了4 000元定金,这时对你便形成了一个第二类套利机会。

当然,我们所强调的套利机会主要是在资本市场上的套利机会。通常,当上述的"一价法则"被违背时,便会出现套利机会。尤其当引入如期货、期权等衍生金融工具后,我们可以通过这些衍生金融工具将一些风险资产的价格锁定。如果同时在现货市场上,相应的证券的价格定得不合理,就会形成套利机会。

我们将套利分为两种:跨时套利和跨地域套利。跨时套利是利用不同时点同类产品不合理的定价而进行的套利,前面所述的借钱买债券就是此类。跨地域套利是利用同种商品或资产在不同地方的定价不同而进行的套利。套利的一个重要特点是无风险性,即赚钱的可能性是百分之百的。当然,近期有些学者将保险业归为第三种套利——跨风险套利,他们认为某些风险对个体而言较大,但当保险公司将这些个体纳入其业务服务对象,因而形成一个整体以后,每个个体的平均风险就相对降低了。保险公司正是承担这种平均风险,并通过跨风险来套利的。

必须指出的是,套利是一种操作行为。这种操作是否成功,市场的完备性非常重要。只有当市场流动性很强时,即在资本市场上人们能很快地买卖自己想要买卖的资产时,人们只要存在套利机会就可以进行套利,其结果是很快就会消除套利机会。

一、套利定价理论

(一) 假设与模型

与 CAPM 类似,APT 也是建立在一系列假设基础之上,只不过其假设没有 CAPM 那么多、那么强。

假设1:市场是完全的,即市场无摩擦,因此无需考虑交易成本。

假设2:投资者为风险厌恶者,追求效用极大化。

假设3:证券的收益率受 k 个因素影响,并满足:

$$r_i = a_i + b_{i1}F_1 + b_{i2}F_2 + \cdots + b_{ik}F_k + \varepsilon_i \tag{10-25}$$

且 $\text{cov}(\varepsilon_j, \varepsilon_i) = 0, \text{cov}(F_j, \varepsilon_i) = 0, \text{cov}(F_j, F_i) = 0, E(\varepsilon_i) = 0, E(F_j) = 0$。

假设4:市场上证券个数 N 远大于因素个数 k。

(二) APT 定价公式的含义

APT 的定价公式为:

$$E(r_i) - r_f = (\overline{\delta_1} - r_f)b_{i1} + \cdots + (\overline{\delta_k} - r_f)b_{ik} \tag{10-26}$$

这里,可令 $\lambda_j = \overline{\delta_j} - r_f$,其表示证券 i 对第 j 个因素($j=1,2,\cdots,k$)的风险溢价或风险价格;而 b_{ik} 被称为因素贝塔,其定义正好类似于资本资产定价模型中的贝塔系数,即:

$$b_{ik} = \frac{\text{cov}(r_i, \delta_k)}{\sigma^2(\delta_k)} \tag{10-27}$$

上述公式表明:有 k 个因素共同影响证券 i 的超额收益,每一个因素对超额收益的贡献等于该因素的风险价格(λ)乘以该因素的风险(因素贝塔 β)。

(三) 纯因素的作用——对 APT 进一步的解释

纯因素概念的引进对我们理解 APT 很有帮助。所谓"纯因素作用"的投资组合是指:①该投资组合只对某一个因素敏感而不受任何其他因素的影响;②高度分散化可使证券的个别收益为零。

例如,考虑两因素的情形,假设证券 A,B,C 具有表 10-1 中的因素敏感性。

表 10-1 因素敏感性

证券	b_{i1}	b_{i2}
A	−0.40	1.75
B	1.60	−0.75
C	0.67	−0.25

如投资者的投资额为 1 000 元,其中的 300 元投资于 A,700 元投资于 B,不投资于 C,则他的投资组合为:(0.3,0.7,0)。由此计算投资组合对因素的敏感系数:

$$b_{p1}=(-0.40)\times 0.3+1.60\times 0.7+0.67\times 0.0=1.0$$

$$b_{p2}=1.75\times 0.3+(-0.75)\times 0.7+(-0.25)\times 0.0=0.0$$

因此,如果像这样投资于多种证券,如前面分析的那样,就可构成一种个别风险很小的投资组合,即 $\sigma^2(\varepsilon_i)=0$,再通过恰当地选择各种证券的比例,投资者就可以建立起一个只对因素 1 敏感的投资组合,且其系数为 1。此时有:

$$r_{p1}=a_{p1}+F_1 \quad (10\text{-}28)$$

这个投资组合就是"纯因素 1 作用"投资组合。

同样地,我们可以构造"纯因素 2 作用"投资组合 C,如投资者将其资金 625 元投资于 A,375 元投资于 C,不投资于 B,则投资组合为(0.625,0,0.375),从而:

$$b_{p1}=(-0.40)\times 0.625+1.60\times 0.0+0.67\times 0.375\approx 0.0$$

$$b_{p2}=1.75\times 0.625+(-0.75)\times 0.0+(-0.25)\times 0.375=1.0$$

这个投资组合就是"纯因素 2 作用"投资组合。

$$r_{p2}=a_{p2}+F_2 \quad (10\text{-}29)$$

对于多因素情形,我们还可以构造"纯因素 3 作用"投资组合、"纯因素 i 作用"投资组合等。

在 APT 的假设条件下,对于"纯因素 1 作用"投资组合而言,由于其只受到因素 1 的影响,故它的预期收益依赖于因素 F_1 的预期值 $E(F_1)$。我们可以将该投资组合的预期收益分解为两部分:一是无风险利率 r_f,二是预期收益与无风险利率的差额,其可以看成是纯因素 F_1 所带来的风险溢价,记为 λ_1。这样,"纯因素 1 作用"投资组合的预期收益就可以表示为 $r_f+\lambda_1$。而对"纯因素 2 作用"投资组合而言,其预期收益相应地为 $r_f+\lambda_2$,一般地,对于"纯因素 i 作用"投资组合,其顶期收益为 $r_f+\lambda_i$。下面,我们以一个例子来理解前面套利定价公式的含义。

假定证券 i 的收益率与因素 1 和因素 2 有关,表示为:$r_i=a_i+0.8F_1+1.5F_2+\varepsilon_i$。如果投资者现在有 1 元钱来投资,为补充其不足,借入无风险证券 1.30 元,这样总投资为 2.30 元。投资者把 0.80 元投资于"纯因素 1 作用"投资组合,1.50 元投资于"纯因素 2 作用"投资组合,这样构成的投资组合 P 的预期收益为:

第一,无风险证券:$-1.30r_f$;
第二,"纯因素 1 作用"投资组合:$0.80(r_f+\lambda_1)$;
第三,"纯因素 2 作用"投资组合:$1.50(r_f+\lambda_2)$。

则投资组合 P 的预期收益为:

$$E(r_p)=r_f+0.8\lambda_1+1.5\lambda_2$$

把证券 i 的收益和投资组合 P 的预期收益相比较,我们可以发现:两者对因素 1 的敏感系数均为 0.8,对因素 2 的敏感系数均为 1.5,但证券 i 还承受了额外的风险(个别风险 ε_i),而投资组合 P 却没有。若 $E(r_i)<E(r_p)$,投资者就会卖空证券 i 而购买投资组合 P,以期从两者的收益差别中获利;若 $E(r_i)>E(r_p)$,则投资其会采取相反的操作。这一"套利"过程将会使得最终有:$E(r_i)=E(r_p)$,即证券 i 的预期收益应等于投资组合 P 的预期收益。用公式来表示就是:

$$E(r_i)=E(r_p)=r_f+0.8\lambda_1+1.5\lambda_2$$

其一般化,即可得到 APT 的定价公式:

$$E(r_i)=r_f+(\overline{\delta_1}-r_f)b_{i1}+\cdots+(\overline{\delta_j}-r_f)b_{ik}=r_f+b_{i1}\lambda_1+b_{i2}\lambda_2+\cdots+b_{ik}\lambda_k$$

(10-30)

二、APT 和 CAPM 的联系与区别

套利定价理论和资产定价模型是现代投资组合理论的两块基石,他们有联系又有区别。两者的联系表现在:首先两者都是一种均衡模型,前者假设当市场处于均衡状态时将不存在套利机会,从而能将证券的收益确定下来,它体现的是整个市场上给出的一种合理的定价,即投资者无套利机会可利用。当然,现实中不可能完全消除套利机会,相反地,正是因为套利机会的存在才促使投资者去套利,而套利的结果反过来又使得套利机会消失,然后,新的套利机会又会产生,再

套利、再消除。如此往复,从而使得市场更加趋于合理化。而 CAPM 则是一种理想的均衡模型,它强调的是证券市场上所有证券的供需均达到均衡。另外,APT 与 CAPM 都是建立在一系列的假设之上,只不过 APT 的假设比 CAPM 的假设少得多。

两者的区别是:APT 是一种收益生成的模型,它认为证券的收益是由几个因素决定的,但它通常并不指明是哪些因素,而 CAPM 则认为唯一影响证券收益的是全市场投资组合。

思考题

1. CAPM 模型的假定条件是什么?
2. 资本市场线与证券市场线的关系是什么?
3. 请阐述一下证券特征线方程。
4. APT 和 CAPM 的联系与区别是什么?

拓展篇

第十一章

衍生品投资

第一节 衍生证券的定义和种类

一、衍生证券的定义

衍生证券(Derivatives),又称衍生产品或衍生工具,最初在动荡的商品市场上产生。它们是以将来购买或出售某物的权利为基础,而不是买卖该物本身的交易,即这种权利本身成为交易对象。之所以称其为衍生工具,是因为它们的价格是从另一种产品价格派生出来的。

最初,衍生工具用于商业中,被人们用来规避可能遇到的商业风险。20世纪70年代的高通货膨胀率以及普遍实行的浮动汇率制度,使规避通货膨胀风险、利率风险和汇率风险成为金融交易的一项重要需求。同时,各国政府逐渐放松金融管制以及金融业的竞争日益加剧,使得衍生工具更多地从金融产品或资产中衍生出来,并得以迅速地繁衍和发展。

金融衍生工具的价值依赖于原生性的金融产品或资产(如:股票、债券、货币、利率等),由于这些金融产品或资产的价值会突然发生变化,金融衍生工具则往往依据原生金融产品或资产预期价格的变化定值。

二、衍生证券的分类

金融衍生工具的不断发展,使得其种类繁多,结构复杂,并且不断有新的成员进入。它们的品种复杂、交易方式新颖,对它们进行分类是件不容易的事情。但是,我们可以根据合约类型、相关资产(原生资产)、金融产品的衍生次序、交易场所这四个标准对它们做大致的区分。

（一）按合约类型的标准分类

金融衍生工具在形式上均表现为一种合约,在合约上载明买卖双方同意的交易品种、价格、数量、交割时间及地点等。目前较为流行的金融衍生工具合约主要是远期、期货、期权和互换这4种类型。其他任何复杂的合约都是以此为基础演化而来的。

远期合约(Forwards)是相对而言最简单的一种金融衍生工具。合约双方约定在未来某一日期按约定的价格买卖约定数量的相关资产。远期合约通常是在两个金融机构之间或金融机构与其客户之间签署的。远期合约的交易一般不在规范的交易所内进行,目前金融市场上,远期合约主要有货币远期和利率远期两类。

在远期合约的有效期以内,合约的价值随相关资产市场价格的波动而变化。若合约到期以现金结清,当市场价格高于执行价格(合约约定价格)时,应由卖方向买方按价差支付结算金额;若市场价格低于执行价格,则由买方向卖方支付金额。按照这样一种交易方式,远期合约的买卖双方可能形成的收益或损失都是无限大的。

期货合约(Futures)与远期合约十分相似,它也是交易双方按约定价格在未来某一期间完成特定资产交易行为的一种方式,其收益曲线也与远期合约一致。两者的区别在于:远期合约交易一般规模较小,较为灵活,交易双方易于按照各自的愿望对合约条件进行磋商;而期货合约的交易是在有组织的交易所内完成的,合约的内容,如相关资产种类、数量、价格、交割时间、交割地点等,都有标准化的特点,这使得期货交易更规模化,也更便于管理。

无论是远期合约还是期货合约,都为交易人提供了一种避免因一段时期内价格波动带来风险的工具,也为投机人利用价格波动取得投机收入提供了手段。最早的远期合约、期货合约中相关资产是粮食。由于粮食市场的价格在收获季节下降、非收获季节上升的季节性波动,为了避免此波动给粮农带来收益的风险和给粮食买方带来货源不稳定的风险,产生了以粮食产品为内容的远期合约交易。17世纪以后,标准化的合约开始出现,也逐渐形成了完整的结算系统,期货交易得以发展。进入20世纪70年代,金融市场的风险和动荡催生出金融期货,如利率期货、外汇期货、股票价格指数期货等。

期权合约(Options)是指期权的买方有权在约定的时间或时期内,按照约定的价格买进或卖出一定数量的相关资产,也可以根据需要放弃行使这一权利。为了取得这一权利,期权合约的买方必须向卖方支付一定数额的费用,即期权费。期权这种金融衍生工具的最大魅力,在于可以使期权买方将风险锁定在一定范围之内。因此,期权是一种有助于规避风险的理想工具。当然,它也是投机者理想的操作手段。对于看涨期权的买方来说,当市场价格高于执行价格加期权费时,他会行使买的权利,当市场价格低于执行价格加期权费时,他会放弃行使权利,所亏不过限于期权费;对于看跌期权买方来说,当市场价格低于执行价格加期权费来说,他会行使卖的权利,反之则放弃权利,所亏也仅限于期权费。因此,期权对于买方来说,可以实现有限的损失和无限的收益,对于期权的卖方则恰好相反,损失无限而收益有限。

互换合约(Swaps),也译为掉期或调期,是指交易双方约定在合约有效期内,以事先确定的名义本金额为依据,按约定的支付率(利率、股票指数收益率等)相互交换支付的约定。以最常见的利率互换为例,双方约定:一方按期根据以本金额和某一固定利率计算的金额向对方支付,另一方按期根据本金额和浮动利率计算的金额向对方支付——当然实际只付差额。互换合约实质上可以分解为一系列远期合约组合,其收益曲线亦大致同于远期合约。

(二) 按相关资产的标准分类

按照金融衍生工具赖以生存的相关资产即原生资产分类,可以分为货币或汇率衍生工具、利率衍生工具、股票衍生工具。

货币或汇率衍生工具包括远期外汇合约、外汇期货、外汇期权、货币互换。货币或汇率衍生工具的突出作用在于防范外汇风险。

利率衍生工具包括短期利率期货、债券期货、债券期权、利率互换、互换期权、远期利率协议等。利率衍生工具的作用在于防范利率风险。

股票衍生工具包括股票期权、股票价格指数期权、股票价格指数期货、认股权证、可转换债券、与股权相关的债券等。股票衍生工具的主要作用在于可以用来防范股票价格波动风险。

(三) 按衍生次序的标准分类

金融衍生工具的繁复多样经过了一个由简至繁的演变过程。照这种演变次序,金融衍生工具可以分为三类:一般衍生工具、混合工具、复杂衍生工具。

一般衍生工具是指由传统金融工具衍化出来的比较单纯的衍生工具,如远期、期货、简单互换等。一般衍生工具在20世纪80年代后期已经十分流行。由于激烈的市场竞争,这类金融工具的价格差异日益缩小,金融机构靠出售这种金融衍生工具所获得的利润有不断下降的趋势。

混合工具是指传统金融工具与一般衍生金融工具组合而成的,介于现货市场和金融衍生工具市场之间的产品。如可转换债券就是其中的一种。可转换债券是指可兑换成普通股票的债券:在约定的期限内,其持有者有权将其转换(也可以不转换)为该发债公司的普通股票。作为债券,它与普通债券一样,而具有是否转换为股票的权利,则是期权交易的性质。由于具有可转换的性质,债券利率低于普通债券,这有利于发行者降低筹资成本;也正是具有可转换的选择,增加了投资者的兴趣。

复杂的衍生工具是指以一般衍生工具为基础,经过改造或组合而形成的新工具,所以又称"衍生工具的衍生物"。主要包括:期货期权,即买进或卖出某种期货合约的期权;互换期权,即行使某种互换合约的期权;复合期权,即以期权方式买或卖某项期权合约;特种期权,即期权合约的各种条件,如相关资产、计价方法、有效期等均较为特殊的期权等。

(四)按交易场所的标准分类

按照金融衍生工具是否在交易所挂牌交易,可以将其分为场内交易衍生工具和场外交易(又称柜台交易)衍生工具。在场内交易的金融衍生工具主要有期货和期权,在场外交易的金融衍生工具主要有远期、期权和互换。特别需要强调的是,期货都是在交易所集中交易的,不存在场外交易的期货。

场内交易和场外交易的最大区别就在于前者的交易方式具有集中性、组织性和公开性的特点。

第二节 衍生品市场发展的历史和原因

一、衍生品市场的发展历史

金融衍生品市场的发展历史可谓源远流长。早在古希腊和古罗马时期,就已出现了中央交易场所、易货交易、货币制度,形成了按照既定时间和场所开展正式交易活动以及签订远期交货合约的做法。到13世纪,在普遍采用的即期交货的现货合同基础上,已开始出现根据样品的质量而签订远期交货合约的做法。

期货交易可以追溯到大约公元前2 000年的印度,随后出现于古罗马——格兰克时代。现代期货市场起源于法国和美国13世纪开始的中古时代集贸市场。不过第一次有记载的期货交易是在1679年的日本大阪。然而,真正的现代期货市场形式产生于美国19世纪中叶,芝加哥商品交易所(CBOT)于1848年由82位商人组建,对期货市场的形成和发展功不可没。克里米亚战争和美国内战使得粮食价格波动不定,因而在内战期间粮食交易大增。据记载,最早的一份玉米远期合约签订于1851年3月13日,该合约的交易量为3 000蒲式耳,交货期为6月份,交易价格为每蒲式耳低于3月13日当地玉米市价1美分。CBOT于1865年制定了《共同法则》,进行了第一笔期货合约交易。

严格来说,作为一种交易方式,期权交易早已有之。据专家考证,早在古希腊、古罗马时期,一些地方即已出现了期权交易的雏形。到 18、19 世纪,美国和欧洲的农产品期权交易已相当流行。而股票期权早在 19 世纪即已在美国产生,但在 1973 年之前,这种交易都分散在各店头市场进行,因而交易的品种比较单一,交易的规模也相当有限。

而互换交易的历史可能更为久远,原始社会的物物交换就是互换交易的雏形。尽管互换交易的对象主要为金融产品,是 20 世纪 70 年代初期在平行信贷基础上发展而来的,但互换业务的不断创新使其本质特征日益向物物交换这一最古老的交易方式回归。

然而,以上论述只能说明金融衍生品市场的历史,真正现代意义上的金融衍生品市场却是自 1848 年芝加哥商品交易所成立而开始的;其蓬勃发展则是由于石油危机、布雷顿森林体系解体所导致的全球经济波动性加大,1972 年货币期货出现,1973 年股票期权出现。近 50 多年来,其市场规模、范围不断扩大,其交易品种的类别迅猛增多,表 11-1 列出了主要衍生品及其产生的年代。

表 11-1 主要衍生品及其产生年代

年份(年)	衍生品
1848	农产品远期合同
1865	商品期货
1972	货币期货
1973	股票期权
1975	抵押债券期货、国库券期货
1977	长期政府债券期货
1979	场外货币期权
1980	货币互换
1981	股票指数期货、中期政府债券期货、银行存款单期货、欧洲美元期货、利率互换、长期政府债券期货期权
1983	利率上限和下限期权、中期政府债券期货期权、货币期货期权、股指期货期权
1985	欧洲美元期权、互换期权、美元及市政债券指数期货
1987	平均期权、商品互换、长期债券期货期权、复合期权
1989	三月期欧洲马克期货、上限期权、欧洲单位期货、利率互换期权
1990	股票指数互换
1991	证券组合互换
1992	特种互换

资料来源:[英]International Banking Survey,The Economist,1993-04-10(9).

二、金融衍生品发展的主要原因

（一）全球金融环境的变化

1972年，以固定汇率为主要内容的布雷顿森林体系崩溃，浮动汇率取而代之，汇率的不稳定使得国际贸易和投资活动的风险大大增加，汇率的波动对于利率和股市也产生了剧烈的影响；金融自由化改革放松了对利率和汇率的限制，促进了金融活动的全球化，但是也增加了汇率、利率波动的市场风险。强大的市场需求，促使作为新兴风险管理手段的，以远期、期货、期权、互换为主体的金融衍生品应运而生。这些新兴的金融产品能够将传统金融市场上的风险有效分离，集中在一个特定的市场上重新分配转移，使投资者能以低廉的价格将风险转嫁出去，也使乐于承担风险而获得高额回报的投机者得到一个运作的市场。所以，金融衍生品满足了投资者和投机者的强大市场需求，发展十分迅速。

（二）日益激烈的竞争使银行拓展业务模式

金融衍生品的产生和发展离不开银行的积极参与。20世纪70年代后，金融环境动荡和各国放松金融管制，使得非银行金融机构利用其富有竞争力的金融产品，与银行争夺资金来源和信贷市场份额，导致银行在金融市场上处于不利地位，传统业务盈利模式受到挑战。同时，资产（融资）证券化使许多企业纷纷摆脱银行中介，在资本市场上直接融资，使银行传统业务发展放慢。其次，《巴塞尔协议》规定的资本充足率限制，促使银行寻求新的赢利点。在日益激烈的竞争形式下，金融衍生业务经营成为银行新的盈利点。

（三）新技术的推动

现代通信技术和计算机技术飞速发展，为金融衍生品的发展提供了坚实的技术基础。计算机数据处理能力的提高，推动了指数套利等交易策略设计，使一些复杂的大宗交易顺利完成；电子技术与网络技术广泛应用，推动了交易模式的转变，降低信息成本，提高传输速度，提高信息处理效率；而交易平台联网进一步扩大了市场投资主体范围，拓宽金融市场空间，缩短市场距离，使交易活动能够在不同地区和国家之间展开，增加了市场的跨国界、跨地区交易需求。

（四）定价理论的推动

金融衍生品市场发展的关键问题是能否合理定价。1973年，布莱克和斯科尔斯建立了期权定价模型，从理论上成功地为欧式期权定价。尽管在实际问题中还存在一些缺陷，但Black-Scholes期权定价公式提供了一个期权交易双方都能接受的模型，自该公式诞生后，期权交易得到了迅速的发展。同时定价理论的发展给出了衍生品定价标准,使交易过程减少了讨价还价,更容易达成交易,促进了金融衍生品交易量的扩大。

第三节 衍生品市场的功能

一、微观功能

(一)规避风险功能

规避风险是衍生品市场赖以存在和发展的基础。防范风险的主要手段是套期保值。当经济活动的范围越来越广、规模越来越大时,由各种不确定因素导致的价格波动就会加大经济活动的风险,现实的需求产生了诱致性的制度创新。所以,规避风险、套期保值是衍生品市场最基本的功能,也是其赖以存在、发展的基础。远期合约、期货、互换这些基本衍生品以及他们的组合都是因避险需求而产生、存在、发展的。

(二)投机功能

避险可理解为以适当的抵销性衍生交易活动来减少或消除某种基础资产或商品的风险,目的在于牺牲一些资金以减少或消除风险,因为衍生品交易需要一定的费用。而投机与避险正相反,其目的在于多承担一点风险去获得高额收益。由于有为实现避险目的而设计的衍生品市场交易机制和衍生品市场本身的特征,尤其是杠杆性、虚拟性特征,使投机功能得以发挥。尽管投机在经济活动中广泛存在,并非衍生品市场的专利,由于衍生品市场的杠杆效应强大,使得它的投机能量远远大于其基础资产的投机能量,相等的投资金额通过衍生品市场所控制的基础资产量比直接运用没有衍生品的基础资产要多,这也是为什么衍生品市场往往和投机紧密联系在一起的原因。

(三)价格发现功能

如果把避险与投机作为衍生品市场的内部性功能,那么发现价格则是衍生品市场的外部性功能。因这些衍生品交易集中了各方面的市场参与者,带来了成千上万种关于衍生品的基础资产供求信息和市场预期,通过交易所内的公开竞价形成一种市场均衡价格,交易所内交易的衍生品和场外直接交易的衍生品都具有价格发现功能。其中期货市场对各方面的价格信息反应最为敏捷,期货价格也是国内及国际金融、金属、农产品市场中最广泛的参考价格。

（四）套利功能

衍生品市场存在大量的具有内在联系的金融产品，在通常情况下，一种产品总能够通过另外的产品分解组合得到，因此，相关产品的价格存在确定的数量关系。在某种产品的价格偏离这种数量关系时，总可以低价买进某种产品，高价卖出相关产品，从而获取利益。

二、宏观功能

（一）资源配置功能

衍生品市场的价格发现机制有利于实现社会资源的合理配置，一方面，衍生品市场近似于完全竞争市场，其价格接近于供求均衡价格，这一价格用于配置资源的效果，优于即期信号安排下期生产和消费。所以，衍生品价格常常成为一个国家，甚至全球性价格。另一方面，衍生品市场的价格是基础市场价格的预期，能反映基础市场未来的收益率，当基础市场预期收益率高于社会资金平均收益率时，社会资金会向高收益率的地方流动。

（二）容纳社会游资功能

衍生品市场的出现为社会游资提供了一种新的投资渠道，不仅使一部分预防性货币需求转化为投资性需求，而且产生了新的投资性货币需求，使得随着经济市场化、货币化、证券化、国际化程度日益提高，不断增加的社会游资有了容身的场所，并通过参与衍生品市场交易，市场功能得以发挥而被有效地利用。

（三）降低国家风险功能

衍生品市场对降低国家风险具有重要作用，它首先体现在衍生品市场可以降低金融风险，提高金融体系的效率。衍生品市场的发展增加了金融产品的多样性，扩大了金融体系的流动性，为借款人提供进入曾被排斥在外的特定市场的途径以及使特定的风险得以定价和转移。给金融体系带来的益处主要体现为降低了融资成本，提供新的融资来源以及减低或重新分配风险。

三、衍生品市场的双面性

金融衍生市场所具有的全球性、杠杆性、虚拟性、高科技性等特性使得衍生交易既有正面影响，也有负面影响。使用得当，可以极大提高金融体系整体效率，反之，则会导致全球性的金融波动。

1990年以来，国际金融市场出现了一系列衍生品市场交易的风险事故，并由此引发了很多关于衍生品市场功能与负面影响的争论。

金融衍生工具存在着潜在的风险也是由其自身的特点所决定的。1994年

7月27日,巴塞尔银行监管委员会在全面考察和分析金融衍生市场风险的基础上,发表了《衍生工具风险管理指南》。根据这个报告,将金融衍生工具的风险概括为信用风险、市场风险、流动性风险、运作风险和法律风险五大类。这些风险的特点是:①衍生品市场的价格受制于基础商品的价格变动,而衍生品较之传统金融工具对价格的反应更为敏感,波幅也更大,所以风险系数加大了。②衍生品市场具有杠杆性。保证金交易的方式让参与者只要极少的资金就可以进行数额巨大的交易,而且很多交易并无现货交易作基础,所以很容易产生信用风险。③衍生品市场的复杂特性以及流动性风险使监管难度增大。由于近年来衍生品的产生层出不穷,并且在基础衍生品的基础上再进行衍生,不同的传统金融工具和衍生品进行分解、组合等,使投资者甚至有些专业人士也不能完全把握其运作,这就使得一方面这些衍生品市场难以在市场流通转让,流动性风险极大,另一方面也加大了监管难度。除了上述因素之外,金融衍生工具还具有集成风险或称内部关联风险,一些衍生品的交易往往涉及多个金融市场和多种金融工具,它们之间复杂的相互作用会给交易者带来额外的风险。更重要的是,一旦某种风险被投资者所捕获,那么后者就可以很容易地对此加以利用以进行过度投机,通过市场间传导,造成银行系统失灵甚至诱发金融危机,并且造成全球金融危机。

第四节 衍生品市场的监管

一、衍生品市场监管的目的

1. 保护市场完备性

市场完备性就是以衍生品市场的竞争性、高效性和流动性来消除市场缺陷,确保市场有效性及功能发挥。这是金融衍生品市场监管的基本动因和推动其发展的力量。衍生品市场规避风险、发现价格功能发挥是确保市场完备性的核心,一旦市场出现垄断、操纵市场行为而导致价格非正常波动,对市场实施监管的呼声和行动就越多、越有力。操纵市场行为极大地破坏了市场完备性,成为监管的主要问题。美国证券交易委员会(SEC)审核指数期货合约的重要准则之一便是要确保合约不易受到操纵。由于监管的公共物品性,"搭便车"行为使得仅仅依靠自律机制无法保证市场有效性。因此,不能仅仅依靠自律机制而取消对衍生品市场的监管。

2. 保护投资者及大众利益

参与金融衍生品市场的投资者的利益能否得到保护,绝不仅仅关系市场形象问题,还关系到市场自身的生存问题。套期保值者和投资者必须对他们所使用的市场和合约的财务完备性拥有信心,否则他们就不会使用它们。他们知道在那些具备高效监管保护的市场里,欺诈、市场操纵和违约更难以发生,并且,当这些事件确实发生时,这样的市场也更有能力抵抗由这些事件导致的危机而产生的损失。具备更为有效的监管保护的市场也更容易吸引大机构用户,如养老和退休基金。这些套期保值者必须严格遵守高标准的信用标准,这些标准只允许他们参与财务安全、管理完善的市场。

3. 控制市场风险

金融衍生品市场国际化、电子化及复杂化趋势和其自身的杠杆性、风险集中性特点,使得其风险具有连动、放大机制。在现货交易中,无论如何想象不到一名交易员的交易导致巴林银行倒闭,而在衍生品市场中,一连串的巨额亏损事故使我们必须正视其风险。有效的监管可以控制市场风险,防止这些事件扩展到整个金融体系。各家金融机构及衍生品代理商的内部风险管理体系必须有效地将它们对破产机构的金融风险控制在可接受的范围内。金融衍生品市场的许多风险都是由于企业内部管理和外部的风险防范出了问题,如职责不明、违规交易、监管失效、组合设计不当、内部利益诱导过度等造成的。因而,在强化外部监管的同时,企业内部监控对控制市场风险极为重要。

综上所述,金融衍生品市场监管的三个目的是一致的,互为联系、依存的。控制市场风险才能保护市场完备性和投资者及大众利益,保护投资者及大众利益需要控制市场风险和完备的市场,而保护市场完备性就能够保护投资者及大众利益,有利于控制市场风险。

二、衍生品市场监管的原则

1. 有效性原则

要促使市场的公平、透明、高效运作,最有利市场完备性监管目的的实现,从监管经济学的角度,在监管机构的结构设置上,应避免被监管代理人在内部形成,确保监管者代表大众利益,保证市场运作的"公开、公平、公正"。要建立完善的信息披露制度尤其是大户报告制度,使市场运作透明度增加,各衍生品市场的使用者应向股东披露其衍生品交易的规模、风险评估及目的,使投资者评判其应承担的风险。通过制度创新、品种创新及有效的服务提高衍生品市场运作的效率,尤其是要保证其流动性及市场容量,降低市场进入或退出的障碍。

2. 竞争性原则

金融衍生品市场自身的特性使其产生垄断或操纵市场的行为与动机不可避

免。垄断或操纵行为会破坏市场竞争性,造成价格扭曲与价格的非正常波动,影响市场正常功能发挥。监管要防止和制止垄断与操纵市场行为,确保市场的竞争性。只有充分竞争的市场,才能有效地配置资源,保护投资者及大众的利益。对衍生品市场的欺诈、垄断、操纵行为既要及时地察觉,又要及时准确地给予处罚。有法可依,有章可循,才能创造良好的市场交易环境。

3. 效益性原则

监管的完备性目的促使衍生品市场功效的发挥,监管要服务这一目的。如对规避风险的市场参与者,要提供相应的便利条件,降低套期保值者的成本,使得金融衍生品市场的这一基本功能有效发挥;也要保障投机者的利益,投机者是避险者"保险"的提供者,参与市场都有一定的预期收益,投机所得属于合法收入;监管效益性原则的另一面是监管本身存在着成本收益关系,一旦监管成本过高,效率低下,势必增加对市场的征"税",降低市场效率和监管的功效。国际金融衍生品市场监管的最新趋势是降低监管成本,提高监管效率。

4. 规范性原则

这主要是指完善制度,监管应该在完善的制度框架下进行,包括法律、法规这些正式的制度安排,也包括非正式的章程、公约、道德守则等。完善的制度能够保证市场的完备性和投资者对市场的信心,提高监管效率,降低监管成本。国际金融衍生品市场"先立法、后发展"的道路证明了监管规范性的重要。

5. 安全性原则

金融衍生品市场的杠杆性及风险集中性,使得安全性成为监管的重要原则。安全性主要包括衍生品使用者的安全性,其交易规模是否超过实际需要和承受能力,投资组合是否合理;代理商的安全性,其资信情况如何,对客户的风险控制能力及自身的风险缓冲能力如何,代理量是否超过自身实力允许的范围;市场的安全性,包括价格波动是否异常,交易规模是否与基础市场规模相匹配;交易者及经纪人的道德操守是否正确,是否自律、有责任心等。

三、衍生品市场的监管模式

确定了监督目的、原则,还需要一个组织来贯彻实施监督,也就是确定监督模式。世界上现存的监督模式有多种,各有侧重点,可将具体的监管制度分为四类:从行政监管主体是一元还是多元这个角度看,监管制度可分为一元监管制度和多元监管制度;从监督组织的层次上划分,监管制度可分为三级监管制度和二级监管制度。三级监管制度是指在全国性的法规制约下,中央政府的行政监管、行业协会的自律管理和交易市场的自我管理有机结合的监管制度;二级监管制度是指在全国性的法规约束下,监管制度只有中央政府的行政监管和交易市场的自我管理,而没有行业协会的自律管理这一中间层次。行政监管主体和监督层次的组合就形成了四种监管制度,即一元三级监管制度、多元三级监管制度、一元二级监管制度和多元二级监管制度,这四种制度分别以英国、美国、新加坡和中国为代表,分别称之为英国模式、美国模式、新加坡模式和中国模式。

(一) 多元三级监管制度

多元三级监管制度的特点是中央行政监管主体有两个或两个以上彼此相对独立的机构,是在证券、衍生品发展过程中形成的,多个监管主体有合作的传统;行政监管主体比较超脱,有比较高的权威;证券市场一般来说比较发达,有的金融衍生品是在证券交易所挂牌交易的;监管和法规体系比较健全;政府的行政监管和行业协会自律管理、交易所自我管理相得益彰;以政府的依法监管为主,非正式规则的作用非常有限。这种监管模式适合于证券和衍生品市场比较发达,人们的法制观念强,监管主体有密切合作的传统,辖区面积比较大的国家。美国是这种监管制度的典型代表,因而称之为美国模式。

美国模式的优点在于:①有完善的法律法规体系,使监管行为有法可依,提高了监管的权威性。②CFTC 和 SEC 都是依法成立的独立性较强的联邦政府机构,其成员组成有特定的程序。CFTC 的委员由总统提名,再由参议院同意任命。CFTC 主席由总统从委员中选择并经参议院同意任命,主席和委员任期为五年。相对独立的机构及其组成成员的任命方式使监管者具有较超脱的地位,能够保护公共利益。③具有超脱的统一管理机构,能较公平、公正、客观、有效地发挥其监督机能。④既加强行政的依法监管,又强调行业协会的自律管理和交易所的自我管理,充分发挥了宏观、中观和微观的管理机能。

美国模式的缺点在于:①多元监管主体的利益冲突和市场创新使得监管效率下降。尽管 1978 年和 1991 年的法律界定了 CFTC 和 SEC 的管辖范围,但围绕管理权的斗争始终没有停止过,20 世纪 90 年代以来更有愈演愈烈之势,斗争的结果必定会影响监管机构背后利益集团的利益,而使监管被俘获,使监管失效。实际上,SEC 的支持者是证券和期权界,而 CFTC 的支持者则是期货界。另一方面,金融衍生品创新不断,呈日益复杂性,使得监管范围很难明确界定而导致出现监管的空白点,继而诱发规避监管的创新而破坏市场完备性和大众利益。②监管效率低、成本高。监管不力妨碍革新和降低市场效率,但由于监管体制的问题,美国模式的监管与市场变化和技术发展适应性不够,使得美国市场的份额被其他市场抢走。

（二）一元三级监管制度

一元三级监管制度的最突出特点在于两方面：一是监管权力的集中，在中央政府一级只有一个监管主体；二是要强化自律管理。这种模式适合于中央政府的权威比较高、自律管理力量比较强、市场经济比较发达的国家。英国金融衍生品市场监管是这种模式的典范，称之为英国模式。

英国模式的最新变化是将三级监管合并为二级监管，也就是将英国证券与投资委员会(SIB)作为证券、衍生品和金融投资领域的政府管理机构与英国证券与期货业的自律组织——英国证券期货局(SFA)合并，也就是将 SIB 与 SFA 合并成一个管理机构，共同承担政府监管与自律管理的任务，出发点是减少环节，提高监管效率。实际上，英国将银行业务、证券经纪业务以及其他一大批金融服务活动分别按部门监管的体制进行整合，集中为一个单一的指挥机构，以便一个单一的监管机构看到这方面业务活动的全貌。

英国模式的优点在于：①复合型的行政监管主体适应了市场日益融合的发展趋势，监管效率较高；②强化交易所自我管理，增强交易所自身在国际上的竞争力和应变性。英国模式的缺点在于没有专门的立法作依据，监管权威性不够，加上监管的多职能复合，机构庞大，影响监管效率。

（三）一元二级监管制度

一元二级监管制度的特点是在统一的法律法规约束下，只有政府的监管和交易所的自我管理，没有行业协会的自律管理。新加坡是这种模式的典型，英国监管模式也过渡到一元二级监管制度。

新加坡金融管理局依法对衍生品交易进行内部控制，主要考虑的范围有：对机构行政系统的控制，明确交易的目的，规定可接受的资金流动性与亏损额度水平，为交易拟订限额及其他有关交易活动的控制，设立完整的会计系统，从账目上进行控制等。新加坡金融管理局则在期货交易法令的授权下，负起对交易所及其会员进行监察、督导的任务。

（四）多元二级监管制度

多元二级监管体制指多个行政监管主体分两个层次对金融衍生品市场监管，所谓"中国模式"也不严格，中国人民银行已将监管职能移交证监会，中国金融衍生品市场监管制度将是一元二级监管制度。

从英国监管模式的变革，新加坡、澳大利亚的实践，以及美国围绕关于职业市场豁免权议案的争论看，一元二级监管制度将是一种适应金融市场日益国际化、自由化，金融业务日益融合，金融创新日益加速，技术发展迅速的制度。

一元二级监管模式强化交易所的自我管理和政府的依法监管。完备的法律体系是金融衍生品市场监管的基础和保障。金融衍生品的产生和发展是货币经济发达的标志,更需要法律作为保障,没有完备的法规体系,监管就无从谈起,也不可能有发达的金融衍生品市场。从历史的经验和横向的比较看,发达国家为保证金融衍生品市场的竞争性、高效性、公正性,都相应制定了一系列的法规和管理条例,各交易所也制定了完善的规章规则,形成了完备的市场监管法规体系;新兴市场为了避免走弯路,都借鉴发达国家金融衍生品市场的法规体系,结合自身的具体情况,制定了监管的法规体系。

思考题

1. 衍生证券的定义和分类是什么?
2. 金融衍生品发展的主要原因是什么?
3. 衍生品市场有哪些功能?
4. 衍生品市场监管的目的和原则是什么?

第十二章

期货

第一节 期货交易与期货合约

一、期货交易的概念

期货是指按照期货交易所交易规则、双方当事人约定,同意在未来特定时间,依特定价格与数量等交易条件买卖交收商品,或到期结算差价的契约。

期货交易就是指交易双方交付一定数量的保证金,在期货交易所内,通过公开竞价的方式,买卖期货合约的交易行为。期货交易行为严格限制在规定的场所,交易的对象是标准化的合同,交易遵从"公开、公平、公正"的原则。

1. 交易对象是标准化合约

期货交易的对象是期货合约,而期货合约是标准化的。所谓标准化,是指合约中将最后要交易的商品的品级、数量、交货时间等都已规定好,只有价格一项未定,等待交易过程中通过竞价确定。期货合约标准化,大大简化了交易手续,并可以节约交易成本,最大程度地减少交易双方因对合约条款理解不同而产生的争议与纠纷。这是现货交易和其他金融交易所没有的。

2. 以小博大的杠杆交易

期货交易最大的特征在于可以用较少的资金进行大宗交易。期货交易只需交付合约价值的一定比例的保证金,通常为 5%~15%,就可进行合约的买卖交易。例如,如果保证金比例为 5%,则以 5 万元的保证金,可完成 100 万金额的交易,交易金额是资金的 20 倍。但是,若其交易商品的价格有 5% 左右的波动,则本金就有可能变为零。所以说期货交易的风险很大,但一旦成功也可获得巨大利益,甚至可能出现一夜暴富的情况。正是因为期货交易是一种可以以小资金做大买卖的商业活动,所以美国将这种交易称为"杠杆交易",也有的称其为"保证金交易"。

3. 固定的交易场所和统一化结算

期货交易必须在依法建立的期货交易所内进行。期货交易所实行会员制,只有会员才能进场交易,场外非会员只能通过期货经纪公司代理交易。因此,期货市场是一个高度组织化的市场,这样便于对这个高风险市场实行严格的、统一的管理。统一的结算制度即为其中之一。

期货交易是由结算所专门进行结算的。所有在交易所内达成的交易,必须到结算所进行结算,经结算处理后才算最后达成,才成为合法交易。交易双方互无关系,都只以结算所作为自己的交易对手,只对结算所负财务责任,即在付款方向上,都只对结算所,而不是交易双方之间互相往来款项。这种付款方向的一致性大大地简化了交易手续和实物交割程序,而且也为期货交易者在期货合约到期之前通过"对冲"操作而免除到期交割义务创造了可能。

4. 可以自由地"倒买倒卖"

期货交易的是未来的商品,在合约规定的交割期到来之前,交易者可以随时将买入的商品在市场上转卖出去,同样卖出去的商品也可以随时购回来对冲,仅靠其购入价格与售出价格的差额结算就可了结交易。实际中,95%以上的期货交易通过这种转卖或回购来对冲了结,最后进行实物交割的比例不足5%。

这种自由地"倒买倒卖"及差额结算,使期货交易可以摆脱实物交割的束缚,从普通实物商品贸易市场中分离出来,成为交易者保证商业价值或增值资本的金融市场。而其到期可以以实物交割方式来履约的交割制度又使得期货交易不能完全脱离实物市场,两者的价格必须保持一定的关联。期货可以自由"倒买倒卖"还使"不拥有实物也可以卖出"成为可能。交易者只要在交割期之前将支出去的商品买回来对冲,结算差价即可。

二、期货合约

(一) 期货合约的概念

期货合约是指由期货交易所统一制定的、规定在将来某一特定的时间和地点交割一定数量和质量商品的标准化合约,是期货交易的对象。期货合约是在现货合同和现货远期合约的基础上发展起来的,同时又有着根本的区别。期货合约也称标准化了的期货合同,它对买卖标的物的数量、质量等级和交割等级、交割地点、交割日期等都以条款形式进行了标准化规定,只有价格是在交易时以公开竞价方式产生。

(二) 期货合约的主要条款

1. 交易代码

为便于管理和交易,每一种期货商品都设有交易代码。目前,我国主要期货商品品种的交易代码设置如表12-1所示。

表 12-1　我国主要期货商品品种代码及上市交易所

上市交易所名称	商品品种	交易代码
上海期货交易所	阴极铜 铝 天然橡胶 燃料油	CU AL RU FU
郑州商品交易所	普麦 强麦 棉花	PM WH CF
大连商品交易所	大豆 豆粕 黄玉米	A M C

2. 交易单位

交易单位是指在期货交易所交易的每手期货合约代表的标的商品的数量。不同商品期货合约的交易单位往往是不同的，而不同的商品交易所对同一种商品期货合约的交易单位的规定也有不同。例如，郑州商品交易所规定1手普通小麦期货合约的交易单位为50吨，上海期货交易所规定1手铜期货合约的交易单位为5吨，而伦敦金属交易所1手铜期货合约的交易单位为25吨。

确定期货合约交易单位的大小，主要应当考虑合约标的市场规模、交易者的资金规模、期货交易所会员结构以及该商品现货交易习惯等因素。

3. 报价单位

报价单位是指在公开竞价过程中对期货合约报价所使用的单位，即每计量单位的货币价格。国内阴极铜、铝、天然橡胶、燃料油、普麦、强麦、棉花、大豆、豆粕、黄玉米等期货合约的报价单位均以元（人民币）/吨表示。

4. 交割月份

合约交割月份是指某种期货合约到期交割的月份。期货合约的交割月份由交易所规定，期货交易者可自由选择不同交割月份的期货合约进行交易。商品期货合约交割月份的确定，一般由生产、使用、消费等特点决定，同时还受期货商品品种的储藏、保管、流通、运输方式和特点的影响。

5. 最小变动价位

最小变动价位是指在期货交易所的公开竞价过程中，对合约标的每单位价格报价的最小变动数值。最小变动价乘以交易单位就是该合约价格的最小变动值。在期货交易中，每次报价必须是其合约规定的最小变动价位的整数倍。期货合约最小变动价位的确定，一般取决于该合约标的商品的种类、性质、市场价格波动情况和商业规范。

6. 每日价格最大波动限制

每日价格最大波动限制又称每日涨跌停板额限制，它是由期货交易所规定的某种期货合约价格在每个交易日的最大允许涨跌幅度。设置每日价格最大波动限制的主要目的是防止价格波动幅度过大，同时也是防止期货交易者在期货市场价格剧烈波动时遭受重大损失。

7. 最后交易日

最后交易日是指某种期货合约在合约交割月份中进行交易的最后一个交易日，过了最后交易日仍未平仓的期货合约，必须进行实物交割。交易所根据期货商品品种的生产、消费和交易特点，确定其最后交易日。例如，大连商品交易所大豆合约中的最后交易日为合约月份第10个交易日。

8. 交易时间

期货合约的交易时间由各交易所统一安排，一般是固定不变的。如遇特殊情况需要调整交易时间，交易所都会临时公告。交易所的交易时间一般安排在周一至周五，分上午盘和下午盘。周六、周日及国家法定节假日休市。

9. 交易手续费

期货交易所按照成交合约金额的一定比例或按成交合约的手续收取费用，该费用即交易手续费，同期货商品品种的手续费的收取标准是不一样的。期货合约中的手续费是指交易所向会员收取的费用，而非会员通过会员在交易所进行交易，其给代理会员缴纳的费用往往要高于期货合约中的交易手续费。

10. 交易保证金比例

为控制风险，期货交易所要求期货交易者在进行交易时必须缴纳保证金。保证金分为结算准备金和交易保证金。结算准备金是指尚未被合约占用的保证金，其最低额由交易所决定。交易保证金是已被持仓合约占用的保证金，交易所按照成交金额向交易双方收取一定比例的交易保证金。

期货合约的交易保证金标准一般是由期货交易所根据不同的期货商品品种确定，其金额通常为期货合约总值的 $5\%\sim10\%$。一般来说，交易所主要根据期货商品的市场价格风险来制定保证金水平，市场价格风险越大，则交易所对其保证金水平的要求就越高。随着期货合约交割月份的临近或市场风险的增加，交易所还往往会临时提高某些期货合约的保证金。同理，交易所对于套期保值账户保证金标准的要求要低于投机交易账户。

11. 交割日期

交割日期是指合约标的物所有权进行转移，以实物交割方式了结未平仓合约的时间。未平仓合约在交割日期内必须进行实物交割，否则将受到交易所的处罚。

12. 交割等级

交割等级是指由期货交易所统一规定的、准许在交易所上市交易的合约标的物的质量等级。在进行期货交易时,交易双方无需对标的物的质量等级进行协商,发生实物交割时按交易所期货合约规定的标准质量等级进行交割。

为了保证期货交易顺利进行,许多期货交易所都允许用与标准品有一定等级差别的商品作为替代交割品。用替代品进行实物交割时,价格需要升贴水,升贴水的标准由交易所统一规定。

13. 交割地点

交割地点是指由期货交易所统一规定的进行实物交割的指定交割仓库。期货交易所确定商品期货交割仓库主要考虑的因素有:指定交割仓库所在地区的生产或消费集中程度、储存条件、运输条件及质检条件等。选择负责金融交割的指定银行时主要考虑其必须具有良好的金融资信、较强的进行大额资金结算的业务能力以及先进、高效的结算手段和设备。

14. 交割方式

商品期货交易的交割实行实物交割方式,各交易所的交割方式有所区别。

期货合约的商品品种、数量、质量、等级、交货时间、交货地点等条款都是既定的,是标准化的,这其中也包括了升贴水的标准。期货合约中唯一的变量是价格。标准化的期货合约方便了交易各个环节,也使交易能够更加顺利地进行。我国的期货合约是由交易所设计的,经国家监管机构审批后方可上市。期货合约可参考表12-2。

表12-2 上海期货交易所铜期货合约

条款	内容
交易品种	阴极铜
交易单位	5吨/手
报价单位	元(人民币)/吨
最小变动价位	10元/吨
每日价格最大波动限制	不超过上一结算价±3%
合约交割月份	1—12月
交易时间	上午9:00—11:30,下午1:30—3:00
最后交易日	合约交割月份15日(遇法定节假日顺延)
交割日期	合约交割月份16—20日(遇法定节假日顺延)

续表

条款	内容
交割等级	阴极铜,符合国标 GB/T467—2010 中 A 级铜(Cu-CATH-1)规定,或符合 BS EN1978:1998 中 A 级铜(Cu-CATH-1)规定
交割地点	交易所指定交割仓库
交易保证金	合约价值的 5%
交易手续费	不高于成交金额的万分之二(含风险准备金)
交割方式	实物交割
交易代码	CU
上市交易所	上海期货交易所

第二节 期货交易的功能和作用

一、期货交易的基本功能

期货交易有两种基本功能:一是风险转移,二是价格发现,前一个功能是指套期保值者通过期货市场将价格风险转移到愿意承担风险的投机者身上;后一个功能是指期货交易可以提供真实的市场价格信息。

(一) 风险转移

由于自然与人为因素的影响,现货交易市场的价格往往会发生很大的波动,因此,商品的生产者、经营者和使用者,常常会因为现货市场价格的波动而遭到严重的经济损失。通常情况下,由于现货市场的价格和期货市场的价格受同一因素影响,因此,它们在变动方向上往往具有一致性。这使得商品的经营者和生产者就可以在期货市场和现货市场中进行等量相反的买卖,以现货市场的盈利抵偿期货市场的亏损,或在现货市场的亏损由期货市场的盈利抵偿,从而转移现货市场因价格波动而带来的风险,锁住现货交易的边际利润。特别强调的是,要在期货交易中实现现货市场风险的转移,必须要有投机者的存在,否则风险就无人承担,也就无法真正地转移风险。

(二) 价格发现

由于期货合约种类较多,合约的月份不同,为能预测价格,特别是合约的远期价格,期货交易者广泛地收集各种相关的经济信息,认真研究商品在不同地区各个时期的供求状况。众多的影响期货合约价格的供求因素都集中在交易所的交易厅内,然后通过公开、公平的竞争交易,把这些影响因素转化为一个个期货合约的价格。正因为期货合约的价格是基于大量的、各方面的信息,并通过所有市场参与者的分析、预测而确立的,因此,期货市场的价格往往是比较公正而合理的,是能反映供求状况的,并成为引导生产和经营的主要信号。随着信息科技的快速发展,世界各国的期货交易已经联为一体,期货交易所可以运用最先进的电子技术来传递价格信息,使期货交易成为当今世界最行之有效的价格发现形式之一。

二、期货市场对社会经济发展的积极作用

(一)建立期货市场,有利于保护生产者和经营者的利益,转移或分散市场风险

期货市场以其特有的套期保值或转移风险功能,为生产者和经营者提供了一个转移或分散风险的机制。有了期货市场,生产者在生产之前或在购进原材料或发行股票、债券之前,以预定的价格目标卖出相应数量的期货合约,从而便可以放手安排生产经营活动,消除价格波动或商品滞销等后顾之忧。同样,对于商品或有价证券经营者来说,也可以通过期货市场的套期保值业务调整自己的经营计划,转移现货市场的经营风险。

(二)建立期货市场,有利于防止市场供求波动过度和社会资源配置低效

现货市场价格机制之所以会引起市场供求反复和周期性被动,就在于生产者缺乏潜在有效供给增减和远期市场供求态势变动的明确信号。而一旦出现供求不平衡,现货价格必然会或高或低,反过来又诱发商品或有价证券的盲目供求,进而造成社会资源的低效配置。而在期货市场上,期货价格是众多的买者和卖者根据各自对将来某一时点现货市场供求态势的预测分析,经过相互报价竞争而确定的,因而期货价格具有较真实的特点,既能预示未来市场供求态势的变动情况,也能对未来各个时期的潜在供求进行超前调节,进而有助于防止盲目的生产经营行为的发生,防止市场过度波动,实现资源优化配置的目标。

(三)建立期货市场,有助于完善市场体系,健全市场机制,建立良好的市场秩序

期货市场是市场体系中的一个重要的、不可分割的组成部分。市场机制主要由供求机制、价格机制、竞争机制、动力机制、风险机制等构成。不健全的市场机制容易产生失真或扭曲的市场信号,给社会经济带来严重的混乱和低效。而期货市场的运行机制是在公开、公正、公平的条件下发生作用的,市场透明度高,

禁止内幕交易、操纵、黑市或不正当交易，竞争性强。这种科学的运行机制对整个市场机制的建立健全，对建立良好的市场秩序，起到积极而有效的示范和促进作用。

(四) 建立期货市场，有利于加强和完善国家的宏观调控职能，促进国民经济的健康发展

市场经济体制离不开国家的宏观调控，在充分利用市场机制配置资源的积极作用的同时必须加强和完善国家的宏观调控职能。期货市场的建立，为国家实施宏观间接调控提供了一条有效的途径。这是因为，期货市场与现货市场既有重大区别，又存在着密切的联系，从某种意义上讲，期货市场供求及价格的波动比之现货市场更是对某种经济态势的一种警示，这种警示一旦被政府及时发觉，并采取相应措施加以解决，那么市场机制的消极作用就可以避免，经济增长就不会出现大的波动。因此，国家可以利用建立法规制度和宏观管理体系等来规范期货市场及其运行，使期货市场的交易制度、价格制度、信息公开制度等为国家的经济政策所用，为国家的宏观调控服务。

(五) 建立期货市场，有利于"三流分立"，节约商品流通过程中的交易费用

"三流分立"作为商品经济发展的标志之一和必然结果，可以集中反映在期货交易之中。期货交易是在期货交割期到来之前充分进行商品或有价证券等所有权的转手，一般不涉及物流，只是商流和信息流的集合。因此，期货交易有利于生产者、经营者、储运商等节约商品或有价证券的储运资金占用等费用，而且通过经纪商进行的期货交易，收取较少的佣金，还可以通过期货套期保值业务转移风险。因此，期货交易节约了商品或有价证券的交易费用。此外，由于期货交易都是通过经纪商和交易所进行的，因此，经纪商和交易所就能掌握、汇集各种大量的信息。实际上经纪商主要是利用各种有效信息和良好的服务来赢得客户的，因而它就更注意收集各种信息，成为名副其实的信息拥有者。参加期货交易的人越多，交易量越大，交易所获得的真实信息量就越多，这种真实信息对社会经济作用也就越大。

期货市场作为一种特殊的社会存在，其对社会经济的作用是全方位的。一个国家有无期货市场以及是否利用期货市场功能，其经济增长或经济发展的质量，事实上也大不相同。

第三节 期货市场的方法

期货交易的目的是为了转移价格风险或获取风险利润。根据交易者交易目的不同,将期货交易行为分为三类:套期保值交易、投机交易和套利交易。下面简单介绍这三种期货交易方法。

一、套期保值交易

套期保值就是在期货市场买进或卖出与现货数量相等但交易方向相反的商品期货合约,以期在未来某一时间通过卖出或买进期货合约而补偿因现货市场价格不利变动所带来的实际损失。也就是说,套期保值是以规避现货价格风险为目的的期货交易行为。

(一)套期保值的逻辑原理

套期之所以能够保值,是因为同一种特定商品的期货和现货的主要差异在于交货日期不同,而它们的价格受相同的经济因素和非经济因素影响和制约,而且期货合约到期必须进行实货交割的规定,使现货价格与期货价格还具有趋合性,即当期货合约临近到期日时,两者价格的差异接近于零,否则就有套利的机会,因而,在到期日前,期货和现货价格具有高度的相关性。在相关的两个市场中,反向操作,必然有相互冲销的效果。

(二)套期保值的基本方法

套期保值的基本做法是,在现货市场和期货市场对同一种类的商品同时进行数量相等但方向相反的买卖活动,即在买进或卖出现货的同时,在期货市场上卖出或买进同等数量的期货,经过一段时间,当价格变动使现货买卖上出现盈亏时,可由期货交易上的亏盈得到抵消或弥补,从而在"现"与"期"之间、近期和远期之间建立一种对冲机制,以使价格风险降低到最低限度。

(三)套期保值的种类

套期保值有两种基本类型,即买入套期保值和卖出套期保值。两者是以套期保值者在期货市场上买卖方向来区分的。

1. 买入套期保值。它是指期货交易者先在期货市场买入期货,以便将来在现货市场买进现货时不致因价格上涨而给自己造成经济损失的一种套期保值方式。这种用期货市场的盈利对冲现货市场亏损的做法,可以将远期价格固定在预计的水平上。买入套期保值是需要现货商品而又担心价格上涨的客户常用的保值方法。

2. 卖出套期保值。它是指期货交易者先在期货市场卖出期货,当现货价格下跌时以期货市场的盈利来弥补现货市场的损失,从而达到保值目的的一种套期保值方式。卖出套期保值主要适用于拥有商品的生产商或贸易商,他们担心商品价格下跌使自己遭受损失。

(四) 套期保值的策略

为了更好地实现套期保值目的,企业在进行套期保值交易时,必须注意以下程序和策略:

1. 坚持"均等相对"的原则。"均等",就是进行期货交易的商品必须和现货市场上将要交易的商品在种类上相同或相关数量上一致。"相对",就是在两个市场上采取相反的买卖行为,如在现货市场上卖,在期货市场则买,或在现货市场上买,在期货市场上卖。

2. 应选择有一定风险的现货交易进行套期保值。如果市场价格较为稳定,那就不需进行套期保值,进行保值交易需支付一定费用。

3. 比较净冒险额与保值费用,最终确定是否要进行套期保值。

4. 根据价格短期走势预测,计算出基差预期变动额,并据此作出进入和离开期货市场的时机规划,并予以执行。

二、投机交易

套期保值者之所以要进行期货交易,其目的是要把正常经营活动所面临的价格风险转移出去。那么,谁来承担这个风险呢? 这就是另一类期货交易参与者——风险投资者,即投机者。投机者在期货市场中的交易行为包括投机和套期图利两大类,构成期货交易中的又一重要业务。

(一) 期货投机的概念

在期货市场上纯粹以牟取利润为目的而买卖标准化期货合约的行为,被称为期货投机。包括买空投机和卖空投机两种类型。

(二) 期货投机的功能作用

投机是一个很敏感的词,由于中国特殊的历史环境,它一直被列为贬义词;而投机在英语中是"Speculation",原意是指"预测",是一个中性词。在中国,投机一直含有玩弄手段之意,有违中国人做人做事的传统原则,同时中国人一直崇尚"人勤百业兴",投机有不务正道之嫌。在期货市场上,很多成功的事例说明,不管你怎么想、怎么看,投机都是市场经济发展的一种自然选择。

投机者在进行投机的过程中,不仅需要许多有关商品的知识,更重要的,投机是对一个人的个性、信心、胆量、判断力等综合素质的考验。要想成功,就必须随时准备接受失败的厄运。因此,每个投机者都必须全力以赴,无可选择地努力争取。在期货交易中,信息是制胜的重要因素,但掌握信息也并非易事。投机交易中,投机者对于信息,必须靠长期的搜集、广泛的调查、独具慧眼的分析,还需要丰富的经验、知识及勤奋、耐心。因此,有必要给期货投机来一个正名。

当然,过度投机反过来会影响甚至破坏期货交易的供求关系和市场运作,美国亨特兄弟操纵白银期货价格就是著名的例子。但错不在投机,而在"过度"。这是一个事物的矛盾的两个方面。市场的无形之手及监管制度自然会给市场操纵者以应有的惩罚。

(三) 期货投机的原则

1. 充分了解期货合约

为了尽可能准确地判断期货合约价格的将来变化趋势,在决定是否购买或卖出合约之前,应对其种类、数量和价格作全面、准确和谨慎的研究。只有在对合约有足够的认识,才能决定下一步准备买卖的合约数量。在买卖合约时切忌贪多,即使有经验的投资者也很难同时进行三种以上不同类别的期货合约交易,应通过基本分析或技术分析,或将两种技巧方法加以综合地运用,始终将市场的主动权掌握在自己的手中。

2. 确定获利和亏损限度

个人倾向和承受能力是决定可接受的最低获利水平和最大亏损限度的重要因素。通过对期货合约进行预测,应该把现实的和潜在的各种可获得的交易策略结合起来,获利的潜在可能性应大于所冒的风险。既然从事投机交易就同时面临着盈利和亏损两种可能,那么,在决定是否买空或卖空期货合约的时候,交易者应该事先为自己确定一个最低获利目标和所期望承受的最大亏损限度,做好交易前的心理准备。

3. 确定投入的风险资本

在确定了获利目标和亏损限度后。还要确定用于风险的资金额度。为了尽可能增加获利机会,增加利润量,投资者必须做到三点:第一,要分散资金投入方向,而不是集中用于某一笔交易,这样有利于减少风险性。第二,持仓应限定在自己可以完全控制的数量之内,否则持仓合约数量过大,是一个交易者很难控制的。第三,还应有长远的眼光,为可能出现的新的交易机会留出一定数额的资金。投机商的经验是:只有当最初的持仓方向被证明是正确的,即证明是可以获利后,才可以追加投资交易,并且追加的投资额应低于最初的投资额。应该按照当初制定的交易计划进行,严防贪多。

（四）期货投机的方法

当涉足期货投机交易时，必须做好一系列的准备工作，其实质就是投机者需要制定一个指导投机活动全过程的切实可行的交易策略和掌握一些交易技巧。期货投机交易的一般方法是：①买低卖高或卖高买低。只要认为后市价格上涨就可买进，待价格上升到一定价位后再卖出平仓；认为后市价格下跌就可卖出，待价格下跌到一定价位后再买进平仓。②平均买低或平均卖高。③金字塔式买入卖出。④跨期套利。⑤跨商品套利。⑥跨市场套利。第一种方法是最基本的投机方法，也是投机的基本原则。

三、套利交易

套利，作为期货市场规避风险功能的实现方式之一，在国际上被投资基金和机构广泛利用。在国外成熟的商品期货市场中，套利交易占总交易量的40%以上。我国期货市场虽然经历了三十多年的洗礼，但套利并未受到投资者的真正重视和充分挖掘。从市场发展角度来说，加强套利的理论及实践的研究和宣传，以广义上的套利形象取代过去过度投机的市场形象，更能使期货市场吸引社会及各种机构资金的广泛参与。从市场建设角度来说，套利理念的盛行能够及时修正市场价格的畸形状态，从根本上减少恶性事件的发生。

（一）套利的功能和特点

期货市场中，投机的功能是发现价格，而套利的功能就是发现市场的相对价格。在投机资金的作用下，市场价格关系常常以不公平的状态出现。套利的功能就是促使价格关系走向合理，从而使相应的商品或市场资源得到合理和有效的配置。另外，套利的依据是价格的关系，投机操作的依据是价格水平，而价格关系能够反映价格水平的合理程度，因此，研究套利对研判市场的投机状态以及价格水平是否合理大有裨益。

套利交易的特点是：①双向交易。普通投机交易在一段时间内只做买或卖，而套利交易则是买入并卖出期货合约。②风险较小。一般来说，进行套利交易时，由于所买卖的合约是同类或者相关商品，所以不同交割月份的两张期货合约价格在运动方向上是一致的，买入期货合约的损失会因卖出合约的盈利而抵消；或者卖出合约的损失会因买入合约的盈利而弥补。

（二）套利的几个基本概念

套利操作研究的目标是市场中"基差"和"价差"。对于这两个概念，著名的"资本资产定价模型"创始人夏普先生是这样定义的："基差"是一种资产现货市场的价格与相应的期货价格之差，公式为：基差＝现货价格－期货价格。夏普先生将"同时在一个合约上拥有多头寸,而在另一个合约上拥有空头寸",或者"以相关资产的期货价格之间的不平衡来获取利润"的投机者称为"价差投机者"。据此,我们可以称期现价格的差异为"期现基差",称不同合约间的价格差异为"合约价差"。

因此,我们可以将套利划分为基差套利与价差套利。前者是利用商品现货市场的价格与相应的期货价格的差异进行的套利,后者是利用商品期货市场上不同合约的价格差异进行的套利。

正常价差是指市场处于理性状态下出现的合理的价格差异,这些差异一般由影响市场价格关系的一些内在因素所决定。合约间正常价差包括仓储费用、资金利息、增值税等。

(三) 套利的方法

套利一般是利用不同交割月份、不同期货市场和不同商品之间的差价来进行,因此,期货市场的套利主要有三种形式,即跨交割月份套利、跨市场套利及跨商品套利。

1. 跨交割月份套利(跨月套利)

投机者在同一市场利用同一种商品不同交割期之间的价格差距的变化,买进某一交割月份期货合约的同时,卖出另一交割月份的同类期货合约以谋取利润。其实质,是利用同一商品期货合约的不同交割月份之间的差价的相对变动来获利。这是最为常用的一种套利形式。比如:如果你注意到6月份的小麦和9月份的小麦价格差异超出正常的交割、储存费,你应买入6月份的小麦合约而卖出9月份的小麦合约。过后,当9月份小麦合约与6月份小麦合约更接近而缩小了两个合约的价格差时,你就能从价格差的变动中获得一笔收益。跨月套利与商品绝对价格无关,而仅与不同交割期之间价差变化趋势有关。

实际运作中,这种套利还可细分为牛市套利和熊市套利两种。牛市套利又称买空套利,具体做法是交易者买进近期货的同时,又卖空远期货,寄希望于在看涨的市场上近期货合约价格上涨幅度将大于远期货合约价格的上涨幅度。反过来说,如果市场看跌,则希望近期货合约价格跌幅小于远期货价格跌幅,一旦预测准确,即可通过对冲实现利润。熊市套利则做法上与此相反,即交易者卖空近期货的同时又买进远期货,寄希望于在看涨的市场上,远期货合约价格上涨幅度会大于近期货合约上涨幅度,如果市场看跌,则希望远期货合约价格下跌幅度会小于近期货合约下跌幅度。

2. 跨市场套利(跨市套利)

指投机者利用同一商品在不同交易所的期货价格的不同,在两个交易所同时买进和卖出期货合约以谋取利润的活动。当同一商品在两个交易所中的价格差额超出了将商品从一个交易所的交割仓库运送到另一交易所的交割仓库的费用时,可以预计,它们的价格将会缩小并在未来某一时期体现真正的跨市场交割成本。比如说小麦的销售价格,如果芝加哥交易所比堪萨斯期货交易所高出许多而超过了运输费用和交割成本,那么就会有现货商买入堪萨斯期货交易所的小麦并用船运送到芝加哥交易所去交割。

3. 跨商品套利

所谓跨商品套利,是指利用两种不同的、但是相互关联的商品之间的期货价格的差异进行套利,即买进(卖出)某一交割月份某一商品的期货合约,而同时卖出(买入)另一种相同交割月份、另一关联商品的期货合约。跨商品套利必须具备以下条件:一是两种商品之间应具有关联性与相互替代性;二是交易受同一因素制约;三是买进或卖出的期货合约通常应在相同的交割月份。

在某些市场中,一些商品的关系符合真正套利的要求。比如在谷物中,如果大豆的价格太高,玉米可以成为它的替代品。这样,两者价格变动趋于一致。另一常用的商品间套利是原材料商品与制成品之间的跨商品套利,如大豆及其两种产品——豆粕和豆油的套利交易。大豆压榨后,生产出豆粕和豆油。在大豆与豆粕、大豆与豆油之间都存在一种天然联系能限制它们的价格差异的大小。

四、三种交易方法的关系

套期保值交易、投机交易和套利交易作为期货市场交易的主要形式,具有相同的特点。首先,三者都是期货市场的重要组成部分,对期货市场的作用相辅相成;其次,都必须依据对市场走势的判断来确定交易的方向;第三,三者选择买卖时机的方法及操作手法基本相同。但三者又有一定区别:一是交易目的不同,套期保值的目的是回避现货市场价格风险;投机目的是赚取风险利润;套利则是为获取较为稳定的价差收益。二是承担的风险不同,套期保值承担的风险最小,套利次之,投机最大。保值量超过正常的产量或消费量就是投机,跨期套利、跨市套利如果伴随着现货交易,则也可以当作保值交易。

第四节 期货交易行为及程序

一、开户

由于能够直接进入期货交易所进行交易的只能是期货交易所的会员，包括期货经纪公司会员和非期货经纪公司会员，所以，普通投资者在进入期货市场交易之前，应首先选择一个具备合法代理资格、信誉好、资金安全、运作规范和收费比较合理等条件的期货经纪公司会员。

投资者经过对比、判断，选定期货经纪公司之后，即可向该期货经纪公司提出委托申请，开立账户，开立账户实质上是投资者（委托人）与期货经纪公司（代理人）之间建立的一种法律关系。一般来说，各期货经纪公司会员为客户开设账户的程序基本相同。

1. 风险揭示

客户委托期货经纪公司从事期货交易，必须事先在期货经纪公司办理开户登记，期货经纪公司在接受客户开户申请时，须向客户提供《期货交易风险说明书》。个人客户应在仔细阅读并理解后，在该《期货交易风险说明书》上签字；单位客户应在仔细阅读并理解之后，由单位法定代表人在该《期货交易风险说明书》上签字并加盖单位公章。

2. 签署合同

期货经纪公司在接受客户开户申请时，双方须签署《期货经纪合同》，个人客户应在该合同上签字，单位客户应由法人代表在该合同上签字并加盖公章。

个人开户应提供本人身份证，留存印鉴或签名样卡。单位开户应提供企业法人营业执照影印件，并提供法定代表人及本单位期货交易业务执行人的姓名、联系电话、单位及其法定代表人或单位负责人印鉴等内容的书面材料及法定代表人授权期货交易业务执行人的书面授权书。

我国期货交易所实行客户交易编码登记备案制度，客户开户时应由经纪会员按交易所统一的编码规则进行编号，一户一码，专码专用，不得混码交易、期货经纪公司注销客户的交易编码时，应当向交易所备案。

3. 缴纳保证金

客户在与期货经纪公司签署期货经纪合同之后，应按规定缴纳开户保证金。期货经纪公司应将客户所缴纳的保证金存入期货经纪合同中指定的客户账户中,供客户进行期货交易之用。

期货经纪公司向客户收取的保证金,属于客户所有;期货经纪公司除按照中国证监会的规定为客户向期货交易所交存保证金,进行交易结算外,严禁挪作他用。

二、下单

客户在按规定足额缴纳开户保证金后,即可开始交易,进行委托下单。所谓下单,是指客户在每笔交易前向期货经纪公司业务人员下达交易指令,说明拟买卖合约的种类、数量、价格等的行为。

交易指令的内容一般包括:期货交易的品种、交易方向、数量、月份、价格、日期及时间、期货交易所名称、客户名称、客户编码和账户、期货经纪公司和客户签名等。通常,客户应先熟悉和掌握有关的交易指令,然后选择不同的期货合约进行具体交易。

(一)常用交易指令

国际上常用的交易指令有:市价指令、限价指令、止损指令和取消指令等。

1. 市价指令

市价指令是期货交易中常用的指令之一。它是指按当时市场价格即刻成交的指令,客户在下达这种指令时不须指明具体的价位,而是要求期货经纪公司出市代表以当时市场上可执行的最好价格达成交易。这种指令的特点是成交速度快,一旦指令下达后不可更改或撤销。

2. 限价指令

限价指令是指执行时必须按限定价格或更好的价格成交的指令。下达限价指令时,客户必须指明具体的价位。它的特点是可以按客户的预期价格成交,成交速度相对较慢,有时甚至无法成交。

3. 止损指令

止损指令是指当市场价格达到客户预计的价格水平时即变为市价指令予以执行的一种指令,客户利用止损指令,既可以有效地锁定利润,又可以将可能的损失降至最低限度,还可以以相对较小的风险建立新的头寸。

4. 取消指令

取消指令是指客户要求将某一指定指令取消的指令。客户通过执行该指令,将以前下达的指令完全取消,并且没有新的指令取代原指令。

期货经纪公司对其代理客户的所有指令,必须通过交易所集中撮合交易,不得私下对冲,不得向客户作获利保证或者与客户分享收益。

(二) 下单方式

客户在正式交易前,应制订详细周密的交易计划。在此之后,客户可按计划下单交易,客户可以通过书面、电话或者中国证监会规定的其他方式下单。期货经纪公司下达交易指令。具体下单方式有如下几种:

1. 书面下单

客户亲自填写交易单,填好后签字交给期货经纪公司交易部,再由期货经纪公司交易部通过电话报单至该期货经纪公司在期货交易所场内的出市代表。由出市代表输入指令进入交易所主机撮合成交。

2. 电话下单

客户通过电话直接将指令下达到期货经纪公司交易部,再由交易部通知出市代表下单。期货经纪公司须将客户的指令予以录音,以备查证。事后,客户应在交易单上补签姓名。期货经纪公司在接受理客户指令后,应及时通知出市代表,出市代表应及时将客户的指令输入交易席位上的计算机终端进行竞价交易。

3. 网络下单

客户通过互联网使用期货公司提供的交易软件进行实时盯市、技术分析、自助下单和成交回报。这种方式是最常见的下单方式,客户可以通过交易软件将交易指令通过互联网下达到期货交易所场内。

三、竞价成交

(一) 竞价方式

期货合约价格的形成方式主要有:公开喊价方式和计算机撮合成交两种方式。

1. 公开喊价方式

公开喊价方式又可分为两种形式:连续竞价制(动盘)和一节一价制(静盘)。

连续竞价制是指在交易所交易大厅的交易池内由交易者面对面地公开喊价,表达各自买进或卖出合约的要求。这种公开喊价对活跃场内气氛,维护公开、公平、公正的定价原则十分有利。除公开喊价外,交易者还使用一套简单、高效的手势辅助进行期货合约的交易,这种方式属于传统的竞价方式,在欧美期货市场较为流行。

一节一价制是指把每个交易日分为若干节,每节只有一个价格的制度,每节交易由主持人最先叫价,所有场内经纪人根据其叫价申报买卖数量,直至在某一价格上买卖双方的交易数量相等时为止,一节一价制是在每一节交易中一种合约一个价格,没有连续不断地竞价。

2. 计算机撮合成交方式

计算机撮合成交是根据公开喊价的原理设计而成的一种计算机自动化交易方式,是指期货交易所的计算机交易系统对交易双方的交易指令进行配对的过程。这种交易方式相对公开喊价方式来说,具有准确、连续等待点,但有时会出现交易系统故障等造成的风险。

国内期货交易所计算机交易系统的运行,一般是将买卖申报单以价格优先、时间优先的原则进行排序,当买入价大于、等于卖出价则自动撮合成交,撮合成交价等于买入价(bp)、卖出价(sp)和前一成交价(cp)三者中居中的一个价格。即:当 $bp \geqslant sp \geqslant cp$,则最新成交价 $= sp$;当 $bp \geqslant cp \geqslant sp$,则最新成交价 $= cp$;当 $cp \geqslant bp \geqslant sp$,则最新成交价 $= bp$。

开盘价和收盘价均由集合竞价产生,开盘价集合竞价在某品种某月份合约每一交易日开市前 5 分钟内进行,其中前 4 分钟为期货合约买、卖价格指令申报时间,后 1 分钟为集合竞价撮合时间,开市时产生开盘价。

收盘价集合竞价在某品种某月份合约每一交易日收市前 5 分钟内进行,其中前 4 分钟为期货合约买、卖价格指令申报时间,后 1 分钟为集合竞价撮合时间,收市时产生收盘价。

交易系统自动控制集合竞价申报的开始和结束,并在计算机终端上显示。

集合竞价采用最大成交量原则,即以此价格成交能够得到最大成交量。高于集合竞价产生的价格的买入申报全部成交;低于集合竞价产生的价格的卖出申报全部成交;等于集合竞价产生的价格的买入或卖出申报,根据买入申报量和卖出申报量的多少,按少的一方的申报量成交。

(二) 成交回报与确认

当期货经纪公司的出市代表收到交易指令后,在确认无误后以最快的速度将指令输入计算机内进行撮合成交,当计算机显示指令成交后,出市代表必须马上将成交的结果反馈回期货经纪公司的交易部。期货经纪公司交易部将出市代表反馈回来的成交结果记在交易单上并打上时间戳记后,将记录单报告给客户。成交回报记录单应包括成交价格、成交手数、成交回报时间等项目。

客户对交易结算单记载事项有异议的,应当在下一交易日开市前向期货经纪公司提出书面异议;客户对交易结算单记载事项无异议的,应当在交易结算单上签字确认或者按照期货经纪合同约定的方式确认。客户既未对交易结算单记载事项确认,也未提出异议的,视为对交易结算单的确认。对于客户有异议的,期货经纪公司应当根据原始指令记录予以核实。

四、结算

结算是指根据交易结果和交易所有关规定对会员交易保证金、盈亏、手续费、交割货款和其他有关款项进行的计算、划拨。结算包括交易所对会员的结算和期货经纪公司会员对其客户的结算,其计算结果将被计入客户的保证金账户。

期货交易所的结算实行保证金制度、每日无负债制度和风险准备金制度等与期货市场的层次结构相适应,期货交易的结算也是分级、分层的。交易所只对会员结算,非会员单位或个人通过其期货经纪公司会员结算。

(一) 交易所对会员的结算

1. 每一交易日交易结束后交易所对每一会员的盈亏、交易手续费、交易保证金等款项进行结算。其核算结果是会员核对当日有关交易并对客户结算的依据,会员可通过会员服务系统于每交易日规定时间内获得"会员当日平仓盈亏表""会员当日成交合约表""会员当日持仓表"和"会员资金结算表"。

2. 会员每天应及时获取交易所提供的结算结果,做好核对工作,并将之妥善保存。

3. 会员如对结算结果有异议,应在第二天开市前三十分钟以书面形式通知交易所,遇特殊情况,会员可在第二天开市后两小时内以书面形式通知交易所。如在规定时间内会员没有对结算数据提出异议,则视作会员已认可结算数据的准确性。

4. 交易所在交易结算完成后,将会员资金的划转数据传递给有关结算银行。

(二) 期货经纪公司对客户的结算

1. 期货经纪公司对客户的结算与交易所对会员结算的方法一样,即每一交易日交易结束后对每一客户的盈亏、交易手续费、交易保证金等款项进行结算。交易手续费一般不低于期货合约规定的交易手续费标准的 3 倍,交易保证金一般至少高于交易所收取的交易保证金比例 3 个百分点。

2. 期货经纪公司在闭市后向客户发出交易结算单。交易结算单一般载明下列事项:账号及户名、成交日期、成交品种、合约月份、成交数量及价格、买入或卖出、开仓或平仓、当日结算价、保证金占用额和保证金余额、交易手续费及其他费用、税款等需要载明的事项。

3. 每日结算后,客户保证金低于期货交易所规定的交易保证金水平时,期货经纪公司按照期货经纪合同约定的方式通知客户追加保证金;客户不能按时追加保证金的,期货经纪公司应当将该客户部分或全部持仓强行平仓,直至保证金余额能够维持其剩余头寸。

五、交割

（一）实物交割的概念与作用

实物交割是指期货合约到期时，交易双方通过该期货合约所载商品所有权的转移，了结到期未平仓合约的过程。商品期货交易一般采用实物交割制度。虽然最终进行实物交割的期货合约的比例非常小，但正是这极少量的实物交割将期货市场与现货市场联系起来，为期货市场功能的发挥提供了重要的前提条件。

在期货市场上，实物交割是促使期货价格和现货价格趋向一致的制度保证，当由于过分投机，发生期货价格严重偏离现货价格时，交易者就会在期货、现货两个市场间进行套利交易。当期货价格过高而现货价格过低时，交易者在期货市场上卖出期货合约，在现货市场上买进商品。这样，现货需求增多，现货价格上升，期货合约供给增多，期货价格下降，期现价差缩小；当期货价格过低而现货价格过高时，交易者在期货市场上买进期货合约，在现货市场卖出商品，这样，期货需求增多，期货价格上升，现货供给增多，现货价格下降，使期现价差趋于正常。由此可知，通过实物交割，期货、现货两个市场得以实现相互联动，期货价格最终与现货价格趋于一致，使期货市场真正发挥价格"晴雨表"的作用。

（二）交割方式与交割结算价

1. 交割方式

①"集中性"交割：即所有到期合约在交割月份最后交易日过后一次性集中交割的交割方式。

②"分散性"交割：即除了在交割月份的最后交易日过后所有到期合约全部配对交割外，在交割月第一交易日至最后交易日之间的规定时间也可进行交割的交割方式。

2. 交割结算价

我国期货合约的交割结算价通常为该合约交割配对日的结算价或为该期货合约最后交易日的结算价。大连商品交易所的交割结算价，则是该合约自交割月第一个交易日起至最后交易日所有结算价的加权平均价。交割商品计价以交割结算价为基础，再加上不同等级商品质量升贴水以及异地交割仓库与基准交割仓库的升贴水，交易所会员进行实物交割，还应按规定向交易所缴纳交割手续费。

（三）实物交割的程序

实物交割要求以会员名义进行，单位客户的实物交割须由会员代理，并以会员名义在交易所进行。

1. "集中性"交割

"集中性"交割以上海期货交易所和大连商品交易所为例。如上海期货交易所天然橡胶交割程序：

实物交割的日期：一般为合约到期月份当月最后交易日后的三个交易日（节假日顺延）。

①买方申报意向。买方在最后交易日（合约交割月份的15日）的下一个工作日的12:00前，向交易所提交所需商品的意向书，内容包括品名、牌号、数量及指定交割仓库名等。

②卖方交标准仓单和增值税专用发票。卖方在18日16:00以前将已付清仓储费用的标准仓单及增值税专用发票交交易所。如18日为法定假日，则顺延至节假日后的第一个工作日，若是20日，则卖方必须在12:00前完成交割。

③交易所分配标准仓单。交易所根据已有资源，向买方分配标准仓单。不能用于下一期货合约交割的标准仓单，交易所按所占当月交割总量的比例向买方分摊。

④买方交款、取单。买方必须在最后交割日14:00前到交易所交付货款，交款后取得标准仓单。

⑤卖方收款。交易所在最后交割日16:00前将货款付给卖方。

如大连商品交易所大豆交割程序：

①最后交易日（合约月份第10个交易日）收市后，交易所按"数量取整"的原则通过计算机对交割月份持仓合约进行交割配对，配对结果一经确定，买卖双方不得变更。

②最后交易日结算后，交易所将交割月份买持仓的交易保证金转为交割款项。

③最后交割日（最后交易日后第7日）上午10:00之前，卖方会员须将与其交割月份合约持仓相对应的全部标准仓单和增值税发票交到交易所，买方会员须补齐与其交割月份合约持仓相对应的全额货款。

④最后交割日结算时，交易所将交割货款付给卖方会员，交易所给买方会员开具标准仓单持有凭证。

2. "分散性"交割

"分散性"交割以郑州商品交易所为例：

①凡持有标准仓单的卖方会员均可在进入交割月前一个交易日至交割月最后交易日的交易期间，凭标准仓单到交易所办理标准仓单质押手续，以头寸形式释放相应的交易保证金。卖方会员必须到交易所办理撤销标准仓单质押后，方

可提出交割申请。

②交易所实行"三日交割法"。

第一日为配对日。凡持有标准仓单的卖方会员均可在交割月第一个交易日至最后交易日的交易期间,通过席位机提出交割申请,进行仓单质押的交割申请提出后,释放相应的交易保证金;卖方会员在当日收市前可通过席位机撤销已提出的交割申请,撤销交割申请后,重新收取相应的保证金,交割月买方会员无权提出交割申请,交易所根据卖方会员的交割申请,于当日收市后采取计算机直接配对的方法,为卖方会员找出持该交割月多头合约时间最长的买方会员。交割关系一经确定,买卖双方不得擅自调整或变更。

第二日为通知日。买卖双方在配对日的下一交易日收市前到交易所签领交割通知单。

第三日为交割日。买卖双方签领交割通知的下一个交易日为交割日,买方会员必须在交割日上午九时之前将尚欠货款划入交易所账户,卖方会员必须在交割日上午九时之前将标准仓单持有凭证交到交易所。

(四)交割违约的处理

1. 交割违约的认定

期货合约的买卖双方有下列行为之一的,构成交割违约:

①在规定交割期限内卖方未交付有效标准仓单的。

②在规定交割期限内买方未解付货款或解付不足的。

③卖方交付的商品不符合规定标准的。

2. 交割违约的处理

会员在期货合约实物交割中发生违约行为,交易所应先代为履约。交易所可采用征购和竞卖的方式处理违约事宜,违约会员应负责承担由此引起的损失和费用。交易所对违约会员还可处以支付违约金、赔偿金等处罚。

思考题

1. 期货交易的定义和特点是什么?
2. 期货合约的定义和主要条款是什么?
3. 期货交易的功能和作用是什么?
4. 期货交易有哪些方法及它们之间的关系是什么?
5. 期货交易的程序是什么?

第十三章

股指期货

第一节 股指期货的概述

一、股指期货的定义

股指期货全称股票价格指数期货，它是以股票价格指数作为交易对象的期货合约。股票价格指数是综合反映一个国家、地区整个股票市场系统变化的指标，它通常透过计算该国股票市场上全部上市公司或一组具有代表性的成分股在某一时期的成交价平均值与基准期数据的比值得出。例如，基准期的一组成分股的成交市价平均值为1 000亿元，并设定基准期的股票指数为1 000点；计算期的同一成分股的成交市价平均值为3 000亿元，即计算期与基准期同组数据的比值为3，则计算期的股票指数为3 000点。股指期货交易就是合约双方同意在将来某一时刻按照约定的价格买卖约定的股票指数，并在交割日按照结算价格通过清算机构将股票指数的点数折合成若干货币单位进行现金结算或在结算前对冲的交易行为。简言之，股指期货就是从股票价格指数点数的变化中，对其已持有的资产实现保值或盈利。

二、股指期货的主要特征

1. 它具有期货和股票的双重特性。一方面，股指期货交易要承担股价波动的风险，波动的幅度由指数升跌幅度来衡量；另一方面，买卖股指期货的依据是对股票行市预先的判断。

2. 股指期货既能防范系统风险，又能防范非系统风险。系统风险来自宏观经济面的变化，如经济周期、突发事件、政府政策，在股市上引起几乎所有股票价格同向波动；非系统风险是由于中观或微观经济因素的变化产生的，如某个上市公司效益的变动，某一行业发展前景好坏。

3. 股指期货交易实际上是股票指数按点数换算成现金进行交易。股指期货的报价就是指数的点数乘以一个固定的金额而得出。例如,沪深300指数期货的价格就是沪深300的点数乘以300元人民币。若沪深300指数报5 000点,一个沪深300期货的价格就是300元人民币乘以5 000,等于150万元人民币。

4. 股指期货不用股票来交割,而是用现金结算。合约到期时,以股市收市指数作为结算的标准。只要支付或收取到期时期指与开仓时期指的现金差额,持仓者就完成了交收手续。比如某人以2 500点的股价指数买入一份沪深300期货合约,到期时该指数涨至3 000点,则他就获利15万元人民币[(3 000－2 500)×300人民币,]而不必交收股票实物。将以上特征和期货交易一般操作方式相结合,就可顺利开展股指期货交易了。

三、与进行股指所包括的股票的交易相比,股票指数期货还有重要的优势

1. 提供较方便的卖空交易。卖空交易的一个先决条件是必须首先从他人手中借到一定数量的股票。国外对于卖空交易的进行设有较严格的条件,这就使得在金融市场上,并非所有的投资者都能很方便地完成卖空交易。例如,在英国只有证券做市商才有可能借到英国股票;而美国证券交易委员会规则10A-1规定,投资者借股票必须通过证券经纪人来进行,还得缴纳一定数量的相关费用。因此,卖空交易也并非人人可做。而指数期货交易则不然。实际上有半数以上的指数期货交易中都包括拥有卖空的交易头寸。

2. 交易成本较低。相对现货交易,指数期货交易的成本是相当低的。指数期货交易的成本包括:交易佣金、买卖价差、用于支付保证金的机会成本和可能的税项。如在英国,期货合约是不用支付印花税的,并且购买指数期货只进行一笔交易,而想购买多种(如100种或500种)股票则需要进行多笔、大量的交易,交易成本很高。而美国一笔期货交易收取的费用只有30美元左右。

3. 较高的杠杆比率。在英国,对于一个初始保证金只有2 500英镑的期货交易账户来说,它可以进行的《金融时报》100种指数期货的交易量可达70 000英镑,杠杆比率为28∶1。由于保证金缴纳的数量是根据所交易的指数期货的市场价值来确定的,交易所会根据市场的价格变化情况,决定是否追加保证金或是否可以提取超额部分。

4. 市场的流动性较高。有研究表明,指数期货市场的流动性明显高于现货股票市场。

从国外股指期货市场发展的情况来看,使用指数期货最多的投资人当属各类基金(如各类共同基金、养老基金、保险基金)的投资经理。另外其他市场参与

者主要有：承销商、做市商、股票发行公司。

四、股指期货的功能和作用

股指期货既具有期货交易的一般经济功能，即规避风险和发现价格，也具有一些独特的功能，即套利投资和资产配置。

1. 规避风险

期货市场是通过套期保值的方式来规避现货市场风险的。从整个金融市场来看，股指期货规避风险的功能能够实现的原因为：首先，由于众多的股票投资者面临着不同的风险，可以通过达成对各自有利的交易来控制市场的总体风险；其次，股票指数的期货价格和股票价格一般呈同方向变动关系，当投资者在两个市场上建立相反的头寸之后，股票价格发生变动时，必然在一个市场获利，而在另一个市场受损，其盈亏可全部或部分相抵；最后，股指期货交易是一种规范化的场内交易，集中了众多愿意承担风险以获取利润的投机者，通过频繁、迅速的买卖，转移了股票持有者的价格风险，从而使股指期货的规避风险功能得以实现。

2. 发现价格

发现价格是指在股指期货市场通过公开、公正、高效、竞争的交易机制，形成具有真实性、预期性、连续性和权威性股票价格的过程。股指期货市场形成价格的原因在于：首先，由于股指期货交易的参与者众多，除普通股票投资者之外，还有基金、证券公司、期货公司、银行等专业的机构投资者，这些成千上万的买家和卖家聚在一起进行竞争，可以代表供求双方的力量，有助于权威价格的形成。其次，参与股指期货交易的投资者大都具有丰富的证券、期货市场知识，广泛的信息渠道以及一套科学的分析、预测方法，他们对股指期货价格进行判断、分析和预测，并报出自己的理想价格与众多的对手竞争，这样形成的股指期货价格实际上反映了大多数人的预测，因而，能够比较直接地代表供求变动趋势。

3. 套利投资

股指期货可以与多种证券品种进行套利交易，包括股指期货与股票现货、股指期货与交易型开放式指数基金之间的套利，以及不同股指期货合约之间的跨期套利、跨市套利和到期日套利。

4. 资产配置

具体表现在：①引入做空机制使得投资者的投资策略从等待股票价格上升的单一模式转变为双向投资模式，使得投资者的资金在行情下跌中也能有所作为而非被动闲置；②有利于发展机构投资者，促进组合投资、加强风险管理；③通过买卖股指期货能够调整投资组合中各类资产的比重,增加市场流动性,提高资金使用效率,而且克服了投资者难以按照无风险利率借贷资金的问题。

除此以外,由于股指期货的标的来自于股票市场,它对股票市场乃至整个金融市场还具有以下一些独特的作用。

1. 规避股市系统性风险

股指期货的引入,为股票现货市场提供了对冲风险的途径,能满足市场参与者,特别是机构投资者回避股市系统风险的强烈需求。股指期货交易实质上是投资者将其对整个股票市场价格指数的预期风险转移至期货市场的过程,通过对股票趋势持不同判断的投资者的买卖来对冲股票市场的风险。比如,如果投资者预计市场要上涨而来不及全面建仓,则可以通过买进一定数量的多头股指期货合约以避免踏空。相反,当预期股票市场下跌时,投资者可通过卖出股指期货合约对冲股市整体下跌的系统性价格风险。此外,一些承销发行机构、上市公司的大股东,为规避股市总体下跌的风险,可通过预先卖出相应数量的股指期货合约以对冲风险、锁定利润。

2. 丰富投资组合

股指期货交易给市场引入了做空机制,使得投资者的投资策略从买入股票、等待股票价格上升、卖出股票的单向获利模式变为双向投资模式,让投资者在行情下跌的过程中也能有所为而非被动等待。股指期货可以提高资金的使用效率,有利于投资者快速调控投资者组合,投资者想增加或者减少某一类股票或资产的持有量时,只需买进或卖出相应的股指期货合约即可,而股指期货市场的现金交割和保证金制度使投资者在买卖股指期货时只需少量的资金,大大降低了成本,提高了资产配置的效率。股指期货交易完善了组合投资方式,有利于投资者根据自己的风险偏好构筑不同收益和风险水平的投资组合,合理配置资产,为投资者提供了根据期货市场和现货市场价差进行指数套利的机会。

3. 增强股市稳定性和流动性

股指期货通过公开竞价方式产生的不同到期月份合约的价格,充分反映了与股票指数相关的各种信息以及不同买主、卖主的预期,有利于反映对股票市场未来走势的预期,同时提高市场信息传递的效率和现货市场的透明度,在一定程度上打破了一些机构和大户的信息垄断优势,有利于投资者进行理性的分析预测。股指期货产生的预期价格可以快速地传递到现货市场,从而使现货市场价格达到均衡。

股指期货的规避风险和套利功能,丰富了股票市场参与者的投资工具,增加了市场流动性,促进股票现货市场交易的活跃,并减轻集中性抛售对股票市场造成的恐慌性影响,对平均股价水平的剧烈波动起到了缓冲作用。同时,股指期货价格一般领先于股票现货市场的价格,并有助于提高股票现货市场价格的信息含量。因此,它更能敏感地反映国民经济的未来变化。从这个意义上讲,股指期货对经济资源的配置和流向发挥着信号灯的作用,有助于提高资源的配置效率。

第二节 股价指数与股指期货合约

一、股票价格指数

1. 股票价格指数简介

股票价格指数就是用以反映整个市场上各种股票市场价格的总体水平及其变动情况的指标。在股票市场上,成百上千种股票同时交易,股票价格的涨落各不相同,因此需要有一个总的尺度标准,即股票价格指数来衡量整个市场的价格水平,观察股票市场的变化情况。

2. 编制股票指数的原因

由于政治、经济、市场及心理等各种因素的影响,每种股票的价格均处于不断变动之中,而市场上每时每刻都有许多股票在进行交易。为了从众多个别股票纷繁复杂的价格变动中判断和把握整个股票市场的价格变动水平和变动趋势,美国道琼斯公司的创始人之一——查尔斯·亨利·道第一个用铅笔和纸找到一种衡量尺度,这就是久负盛名的道琼斯工业指数。

如今,世界各国的股票市场都编有各自的股价指数,较有影响的除道琼斯指数外,还有纳斯达克综合指数、法国 CAC 40 指数、日本日经指数等,这些指数都是成分指数。

股价指数一般由证券交易所、金融服务机构、咨询研究机构或新闻单位编制并发布。

3. 股票指数的基本功能

股价指数在证券交易活动中应运而生,它不仅是反映股票市场行情变动的重要指标,而且是观测经济形势和周期状况的参考指标,被视为股市行情的"指示器"和经济景气变化的"晴雨表"。股价指数主要有以下基本功能:

①综合反映一定时期内某一个证券市场上股票价格的变动方向和变动程度。

②为投资者和分析家研究、判断股市动态提供信息，便于对股票市场大势走向做出分析。

③作为投资业绩评价的标尺，提供一个股市投资的"基准回报"。

④作为指数衍生产品和其他金融创新的基础。

4. 股票指数的编制方法

目前，股价指数编制的方法主要有三种，即算术平均法、几何平均法和加权平均法。

①算术平均法，是先选定具有代表性的样本股票，以某年某月某日为基期，并确定基期指数，然后计算某一日样本股票的价格平均数，将该平均数与基期对应的平均数相比，最后乘以基期指数即得出该日的股票价格平均指数。

②几何平均法，是指报告期和基期的股票平均价采用样本股票价格的几何平均数。国际金融市场上有一部分较有影响的股票指数是采用几何平均法编制的，其中以伦敦金融时报100指数和美国价值线指数为代表。

③加权平均法。不同股票的地位不同，对股票市场的影响也有大小。加权平均法首先按样本股票在市场上的不同地位赋予其不同的权数，即地位重要的权数大，地位次要的权数小；然后将各样本股票的价格与其权数相乘后求和，再与总权数相除，得到按加权平均法计算的报告期和基期的平均股价；最后据此计算股票价格指数。加权平均法权数的选择，可以是股票的成交金额，也可以是它的上市股数。

与前两类方法相比，加权平均股价指数能更真实地反映市场整体走势，因此，加权平均法更适合开发股票指数期货合约的标的指数。

5. 影响股指期货价格的因素

股指期货的价格主要由股票指数决定。由于股票指数要受到很多因素的影响，因此，股指期货的价格走势同样也会受到这些因素的作用。这些因素至少包括：

①宏观经济数据。例如，GDP、工业指数、通货膨胀率等。

②宏观经济政策。例如，加息、汇率改革等。

③与成分股企业相关的各种信息。例如，权重较大的成分股上市、增发、派息分红等。

④国际金融市场走势。例如，纽约证券交易所（NYSE）的道琼斯指数价格的变动、国际原油期货市场价格变动等。

另外，和股票指数不同，股指期货有到期日，因此股指期货价格还要受到到期时间长短的影响。

二、股指期货合约

股票价格指数期货合约是以股份指数为交易标的,买卖双方根据事先约定,在特定时间以约定价格进行股价指数交易的一种标准化协议。股份指数期货合约的结构包括标的指数、交易单位、最小变动价位、每日价格波动限制、结算价确定等内容。

1. 标的指数

股指期货合约的物质基础是标的指数,首先必须要有一个反映股票市场价格运动的指数被设计为期货合约标的。标的指数计算的科学性、反映市场状况的客观性是股指期货市场功能得以实现的基本前提。

世界上有许多著名的股票价格指数,有的被选中为相应期指合约标的,有的没有被设计为期货合约标的,也有的期指合约是根据专门编制的股价指数为标的设计的,见表 13-1。

表 13-1 股指期货合约与股价指数

未作为期指标的 著名股价指数	被选中作为期指 标的股价指数	专为期指合约设计 而编制的股价指数
①美国股票交易所指数 ②威尔逊 5 000 指数 ③纳斯达克综合指数	①纽约证券交易所综合股价指数 ②道琼斯工业指数 ③日经指数 ④恒生指数 ⑤价值线综合指数 ⑥标准普尔 500 指数 ⑦主要市场指数 ⑧多伦多 300 指数 ⑨澳大利亚全普通股指数 ⑩法国 CAC 40 指数	①伦敦金融时报 100 指数

股指期货合约标的指数的选择或设计主要是针对不同的市场情况和套期保值避险需求,后面会专门介绍股指期货标的指数选择的模型。表 13-2 对主要期指合约标的指数进行了比较。

表 13-2 世界主要期指合约标的指数

标的指数	上市交易所	样本范围	计算方法
价值线综合指数	堪萨斯期货交易所	纽约证券交易所全部股票、美国证券交易所部分股票及一些店头市场股票,共计 1 700 多种股票	几何平均法

续表

标的指数	上市交易所	样本范围	计算方法
标准普尔500指数	芝加哥商品交易所国际货币市场分部	纽约证券交易所上市的500种股票。包括400种工业股、40种公用事业股、40种金融业股、20种运输业股	加权平均法
纽约证券交易所综合股价指数	纽约期货交易所	纽约证券交易所上市的1 500余种股票	加权平均法
主要市场指数	芝加哥期货交易所	纽约证券交易所工业股中20种蓝筹股	算术平均法
伦敦金融时报100指数	伦敦证券交易所	伦敦证券交易所中交易较频繁的100种股票	几何平均法
日经指数	大阪证券交易所新加坡国际金融交易所	东京证券交易所第一部上市的225种有代表性的股票	算术平均法
恒生指数	香港期货交易所	香港股票交易所33种成分股，包括4种金融业股、5种公用事业股、9种地产业股、15种商业股	加权平均法

2. 交易单位

普通商品期货和其他金融期货交易的标的都有实物表现形式，其期货合约的交易单位可用其实物的自然单位来表示。如农产品期货的大豆可以按"吨"或"蒲式耳"报价；外汇期货交易单位可用标的货币的单位数来表示；利率期货的交易单位可用标的债券的面值来表示。但股指期货的交易对象是股票价格指数，是代表股票市场一定范围的样本股或全部股票的价格水平变动的指标，股份指数的变动实质是股票平均价格进而代表股票市值的变动。正是从这个基础出发，人们将股价指数期货合约的交易单位定义为一定规模的市值，有时甚至直接将交易单位表述为合约单位或合约规模。将一定规模的市值设计为一张合约的规模，一张合约所代表的市值规模就是一个合约单位。合约单位是以股价指数的点数与某一规定货币金额的乘数的乘积来表示的，这一规定的货币金额叫作乘数，是由合约设计时交易所规定的、赋予每一指数点一个固定价值的金额。这个固定价值的乘数反映了股价指数期货合约的标准化特征。如沪深300指数为3 500点时，由于乘数规定为300元人民币，则交易单位或合约规模为105万元人民币。世界主要股份指数合约交易单位见表13-3。

表13-3 世界主要股价指数合约交易单位

合约名称	交易单位	上市交易所
主要市场指数	250美元×指数	芝加哥期货交易所
标准普尔500股票指数	500美元×指数	IMM

续表

合约名称	交易单位	上市交易所
纽约证券交易所综合股价指数	500美元×指数	纽约期货交易所
价值线综合指数	500美元×指数	堪萨斯期货交易所
迷你价值线股价指数	100美元×指数	堪萨斯期货交易所
恒生指数	50港元×指数	香港期货交易所
日经指数	500日元×指数	新加坡国际金融期货交易所
日经指数	1 000日元×指数	大阪期货交易所
伦敦金融时报100指数	25英镑×指数	伦敦证券交易所
多伦多300指数	1 000加拿大元×指数	多伦多期货交易所
澳大利亚全普通股指数	100澳大利亚元×指数	澳大利亚悉尼期货交易所

合理的交易单位在很大程度上决定了合约交易的成功与否。确定合约规模主要考虑流动性因素和交易成本因素。一般说来,合约规模越大,流动性就越小,这是因为:①合约规模大,就会把数量众多的中小投资者排除在期指交易之外;②合约规模大,每张合约潜在风险就越大,从而使很多投资者望而却步;③从避险功能的角度出发,合约规模过高,广大中小投资者在现货市场从事的股票交易规模无法与合约规模匹配,起不到避险作用。但是,如果合约规模过低,势必要加大避险成本,影响投资者利用期指交易避险的积极性。

虽然股票指数点位和合约单位的大小差别很大,但各种合约的面值一般在10万~20万美元之间。合约规模并非固定不变,可以根据需要进行调整,如芝加哥商品交易所曾推出电子化交易的 Mini S&P 500 指数期货合约,香港交易所也计划拆细恒生指数期货合约。

3. 最小变动价位

股票指数期货合约的最小变动价位是指合约交易中所允许的最小价格变动值,也称最小价格波动。最小变动价位通常以合约最小变动价位来标示,但以股指点数来解释和操作。如恒生指数最小变动价位标示为每份合约50港币,但以1个指数点的变动作解释。

最小变动价位在交易上是指买入价和卖出价之间所允许的最小差额,这个差额大小对市场交易活跃有重要影响。如果差额比较小,但又足够使场内交易商获取收益,就会刺激场内交易商的活跃程度;如果差额比较大,就会打击公众投资者的热情,不愿轻易介入交易。因此,最小变动价位的确定对市场的交易活跃程度有重要影响,是影响市场流动性的重要因素。

4. 每日价格最大波动幅度限制

每日价格最大波动幅度限制又称为每日限价或每日交易停板额,是股指期货交易机制的重要组成部分,它是交易所规定的每种期货合约的当日价格波动幅度,目的是为了防止由于价格过分波动对期货市场造成冲击。每日交易停板额是通过在交易合约的上日结算价的基础上增加或减少一定金额或幅度计算出来的。在1987年10月股灾之前,除了LIFFE上市的金融时报100种股票价格指数期货之外,其他股价指数期货均无每日价格波动幅度限制。股灾后,绝大多数的交易所均对其上市的股价指数期货合约规定了每日价格波动幅度限制。有的限制波动幅度,有的限制波动期间,有的交易所经常根据具体情况或具体需要调整每日价格波动限制,有的交易所甚至规定交易者应及时同交易所联系以获取当期的价格波动幅度限制。

实行每日限价,在市场行情剧烈波动时,一方面可以为交易者提供必要的时间去冷静地分析市场行情,作出正确的投资决策;另一方面,也为清算公司进行清算工作提供了必要的时间保证,保证清算职责的贯彻执行,维护正常清算交易秩序。如何确定限价幅度也是一个十分敏感的问题:幅度太小,势必会频繁出现市场休克现象,而这种过频休克,不但起不到冷却作用,反而会加剧投资者的急躁情绪,诱使投资者作出错误判断,还会破坏市场自身运行的连续性,削弱投资者的市场信心。而且对投机者而言,过小的限制极大地约束了他们的投机行为,打击了其投机的积极性,一个缺乏适度投机的市场也会出现市场阻滞现象。但是如果限价幅度过宽,又起不到价格限制的作用。

5. 合约月份

它是指期指合约到期的月份,一般根据交易对象的特点制定,股价指数期货合约的月份一般按季划分,如3月、6月、9月、12月四个季月,也有一年12个月的各月份都进行交割,合约月份为年月的。

6. 最后交易日

即某一合约在到期月份中进行交易的最后一天。在最后交易日收盘后,所有未对冲平仓的持仓合约都应进行交割。最后交易日一般与股票市场当月的最后交易日对应。

7. 交割日和结算日

合约到期进行结算交割的具体时间,在最后交易日之后的某一具体日期。在股指期货交易中结算日为确定结算价的日子,交割日是按结算价进行交割的日子。

8. 交割方式与结算价

股票指数期货合约最终以现金方式交割,这是股票指数期货交易的显著特色。股票指数不同于其他实物商品或金融期货,它是由一揽子股票组成,实物期货和其他金融期货可以在合约期满时交割实物,而股票指数用一揽子股票来交割是不合理的,操作上也很困难;而指数又是无法交割的。最早创设股票指数期货交易的美国堪萨斯期货交易所在 1977 年就向管理当局提出申请开办股票指数期货业务, 定程度上是由于无法解决合约到期交割的问题,直到 1982 年 2 月这项申请才被批准,股票指数期货才宣告产生。现金结算产生于 1981 年 12 月芝加哥商品交易所国际货币市场推出的 3 个月期欧洲美元定期存款的结算方式。以现金作为最后交割方式的出现,使股指期货交易最终真正形成。

在现金结算方式下,每一未平仓合约在交割日自动冲销,根据交割的结算价格与"逐日盯市"的上日结算价格计算出交易双方的盈亏金额,由结算所自动转账。这种现金结算与合约到期前的逐日结算实际上采用同样的方式,其唯一区别在于最后结算日双方的交易部位被冲销。

股价指数的现金结算方式使股指合约中的股指点数与实际股指点数必然一致,二者在到期日必然趋合,这是因为现金结算中的最后结算价格本身就是根据当时的现货价格确定的。但在确定最后结算价时,各交易所的具体确定方式又不一样,其具体确定方式一般都在合约中明确规定。

最后结算价也可用最后交易日或其前一个交易日现货市场的收盘价、最后交易日之后现货市场第一个交易日的开盘价、最后交易日现货市场每五分钟价格的算术平均值等三类价格,其确定原则是有效避免市场操纵行为,参与计算最后结算价的交易天数要尽量少,否则违背"最后"结算价的初衷。

9. 交易时间

一般股指期货的交易时间与股票市场交易时间相一致,通常会使期指的交易时间比股票市场提前一段时间或延后一段时间。

第三节　股票指数期货交易

一、股票指数期货的交易过程

股票指数期货合约是在期货交易所进行交易的,期货交易所会员的一般客户必须委托一家期货经纪公司代为买卖股票指数期货合约,而不能直接到期货所加入交易的行列。期货经纪公司在期货交易所派驻交易员,一旦公司接获客户要求代为买进或售出股票指数期货合约的指令,公司就马上打电话告知其在期货交易所的代表,由后者根据客户提出的价格和数量进行交易。客户在选定经纪公司后,立即在该经纪公司开立保证金账户,一旦保证金缴纳之后,就可以向经纪人发出买卖股票指数期货合约的指令了。

假定投资者甲预计股票指数将上升,投资者乙认为股票指数将下降,当股票综合指数在100点时,甲决定买入一笔股票指数期货,乙恰好卖出这笔期货。以每点500美元计算,他们买进和卖出的期货合约价格都是50 000美元,甲、乙分别通过各自的经纪人发出买进、卖出的指令,甲、乙两方的经纪人商量妥当后,即达成了这项协议。经纪人所代表的经纪公司的存款账户上便增加了一笔保证金存款。交易所确认了买卖双方达成的协议后,这笔交易就算做定了。

过了一段时间,股票指数同甲所预期的一样,上涨到110点,这时甲便成了这笔交易的盈利方,乙方成了这笔交易的亏损方,盈亏相等,甲的期货合约价格上涨为55 000美元;甲的保证金额变成了10 000美元;而乙的期货合约价格下跌,保证金存款已为零,如果交易所规定,最低保证金额为3 000美元,那么乙必须补足这笔保证金。期货交易所会立即通知乙在次日开盘前必须将保证金补足,否则将停止其交易。对于甲来说,他可以提取超出初始保证金以外的多余保证金,因为这笔超额保证金并无利息。

如果甲、乙两方中有任意一方想退出这笔交易,那么他必须做同前一笔交易相反方向的期货买卖,原来买入的现在应卖出,原来卖出的必须要买入。同时甲乙还必须到票据清算所清算账目,保证金存款、佣金等一一结清以后,他就不再对这笔交易承担任何义务了。在实际的股票指数期货中,中途退出的情况不少见,到最终合约期满履约的只有极少数,占1‰~2‰左右,其他的都在期满之前平仓退出了。

二、股票指数期货交易方式

(一) 套期保值

对于一个拥有多种股票的人,要想使手中的股票价值不发生贬值风险、股票指数期货是最有效的保值手段。这种保值的原理是根据股票价格和股票价格指数的变动趋势是同方向、同幅度的。由于股票价格指数是根据一组股票价格变动情况编制的指数,因此在股票的现货市场与股票指数的期货市场做相反的操作就可以抵消出现的风险。手中持有股票的人要避免或减少股价下跌造成的损失,应在期货市场上卖出指数期货,即做空头;假使股价如预期的那样下跌,空头所获利润可用于弥补持有的股票资产因股市下跌而引起的损失。如果投资者想在现货市场上购买某种股票,那么,他应该在股票指数期货市场上买入股票指数期货,即做多头,若股票指数上涨,则多头所获利润可用于抵补将来购买股票所需。

1. 购入股票指数期货合约的套期保值

当股票持有者卖出手中持有的股票后如果股市反而上升时,他无形中就会遭受一定的损失,这种损失可以通过运用购入股票指数期货合约的办法加以避免。

例:上海某交易商在某年9月1日售出120 000元(2 000股、每股60元)的股票,为了防止日后股市上升无形中遭受损失,同时在期货交易所购入8月份指数期货合约,当日8月份合约的恒生指数为3 000点,则此合约的价格为3 000×300=900 000元;到8月底,股市上升,该交易商出售的该股票价格升为80元/股,沪深300指数升至3 200点,则该交易商售出股票的价值增到160 000元,无形中使该交易商在股市上损失40 000元(160 000-120 000);但因他事前购入了股票指数期货合约,在期货市场获利60 000元[(3 200-3 000)×300],此数足以弥补他在股市上的损失还有余。

2. 出售股票指数期货合约的套期保值

进行这种交易者,主要是手上已持有股票的私人或者机构,也可能是预期将要持有股票的私人或者机构,在对未来股市走势无法把握时,为防止股市下跌的风险,他们便会出售股票指数期货合约进行套期保值。

例:在上海的某股票持有人在某年5月20日持有价值120 000元的股票,由于他认为股市前景看淡,便出售一月期的沪深300股票指数期货合约。由于6月20日当天的8月份期货合约的沪深300指数为3 000点,故卖出的合约价值为:3 000×300=900 000元;到了8月底,股市果然如其所料下跌,该股票持有人所持股票价值下降到80 000元,一般情况下,他在股市的损失就是40 000元(120 000-80 000)。但因他事前做了套期保值交易,这样,沪深300指数也下降约100点,变成2 900点,故他在股票指数期货上的盈利便为100×300=30 000元,于是,在不计交易成本的条件下,该股票持有者通过套期保值降低了股市下跌的风险,实际损失只有10 000元。如果股票指数下跌更多,他完全可能通过套期保值而获利。当然股市走势也可能与此投资者的预期相悖,呈上升趋势,造成他在股票指数期货市场上损失,但这种损失会因为他所持股票价格的增加而得以补偿。

3. 发行股票的套期保值

股份公司在发行新股票时,通常是委托投资银行代理发行,投资银行临时组成集团认购股票,然后向大众投资者出售。这些集团一般要对发行公司担保净发行价格,或尽力推销分担股票。在这种股票发行过程中,由于股市的波动,也存在着一定的风险,这个风险是由代理发行集团承担的,发行公司要支付较高的认购补贴费用,为减少风险,可用股票指数期货进行保值。

例:某公司在某年3月1日决定于3月10日按每股20美元发行100万股股票,发行股票价值2 000万美元。为了防止到3月10日由于股市下跌造成发行价值的损失,该公司在股票指数期货市场出售指数期货合约400份,期货价100美元,合约价值100×400×500=2 000万美元。3月10日该公司发行股票时由于股市下跌,只能以每股19美元发行,收入1 900万美元,比计划发行价值损失2 000-1 900=100万美元,但是,由于该公司在期货市场上做了套期保值,3月10日买进指数期货合同,期货价跌至95美元,合约价值为:95×400×500=1 900万美元,期货盈利2 000-1 900=100万美元。这样一来,发行股票的损失可在股票指数期货市场得到补偿。

在真实的股票交易市场上,情况远比举例中的复杂。投资者面对成百上千种股票以及众多的信息,必须明而不乱、灵活机动,才能立于不败之地。而且在真实的期货交易中,经纪人的佣金以及保证金存款的机会成本都须纳入投资者利益分析范围之内,获益中须加以扣除。因此,真正的获利数并非举例中计算的那么多,一旦预测失误,就会有亏损,并非只会赚钱不会亏本。

(二) 投机

1. 买空

买空是指投机者预期股票指数将上升,于是购买某一交割月份的股票指数期货合约,一旦预测准确,他便可以将先前买入的指数期货合约卖出,从中赚取差额。

2. 卖空

卖空是指投机者预测指数期货的价格会下跌,于是预先卖出某一交割月份的指数期货,一旦预测准确,他可将先前卖出的期货再行买入,以赚取买卖合约的差价。

3. 跨月买卖

跨月买卖是期货交易中常见的做法。具体方法是利用远近不同月份的差价进行相反的操作。这里主要是指期货对期货的跨月交易。

①买入较短期的指数期货,卖出较长期的指数期货。

例如,某年1月15日3月份的沪深300指数期货价格为2 850点,6月份的沪深300指数期货价格为2 880点,如果某投资者预测3月份的期货价格上升速度快于6月份的期货价格,他将以此时的价格同时买入一份3月份期和卖出一份6月份期的期货,点数相差30。到了2月18日,3月份的和6月份的沪深300指数期货的价格分别变为2 960点和2 980点,该投机者觉得时机成熟,于是卖出一份3月份的指数期货合约,并购回一份6月份的指数期货合约。通过这一跨月买卖,两种不同月份的差价由原来的30点减少为20点,其利润便是3 000元[即(30-20)×300元]。这笔交易的利润也可分别由两笔交易计算,3月份期货低买高卖的盈利为33 000元[(2 960-2 850)×300元],6月份的期货低卖高买亏损为30 000元[(2 980-2 880)×300元],盈亏一抵,得净盈利3 000元。

其实该投机者完全可以直接买入3月份沪深300指数期货然后再卖出,这样便可得33 000元的利润,但由于市场变化无常,上述做法将要面临很大风险。之所以要做一笔跨月买卖,实际上是通过售出6月份期货对买入3月份期货进行保值,到了2月18日,卖出6月份期货是为了放弃其在期货市场的立场。如果投机者预期错误,即在6月之前,3月份期货价格增长速度慢于6月份期货价格,他将不能再做跨月买卖,因为这样将招致损失。他可能在3月份到期时再以2 850点的价格买入,然后6月份到期时再以2 880点卖出,利润为9 000元。但是一般投机者不愿意这样做,因为这样资金周转慢,拖的时间较长,会增加投入资金的机会成本。

②买入较长期的指数期货,卖出较短期的指数期货。

仍以上述①中的条件为例,如果投机者预期6月份标准普尔股票指数期货价格的增长速度慢于3月份期货价格。他就进行与上述①中相反的操作,即同时买入1份6月份和卖出1份3月份的期货。一旦预测准确,待时机成熟时,就再同时卖出原先买进的1份6月份的指数期货和买进1份3月份的期货,以赚取利润,其操作原理与①相同,只是操作方法大致相反。

综上所述,股票指数期货交易是一种非常特殊的期货交易,具有许多优越性。第一,股票指数期货交易是资本风险的转嫁。第二,股票指数期货交易更加灵活、方便。指数期货使交易双方都有充分的时间分析市场行情变化,可以随行就市,灵活应付。股票指数由多种有代表性的股票组成,能反映整个行市变化,免去了投资者选择分析单一一种股票行市的麻烦。股票指数期货还采取现金割的办法,省去了实物交割的不便。第三,股票指数期货对于投机者和保值者都有益处,持有股票的保值者可利用空头保值方式卖出预期要跌的期货,等到现货价格下跌时,以低价买进牟取利润,以弥补手中资产损失。投机者同样可以运用空头、多头、跨期买卖等手段赚取收益。机会与风险历来都是一枚硬币的两面,所冒风险越大,利润也越高,投机者因此而乐此不疲。第四,股票指数期货所需缴纳的保证金数额远远低于一般的金融期货。一般金融期货保证金比例20%~40%不等,而股票指数期货的保证金比例一般为10%左右。第五,股票指数的涨落并不一定与整个行市相一致。尽管代表股票指数的股票都是典型的大公司发行的,它仍然不能代表整个股市。在种类众多的上市股票中,少数股票行市与总指数的涨跌发生偏离是不足为怪的,股票持有者可以根据情况购买或卖出指数期货来保值。

但是,股票指数期货交易与其他事物一样,也存在一定的缺点。由于股票指数期货交易的保证金存款比率较低,用同样一笔资金可以购买数目较多的指数期货合约,获取收益的本益比就较小,这一优势吸引了大量投机者,助长了股市的投机风气,使股票市场价格机制在一定程度上失实;指数期货采用现金结算,方便灵活,但它既不像商品期货到期后交割有形商品,而且持有指数期货合约也没有像股票所有者能够得到股息,指数期货完全成为一种比股票这种虚拟资本更加虚拟化的资本,从而引起金融专家们对它的现实性的争论。

股票指数期货历经坎坷,由不成熟逐渐完善,占据了一定市场,说明了其合理的一方面。弊端也确实是存在的,这是它在发展过程中的一个必然。

第四节　股指期货交易策略

作为风险投资市场的一种避险工具,股指期货的交易策略是非常重要的,对于股指期货而言,个别交易策略与整体交易策略是有区别的,个别交易策略以个体对市场的主观理解为基础,来设定交易方案;而整体交易策略则要对一个全方位的游戏规则,综合地依据对市场的理解,对自己的认识及市场本身所发出的信息进行加工整理,来制订投资计划。另外,任何一个交易主体都有不同的交易时间周期(长线或短线)、不同的目标、不同的需求和不同的情绪,导致每个交易主体的策略都不尽相同,其目的均为最大限度发挥自己的长处和弥补自己的短处。

一、投机策略

期货价格的共同特点是波动幅度比较大,尽管期货价格和股票指数的波动在方向上总体是一致的,但是期货价格的波动性更大。当市场处于熊市时,期货价格的下跌往往快于相应的指数;而当市场处于牛市时,期货价格的上升也会领先于指数。这就容易被某些能对期指合约价格波动方向做出判断与预测的投机者利用,那些"看得清大盘,看不清个股"的投资者可以利用股指期货所提供的买空卖空机制,直接选择股指期货交易代替股票交易,这样他只需关注大市的动向而无须理会个别股票价格的变动。投机者并没有股票现货仓位,他们只是利用指数在未来一段时间的不确定性,当股指期货现价与股指期货合约交割时的现货指数之间出现差距时,进行交易获得利润。如果说套期保值者希望得到的是一个确定的未来,投机者则希望未来具有更大的不确定性。按照对风险的态度,套期保值者应当是风险规避者,而投机者则是风险追逐者。

任何一笔生意都存在时机问题,交易者应当在市场中耐心等待市场上出现价格偏离现象。从股指期货实践来看,实际股指期货价格往往会在某时偏离理论价格,当理论股指期货价格小于实际股指期货价格时,投资者可以通过买进股指所涉及的股票,并卖空股指期货而达到赢利目的。如果真正出现了好的市场机会,这个机会往往不会持续很久,股指期货交易如下棋一样,棋先数招,方是取胜之策。

二、指数套期保值策略

按照参与目的来划分,股指期货市场的参与者可以划分为套期保值者、投机者两个大类,而根据承担风险的大小来区分,又可以从投机者中分出套利者,因此,一般将股指期货市场的交易行为分为套期保值、套利和投机三类。期指最初推出的动因是减少系统风险,保全资产价值,因而保值者的存在是股指期货市场存在的前提条件。由于市场在未来的变化并不确定,利用股指期货进行保值并不一定能保证这一行为带来利润。投资者通过买卖期指合约来对冲股票现货空头或者多头仓位的风险。如果投资者目前持有的股票现货仓位的价值为 S,且该仓位的收益与市场收益的关系为 β,则投资者需要卖出 $\beta S/F$ 份合约价值为 F 的期指合约。相反,当一个投资者持有大量现金而股票现货仓位很轻时,为了减少甚至完全避免股票现货仓位过轻带来的机会损失,他会选择股票现货空头和期指多头的组合投资方案。假使在股指期货合约到期前,股票现货指数并没有如预期的那样上涨,股指期货多头并没有给投资者带来利润,相反是损失。但对保值者来说,重要的不是在期指合约中获得利润,而是通过持有股指期货多头合约,使得比其股票现货仓位价值的确定性大大增加。

三、资产配置策略

如果投资者只想获得股票市场的平均收益,或者看好某一类股票,如科技股,如果在股票现货市场将其全部购买,无疑需要大量的资金,而购买股指期货,则只需少量的资金,就可跟踪大盘指数或相应的科技股指数,达到分享市场利润的目的。而且股指期货的期限短(一般为三个月),流动性强,这有利于投资人迅速改变其资产结构,进行合理的资源配置。

资金就如同股指期货交易者的血液,在资金的运作中,每一次风险投资即能承担多大资金风险去博取多大的利润,优秀的交易者无不时刻关注着资金和市场的变化情况,大多数的时间和资金都是用小的筹码而不是大的筹码来进行交易,这就要求在股指期货交易中不断地对风险进行评价。资金管理有两条经验可以值得借鉴:一是资金量足够启动交易(切记非借贷);二是节俭资金,缺少资金的交易,一开始就存在隐患。在进行股指期货交易时,尤其是刚刚开始进行交易时,有许多不得不支出的开销。虽然即时资金的要求比长线交易者的要求少一些,但是对即时炒作而言,需要足够的资金,以至在出现持仓过夜的市场机会时,能够以最小的风险获利。在缺少资金的情况下,交易者往往比较急躁,不能客观地解释市场和进行交易,因此,一个优秀的交易者必须坚持原则,例如一笔股指期货交易的损失决不能亏掉总资金的 $5\%\sim7\%$,赔钱的头寸决不能加码或摊平,在准备开始交易时,必须严格设立止损点,一旦出错立即止损。如果资金管理不到位,无论是手中建立的头寸偏少或偏多,损失都是惨重的。一方面,如果没有足够的头寸,那么获取回报的机会就少。另一方面,如果建立了太多的头寸,那么就没有足够资金和力量捕捉新的机会。

四、指数套利策略

当期指实际价格与期指合理价格出现偏离,并且这种偏离足以弥补投资者同时参与股票现货市场和期指市场带来的交易成本时,套利的机会就出现了。套利者利用期指市场存在的不合理价格,同时参与期指与股票现货市场,或者同时进行不同期限的期指合约交易,以赚取差价。

五、主动管理风险策略

当市场出现短暂不景气时,投资者可以借助指数期货,把握离场时机,而不必放弃准备长期投资的股票;同样,当市场出现新的投资方向时,投资者既可以把握时机,又可以从容选择个别股票。股指期货市场上动因各异的参与者(投资者或套期保值者、套利者、投机者)并存,使得金融风险得以顺利转移,有利于分散或规避系统风险,及时弥补股指期货合约的供求缺口。

六、提高资产收益率策略

机构投资者受各方面因素的影响,可能希望卖出指数期货间接地避险,而不是直接卖出股票。比如一些战略投资者,按照规定在一定期限内必须持有股票不能出售;另外一些投资者可能不希望直接卖出股票,因为实现利润后,就必须缴纳所得税;还有一些投资基金在提取基金管理费时要考虑到基金总资产中非现金资产的比例。这时候基金经理也可能希望继续持有股票,而通过卖出指数期货规避风险,获取更高的投资收益。有时基金经理把指数期货也作为投资组合的一部分,例如把10%的资金投资于指数期货市场,把余下的资金投入货币基金市场。

七、增加投资组合流动性策略

通常基金经理决定购买的投资组合涉及一揽子证券组合,但是市场行情的飞速变化不可能给投资者有足够的时间来执行投资决策,而且决定购买的数量会影响到股票的价格。如同其他生意一样,股指期货交易目标都是以最占优势的价格买入或卖出,这就需要交易者对于股指期货交易的市场具有连续性的关注,健康发展的生意需每日每时地连续关注才能获得回报。在股指期货交易市场上,每日连续的操作有利于更客观地对待每日的开销,例如交易成本、行情显示等。连续每日的操盘可减缓情绪上的紧张程度,因此更能冷静地介入交易,寻找合适价位。

关于股指期货交易策略的应用,在进行即日交易时,很难体会到交易策略的重要性。当然,也只有在专业知识与交易策略有机地结合时,交易策略才有一定的意义。对于股指期货交易应首先承认交易本身是一种生意,应按照成功者做生意的原则,确定特殊的规则和策略,指导每一笔交易,从而实现交易目标。

遵守纪律是人们取胜的法宝,交易策略是随着市场的变化而不断完善的,但纪律是永恒的,交易策略没有固定的模型或模式,它是人们感知世界的方法,向人们解释世界,并帮助人们预测世界的行为。社会的环境影响到人们的行为与价值观,对于股指期货市场交易策略的探讨,将体现出交易者与市场之间的互动交流。市场其实很单纯,但绝不简单,市场具有一种高层次的秩序,市场具有动荡的趋势,反映交易本身,只有在总结出胜利者与失败者较高层次的交易策略时,才能使人们在股指期货交易中既看到树木又观到森林。

思考题

1. 股指期货的定义和特征是什么?
2. 股指期货的功能和作用是什么?
3. 股票指数的定义和基本功能是什么?
4. 股票指数期货的交易方式有哪些?
5. 股指期货的交易策略有哪些?

第十四章

期权

第一节 期权交易的基本概念

一、期权的定义

期权(Options)是指在某一限定的时期内按某一事先约定的价格买进或卖出某一特定金融产品或期货合约(统称标的资产)的权利。这种权利对买方而言是一种权利,而对卖方而言则是一种义务。本质上来说,期权就是指一种"权利"的买卖。期权交易中买卖双方的权利义务是不对等的,期权买方被赋予买进或卖出标的资产的权利,但并不负有必须买进或卖出的义务;而期权卖方则只有履约的义务,没有不履约的权利。而在期货交易中,买卖双方的权利义务是对等的,都负有必须履约的义务。

相对于股票或期货而言,期权具有鲜明的特点:

①期权是一种权利的买卖;

②期权买方要获得这种权利就必须向卖方支付一定数额的费用(权利金);

③期权买方取得的权利是未来的;

④期权买方在未来买卖的标的资产是特定的;

⑤期权买方在未来买卖标的资产的价格是事先确定的(即执行价格);

⑥期权买方根据自己买进的合约可以买进标的资产(看涨期权)或卖出标的资产(看跌期权)。

二、期权的交易双方

1. 期权的买方

期权买方(Options Buyer)是指买进期权合约的一方,是支付一定数额的权利金而持有期权合约者,故期权买方也称期权持有者。买进期权即为期权的多头。

期权买方只是买进期权合约的一方,而不一定就是买进标的资产的一方。

执行看涨期权,期权买方就会买进相应数量的标的资产;而执行看跌期权,期权买方就是卖出一定数量的标的资产。

当投资者支付权利金买进期权建立多头头寸后,就享有了买进或卖出标的资产的权利。因为他并不负有义务,所以他仅以其投入的权利金承担有限的风险,但是却掌握了巨大的获利潜力。

2. 期权的卖方

期权卖方(Options Seller)是指卖出期权合约的一方,从期权买方那里收取权利金,在买方执行期权时承担履约的义务。期权卖方也称期权出售者。卖出期权即为期权的空头。

同样,期权卖方只是卖出期权合约的一方,而不一定就是卖出标的资产的一方。执行看涨期权,期权卖方就必须卖出相应数量的标的资产;而执行看跌期权,期权卖方就必须买进一定数量的标的资产。

如果期权买方在事先约定好的期限内没有执行他的权利,那么该期权就会自动失效,卖方不必承担任何责任。对于现货期权,执行期权就是买卖相应的金融产品;而对于期货期权来说,执行合约时就是按相应的执行价格买入或卖出相应期货合约。

三、权利金

权利金(Premium)即期权的价格,是期权买方为了获取期权权利而必须向期权卖方支付的费用,是期权卖方承担相应义务的报酬。

在实际交易中,权利金是买卖双方竞价的结果。权利金的大小取决于期权的价值,而期权的价值取决于期权到期月份、所选择的执行价格、标的资产的波动性以及利率等因素,投资者在竞价时会考虑这些因素对期权价值的影响。

权利金的重要意义在于:对于期权的买方来说,可以把可能会遭受的损失控制在权利金金额的限度内;对于卖方来说,卖出一份期权立即可以获得一笔权利金收入,而并不需要马上进行标的物的买卖,这可能是有利可图的。但同时卖方面临一定的风险,即无论标的资产的价格如何变动,卖方都必须做好执行期权合约的准备。

四、执行价格

执行价格(Exercise Price)又称敲定价格(Striking Price)、履约价格、行权价格,是期权合约中事先确定的买卖标的资产的价格,即期权买方在执行期权时,进行标的资产买卖所依据的价格。

执行价格在期权合约中都有明确的规定，通常是由交易所按一定标准以渐增的形式给出，故同一标的的期权有若干个不同的执行价格。如芝加哥期货交易所的小麦期货期权，规定期货交割前两个月执行价格间距为 5 美分/蒲式耳，其余月份为 10 美分/蒲式耳。根据执行价格间距，前两个月其执行价格可能是 250 美分/蒲式耳、255 美分/蒲式耳、260 美分/蒲式耳等，后两个月其执行价格可能是 250 美分/蒲式耳、260 美分/蒲式耳、270 美分/蒲式耳等。郑州商品交易所小麦期货期权（网上模拟交易）的执行价格间距为 10 元/吨，则其执行价格可能是 1 830 元/吨、1 840 元/吨、1 850 元/吨、1 860 元/吨、1 870 元/吨、1 880 元/吨、1 890 元/吨。

一般来说，在某种期权刚开始交易时，每一种期权合约都会按照一定的间距（如上面芝加哥期货交易所的小麦期货期权的间距为 10 美分/蒲式耳）给出几个不同的执行价格，然后根据标的资产价格的变动适时增加。至于每种期权具体有多少个执行价格，取决于该标的资产的价格波动情况。比如芝加哥期货交易所的小麦期货期权合约规定：在交易开始时，公布 1 个平值期权和 5 个实值期权、5 个虚值期权。郑州商品交易所小麦期货期权合约（网上模拟交易）规定第一个交易日，将以 10 元/吨的整数倍列出以下执行价格：最接近相应小麦期货合约前一天期货结算价的执行价格（位于两个执行价格之间的四舍五入），以及高于此执行价格的 3 个连续的执行价格和低于此执行价格的 3 个连续的执行价格。例如：郑州商品交易所 2024 年 9 月 5 日的期货结算价为 2 408 元/吨，则第二天相应的平值期权执行价格为 2 410 元/吨（四舍五入），高于此执行价格的三个连续执行价格分别为：2 420 元/吨、2 430 元/吨、2 440 元/吨；低于 2 410 元/吨的三个执行价格分别为：2 400 元/吨、2 390 元/吨、2 380 元/吨。

如上所述，每一种期权有几个不同的执行价格，投资者在期权投资时必须对执行价格进行选择。一般的原则是，选择在标的资产价格附近交易活跃的执行价格。当然，投资者可以根据自己的不同组合交易策略来选择执行价格。

五、期权交易的合约

当进行某种期权交易时，期权合约的内容实质上就是期权买卖双方所要遵守的游戏规则。下面对期权合约的条款予以详细的说明。

1. 交易代码（Symbols）

每个期权合约的具体代号，通常以一些英文字母来表示，每个代码代表一类具体的期权合约。如：郑州商品交易所"CW"代表小麦看涨期货期权，"PW"代表小麦看跌期货期权；芝加哥期货交易所小麦期货期权公开喊价交易的交易代码"WY"代表看涨期权,"WZ"代表看跌期权,而电子交易的代码为"OZW"。

2. 标的资产(Underlying Assets)

期权的标的资产非常广泛。常见的有股票期权、股票指数期权、外汇期权、利率期权、商品期货期权、金融期货期权等。以小麦期货期权为例,郑州商品交易所小麦期货期权的标的资产是一张10吨的小麦期货合约,芝加哥期货交易所期货期权的标的资产是一张5 000蒲式耳的小麦期货合约。

3. 合约价值(Trading Unit)

指每张期权合约所代表的要交易的标的资产的数量。如一张郑州商品交易所小麦期货期权合约的合约价值是10吨小麦;一张芝加哥期货交易所小麦期货期权合约的合约价值是5 000蒲式耳小麦。

4. 最小变动价位(Trick Size)

指每张期权合约或每一交易单位标的资产报价时所允许价格变动的最小值。如郑州商品交易所小麦期货期权的最小变动价位是1元/吨;芝加哥期货交易所小麦期货期权的最小变动价位是每蒲式耳1/8美分(6.25美元/张);香港交易所恒生指数期权的最小变动价位是每张合约1点(每点为10港元)。

对于股票期权而言,根据不同的股票市场价格,其最小变动价位不同。股票的价格越高,最小的变动价位越大。芝加哥期权交易所股票期权(每张合约100股)的最小变动价位是:当股票价格在5美元到25美元之间时,最小变动价为2.5美元;当股票价格在25美元到200美元之间时,最小变动价为5美元;当股票价格高于200美元时,最小变动价为10美元。

5. 每日价格波动幅度限制(Daily Price Limits)

指期权合约的权利金每日的波动幅度高于或低于上一个交易日权利金结算价的限度。如果达到涨跌停板,就暂停交易,以防止价格暴涨暴跌。如郑州商品交易所小麦期货期权权利金涨跌停板幅度是不超过上一交易日权利金结算价的±3%;芝加哥期货交易所交易的小麦期货期权涨跌停板幅度是每蒲式耳不超过上一交易日权利金结算价±30美分。值得注意的是:有的期权合约没有涨跌停板限制,如韩国股票交易所的200种股票指数期权就没有涨跌停板限制。

从目前世界期权交易所的做法看,基本上有以下三种:一是期权标的资产交易本身不设涨跌停板,从而相应的期权交易也没有涨跌停板。如伦敦金属交易所的金属期货交易、伦敦国际石油交易所的能源期货交易等。二是期权标的资产交易有涨跌停板,但相应的期权交易没有涨跌停板。如纽约商品期货交易所的铜期货交易和原油期货交易都有涨跌停板的规定,但其相应的期货期权交易均没有涨跌停板的规定。三是期权标的资产交易和期权本身交易都有涨跌停板,比如芝加哥期货交易所的大豆、豆油、小麦期货等,期货期权的涨跌停板幅度限制与期货的涨跌停板幅度限制相同。

6. 执行价格(Exercise Price)

指在期权合约中事先约定的在履行合约时期权买方买入或卖出标的资产的价格。其执行价格接近标的资产的市场价格。通常对于同一标的资产的期权合约来说,会设置几个不同的执行价格,如郑州商品交易所网上模拟交易中某年1月份的小麦期货看跌期权(PW401)(执行价格间距为10元/吨)在前一年9月26日的执行价格有:1 480元/吨、1 490元/吨、1 500元/吨。而且随着市场的变动会设置新的执行价格。当然,执行价格不同,期权合约的权利金也就不一样。

7. 合约月份(Contract Months)

指期权买卖双方执行期权合约的月份。期权交易的月份分为季度周期性月份、非季度周期性月份和循环月份。普通期权合约月份一般是季度周期性月份的3月、6月、9月、12月;芝加哥期货交易所玉米期货期权、堪萨斯期货交易所的小麦期货期权、纽约商品期货交易所的高级铜等商品期货期权交易月份是非季度周期性月份3月、5月、7月、9月、12月。股票期权及股票指数期权交易月份是循环月份,它们是在1月、2月或3月的基础上的循环,也就是在其基础上,再加3个月。1月份的循环包括1月、4月、7月和10月这4个月份;2月份的循环包括2月、5月、8月和11月这4个月份;3月份的循环包括3月、6月、9月和12月这4个月份。如果当前月份的到期日还未到达,则交易的期权合约包括当个月到期期权、下个月到期期权和当前月循环中的下两个月的期权。例如,在1月初,交易的期权到期月份为1月、2月、4月和7月。如果当前月份的期权到期日已过,则交易的期权包括下个月到期、再下个月份到期期权和该月循环中的下两个到期月的期权。例如,在1月末,交易的期权的月份是2月、3月、4月和7月。当某一期权到期时,则开始交易下一个月期权。

8. 交易时间(Trading Hours)

指期权交易所规定的期权交易的具体时间。期权的交易时间由其交易所自行规定,不同的交易所交易时间各不相同,如纽约商品期货交易所铜的交易时间为纽约时间上午9:25—下午2:00;芝加哥期货交易所长期国债期货期权的交易时间为芝加哥时间上午9:20—下午2:00;香港交易所恒生指数期权的交易时间为当地上午9:45—中午12:30及下午2:30—4:15。

9. 最后交易日(Last Trading Day)

指期权合约的最终有效日期。在到期日之前,期权买方任何时候均享有合同规定的权利,而若超过这一天,期权合约自动作废。对多数股票期权来说,期权合约的最后交易日精确的到期时间是到期月第 3 个星期五之后的星期六美国中部时间的晚上 11:59。一般情况下是该月的第 3 个星期六,但也有例外。如果该月的第一天是星期六,那么第 3 个星期五之后的星期六则是那个月的第 4 个星期六。郑州商品交易所小麦期货期权合约的最后交易日与其期货合约的最后交易日相同,为交割月份的倒数第 7 个营业日。

每个交易所在进行期权合约设计时,可能会根据本交易所的具体情况在合约中增加或减少部分内容。因此,不同期权合约中的内容不完全相同。

第二节 期权合约的种类

期权合约有四种基本分类方法,若按它的变化或组合分则种类更多。现按四种基本分类方法加以介绍。

一、按地域交易特点分类

期权按地域交易特点分,有欧洲期权、美国期权、亚洲期权。欧洲期权又称为欧式期权(European Option),其拥有者只能在期满日当天执行期权。美国期权又称为美式期权(American Option),其拥有者则可以在期满日之前的任何时候或期满日执行期权。亚洲期权又称为均价期权,期权的交割不是按到期时即期价格与敲定价格的关系确定,而是按到期日前的平均价格与敲定价格的关系确定。平均价的取值期间称为观察期。亚洲期权的优越性是可以帮助期权行使者避免连续性的汇价风险,其他种类的期权一般只能防范间断性的风险。同时,亚洲期权中的"Delta"套期保值参考的是平均价格,而不是市场即期汇率,所以"Delta"风险小,其权利金也低于同样条件下的标准期权的权利金。

二、按交易方式分类

期权按交易方式分有看涨期权和看跌期权。

1. 看涨期权

期权合同的最主要类型是股票看涨期权。它赋予期权购买方一定时期内的任何时候,以特定价格从期权提供方购进特定公司、特定股数股票的权利。

股票期权合同特别规定了 4 项条款:可以购进哪个公司的股票,可以购进多少股数,股票的购进价格(称为执行价格或约定价格),所购期权的到期日期(亦称为到期日)。

例如，投资者 A 与投资者 B 准备签订看涨期权合同，合同规定在以后 3 个月内，A 可以按 50 元的价格从 B 处购进 100 股 T 公司的股票。现在，T 公司正以 45 元的价格在交易所出售股票。A 是期权的购买方，他认为这个公司的普通股票价格在以后 3 个月内将大幅度上升；B 是期权的提供方，他对 T 公司股票持有不同观点，认为在这段时期内其价格不会超过 50 元。

如果 B 从 A 处毫无所得，B 是不会签这份合同的。B 签订该合同时承担了风险，他必然为此索取报酬。这种风险是 T 公司的股票价格此后升至 50 元以上时，B 不得不以此价购买股票，再以 50 元的价格转让给 A。假设股票价格升至 60 元，B 购买 100 股股票将花费 6 000 元，然后 B 将这 100 股股票转让给 A，按期权合同，由 A 收回 $50 \times 100 = 5\,000$ 元，则 B 将损失 1 000 元。

为了使看涨期权的提供方签合同，期权买方必须支付给提供方一定报酬，所付费用称为权利金，实质上是风险补偿费用，也称为期权价格。上例中，假设每股保险费为 3 元，这意味着签此期权合同时，A 将支付 300 元给 B。因为 A 预计 T 公司股票价格将上升，当然也可以通过按 45 元的价格购买该公司的股票赚钱，但是购买看涨期权比购买股票更具有吸引力，因为他可以获得更高的杠杆利益，在购买看涨期权时，每股只需花费 3 元。

在 A 与 B 签订看涨期权合同后，B 可能避免履行合同，那么怎样才能做到这一点呢？B 可以按协定价格从 A 处买回合同然后销毁。如果 T 公司股票在一个月内升至 55 元，那么协议价格可能 7 元（即其总额为 $7 \times 100 = 700$ 元）。这时，B 将亏损 $700 - 300 = 400$ 元，A 将赚 400 元。相反，如果 T 公司股票价格降至 40 元，那么协议价格可能是 0.5 元（总额为 $0.5 \times 100 = 50$ 元），这时，B 将赚得 $300 - 50 = 250$ 元，而 A 将亏损 250 元。

在上面的例子中，初始期权的提供方和购买方必须当面起草合同条文，此后，如果两者之一想退出合同，必须与另一初始参与者达成一致价格，或者找到第三投资者替代其合同位置。这样，如果投资者想要从事期权交易，就必须付出大量精力。

2. 看跌期权

期权合同的第二种类型是股票看跌期权。它赋予期权购买方在特定时期内以特定价格，出售给期权提供方特定公司特定股数股票的权力。与看涨期权相似，合同包含 4 个特定的条款：出售哪一个公司的股票，出售多少股数，股票出售价格（称为执行价格或约定价格），出售权利的到期日期（亦称为到期日）。

例如，假定投资者 A 与投资者 B 准备签订看跌期权合同。合同允许 A 在以后 3 个月内的任何时候以 30 元的价格出售给 B100 股 T 公司的股票。现在 T

公司股票正在有组织的交易所,以35元的价格销售。A是期权的潜在购买方,他认为在以后3个月内T公司的股票价格将大幅度跌落;而B是期权的潜在提供方,他认为T公司的股票价格将不会跌至30元以下。

正如有关T公司股票的期权一样,B将因签订合同而承担风险,因而要求为此取得报酬。这个风险是T公司股价跌至30元以下时,B将不得不以30元的价格从A处买入股票,实际上这些股票不值这么多钱。如果T公司股票跌至20元,B买入股票将花费 $30 \times 100 = 3\,000$ 元,而这些股票只值 $20 \times 100 = 2\,000$ 元,这样,B将亏损1 000元;同时,A将用2 000元从市场上购买T公司的100股股票,再以3 000元出售给B,赚得1 000元。

正如看涨期权一样,看跌期权的购买方将支付给提供方一定的金额,称为保险金,以便提供方签订合同,承担风险。与看涨期权相似,双方可以通过中止性交易退出其合同设置。在美国,这种做法对挂牌看跌期权是很容易的,因为这类合同是标准化的。

三、 按期权标的物分类

期权按期权标的物分有股票期权、股票指数期权、利率期权、外汇期权。

1. 股票期权

股票期权是相对简单的投资,通过执行期权,看涨期权的购买方实实在在地获得某公司股票,而提供方真正提供这些股票。在执行中,期权的购买方和提供方都会发现,为了避免实际的股票交易费用,中止双方的合同位置是更为有利的。这时购买方将期望取得(而提供方亏损)一笔收入,其值近似等于证券的现行市场价格与期权执行价格的差。

规定在到期时只进行现金结算的做法是完全可行的。这时,如果现行价格高于执行价格,则将要求期权提供方支付给看涨期权购买方证券市场价格与看涨期权执行价格的差价金额,相应地,对看跌期权,如果执行价格高于股票现行价格,则要求提供方支付给购买方期权执行价格与现行市场股票价格的差价金额。

尽管单种股票的挂牌期权负有提供证券的责任,但也可以用"现金结算"方式来实现。于是,就产生了指数期权。

2. 股票指数期权

指数期权以股票价格指数水平为基础。有的指数广泛反映股票市场的运动,有的指数反映特定工业部门股市的变化,有的指数是高度专门化的,只含有几种股票,另一些指数对股票市场的主要部分有广泛的代表性。美国证券交易所市场价格指数覆盖了美国证券交易所的全部股票,而纽约证券交易所综合指数覆盖了纽约证券交易所的所有股票,标准普尔500股票指数包含了500种大型公司挂牌交易股票。

指数期权合同不是以股票数目表述的,合同的大小是以指数水平乘以进行期权交易的交易所指定的乘数得出。指数期权的保险费(即价格)乘以所用乘数则为应付总费用。

例如,假设标准普尔100指数期权在芝加哥期权交易所交易。某年9月9日,以该种指数为基础的执行价格为300美元,同年11月到期,其预计的溢价为21.35美元。由于标准普尔100期权合同的乘数为100,投资者将支付21.35×100=2 135美元来购买此合同(另加佣金)。

股票指数期权的基本证券是各种股票的市场指数,如标准普尔100指数、NYSE指数、罗素2 000指数和OCT指数等,它还可以是某些行业的指数。指数期权与股票期权一样统一建立行权价和到期日。一般到期日为几个月,少数到期日超过一年的叫作长期期权。投资者通常通过经纪人在期货交易所交易期权。

3. 利率期权

看涨和看跌期权也可以以债券(如美国国库债券)或短期债券等为基础进行交易。这些证券的期权以专门发行的债券为基础,执行后提供面值给定的金额。

例如,美国证券交易所的短期国库券的期权市场,其基础资产为10万美元特别发行债券。每张债券具有8.625%的利率,在2027年8月15日到期。2017年9月9日,美国证券交易所关于这种债券的买进期权的执行价格为94(即9.4万美元),到期日为2018年2月,以0.23的价格,即面值的(0.23/32)%=0.007 188%或100 000×0.007 188%=718.8美元进行销售。

4. 外汇期权

看涨或看跌期权也可以外汇进行交易。这些期权类似于股票期权,一旦执行,将必须交付基础资产。由于每份期权含有外汇单位,资产交付是由所涉及货币国银行账户支付。

例如,费城证券交易所包含有外汇期权市场,可交易瑞士法郎,具体地说,这些期权可提供62 500瑞士法郎。2018年12月,一份该货币的看涨期权执行价格为70美分/瑞士法郎,到期日为2019年3月。该期权的执行金额为62 500×0.70=43 750美元。2018年12月,这个瑞士法郎看涨期权的市场价格(即保险费)是1.17,这意味着该看涨期权的购买费为0.011 7×62 500=731.25美元。因为当日交易汇率为68.23,或者说每瑞士法郎0.682 3美元,低于这个看涨期权的执行价格 0.70 美元,因此,该外汇期权是具有负的内在价值的期权。

四、按期权价值分类

按期权价值可将期权分为实值期权、平值期权、虚值期权三种。

1. 实值期权(In the Money,ITM)

实值期权,具有正内涵价值,即如果期权立即执行,买方能够获利时的期权。当看涨期权标的资产的市场价格大于执行价格,或看跌期权标的资产市场价格小于执行价格,如果买方决定执行期权,均会获利,此时期权为实值期权(不计交易成本)。例如某看涨期权股票市场价格为 105 美元,若期权执行价格为 100 美元,则该期权为实值期权。

2. 虚值期权(Out of the Money,OTM)

虚值期权,具有负内涵价值,即如果期权立即执行,买方发生亏损时的期权。当看涨期权标的资产的市场价格小于执行价格,或看跌期权标的资产的市场价格大于执行价格,如果买方决定执行期权,则会发生亏损,此时的期权称为虚值期权(不计交易成本)。例如看涨期权股票市场价格为 95 美元,若期权执行价格为 100 美元,则该期权为虚值期权。

3. 平值期权(At the Money,ATM)

平值期权又称两平期权,不具有内涵价值,即当期权标的资产的市场价格等于期权的执行价格时的期权。当看涨期权或看跌期权的执行价格与标的资产的市场价格相等时,该期权表现为平值期权。例如某股票市场价格为 100 美元,若期权执行价格为 100 美元,则该期权为平值期权。

实值、平值、虚值描述的是期权在有效期内某个时点的状态,随着时间的变化,标的资产价格会不断变化,同一期权的状态也会不断变化。有时是实值期权,有时是平值期权,有时会变成虚值期权。

第三节　期权交易的策略

在任何市场条件下均可运用期权交易,如在看涨市场、看跌市场以及持稳市场条件下可选择不同形式的交易策略。相对于直接证券投资和期货交易而言,购买期权具有有限的损失(限于期权费)和较大的杠杆效应的特点。所以交易既可用于投机也可用于保值。本节将介绍一些期权交易策略,尽管不能介绍所有的策略,但却可以通过这些案例对期权买卖活动得到更为直观的、深刻的印象。

一、购买看涨期权

由于看涨期权赋予买方在既定的履约价格购买相关商品或有价证券的权利,如果看涨期权买方认为基础证券的价格将会涨至足以弥补其为购买期权而支付的期权费的水平,他就可以采取这种策略。在某种情况下,交易者买进期权不是出于投机目的,而是通过买进看涨期权为其日后将要购入的商品或有价证券确定一个最高的价格水平或用来对冲其空头期货部位。当预期某种商品和金融证券的价格呈上涨趋势时人们会愿意购买该看涨期权。如果预期正确,这种期权会为购买者带来赢利;反之,该期权购买者的最大损失只有期权权利金。

某投资公司的财务部门经理预计,在今后晚些时候公司会有一笔款项用于购买美国政府债券。然而该经理担心,在其实际购买债券之前,市场利率可能会下跌,并导致债券价格上涨。他想采取措施以防止债券价格上涨引起的债券投资费用增加,但又不想放弃一旦债券价格下跌的好处。于是,他决定买进看涨期权。现假定6月份的某一特定现货债券的价格水平为87美元(该价格是债券面值的百分比)。该经理以1 500美元的价格买进一张履约价格为86美元的同年9月份到期的看涨期权合约(合约的价值为100 000美元面值的债券)。到同年8月份,利率果然下降,基础债券的现货价格为96美元,履约价格为86美元的同年9月份到期的看涨期权的市价为10 100美元,于是该经理决定卖出看涨期权。以对冲其手中的期权部位。通过这一买卖活动,他在期权交易中获利8 600美元,并用这笔赢利最大限度地弥补其在现货市场购买债券时因价格上涨引起的购买费用的增加,如表14-1所示。

表14-1 购买看涨期权时的现货与期权

现货	期权
6月份: 债券价格为87美元	买进一张9月份到期,履约价格为86美元的看涨期权,价格:1 500美元
8月份: 债券价格为96美元	卖出一张9月份到期,履约价格为86美元的看涨期权,价格:10 100美元
结果: 亏损9 000美元(9%×100 000美元)	获得8 600美元[即(10 100−1 500)美元]

本交易策略的主要优越性表现为,该经理通过买进看涨期权,有效地防止了可能出现的利率下降引起的债券购买费用的增加,假如利率未下降反而上升,该经理则可以用较低价格买进现货债券,而任其看涨期权作废,或将看涨期权卖

出,以获取剩余时间价值。

由于期权的权利在于期权的买方,所以,用期权保值有时比用期货保值更合适。例如,假定一家中国企业对一个外国政府的项目进行投标。估计如果中标,企业大约需要 93.5 万美元,但企业要等到 6 个月后才能知道是否中标,在这种情况下为了对不确定的外汇进行保值,企业可以购买美元的看涨期权,有效期为 6 个月。一旦企业中标,企业可以执行期权购买需要的美元,如果美元贬值,企业可以让期权作废。

即使企业对工程的投标被拒绝,在期权到期前,如果美元的现货汇率超过履约价格,企业还是应该执行该货币看涨期权,可以部分或者全部补偿所支付的期权费。

这种策略风险有限但收益潜力很大,所以颇受保值者青睐。当保值者预计价格上涨会给手中的资产或期货合约带来损失时,就可买进看涨期权,而回避风险的最大代价就是要支付权利金。随着价格上涨,期权的内涵价值也增加,保值者可通过对冲期权合约获得权利金增值;也可以选择履行合约,获得标的资产(或期货合约)的增值。

当投资者认为商品或证券的价格要上升,他可能愿意购买看涨期权。如果该商品或证券的价格下降了,没有上升到期权的履约价格之上,投资者可以选择不执行期权,他所损失的仅仅是购买期权支付的价格。但是,如果该证券的价格上升到期权的履约价格之上,投资者即看涨期权的购买者就会执行期权,其收入为该证券的市场价格与履约价格之差。例如,某股票看涨期权的履约价格为每股 100 元,该股票的市场价格为 130 元,则执行期权的收入为每股 30 元,扣除期权费就是该期权购买者的赢利。因为期权的买方只需要支付期权价格,它通常是股票价格的 15% 左右。当股票的市场价格越过期权的履约价格很多时,投资者就会获得很高的投资收益率。所以,购买期权具有很大杠杆效应。

图 14-1 是看涨期权的买方和卖方的盈亏图。该图横轴表示证券的市场价格,纵轴表示期权赢利或损失。该图表示,当证券的市场价格小于或等于期权的履约价格时,期权购买者一般不会执行期权,他的损失等于所支付的期权费。当证券的市场价格超过履约价格正好等于期权费的大小时,如果期权购买者执行期权,他的赢利等于零,这就是图中 Z 点所表示的。一般说来,此时期权的买方会执行期权。尽管在这种情况下他的赢利为零,但可以补偿所支付的期权费。当证券的市场价格超过 Z 点时,期权的购买者有一个正的赢利。

从图 14-1 中可知,购买看涨期权的交易特点:亏损额是固定的、有限的,而赢利额则不固定,可能很大。

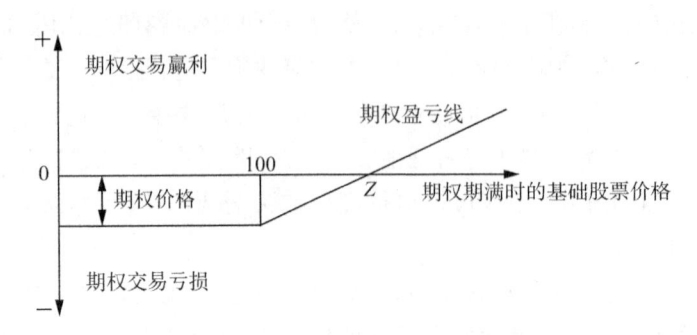

图 14-1　购买看涨期权盈亏分析

二、购买看跌期权

当投资者认为某种商品或证券价格将会下跌到足以弥补其所付出的期权费水平或以下时,他可以购买看跌期权,来对价格的下降投机获利,或者为其日后将要卖出的现货商品或证券确立一个价格下限。

某股票目前的市场价格为每股 61 元,投资者预计在以后的 9 个月内该股票的价格会下跌,为了利用这种机会获利,但又限制一旦股票的价格变化与预期相反的损失,该投资者决定购买履约价格为每股 55 元,9 个月后到期的该股票看跌期权合约(该期权合约的标准单位为 100 股)。投资者购买看跌期权支付的价格为 400 元。在期权到期时,股票的价格果然如投资者所料下降到每股 42 元。投资者执行看跌期权,每股收入为 13 元(即:55-42=13),总收入为 1 300 元(100 股×13 元/股),扣除支付的期权费 400 元,投资者净获利为 900 元。

下面一例说明如何通过购买看跌期权进行保值。某位投资者以每股 35 美元的价格购买了 100 股股票,现在价格涨到每股 75 美元,每股投资者可赚 40 美元,但由于某种原因,该投资者不想将股票卖出。如果股票价格下跌投资者的赢利就会减少,投资者决定购买看跌期权保留赢利,假定投资者购买了履约价格为每股 75 美元,有效期为 3 个月的看跌期权,购买价格为 250 美元。3 个月后股票价格跌至每股 50 美元。投资者在股票上损失 2 500 美元,但在期权上赢利 2 250 美元。这样投资者通过购买看跌期权保证了在最坏的情况下即股票价格下跌的情况下仍有 3 750 美元的赢利(即:40×100-2 500+2 250),如表 14-2 所示。

表 14-2　购买看跌期权时的现货与期权

现货	期权
①购买股票 100 股,价格为 35 美元	
②价格上涨至 75 美元,赢利为 4 000 美元	购买 3 个月期的看跌期权,履约价格为每股 75 美元,期权价格为 250 美元
③3 个月后,股票价格跌至每股 50 美元	执行期权
结果: 赢利 1 500 美元 即:(50－35)×100(美元)	赢利 2 250 美元 即:(75－50)×100－250(美元)

如果 3 个月后股票价格继续上涨,而不是下跌,投资者让期权过期作废,可继续从价格上涨中获利,假设 3 个月后,股票价格涨至 100 美元,投资者的赢利为 6 250 美元,即:赢利＝(100－35)×100－250＝6 250(美元)。

购买看跌期权的盈亏图如图 14-2 所示,看跌期权的购买者希望期权的基础证券价格下降,就像证券市场的卖空者所希望的那样,如果商品或证券的市场价格低于期权的履约价格,看跌期权的买入执行期权就能获得赢利。但与股票的卖空者不同,股票看跌期权的购买者当股票价格上升时只有有限的损失(期权费)。如果股票价格下降,看跌期权所有者的赢利不可能超过履约价格减去期权费。这样,看跌期权的卖方也只有有限的损失,即他的最大损失不会超过履约价格,看跌期权卖方的赢利也只是收到的期权费。所以,无论是看涨期权还是看跌期权,期权卖方的赢利总是限于收到的期权费。

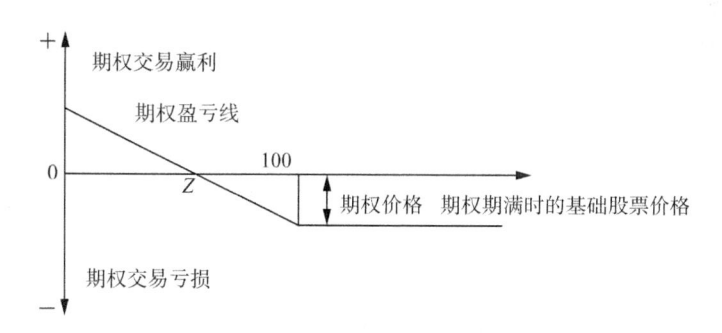

图 14-2　购买看跌期权盈亏分析

任何想就基础证券价格下降进行投机的人可以选择进行基础证券卖空或者购买看跌期权。基于下列理由,一般购买看跌期权要优于从事卖空投机。

首先,购买看跌期权的投资只限于期权价格,而卖空者则要投入较大数量的资金。这意味着看跌期权比卖空提供了更大的财务杠杆。第二,看跌期权的所有者在期权的基础证券价格上升时只损失支付的期权费,而卖空者如果证券的价格上涨要遭受无限的损失。第三个理由与股票的现金股息有关,卖空者要补偿他所借的股票的现金股息,而购买看跌期权不存在这个问题。当然,看跌期权并不总是优于卖空,购买看跌期权最大的不利之处在于期权有效期是有限的,而且通常比较短,期权一旦过期则毫无价值。此外,期权的所有者没有利息收入和其他的所有权益。

买进看跌期权是风险有限而收益潜力却很大的策略,看跌期权的买方预测标的物价格将下跌,将获取多于所付权利金的收益,当标的物价格与预测的相反时,他的最大损失也就是权利金。

三、出售看涨期权

投资者卖出看涨期权或看跌期权是为了赚取收到的期权费。一般而言,交易者只有预计期权基础证券的价格仅会出现小幅度波动或略有下跌的情况下才卖出看涨期权。对于看涨期权的卖方说,只有预计到基础证券的价格仅会保持平稳或略有上涨时才会卖出看跌期权,总之,对于看涨期权卖方来说,他们寄希望于基础证券的价格不会上涨至足以使期权买方行使期权的水平,或即使证券价格上涨也不要超过所收取的期权费水平(见图14-3);而对于看跌期权卖方而言,他们则寄希望于基础证券的价格不会跌至足以使期权买方执行期权的水平,或即使基础证券价格下跌,也不要超过所收取的期权费水平。

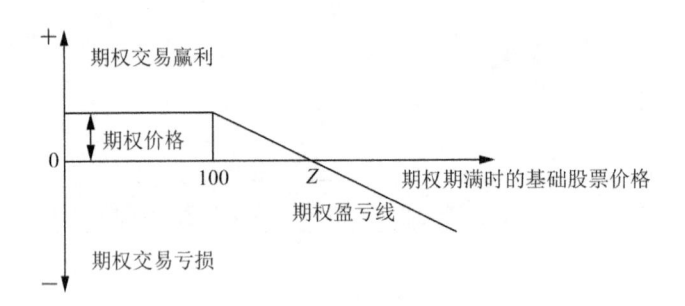

图14-3 出售看涨期权盈亏分析

当某债券价格为76时,某投资者通过卖出一张期限为6个月,履约价格为76的平衡看涨期权合约,收取期权费3 000美元。平衡看涨期权的内涵价值为零,因此3 000美元的期权费完全代表其时间价值,假如在期权到期时,基础债券价格仍为76或低于该价格水平,那么该看涨期权将作废,因为到时它既不具有内在价值,也不具有时间价值。这样该期权卖方就可以完全拥有先前获取的全部3 000美元的期权费。再假设在期权到期时,基础证券价格上涨至78,期权买方将执行该期权,这样,期权卖方将亏损2 000美元[即:(78%-76%)×100 000],但是该亏损额低于先前收取的3 000美元期权费。因此,期权卖方仍有净获利1 000美元,如上所述,那些希望在期权合约被执行或到期之前对冲其手中空头期权部位的期权卖方可以按当时期权的市场价格做相反的买进交易以达到平仓的目的,由于期权价格的时间价值随着到期日的临近而逐渐减少,这将使期权卖方在买回期权时付出的费用降低,因而期权卖方总是可以获利。因此,假如投资者在卖出履约价格为76的债券看涨期权3个月后,基础债券价格仍为76,但时间价值跌至2 000美元,通过按此期权价格进行反向交易,期权卖方的净赢利为1 000美元。

很显然,这是收益有限,而潜在风险却很大的方式。卖出看涨期权的目的是赚取权利金,其最大收益是权利金,因此卖出看涨期权的人(卖方)必定预测标的物价格持稳或下跌的可能性很大。当价格低于敲定价时,买方不会履行合约、卖方将稳赚权利金;当价格在敲定价与平衡点之间时,因买方可能履约,故卖方只能获取部分权利金;当价格涨至平衡点以上时,卖方面临的风险是无限的。

四、 出售看跌期权

卖出看跌期权是收益有限却风险很大的策略。当标的物价格上涨或基本持平时,可稳赚权利金;如果标的物价格下跌,发生的损失额开始抵消所收权利金,价格跌至平衡点以下时期权卖方将开始出现净损失(见图14-4)。

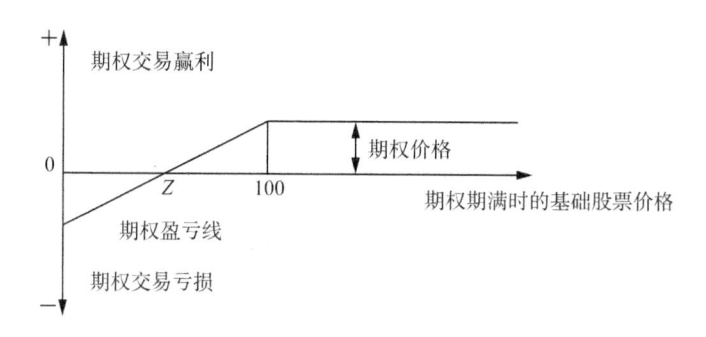

图14-4　出售看跌期权盈亏分析

通过以上四种基本策略的分析我们可以看出,交易者采取何种交易方式是基于他们对标的物价格变动趋势的判断,可总结如表14-3所示。

表 14-3　购买/出售看涨/看跌期权的盈亏特点

策略	对市场预测	盈亏特点
购买看涨期权	看涨	亏损额固定、有限,赢利额不固定,可能很大
出售看涨期权	看跌	赢利额固定、有限,亏损额不固定,可能很大
购买看跌期权	看跌	亏损额固定、有限,赢利额最大限为:敲定价格一权利金
出售看跌期权	看涨	赢利额固定、有限,亏损额最大限为:敲定价格一权利金

五、期权价差套利

除了上述交易策略外,还有许多更为复杂的期权交易策略可为投资者所利用,这些交易策略均属于投机性价差套利范畴。

期权价差套利的基本做法,是在买进一张或多张期权合约的同时,卖出一张或多张期权合约、期货或现货部位。由于同种(或相互关联商品)但不同交割月份的两张合约,其价格趋于同方向运动,所以套利交易可以在价格出现始料未及的逆转或剧烈波动时起到一种价格保护作用。除此之外,还可以利用两个市场间期权合约的价差进行投机或增加投资收益。下面介绍几种期货期权价差套利的基本做法。

1. 垂直套利

垂直套利亦称货币套利,其交易方式为,按照不同的敲定价格同时买进和卖出同一到期月份的看涨期权或看跌期权。垂直套利主要可以分为四种形式:

①买空看涨期权套利:在某一敲定价格买进看涨期权的同时,在更高的敲定价格上卖出看涨期权。

②卖空看涨期权套利:在按某一敲定价格卖出看涨期权的同时,在更高的敲定价格上买进看涨期权。

③买空看跌期权套利:在按某一敲定价格买进看跌期权的同时,在更高的敲定价格上卖出看跌期权。

④卖空看跌期权套利:在按某一敲定价格卖出看跌期权的同时,在更高的敲定价格上买进看跌期权。

2. 横向套利

横向套利又称为跨月份套利,其基本作法是在买进看涨或看跌期权的同时,按相同的敲定价格,但不同的到期月份卖出同一商品种类的期权。由于近期期权的时间价值的衰减速度快于远期期权的时间价值衰减速度,因此,交易者通常是在卖出近期期权合约的同时买进远期合约。一般来说,在预计长期价格将稳中趋涨时运用看涨期权进行横向套利,而在长期价格稳中趋跌时运用看跌期权进行横向套利交易。

3. 转换套利

转换套利的基本做法是买进一个看跌期权,卖出一个看涨期权,再买进一手期货合约,看跌期权和看涨期权的敲定价格和到期月份都要相同,期货合约的到期月份要与期权合约的到期月份相同,在价格上则应尽可能接近期权的敲定价格。在此条件下,假如期货价格在到期日前高于期权敲定价格,交易者的空头看涨期权合约将被履约,并自动与交易者的多头期货部位相对冲,多头看跌期权则可任其作废。假如在合约到期前、期货价格低于看跌的敲定价格,交易者的多头看跌期权将被履约,并自动与交易者的多头期货部位相对冲,空头看涨期权则可任其作废。

4. 反向转换套利

与转换套利相反,反向转换套利的基本做法是交易者买进一个看涨期权,卖出一个看跌期权,再卖出一手期货合约。其中,看跌期权与看涨期权的敲定价格和到期月份都相同,期货合约的到期月份到与期权的到期月份相同,价格则应尽可能接近期权的敲定价格。在此条件下,假如在期货合约到期时期货价格高于期权的敲定价格,多头看涨期权将被履约,并自动与交易者的空头期货部位相对冲,空头看跌期权则任其作废。假如在期货合约到期时期货价格低于期权敲定价格,空头看跌期权将被履约,并自动与交易者的空头期货部位相对冲,多头看涨期权则任期作废。

第四节 期权与期货的比较

一、期权与期货的关系

期权交易与期货交易有许多相似之处。

1. 它们都是在有组织的场所——期货交易所或期权交易所内进行交易。由交易所制定有关的交易规则、合约内容,由交易所对交易时间、过程进行规范化管理。

2. 场内交易都采用标准化合约方式。由交易所统一制定其交易数量、最小变动价位、涨跌停板、合约规格、合约月份等标准,期权合约的月份与合约价值大都参照相应的期货合约以方便交易,参考表14-4。

表 14-4 郑州商品交易所小麦期货、期权合约

	期货	期权
合约价值	10 吨小麦	一手 10 吨的小麦期货合约
最小变动价位	1元/吨（每张合约 10 元）	1元/吨（每张合约 10 元）
执行价格	—	小麦期货期权第一交易日，将以 10 元/吨的整倍数列出以下执行价格：最接近相应小麦期货合约前一天期货结算价的执行价格（位于两个执行价格之间的四舍五入），以及高于此执行价格的 3 个连续的执行价格和低于此执行价格的 3 个连续的执行价格；从第二个交易日开始，交易所根据交易当日前一交易日期货结算价决定是否需要增加新的执行价格，以确保每一期权系列挂出的执行价格至少有一个实值期权、一个虚值期权和一个平值期权
每日价格最大波动限制	上一交易日期货结算价±3%	上一交易日期货结算价±3%
合约月份	1、3、5、7、9、11 月	1、3、5、7、9、11 月
最后交易日	合约月份的倒数第七个营业日	合约月份的倒数第七个营业日
合约到期日	—	同期货最后交易日
交割手续费	2元/手（含风险准备金）	1元/手（含风险准备金）

3. 都由统一的清算机构负责清算，清算机构对交易起担保作用。清算所都是会员制，清算体系采用分级清算的方式，即：清算所只负责对会员名下的交易进行清算，而由会员负责其客户的清算。有的期权由相应的期权交易所进行清算，郑州商品交易所的期权是由交易所清算的。

4. 都具有杠杆作用。交易时只需交相当于合约总额的很小比例的资金（保证金和权利金），能使投资者以小博大，因而成为投资和风险管理的有效工具。

二、期权与期货的区别

期权与期货的不同之处如下：

1. 期权的标准化合约与期货的标准化合约有所不同。在期货合约中，买卖的载体是标的资产，唯一的变量是期货合约的价格；而在相应的期权合约中，载体是期货合约，所以期货合约的价格（即执行价格）是已定的，唯一变量是权利金。

2. 买卖双方的权利与义务不同。在期货交易中，期货合约的买卖双方都有相应的权利和义务，在期货合约到期时双方都有义务履行交割，且大多数交易所是采用卖方申请交割的方式，即卖方决定在哪个注册仓库交割，买方在货物交割

地点的决定上没有选择。而在期权交易中,期权的买方有权确定是执行权利还是放弃权利;卖方只有义务按买方的要求去履约,买方放弃此权利时卖方才不执行合约。

3. 履约保证金规定不同。期货交易的买卖双方都要交付保证金。期权的买方成交时支付了权利金,他的最大损失就是权利金,所以他不必交纳保证金;而期权的卖方收取权利金,出卖了权利,他的损失可能会很大,所以期权的卖方要支付保证金,且随价格的变化,有可能要追加保证金。

4. 两种交易的风险和收益有所不同。期货交易的买卖双方风险和收益结构对称,而期权交易的买卖双方风险和收益结构不对称。

图 14-5 是期货的风险和收益结构,若成交价为 F,则随着市场上期货价格的上升,多头盈利增加,空头亏损等量增加;随着市场上期货价格下降,多头亏损增加,空头盈利也等量增加,买方和卖方的风险和收益结构是对称的。

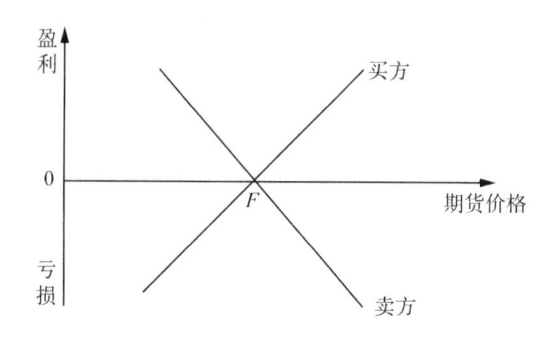

图 14-5 期货的买方和卖方的风险和收益结构

图 14-6(a)和(b)是看涨期权的风险和收益结构,期权执行价格 f_1。期权买方最大的损失是权利金 c,因为当标的物价格比履约价格低时多头会放弃权利,随着标的物价格上升,买方履行合约盈利是无限的。标的物价格的价格为 f_2 时,期权买卖双方的盈亏均为 0,我们把 f_2 称为平衡点价格。当期权价格处于 f_1 与 f_2 之间时,如买方执行合约,其盈利将部分抵消先前支付的权利金。

看涨期权卖方的情形正好相反。他的盈利是有限的,最大为权利金。而随着标的物价格上升,他的风险也加大。当标的物价格处于 f_1 与 f_2 之间时,空头处于盈利逐步减少的状态;而当标的物价格超过 f_2 时,卖方开始亏损,并且亏损是无限大。

同理,从图 14-6(c)和(d)可以看出,看跌期权的买方的最大亏损就是权利金 p。随着标的物价格下降,收益不断增加;卖方正好相反,最大盈利是权利金 p,而其损失无限大。

因此，期权交易中，风险和收益结构不对称，买方最大的亏损是权利金，而卖方风险很大。所以交易所只对卖方收取保证金，而不对买方收取保证金。

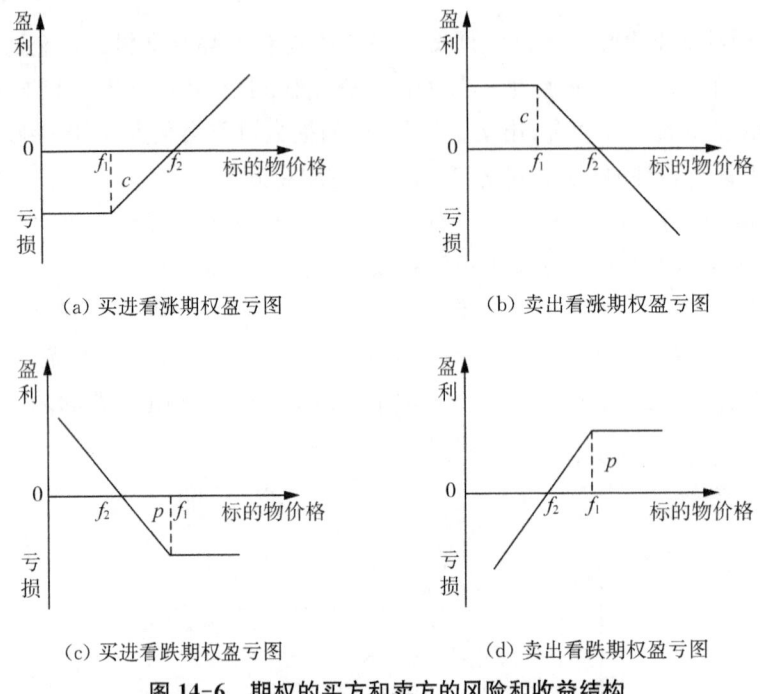

(a) 买进看涨期权盈亏图

(b) 卖出看涨期权盈亏图

(c) 买进看跌期权盈亏图

(d) 卖出看跌期权盈亏图

图 14-6　期权的买方和卖方的风险和收益结构

三、期权与期货交易选择策略

投资者在选择投资期货或期权时，可以考虑以下几点：

1. 假定投资者非常确信今后的价格走势将上升（或下降），应该选择期货交易方式，而不应做期权交易，否则将白白损失支付的权利金。

2. 如果投资者非常肯定价格基本持稳，则可通过卖出期权获取权利金，此时做期货交易可能无利可图。

3. 如果投资者相信价格将上涨，但同时又担心价格会不变甚至下降，则最好买入看涨期权，能充分利用期权的杠杆作用；同理，如果相信价格将下跌，但同时又担心价格会不变甚至上涨，则最好买入看跌期权。

4. 如果投资者确信价格会大幅度上下波动，但不知道价格波动方向，则最佳策略是同时买入看涨期权和看跌期权。

5. 投资者可用期权作为期货头寸的跟踪止损措施。如期货多头成交价为80美元，当期货价上升85美元时，他可以买进一执行价为85美元的看跌期权作为止损措施,若期货价格继续上涨,他可以将先前的看跌期权平仓,买进另一更高执行价格的看跌期权,如此就可实现跟踪止损;若期货价格上涨,投资者可放心地等待获大利,因为他不必担心价格下降,即使下降,他也可以以较高看跌期权执行价格将期货平仓。

总之,期货交易策略最好在牛市、熊市中采用,在市场整理阶段则难以操作。而期权在任何市场条件下均可采用,牛市、熊市、持稳市场、略有上扬及略有下跌的市场的各种条件下都可选择不同的期权投资方式。另外,如上所述,期权还可以用来控制期货投资的风险。

思考题

1. 期权的定义和特点是什么?
2. 期权合约的种类有哪些?
3. 期权交易的策略有哪些?
4. 期权与期货的关系与区别是什么?
5. 期权与期货的交易选择策略有哪些?

第十五章

风险投资

第一节 风险投资的内涵

一、风险投资的内涵

社会经济的持续发展,有赖于新产品、新技术与新产业的不断推出,创新是经济发展的内在因素,对经济发展起着决定性的作用。在以科技为核心竞争力的环境下,如何有效地将资本、管理与创业精神结合起来,将是科技产业发展的关键要素,也是一个国家或地区经济发展的主要政策。而风险投资事业就是一种以非传统融资方式,结合资金、技术、管理与企业家精神等,为支持创新活动与高新技术产业发展,形成的新型投资模式。

风险投资英文为"Venture Capital","Venture Capital"不是一般意义上的投资,它不是一种借贷资金,而是一种权益资本,它既包括投资,也包括融资,并且还含有经营管理的内容。

美国风险投资协会(National Venture Capital Association,NVCA)对风险投资的定义是由专业投资者投入到新兴的、迅速发展的、有巨大竞争潜力的企业中的一种股权性资本。OECD则在其报告中对风险投资有过3种不同的表述:①"Venture Capital"是投资于以高科技和知识为基础,生产与经营技术密集型的创新产品或服务的投资;②"Venture Capital"是专门购买在新思想和新技术方面独具特色的中小企业的股份,并帮助这些中小企业的创立和成长的投资;③"Venture Capital"是一种向极具发展潜力的新建企业或中小企业提供股权资本的投资行为。林德(Rind)则是从投资行为的特点来定义风险投资,他认为符合以下特征的投资就是风险投资:

(1)创立新企业或挽救、扩展现有的企业;

(2)投资于高风险、高利润的地方;

(3)进行投资之前,有周密的分析研究和详尽的调查工作;

(4)使用各种不同投资工具于不同的投资活动之上;

(5)进行长期投资;

(6)直接参与所投资企业的经营,为其所参与的投资计划提供更多的附加值;

(7)努力使其资本利得最大化。

Florida 和 Smith(1993)认为风险投资是一种特殊的资本,风险投资不仅给企业提供资金,而且会通过提供资金来改变企业的所有权结构。Kortum 和 Lerner(1998)认为风险投资是一种投资于新兴的私人企业的权益资本,风险资本家既是资金提供者,又通过担任企业顾问或者经理等职务来参与企业管理。Gompers 和 Lerner(1999)在详细考察了风险投资的循环过程之后,将风险投资定义为由独立的机构运作,并将资金主要投向高增长潜力的私人企业的权益资本。

综上所述,"Venture Capital"不仅在于为新兴的高科技创业企业提供资金的支持和推动,更重要的是,"Venture Capital"这种融资和投资模式发展了一套有效的资金配置、运用和监管的机制。

风险投资的本质内涵在于它是一种针对创业企业而言的专家管理资本。完整的风险投资的概念可以界定为对创业企业尤其是高新技术创业企业提供资本支持,并通过资本经营服务对所投资企业进行培育和辅导,在企业发育成长到相对成熟后即退出投资的以实现自身资本增值的一种特定形态的金融资本。与其他投资方式不同,它具有以下五个主要特点:

第一,投资对象是新创立企业尤其是高新技术创业企业,投资领域主要集中于高科技、新产品领域。75%的风险资本都投入到与高新技术相关的企业和项目。

第二,有明显的运动周期,风险投资总是伴随着一项新产品或一个新企业的产业和发展而运动的,它依次经历投入、回收和撤出3个阶段。风险投资与一般金融投资最大区别在于前者只存在于新企业和新产品的扩展阶段,其目的在于获取超额利润,而当企业进入平稳经营阶段,创业风险不复存在时,风险资本家就撤出资本,寻找新的投资标的。

第三,风险投资是一种长期性投资,最终目的是套现。从最初设想产生到最后实现规模生产,达到一定的市场占有率,往往需要 5~10 年的时间,这种长期性加大了投资的风险。随着企业创业成功,风险投资家便抛出持有的股份,以实现投资利益。

第四,风险投资是以融资为首的投资和融资的有机结合。融资中有投资,投资中有融资。没有一定的投资目的或投资方向很难融到资金，投资方向的选定是能否融到资金的关键。

第五，在风险投资过程中，风险投资家积极参与企业管理，辅导企业经营，促进被投资企业的成长，必要时甚至可以建议调换公司的高层管理人员。

从风险投资发展的历史来看，风险投资的适用范围呈现不断扩大的趋势，传统意义上的私人权益资本（Private Equity）市场包括风险投资资本和非风险投资资本两部分。近些年来，风险投资开始融合其他投资模式，投资对象逐渐扩展到几乎所有未上市企业，向过去所谓的"非风险投资"领域扩张。

二、风险投资的起源

风险投资的起源可以追溯到 19 世纪末期，当时美国一些私人银行通过对钢铁、石油和铁路等新兴行业进行投资，从而获得了高回报。风险投资业诞生的标志性事件是 1946 年美国研究开发公司（ARD）的成立。它是第一家公开交易的、封闭型的投资公司，并由职业金融家管理。ARD 主要为那些新成立的和快速增长中的公司提供权益性融资。

在 20 世纪 40 年代初，新企业进行长期融资存在困难。由于新兴企业规模小、各方面不成熟而很难从银行或其他机构投资者那里借到钱，但是这些新企业对美国经济的发展又意义重大。ARD 在这时应运而生。

ARD 的创始人之一富兰德斯（Ralph Flanders）提出了放宽对信托基金的限制及投资新企业的观点，受到哈佛商学院的教授乔治·多里奥特（Georges Doriot）的支持。面对当时小企业和新兴企业面临的困境，他们提出了自己独特的解决方案，他们希望能建立一个私人机构来吸引机构投资者，而不用像其他人提出的方案那样从政府那里获得帮助。他们还认为建立这样一个专门机构可以给新企业提供管理服务，他们深信对一个新企业而言，管理上的技术和经验同足够的资金支持同样必不可少。毫无疑问，ARD 这样的机构的成立，可以促进风险投资的职业管理者的发展，而更重要的是，它启蒙了一个新兴行业：风险投资业。

1946 年 6 月 6 日，ARD 公司在马萨诸塞州成立，之所以选在马萨诸塞州，是因为坐落于马萨诸塞州的麻省理工学院在二战期间开发出来的大量新技术有着广阔的商业前量。公司成立时，ARD 希望能从机构投资者那儿筹集到 500 万美元。然而尽管它的经理们做了很多努力但机构投资者兴趣不大，最后只筹到 350 万美元。的确，像 ARD 这样的封闭型投资公司在那时还是个全新概念，一时还难以被人们所接受。

ARD 成立的第一笔投资是高压电工程公司（HVE）。这个公司后成为第一批在纽约股票交易所上市的具有风险投资背景的高技术公司之一。到 1947 年底,ARD 已投资 6 个初创的和 2 个已成立的公司。

在 ARD 公司的历史上,也可以说是整个风险投资行业的历史上,最重要的事件是它在 1957 年投资于数字设备公司(Digital Equipment Corporation, DEC)。这次投资大获成功,其结果永远地改变了美国风险投资业的未来。DEC 公司是由 4 个 20 多岁的麻省理工学院的毕业生创立的,他们有很多改进计算机的想法。ARD 公司最初只对该企业投入了 7 万美元,便已拥有其 77% 的股份,到 1971 年,ARD 公司所持有的 DEC 股份的价值增加到了 3.55 亿美元,增加了 5 000 多倍。

由于 DEC 的飞速发展,1960 年 ARD 公司说服了雷曼兄弟公司承销其股票,每股报价为 74.10 美元,使公司筹集到了 800 万美元,这大大高于 1957 年时的每股 25 美元的价格。在接下来的 10 年中,由于美国经济的强劲和股票市场价格的上涨,DEC 价值直冲云霄,从 ARD 公司成立时算起,它的综合回报率为 14.7%,而如果没有 DEC,其综合回报率将仅为 7.4%。

DEC 的成功为 20 世纪 70 年代和 20 世纪 80 年代的风险投资企业树立了榜样。即在所有投资的公司中,至少要有一家具有压倒一切的"超级明星"。

ARD 是传统风险投资的开创者。这种传统风险投资的特点是仅采用权益资本投资,投资期长,而且有可能在短期内承受损失和负的现金流量。ARD 的成功证明了这样一种观念:给私人风险投资公司注资,然后再投资新创建的公司是完全可行的。DEC 的成功模式成为世界风险投资业的典范。

在美国风险投资发展历史中,约翰·惠特尼(John Hay Whitney)是必须要提到的人物,他被誉为"风险投资之父"。惠特尼曾经是美国驻英国大使、纽约先驱论坛报的出版人,是惠特尼家族的成员之一。1926 年惠特尼毕业于耶鲁大学,并去了牛津大学继续深造,可是由于他父亲的去世,惠特尼中断了学业并返回美国,从父母那里继承了大笔的财产。

惠特尼认为美国经济体制中缺乏一种支持创新的力量,因为商业银行和投资银行非常保守,他们几乎都要创业者证明自己有这笔钱(即不需要他人投资)才肯投资给他们。1946 年 2 月,惠特尼和其他 5 位合伙人共同成立了 J. H. Whitney & Company,这象征着风险投资作为一种经济力量的自我觉醒。惠特尼投资的第一个案子是 Spencer 化学公司,投入 150 万元,用于军用工厂改民用化工厂。该公司经营成功后出售给海湾石油。惠特尼风险投资从此不再为集资担忧。

在惠特尼投资公司成立之初,他们自称为"私营投资公司"(Private Investment Firm),但当时美国金融界巨擘们无法完全分清这种新兴业务和通常的投资银行业务之间的区别,广大民众对该领域更是毫无所知,《纽约时报》屡屡称之为"投资银行公司"(Investment Banking Firm)。惠特尼及其合伙人对这个称呼极不满意,在一次午餐聚会中讨论如何让外界停止使用这个并不准确的名字。一位合伙人说:"我们应该在名称中融入风险的概念。"另一位合伙人回应道:"我们的生意最有趣的是探险的成分。"于是惠特尼综合出"私营风险资金投资公司"(Private Venture Capital Investment Firm)这个新名词。不久,简化了的"风险投资"(Venture Capital)被用来形容惠特尼投资公司及当时为数不多的同类业者。

三、风险投资的经济效应

风险投资产业对于技术创新、就业与经济增长具有至关重要的作用。美国在技术创新的较大优势依赖于其发达的风险投资产业。学术界一般都认为先进的风险投资产业是美国在技术创新与经济增长方面保持领先地位的重要原因。风险投资通过激发企业家精神,促进创新并最终催生新兴企业的诞生,推动了美国经济持续增长。大量实证研究证明风险投资对于创业企业的成功与发展具有强正相关关系,大多数政府也认识到风险投资是促进创新型企业成功与推进经济持续增长的重要因素。在将研究与开发(R&D)产业化的商业模式过程中,最关键的因素在于资本,而风险投资作为一种特殊的资本形态对于这种转变极具重要意义。

从美国风险投资行业发展过程来看,风险资本在地域和行业分布上呈现出显著的集聚特征,并形成强劲、持续竞争优势的现象。在地域分布上,加利福尼亚州、新英格兰地区和纽约地区的风险资本规模大约占美国整体风险资本规模的50%。在行业分布上,风险资本也集中在若干个高新技术产业,如通信、电子、计算机等行业。但与地域分布不同的是,风险资本在选择行业上则呈现出"与时俱进"的特点。如在1980年,计算机硬件行业大约吸引了22.1%的风险资本,而到了1998年,这个比例下降到了3.4%。1980年,风险资本投资软件产业的比例不足3%,到了1998年,33.4%的风险资本投入到了软件行业。

对于这种现象,人们多是从高新技术产业集聚和风险投资过程的特征等角度加以解释。一方面,风险资本会选择那些风险大、收益高的行业进行投资,这样才能体现出其自身价值;另一方面,高新技术产业聚集的区域才会吸引风险投资家的注意力。因为,产业集聚是创新因素的集聚和竞争动力的放大,产业在地理上的集聚,能够对产业的竞争优势产生广泛而积极的影响。而良好的投资环境及大量的投资机会能够从其他地区和部门吸引和聚集大量的资本来促使其发展壮大。著名的硅谷便坐落在加利福尼亚州,新英格兰地区的马萨诸塞州则以麻省理工学院和128公路而闻名。因此,似乎也就不难理解风险资本为什么集中在高新技术产业密集的地区。

风险资本不仅促进新企业的诞生和企业的发育与成长,而且支持本地企业与大学等进行科研结合,加建区域新思想、新技术或新产品的产出,加速区域知识和技术存量的增加和流转。风险投资的出现推动了一种新的创新模式——"风险投资式创新"的出现和发展,这类创新把公司式创新和企业家式创新中的因素结合起来,促进两者之间的动态互补性。风险投资家位于创新网络的中心,其作用是促进各种组织之间的联系,把各种组织中的人力和资源匹配起来以促进新企业的形成。风险投资通过市场竞争机制在创新型企业之间进行一场生存竞赛则提高了技术开发的效率。一方面,创新型企业往往是以富有创新精神的创业者、简练的组织形式、灵活高效的运作机制为特征的,能充分应用新的科学原理或新的制造工艺,从而加速了创新过程;另一方面,由于风险投资家根据创新型企业的开发进程提供资金,一旦企业出现问题,被淘汰则是轻而易举的。从整体看,降低了技术开发的社会成本。而创新型企业家即使失败了,也可以利用已获得的技术和经验进行新的开发,这增强了其创新的动力。风险投资在创新组织网络中的作用如图15-1所示。

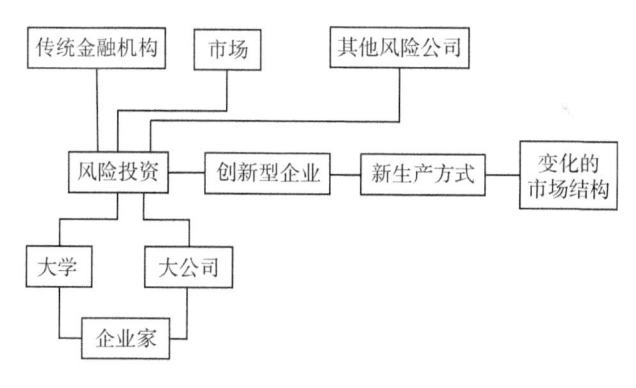

图15-1 风险投资在创新组织网络中的作用

事实证明,作为各种创新扩散的结果,新技术相关的R&D投入所带来的社会回报要远大于个别企业自身得到的回报,这可能会导致在某些技术上投资过度,而在另一些更为社会利益所关心的技术方面投资不足。因此,有关技术创新融资制度比较可以简化为"选择赢家和输家"的问题。但由于技术创新存在高度偶然性的特质,技术发展过程对其开发者和使用者而言充满了不确定性,在相当长一段时间内表现出不同的作用和自生自灭的许多技术诀窍,完全不像按照科学逻辑预先设定好的性状。技术发展的不确定性表明,完整技术信息是不可能存在的,这意味着不论是创新者本身也好,还是投资这些技术的资本所有者也好,都无法准确估计其中包含的风险。因此,投资者和创新者都不可避免地会在所投资的技术方面找错方向或白费精力,赢家和输家只有在事后的恍然顿悟中才能准确地下结论。

风险投资这种制度并不比其他融资制度在创新投资回报方面有更好的预见性,其效率主要体现在对失败的技术和企业的及时淘汰。这就好像"滴滴"打车软件成功的背后,是以大量的失败打车软件企业为背景的。在风险投资的记录中,一个脱颖而出的企业背后一定存在大量鲜为人知的失败者,这些企业还没有让消费者知道自己的时候就消失得无影无踪了。

因此,风险投资在促进以计算机产业为代表的"新经济"发展所起的作用并不在于风险投资家具有超乎寻常的能力和专业知识,而是因为风险投资契约结构所决定的投资模式符合了产业技术创新特点。

第二节 风险投资的运行模式与特征

一、风险投资的运行模式

风险投资实质上是指高新技术产业化中的一个资金有效使用过程。它包括三方当事人:投资者、风险投资公司、创业企业。资金从投资者流向风险投资公司,经过风险投资公司的筛选决策,再流向创业企业,通过创业企业的运作,资本得到增值,再流回至风险投资公司,风险投资公司再将收益回馈给投资者,构成一个资金循环。周而复始的循环,形成风险投资的周转。此外,在风险投资过程中,风险投资公司还必须与政府有关部门、专业机构、银行,在市场、信息、技术、资金、管理等方面形成密切合作网络,才能顺利完成每一次的投资行为。风险投资的网络结构如图15-2所示。

在风险投资网络中,核心是风险投资机构、创业企业与投资者之间的关系,这构成了风险资本市场基础结构,如图15-3所示。

1. 管理人——风险投资机构和风险投资家

风险投资机构(Venture Capital Firms)主要分为两类,即有限合伙制和公司制组织。在风险投资出现的早期,基本上是一些分散的私人资本形式。不同国家的法律制度和政策环境也会影响风险投资机构的类型:一是公司制风险投资机构和有限合伙制风险投资企业,二是公司制风险投资基金和有限合伙制风

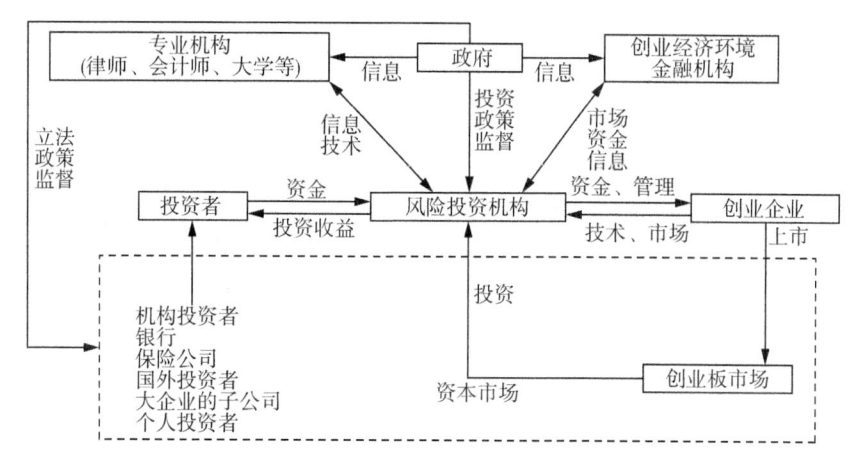

图 15-2 风险投资网络

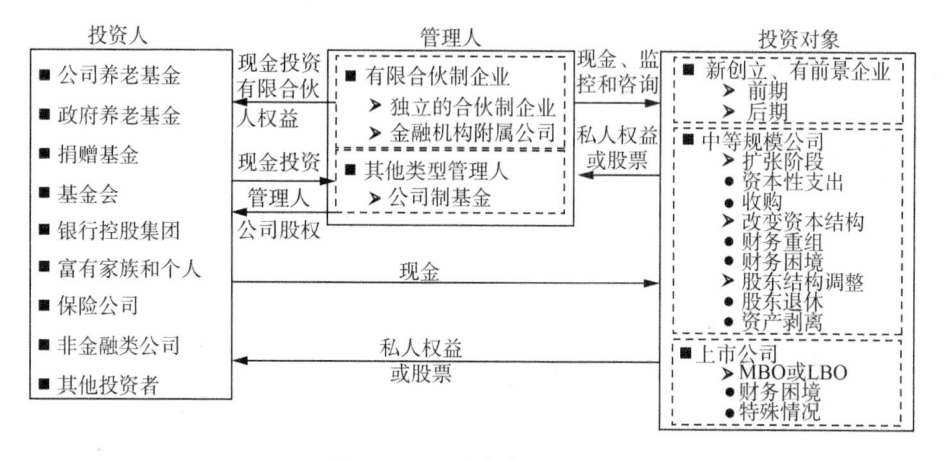

图 15-3 风险资本市场结构

险投资基金。

在风险投资发展初期,一般采用公司制的形式。后来,为了规避风险投资公司存在个人与公司税双重税收负担,风险投资的制度演进过程中出现了有限合伙制风险投资机构。该制度通过规避税收负担降低了风险资本的交易费用,大大促进了风险投资产业的发展。

风险投资机构运作过程是一个从募集资金到最后获取财务回报并返还给投资人的过程。基金管理人在募集资金后,积极寻找投资项目,进行投资,并通过为投资企业提供管理、营销、市场、企业发展、资本运作等方面的增值服务,最后通过该企业的 IPO 或并购而退出,为投资人争取到最好的财务回报。

风险投资机构是风险投资流程的中心环节,其工作职能是:辨认、发现机会;

筛选投资项目;决定投资;退出。资金经由风险投资机构,流向创业企业,取得收益后,再经风险投资机构流回至投资者。有时,投资者与风险投资机构合二为一,即投资者不经中间环节,直接将资金投放于创业企业,例如天使投资者。

风险投资家(Venture Capitalists,VCs)是风险资本的专业管理人员,负责风险资本的投资运作,具有专业的风险投资技能和丰富的风险投资管理经验。风险投资家通常不使用自己的资金进行投资,而是通过风险投资机构募集资本,作为代理人进行投资,通过专业的运作实现资本增值,将投资收益返还给投资者。

风险投资家在风险投资过程中,起到非常关键的作用。首先是维持与投资者的关系。其次是对投资项目进行评估,监控并管理。最后,风险投资家还需要管理资本退出,风险投资家会将自己投资组合中成功的企业推向公开市场。虽然公开上市的比例不会很高,但是该部分企业的投资回报构成了风险投资回报的绝大部分利润,经验丰富的风险投资家更容易将企业推向股票市场。

2. 投资对象——创业者和创业企业

创业者(Entrepreneurs)是指创业企业的初创人员,又称为创始人(Founders)或者创业企业家。创业者是具有企业家精神的人,是引入变革、创新与新秩序的人。创业者通过专业的创业活动,将创新转变为现实的商业模式。

奈特通过区分风险(Risk)与不确定性(Uncertainty),认为具备"企业家精神"的创业者是不确定性的承担者,是他们在面对不确定性时做出的超乎常人的明智决定,帮助整个经济系统化解了不确定性导致的波动。舒尔茨发展了奈特的理论,他认为创业者承担不确定性风险的"企业家精神"对于经济系统克服外生变革导致的不均衡问题具有重要意义。他特别强调通过教育、培训手段在人力资本中灌输"企业家精神"非常有必要。

熊彼特将"企业家精神"作为创新的行为载体,市场变革和经济变革的起点。他认为企业家是资本主义经济发展的发动机,是最有活力的因素,企业家的创新行为是商业周期和经济发展的根本原因,"企业家精神"是一种不断创新的精神,是社会发展的策动力量,包含创造性、敏锐性和富于冒险精神等特质。

要依靠创新促进经济的持续增长,必须鼓励企业家创业,为创业活动提供优越的制度、政策和市场环境,让中小企业在国民经济中发挥最有活力的创新功能,让创业家和风险投资家通过市场无形之手高效率地将创新市场化,提高生产率,提供新产品和新服务,增加就业,促进经济持续增长。

风险投资能否成功关键在于创业企业,如果说风险投资机构的职能是价值发现的话,创业企业的职能是价值创造。创业企业家是新技术、新发明、新思路的发明者或拥有者,他们将具有潜力的创新技术或产品构想,经由具体的创业活动加以商品化,增加市场的附加价值,进而创造企业生存发展所需要的利润。他们是推动生产力发展的动力,然而他们在传统资本市场上筹集资金有很大困难,因此他们寻求风险资本家的帮助。风险资本家应有权利对创业企业家进行鉴定、评估,并决定是否提供及如何提供资金,这是风险投资成长的重要环节。但同时,创业企业家也应当有权对提供资金者的知识水平、资金状况、经营风格等进行考察,这是因为创业企业家不仅是在"卖股份(Sell Shares)",而且是在"买资金(Buy Capital)"。

3. 投资者

这里涉及两种投资者,一种是风险资本的提供者;另一种是股票市场的投资者,创业企业上市时,股票市场的参与人或者机构作为外部投资者对企业进行投资。风险资本投资者,在有限合伙制风险投资机构中为有限合伙人,在风险投资公司中为公司股东。

在风险投资出现的早期阶段,资本来源主要是富有的个人和大型企业的风险资本。随着风险投资的发展和完善,资本来源逐步趋于多元化,除了政府部门的资金投入,养老金、保险公司、商业银行和投资银行等机构也日益成为风险资本的主要资金来源。

不同的国家,风险资本来源的构成也各不相同。在北美及欧洲等风险资本市场发达国家,富有的个人、工商企业、金融机构、养老金和基金会等,构成风险资本的重要来源。在新兴市场国家和地区,工商企业、金融机构、养老金和基金会等是风险资本的主要来源。在发展中国家,由于富裕阶层缺乏,一般个人投资者参与风险资本的比例较小。由于风险投资产业对于社会创新、就业机会创造和经济增长具有重要作用,国家主导的政府部门资本是风险资本的重要来源。

二、风险投资的特征

1. 风险投资的阶段选择

一般来讲,一项高新技术产业化从科学技术研究角度划分为应用基础研究、关键技术研发、工业化实验及中试、商品化生产 4 个阶段。也有人把它划分为技术酝酿和发明阶段、技术创新阶段、技术扩散阶段和工业化大生产阶段 4 个阶段。相应地,一个高新技术创业企业的成长过程可以划分为种子期、创建期、成长期、成熟期 4 个阶段。

风险投资介入项目的最佳时期是在创业企业发展起步的创建期和成长期。从创业企业的融资角度,风险投资恰好填补了高新技术企业发展过程中的融资缺口(见表15-1)。

表15-1　企业不同发展阶段的主要融资来源

种子期	创建期	成长期	成熟期
		股票市场	
		机构投资者	
		权益资本	
	企业留存收益		
	风险资本		
银行			
非正式投资者(天使投资)			
家庭/朋友			
自有资本			

风险投资机制同以银行为代表的传统投资者相比，最大的区别在于风险投资机构不再像传统投资者那样，去回避风险。同时，风险投资者雄厚的资本，使得他可以同时投资多家创业企业，即可以通过组合投资的办法来分散风险，从而降低自身承担的风险。

风险投资家投资的不仅是资金，而且是经营经验和对公司成功的承诺(Commitment)。那些关注早期阶段的创业企业，有耐心的风险资本被誉为传统风险投资(Classic Venture Capital)，其理念是高风险、财务风险和不断地排除困难。20世纪80年代初，即使是最成功的风险投资家，也经常对投资规模在25～100万美元之间的小项目进行投资。在那个时期，对小型项目的投资与专业风险投资机构的利益并没有很大的矛盾。然而，随着成功的风险投资机构募集到越来越多的资本，尤其是养老基金和其他机构投资者的加入，小型项目的投资变得越来越没有吸引力。因为资本规模的扩张一方面使得对需要更大规模资本的后期项目投资成为可能，另一方面使得投资于小型项目变得相对不经济。尽管传统型风险投资在风险投资规模中占比呈下降的趋势，但它代表了风险投资的灵魂，对风险投资业都有着重要的影响。伴随着风险资本市场的扩张，市场空间出现了细分，有组织的风险资本市场主要服务对象逐渐集中于那些处于成长期以及之后的创业企业。在这样的背景之下，非正式的风险资本市场由于集中于种子期和初创期凸显出独特的市场地位。

2. 风险投资的行业选择

在行业分布上，风险资本通常集中在若干个高新技术产业，如通信、电子、计算机等行业。但与地域分布不同的是,风险资本在选择行业上则呈现出"与时俱进"的特点。如1980年计算机硬件行业吸引了大量风险投资,到1998年,大量风险资本转向软件业。当下,大量资本投向了量子计算、人工智能、AI和芯片制造领域。

3. 风险投资的高风险性

因为风险投资主要目标是创业企业,一般处于企业发展的早期阶段,可能企业还处于技术创新与产品开发阶段,因此在技术、经济与市场等方面都承担了相当大的风险,投资失败概率高达80%左右。风险投资具有高风险性,但它同时具有高收益性,风险投资一旦成功,便可以获得初期投资数倍的回报。风险投资正是依额于风险投资组合,即通过成功的投资来弥补失败的损失,最终获得高于银行利润的风险收益率。

为了分散风险,风险投资一般应用组合投资和联合投资。风险投资家通常投资10个以上的高新技术项目,其中少数成功的高额回报弥补大多数失败项目带来的损失,实现风险资本的总体收益。研究表明投资组合的大小与投资绩效具有密切的关系,因此通过组合投资可以降低风险;风险投资家常常还与其他投资家进行联合投资,组成风险投资组合,通过联合投资增加成功的概率。通过组合投资与联合投资的管理方法进行风险与流动性管理。

4. 风险投资的收益分析

伴随着资本市场的动荡,风险投资业的内部收益率也经历了较大的波动。例如,在20世纪90年代,美国风险资本投资的内部收益率一直处于稳定的上升趋势,于2000年达到最高点(5年累积内部收益率为48.6%)。2000年以后,收益率逐渐下降,到2003年美国风险资本5年累积内部收益率(IRR)仅为22.8%,而截至2004年底,美国风险资本5年累积内部收益率为-1.3%(见图15-4),这种收益率的下降主要是由于在1999—2000年间投资的公司大幅度亏损导致的。

一般来说,早期公司的长期收益率要大于后期公司,而风险投资基金的收益率大于并购基金的收益率,而并购基金的收益率要大于夹层基金的收益率(见表15-2)。

5. 风险投资的资本来源

对于风险投资的融资而言,最重要的问题就是风险资本的来源问题。这方面各国和各地区存在着一定差异。不同的资金来源相应决定了各国风险投资主体——风险投资机构的组织形式以及风险投资发展的水平。

收益率(%)

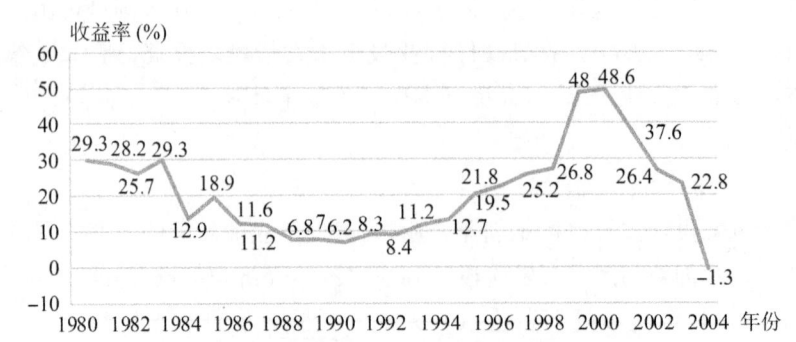

图 15-4　美国风险资本 5 年累积内部收益率(IRR)

数据来源：普华永道/汤姆逊经济委员会/NVCA2004 年报.

表 15-2　2004 年美国风险投资各阶段内部收益率

基金类型	风险投资内部收益率(%)			
	1 年	3 年	5 年	10 年	20 年
种子期/早期	38.9	−7.7	−1.5	44.7	19.9
平衡期	14.7	0.0	0.4	18.2	13.3
后期	10.4	−0.1	−4.7	15.4	13.7
风险投资基金	19.3	−2.9	−1.3	26.0	15.7
并购基金	14.3	6.9	2.3	8.4	12.8
夹层基金	8.0	3.1	2.9	6.9	9.3

数据来源：普华永道/汤姆逊经济委员会/NVCA2004 年报.

第三节　风险投资对经济发展的作用

一、基于美国的数据

风险投资对科技创新、经济发展起着巨大的推进作用。Kortum 和 Lerner(1998)发现,从 1972 年到 2000 年,美国的风险投资投入企业中有 2 180 个成功上市,是 2000 年底全美上市公司总数的 20%,占当时全美资本市场市值的 32%,占全美总利润的 12%。从 20 世纪 70 年代末到 20 世纪 90 年代中期,风险投资的投资总额仅占大公司 R&D 的 3%,但却资助了 10%～12%的私人企业创新。

到 2008 年,被风险投资投入的公司共创造了 1 205 万个就业岗位,创造了 2.3 万亿美元的销售收入,他们创造的价值代表了 20.5% 的 GDP。在风险投资集中投入的领域,风险资本所创造的就业岗位起着主导作用。

20 世纪 70 年代至 2015 年初,美国风险投资业共向 31 000 家公司投入 7 600 亿美元,这些被投企业共为美国经济创造了 1 800 万的就业机会(主要集中在高科技、高增长、高收入的就业岗位),其创造的价值占全美 GDP 的 21%,创造了出类拔萃的公司,如谷歌、微软、苹果公司、英特尔公司、YouTube 和 Facebook 等等。风险资本投入的公司不仅局限在高科技领域,也涉及人们日常生活离不开的行业,如邮递 FedEx、餐饮业 Starbucks、Outback Steakhouse、零售业 Home Depot、Staples、食品超市 Whole Foods 等。风险资本投入的科技创新大大改进了人们的医疗条件,提高了生活质量。人们可以享受如心脏起搏器、超声波检测器、MRI、血管成形术。自 1973 年至 2015 年,被投企业中有 4 100 家公司成功上市。

二、风险投资对中国经济发展的作用

(一) 风险投资有利于促进创业企业,尤其是高新技术创业企业的发展

风险投资对我国经济发展最大的推动作用是以资金支持那些初创的、有发展潜力,却又缺乏资金来源的企业。创新企业是我国改革开放以来经济飞速发展的重要推动力,而风险投资则为这些企业提供必要的资金支持。要发展高新技术产业,必须对创业者提供资金支持。由于我国的创业者,尤其是高科技企业的创业者,通常只有技术发明而缺乏资金,又没有资产可以抵押,很难从银行获取贷款。风险投资则不但可以向创业者提供资金支持,而且还可以在一定程度上协助他们开拓市场,并通过选人和理财来加强对企业的管理和监控,有助于企业的成功。

创业企业的风险是很高的,他们面临的不仅是市场风险,还有技术风险、管理风险、宏观政策风险等。企业在初创时期,能够获取资本的渠道除了个人积累外,只有天使投资、风险投资、国家政策基金等少数几种方式。

我国目前高新技术产业存在着科技成果闲置、科技成果转化不足、自身创新能力不足、吸收外来技术能力差的问题,而引入风险投资、建立高效的风险投资机制恰恰可以解决这些矛盾。通过风险投资这一平台的构建,不仅可以引入风险资金,而且可以引入先进的管理、商业模式,以便扶持高新技术企业真正成为创新的主体,并且通过风险投资高新技术企业的巨大成功获得强烈的社会示范

效应,真正形成具有集群优势的行业,从而推动经济的持续发展。

企业需要风险投资,风险投资也在寻找具有巨大发展潜力的创新企业。它以自己独特的运行机制,在推动高科技产业发展方面起着"催化剂""孵化器"的作用。风险投资通过灵活特殊的投资方式,在资本与高新技术之间,在资本与具有创新内涵的中小企业之间架起了桥梁,为广大创业企业的诞生和成长提供了资金保证。风险投资家投入企业后,并不是守株待兔,而是积极参与被投企业的管理与发展,并提供营销、财务、咨询及后续投资等增值服务,使得被投企业有了一个强有力的合作伙伴。

(二) 风险投资大大推动了我国的创新事业

风险投资的核心是创新,而风险投资本身即是创新。在电子计算机的硬件发展时期,风险投资的贡献度大约为 25% ;在电子计算机软件发展时期,风险投资的贡献度大约为 50% ;而在互联网时期,风险投资的贡献度是 100% 。没有风险投资就不可能有网络事业,互联网真正成为我们生活工作中不可分割的一部分,其快速的发展让人惊讶。哈佛大学甘珀斯和勒那教授等学者提出,从 1983 年到 1992 年,美国的风险资本虽然仅占公司 R&D 资金不足 3% ,但对于科技创新的贡献度大约为 8% 。

风险投资支持创新是通过投资创业企业实现的;是在为具有创新内涵的企业注入资本金,帮助企业创业的过程中实现的;是通过促进创新的商品化、市场化而实现的。风险投资对于创新的支持存在于创新向市场转化的过程之中。没有创新的商品化,就不可能实现创新的价值。

通过发展风险投资,我国可以动员更多的资本和人才来发展高新技术产业。高新技术产业依靠的是对技术开发活动的高投入而不是对自然资源的大量消耗和大量固定资产投资,这样就可以提高技术进步对经济增长的贡献率,提高劳动生产率和资本产出率,提高生产附加值和投入产出比,提高经济效益和社会效益,切实解决高投入与低效益、资源短缺和资源消耗大、劳动力廉价和劳动生产率低、科技力量不足与科技力量闲置之间的矛盾,实现经济增长方式从粗放型向集约型转变,把经济建设转移到依靠技术进步和提高劳动者素质的轨道上来,以实现我国经济的可持续发展。

只有创新型企业才能做到快速增长。没有创新内容的企业或许可以稳定发展,但不管是在科技领域,还是在其他领域,只有创新内涵的企业才可能快速发展。风险投资不仅投入高科技企业,有时也投入传统企业,只要它具有创新内涵。阿里巴巴的发展不仅由于其具有科技创新的内涵(电子商务),而且具有商业模式的创新;而拼多多的快速发展主要依赖于它的商业模式创新。蒙牛的快速发展主要在于它的生产工艺过程和市场创新。各国实践证明风险投资与高科技发展息息相关。风险投资对科技创新、高科技产业的巨大推动作用使各国政府纷纷从资金、税收、政策上大力支持风险投资。

(三) 风险投资有利于推动我国中小企业的发展

中小企业在我国经济发展中起着重大作用。中小企业占企业总数量的99%，它们所提供的就业机会占总就业岗位的75%，创造全国GDP的55%，占总资产的40%，而银行贷款仅占16%。然而，中小企业作为一个整体，不一定都是风险投资的投资对象。风险投资投入的是创业型中小企业，不仅是创业型中小企业，而且是有增长潜力的创业型中小企业。

风险投资是支持具有创新内涵的、具有巨大发展潜力的创业型中小企业的一支重要的资金力量。风险投资家不仅支持创业者的成功，他们也容忍创业者的失败。很多风险投资家在选择被投企业时，更注重有创业经验的企业家，尤其是曾经失败过的创业者。他们对于那些不甘失败、重振旗鼓、不屈不挠、继续创业的企业家尤其有好感。风险投资的真谛是帮助企业家建设一个成功的企业，风险投资是投入具有创新内容的创业，是投入具有高速发展潜力的创业。风险投资的目标是投入明星企业，那些能够成为未来阿里巴巴、未来腾讯的企业。

(四) 风险投资有利于推动技术创新的产业化和商业化

我们已经处于知识经济的时代，技术创新作为经济增长的重要动力源泉已经为经济学界的共识，风险投资在这个知识经济时代起到举足轻重的作用。风险投资作为一种创新的融资制度安排，为技术创新、知识经济提供了良好的金融支持，在推动技术创新产业化过程中发挥了前所未有的巨大作用。根据有关资料，目前我国每年省部级以上水平的科技成果约有3万项，每年产生的专利约7万项，但是科技成果转化为商品并取得规模效益的比例和专利技术的实施率都仅为10%。众多的高新技术成果要实现产业化、商业化，相对于实验室阶段的投入，转化为现实生产力需要数十倍乃至上百倍的投入，政府资金捉襟见肘，而且也不应该完全由政府来投资。由于转化过程的商业前景并不明确，存在技术、市场、管理等各方面的风险，一般工商企业和银行等金融机构不愿投资，也不敢投资。此时，发展风险投资无疑是最有效的办法。可以说，20世纪高新技术领域的许多重要科技成果，无一不是在风险投资作用下，将实验室里的大胆构想变成商品并创造出巨大经济效益的。如果没有风险投资，这些高新技术成果转化是难以实现的。

(五) 风险投资有利于弥补金融体制的灵活性

从金融体制看，我国具有以银行为主体的特征。截至2023年末，我国银行总资产高达417.29万亿元,而全国风险投资融资总额约为7 000亿元,这个数目与巨大的银行金融资产相比,差距十分明显。虽然这两个数据很难直接比较,但有一点十分明确,即风险投资作为一种新型的金融创新模式规模有限,却弥补了我国目前金融体制灵活性不强、创新型较差的不足。我国金融体制的现状造成银行体系的大量金融资产很难支持风险性较高的、规模较小的创新型中小企业的发展。而风险投资与天使投资等所谓"另类金融"运作模式以灵活的方式为创业企业和中小企业提供了可选择的资金渠道。

(六)风险投资有利于现代企业制度的建立

我国已将建立现代企业制度作为企业改革的方向。现代企业制度是一种要能够满足现代大生产和市场经济要求的企业制度。而风险投资对经济发展的作用不仅体现在它对高新科技创业企业的支持和推动,更因为它发展了一套行之有效的资金配置、使用和监管机制。阿里巴巴、腾讯、节字跳动、京东等企业的成功,更让我们体会到这种投资机制的独特之处:能使资金、技术、信息和人力资源有机结合,表明了风险投资中的产权制度、组织设计和激励机制的独特性和生产性。这对中国企业建立现代企业制度有着很好的借鉴作用。

(七)风险投资的发展有利于人才的培养和使用

风险投资的宗旨是投入,投资于那些既有创业理想、献身精神,又能够脚踏实地,具有实际操作能力的创业者。人的问题一直是风险投资的核心问题。一方面,风险投资有利于在一定程度上缓解就业压力;另一方面,风险投资能够帮助创造有技术含量的、有发展前途的岗位。

风险投资给人才的培养提供了良好的发展机遇。风险投资是投向未来的,风险投资的这种引导性作用将促使人们接受更多的教育,提高素质,提高就业能力。目前我国就业压力较大,通过风险投资支持的高新技术企业,特别是中小高新技术企业可以吸收高素质人才,在一定程度上缓解这一压力,这对于保持我国社会稳定,实现经济持续发展有着重要意义。

(八)风险投资有利于社会资源的有效配置

风险投资的内在激励机制使得其在优化资本资源配置上发挥着重要作用。如何有效地分配社会资源不仅是一个技术问题,而且是一个经济问题。风险投资在这方面具有一定的创新性。一方面,风险投资对投资回报有着较高的预期,并勇于承担较大的风险,这种投资使得他们与成熟产业和传统投资方式有着较大的差别;另一方面,他们更看重投资的长期效果,不屑于短期投机的涨落沉浮。因而他们实际上是有意无意地促进了那些从长计议的、具有远大目标的企业,而打击了急于求成或急功近利的企业。风险投资的投向,为社会最佳资源提供了最佳去向,那就是实现风险资本和科技成果产业化之间的对接。利用风险资本,科技成果转化所需的资金可以得到根本性的解决,而风险投资者也通过其对充满变数的科技成果产业化所作的贡献得到所期望的投资回报。因此,风险投资实现了这类社会资源的优化配置,提升其利用效率,并在这一过程中协助完成了产业结构调整的经济运行目标。

(九) 调整产业结构,推进我国经济发展的核心竞争力

风险投资有利于促进高新技术产业发展及成果转化。通过对技术创新和产业升级的支持促进经济增长方式转变;通过对融资机制的创新促进金融体制改革;通过对公司治理结构的完善进一步壮大企业,通过优化资源配置提升我国综合国力。

风险投资最大的,也是最不易被别人发现的作用在于它有利于帮助调整经济产业结构,使之更合理、更先进、更具有发展潜力,使得我国经济结构更加向世界先进水平靠近,从某种意义上促进了我国经济发展的核心竞争力。风险投资培育的高新技术企业成长迅速,技术含量高,对经济活动的影响面广、深度大,不仅可以改造传统产业,调整国家产业结构,而且可以形成新的产业、新的经济增长点,带动相关工业发展;不但促进经济总量快速增长,而且增强了经济增长的潜力。

思考题

1. 风险投资的定义是什么?
2. 风险投资的经济效应有哪些?
3. 风险投资的运行模式有哪些?
4. 风险投资的特征有哪些?
5. 风险投资对经济发展有哪些作用?

第十六章
国际投资

第一节 国际投资的内涵

一、国际投资的定义

国际投资是指一国的投资者对他国的经营活动进行跨国界投资,以求获得较国内更高的投资收益的经济行为。国际投资是与国内投资相对应的,是国际货币资本及国际产业资本跨国运动的一种形式,是将资本从一个国家或地区投向他国或境外某地区的经济活动。

二、国际投资的分类

国际投资可以按照不同的标准予以分类。

(一) 按照资本来源和用途分类

按照资本来源和用途,可分为国际公共投资和国际私人投资。

国际公共投资(International Public Investment)的资本来自政府或国际组织,投资领域往往涉及公共利益,带有一定的援助性质。例如,亚投行(全称"亚洲基础设施投资银行")作为由中国提出创建的区域性金融机构,主要业务是援助亚太地区国家的基础设施建设。它成立的主要目的不是营利,而是支持亚洲国家的建设,通过不同方式为亚洲各国的基础设施项目提供融资支持,包括贷款、股权投资以及提供担保等,以振兴包括交通、能源、电信、农业和城市发展在内的各个行业投资,帮助当地政府修建基础设施,支持当地的发展。

国际私人投资(International Private Investment)的资本来源通常是企业,是指私人或私人企业以营利为目的而进行的投资,其投资领域非常广泛。私人投资是国际投资中的主要部分。例如,2018 年 7 月,特斯拉确定在中国建立超级工厂,10 月 17 日,特斯拉在上海成立的新公司以 9.73 亿元人民币摘得上海临港装备工业区 1 297 亩(1 亩≈666.67 平方米)。这是首个外国汽车制造商在中国独资建厂。该工厂初期规划是 3 000 辆/周的产能,只生产 Model 3 和 Model Y,最终要分阶段达到 25 万辆/年、50 万辆/年。该项目总投资高达 500 亿元人民币,一期投资 160 亿元人民币。

(二) 按照投资期限分类

按照投资期限,可分为短期投资和长期投资。

长期国际投资(Long-term Investment),指期限在 1 年以上的国际投资,包括 1 年以上的国际直接投资、国际证券投资和国际贷款。投资者在国外兴建企业所投入的资本,一般属于长期投资。如果投资者用于购买股票、债券等国外证券,对于证券发行者而言属于长期投资。

短期国际投资(Short-term Investment),指期限在 1 年以内的国际投资,包括短期国际银行信贷和短期国际债券投资。如果国外证券购买者在短期内将证券转手出售,则属于短期投资。短期投资也包括 1 年以内的短期贷款。

(三) 按照投资资本性质分类

按照投资资本性质,可分为国际直接投资和国际间接投资。

国际直接投资(Foreign Direct Investment,FDI),也称外商直接投资,指投资者到国外直接开办工矿企业或经营其他企业,即将其资本直接投放到生产经营中的经济活动。其特征是投资者拥有对企业的经营管理权和控制权。近年来,国际直接投资的规模和比重不断增加,形式也呈现出多样化的趋势。

国际间接投资(Foreign Indirect Investment,FII),指投资主体仅以获取资本增值或实施对外援助与开发,而不以控制经营权为目的的投资行为,包括国际信贷投资和国际证券投资。国际信贷投资是指由一国政府、银行或国际金融组织向第三国政府、银行及其他自然人或法人提供借贷资金,后者要按约定时间还本付息的一种资金运动形式或投资形式。国际证券投资是指在国际证券市场上通过购买外国企业发行的股票和外国企业或政府发行的债券等有价证券,来获取利息或红利的投资行为。

国际机构、各国政府和国际投资界普遍认为,国际直接投资和国际间接投资的根本区别在于投资者是否获得被投资企业的有效控制权。

三、国际投资的直接目标

当代国际投资的最终目标仍然是获得最大限度的利润,但其直接目标却是多元化的,主要有以下几个方面。

(一) 维持与扩大产品出口规模

西方大型跨国公司在国际贸易中所占份额达 70%,占据主导地位。跨国公司的对外投资与对外贸易是相互补充、相互促进的关系。维持与扩大产品出口规模是西方跨国公司重要的直接目标。首先,发展对外投资可以直接为跨国公司产品出口的一系列中间环节提供服务;其次,发展对外投资可以直接带动跨国公司产品的出口,跨国公司的子公司所需的大部分原材料、零部件、机器设备等都是由母公司提供的;再次,发展对外投资可以绕开贸易保护主义壁垒,维护与扩大跨国公司原有的国际市场份额;最后,发展对外投资可以开辟新的产品出口市场,扩大跨国公司的产品出口规模。

(二) 维持与发展垄断优势

垄断优势理论认为,拥有先进的技术和管理经验是对外投资者的重要垄断优势。通过发展对外投资,大型跨国公司可以维持和发展这种垄断优势。只要有一定数量的大型跨国公司率先在某一行业从事进攻性投资,其他的跨国公司就会紧随其后,进行防御性投资,以防止由于竞争对手的扩张而削弱自己的竞争能力,达到维持和发展自己的垄断优势的目标,使其国际市场份额保持不变。

(三) 获得自然资源

自然资源是重要的生产要素,在各国间的分布是不均衡的,任何一国的经济活动都是在一定的资源条件限制下进行的。虽然科学技术的进步、生产力的提高使人类开发与利用自然资源的深度和广度有了突破性进展,但仍无法改变这种限制。跨国投资可以实现对本国缺乏、他国丰富的自然资源进行利用。因此,获得自然资源一直是国际投资的直接目标之一。

(四) 降低产品成本

随着科学的进步和世界经济的发展,某些跨国公司的生产随着规模的扩大,成本会下降;而实现最佳的规模经济效益,只依靠国内的投资已经不够,需要在全球范围实现纵向一体化与横向一体化经营战略,通过一体化经营扩大规模,降低产品成本,实现利润的最大化。同时,在跨国投资中还可以利用东道国廉价的自然资源和劳动力,达到降低产品成本的目标。

(五) 扩大和利用外资规模

跨国公司的对外投资主要表现为实物资本、技术和其他无形资产的流出。但跨国公司在东道国进行投资时,不是所有的资本都是跨国公司自有资本,有一大部分资本来自国际资本市场和东道国资本市场。因此,跨国公司也把利用这些资本作为对外投资的直接目标之一。

(六) 获得国外先进技术

国际投资一方面伴随着技术的流出,另一方面却是获得国外先进技术的一条捷径。通过对外投资,跨国公司可以在比本国更发达的国家与当地拥有先进技术的公司合资创办高新技术企业,或收购当地高新技术企业作为开发与引进高新技术的基地。这也是西方发达国家的跨国公司在对方国家进行投资的直接目标之一。

(七) 获得经济信息

世界已经进入了信息时代,谁能及时获得经济信息,谁就获得了优势、机遇和财富。跨国公司通过在世界各地投资子公司,凭借现代化的通信工具,能够及时地获得经济信息,通过对这些信息进行分析,及时做出相应的对策,使跨国公司的一体化经营符合多变的国际市场的需要。因此,获得经济信息是跨国公司进行国际投资的直接目标之一。

第二节 国际投资的产生与发展

国际投资的早期形态是资本输出。早在19世纪70年代,英国就开始进行资本输出。随后各发达国家相继开始向落后国家输出资本,以便获取高额利润,占领海外市场。早期资本输出是以间接投资的形式进行的,到了19世纪80年代,资本输出增加了国际直接投资。所以从国际资本历史发展的进程来看,资本在国际范围内的流动首先表现为商品资本的运动,标志是国际贸易;其次,表现为货币资本的运动,即以国际借贷、国际证券投资为主要形式的国际间接投资,标志是跨国银行的出现;最后,表现为生产资本的运动,即国际直接投资,标志是跨国公司的出现。国际直接投资是资本在国际范围内运动的最高形式。

根据国际投资规模和形式的变化,国际投资的历史发展可划分为七个阶段。

一、1914年以前的国际投资

这一阶段是国际投资的起步阶段。这一阶段的主要投资国是英国、法国和德国,其中英国长期居于国际投资的统治地位。到1913年,英国的国际投资总额已达40亿英镑,占当时各国国际投资总额的一半。1914年,英国、法国、德国、日本等主要资本主义国家对外投资总额已达440亿美元。这一阶段的东道国主要有北美洲、拉丁美洲、大洋洲等资源丰富的国家和非洲一些殖民地与半殖民地国家。

这一阶段的主要特点:第一,投资的来源主要是私人资本,官方资本所占比例甚微。第二,投资的形式主要是间接投资,直接投资比重很小。第三,投资国数目很少,基本上局限于英国、法国、德国、美国和日本,英国居于主导地位。第四,投资主要流向资源丰富的国家和殖民地国家。第五,投资主要用于资源开发和铁路公用事业。第六,投资期限较长,有的已达 99 年。第七,投资国获益匪浅。据统计,对外投资的收益比国内收益平均高出 1.6%～3.9%。

二、两次世界大战之间的国际投资（1914—1945 年）

这一阶段是国际投资缓慢发展的阶段。两次世界大战和 20 世纪 30 年代的经济危机造成了资金短缺和市场缩小,导致国际投资发展缓慢。这一时期主要投资国的地位发生了重大变化,美国不仅成为净债权国,而且成为新的国际资本的主要来源国。美国购买了许多外国长期债券,如在 20 世纪 20 年代,美国发行了 1 700 多种外国美元债券,至少有 43 个国家和地区向美国借款。同时,美国的对外投资也得到了迅速发展,投资额增加了 40 亿美元。1929—1933 年世界经济大危机期间,工业国的产量下降了 17%,世界贸易量下降了 25%,国际货币体系崩溃,资金匮乏,债务危机等导致国际投资资金短缺。战争和经济危机使传统的私人对外投资风险增大,导致国际私人投资减少。

这一阶段的主要特点:第一,主要投资国的地位发生了变化。美国取代英国成为世界最大的投资国。第二,投资主体发生了变化。1914 年以前,对外投资基本上局限于私人对外投资;1914 年以后,政府对外投资规模迅速扩大,但私人对外投资仍占主导地位。第三,国际投资的形式发生了变化。1914 年以前,国际直接投资比重很小;1914 年以后,国际直接投资规模迅速扩大,占国际投资总额的份额增加很快。

三、"二战"后至 20 世纪 60 年代末的国际投资（1946—1970 年）

这一阶段是国际投资恢复增长的阶段。"二战"后,美国凭借其雄厚的政治经济实力,以帮助其他国家重建经济为名,大肆进行对外经济扩张,其国际投资规模迅速扩大,不仅使美国继续充当主要债权国,而且美元还成为主要的国际储备货币。美国在 1948—1953 年向欧洲提供了 136 亿美元的资金。到 20 世纪 50 年代,随着世界经济的恢复与发展,西方主要投资大国的对外投资大幅增加,美国、英国、法国、德国和日本的对外投资的累计额分别从 1960 年的 662 亿美元、220 亿美元、115 亿美元、31 亿美元、5 亿美元增加到 1970 年的 1 486 亿美元、490 亿美元、200 亿美元、190 亿美元、36 亿美元。这一时期,一些发展中国家和地区也开始发展对外投资。1969 年,发展中国家的跨国公司已达约 1 100 个。印度、韩国、新加坡、巴西、墨西哥、阿根廷以及一些中东国家和地区成为对外投资的新生力量。虽然在国际投资总额中所占比例很小,但毕竟打破了西方发达国家的垄断局面。这一时期由于世界政治经济稳定,私人投资大幅增加。

这一阶段的特点:第一,国际投资规模迅速扩大,特别是私人投资增长更快;第二,国际投资方式发生了转变,由新的间接投资为主转为直接投资为主;第三,投资国结构发生了变化,发展中国家也开始进行对外投资。

四、20世纪70年代的国际投资

这是国际投资高速增长的阶段。在这十年中,国际投资在国际经济中的地位得到了极大的提高。美国、英国、法国、德国和日本仍然是主要的投资国,美国仍然占主导地位。到1980年底,美国对外投资总额达6 069亿美元,是1970年对外投资总额的近4倍。日本作为"二战"后经济发展的后起之秀,加速了对外直接投资,在国际投资领域的地位日益提高。1980年底,日本已成为世界第四大对外投资国。在这一时期,发展中国家和地区、石油输出国组织成为国际投资领域的一支重要力量。1973—1974年与1979—1980年两次石油提价使石油输出国组织获得巨额资本,但由于其国内投资市场有限,导致大量资本外流。1974—1980年石油输出国在西方发达国家的存款达1 250亿美元,对外直接投资和证券投资为2 320亿美元,为国际货币基金组织提供贷款200亿美元,无偿或有偿援助非产油发展中国家810亿美元。

这一阶段的特点:第一,国际直接投资所占比重进一步上升;第二,西方主要的对外投资大国同时也是吸引外资的主要东道国;第三,发展中国家和地区的对外投资增长较快;第四,石油输出国的"石油美元"成为国际投资的重要的资金来源。

五、20世纪80年代到20世纪90年代初期的国际投资

这是国际投资稳定增长的阶段。这一阶段,在科技革命、金融改革和跨国公司全球化经营等多种因素的共同作用下。国际投资蓬勃发展,成为世界经济发展中的最为活跃的部分,但西方国家的对外投资增长速度却不一致。美国的对外直接投资增长速度放慢,1981年美国对外直接投资额为2 283亿美元,到1984年增长为2 334亿美元,3年间仅增长了2.2%。日本的对外直接投资增长加速,1980年日本对外直接投资额仅为365,2亿美元,到1986年猛增为1 000亿美元。20世纪80年代,主要西方国家在国际投资中的地位发生了进一步的变化。美国"二战"后一直在国际投资中处于绝对的主导地位。1982年底,美国对外投资额高达8 390亿美元,引进外资额高达920亿美元,国外净生产额为1 470亿美元。但1982年以后,美国对外投资增长速度极为缓慢而引进外资

的发展速度却增长较快。1985年美国引进外资额超过其对外投资额,由世界最大的债权国变为债务国,丧失了长达67年之久的债权国地位。1989年在美国的外国投资达20 000亿美元,投资国主要是英国、日本、荷兰、加拿大、德国和法国。当然从绝对量上来看,美国仍然是最大的投资国。

日本成为继美国之后的世界最大的债权国。1968年底,日本在国外的净资产仅为3亿美元;1984年增至744亿美元;1985年已高达1 300亿美元,成为世界上最大的债权国。20世纪80年代以后,西欧各国对外投资增长虽慢于日本,但远远高于美国,在国际投资领域充当着重要角色。

这一阶段的特点:第一,国际直接投资增长迅速,超过了世界经济和国际贸易的增长速度;第二,美国由世界最大的债权国转为最大的债务国;第三,发展中国家对外投资增加,但仍处于从属地位;第四,形成了美国、日本、西欧"三足鼎立"的国际投资新格局。

六、20世纪90年代后期至2007年的国际投资

这一阶段是国际投资突破性发展的阶段。随着经济全球化的进一步深化,国际投资的发展取得了突破,投资方式和投资领域方面均发生了重大变化。据统计,外国直接投资(FDI)的流出存量在20年间增加了6倍。跨国公司占全球国内生产总值(GDP)的1/10和全球出口的1/3。据《世界投资报告2008》,2007年大约79 000家跨国公司及其海外子公司继续扩大商品和服务生产。全世界海外子公司的附加值活动占全球国内生产总值的11%,销售总额达到31万亿美元,比2006年增长了21%。最大跨国公司的海外活动大幅增加,来自发展中经济体的跨国公司的投资增加最快。国际投资不再是发达国家的舞台,发展中国家也越来越多地参与到国际投资中,逐渐由从属地位成为国际投资的主角。比如,中国吸引外商直接投资一直保持较高水平,从1996年开始连续11年实际使用外资金额位居发展中国家和地区的首位。在大力吸引外国投资的同时,中国政府也积极鼓励企业"走出去",中国成为世界FDI的重要来源地。在中央及地方政府的鼓励和支持下,中国的企业加速国际扩张。中国对外直接投资流量从1992年的40亿美元增长到2007年的230亿美元。2006年,中国成为新兴市场对外投资流量的第四大输出方。

这一阶段的特点:第一,国际投资取得了突破性的发展,跨国并购成为国际直接投资的重要方式;第二,以往非传统投资国、发展中国家成为投资新增长的重要推动力量;第三,多种投资方式并存;第四,国际投资的新发展逐渐促使新的国际生产体系的形成。

七、2008 年金融危机以来的国际投资

由 2008 年美国次贷危机引发的世界金融危机给全球经济造成了极其严重的影响。联合国贸易和发展会议表示，2008 年全球外国直接投资额下降了约 21%，而 2009 年全球外国直接投资则下降了 29%，从 2008 年的 1.7 万亿美元降至 1.2 万亿美元以下。2010 年全球外国直接投资额有所回升，但增长缓慢，增长率仅为 5%，达到 1.24 万亿美元。流入发达经济体的外国直接投资进一步萎缩，而新兴经济体则成为直接投资的新力量。2011 年全球外国直接投资额达到 1.5 万亿美元，首次超过世界金融危机前的平均水平。2012 年全球外国直接投资额降至 1.35 万亿美元。因为全球经济特别是一些主要经济体经济复苏的脆弱性以及政策的不确定性，跨国公司对外投资仍十分谨慎。发展中国家吸收的直接外资有史以来首次超过发达国家，其重要性持续上升。2013 年全球外国直接投资额达到 1.45 万亿美元。发达经济体、发展中经济体和转型期经济体的外国直接投资流入都出现增长，出现了谨慎乐观情绪。2013 年流入发展中经济体的外国直接投资占全球外国直接投资的 54%。外国直接投资的最大目的地仍是中国和亚洲其他发展中经济体，然后是欧盟和北美。2015 年全球外国直接投资额为 1.47 万亿美元，同比增长 11.8%。2016 年全球对外直接投资额为 1.75 万亿美元，同比下降 2%。新兴市场国家的投资资产增长显著，发达国家增长乏力。2017 年全球外国直接投资下降 23%，其中，跨境并购大幅下降了 22%。联合国贸易和发展会议 2022 年发布的《全球投资趋势监测》报告显示，2020 年全球外国直接投资额为 9 290 亿美元，相比于 2019 年的 1.49 万亿美元下降了 35%。受世界经济复苏及跨国公司整体经营利润好转等因素的影响，经历了连续 3 年下降之后，2021 年全球对外直接投资规模停止下滑势头，呈现恢复性增长的新态势。2021 年全球对外直接投资总额从 2020 年的 9 290 亿美元增长到 1.65 万亿美元，增长了 77%。

这一阶段的特点是：第一，受 2008 年国际金融危机影响，全球国际直接投资受到重挫，发达国家尤为突出。第二，发展中国家和新兴经济体成为直接投资的新力量。第三，由于一些主要经济体经济复苏的脆弱性以及政策的不确定性，跨国公司对外投资仍十分谨慎，外国直接投资的未来增长趋势并不确定。第四，受跨国并购活动的低迷以及新冠疫情的影响，2018—2020 年全球国际直接投资连续三年处于下滑状况。2021 年由于跨国并购规模增加及疫情缓解，全球外国直接投资流入规模又呈现出恢复性增长的新态势。

第三节　国际投资的经济影响

国际投资活动不仅影响着世界经济活动,还决定着世界经济发展的速度。

一、国际投资对世界经济整体的影响

国际投资活动经济影响效果的理论分析中,具有代表性的是资本流动效果的分析——麦克杜格尔模型。该模型是用于分析国际资本流动的一般理论模型,其分析的是国际资本流动对资本输出国、资本输入国及整个世界生产和国民收入分配的影响。

根据这个理论,国际投资活动的开展导致了资本在国际的流动,使资本的边际生产率在国际上平均化,从而提高世界资源的利用率。现在假设世界由资本输出国(A 国)和资本输入国(B 国)组成。在封闭的经济条件下,两国存在充分的竞争,资本的价格由资本的边际生产力决定。由于资本边际生产力存在递减的现象,资本供应丰裕的输出国的资本边际生产力低于资本输入国。如图 16-1 所示,横轴代表资本量,纵轴代表资本的边际生产力。O_A 为资本输出国 A 国的原点,O_AQ 为 A 国拥有的资本量,AA' 为 A 国的资本边际生产力曲线,O_B 为资本输入国 B 国的原点,O_BQ 为 B 国拥有的资本量,BB' 为 B 国的资本边际生产力曲线,O_AO_B 是世界资本总量。

在资本流动前,A 国使用 O_AQ 量的资本,生产总量为 O_AADQ,资本的价格(即资本的边际生产力)为 O_AC;此时,B 国使用 O_BQ 量的资本,生产出 O_BBFQ 的产量,资本的价格为 O_BG。很明显,A 国的资本价格低于 B 国的资本价格。由于资本可以在国际自由流动,于是资本价格较低的 A 国的资本便会流向资本价格较高的 B 国,直到两国的资本边际生产力相等,即 $O_AL=O_BN$ 时才会停止。在这一过程中,有 SQ 量的资本从 A 国流入 B 国,最后导致两国的资本生产力趋于相等,即它们的资本边际生产力最后都等于 ES。

资本流动的结果是 A 国的生产量变为 O_AAES,B 国的生产量为 O_BBES。与资本流动前的总产量 O_AADQ+O_BBFQ 相比,世界的总产量增加了三角形 DEF 部分。这表明,资本的国际流动有利于增加全世界的产量和提高福利水平,这是生产资源在世界范围内得到优化配置的结果。

对于向外输出资本的 A 国来说,其国内产量因对外投资而减少了 $ESQD$,但其国民收入并没有下降,而是增加了。因为在国内产量减少的同时,该国又获

得了 $ESQM$ 的对外投资总收益(对外投资量×资本的边际生产力)。只要投资收益大于因国内生产缩减而损失的收入,资本输出国的国民收入就会增加。图 16-1 中,A 国的收入增加了三角形 EMD 部分。一般来说,对外投资的收益率会高于国内投资;从纯收入的角度进行分析,输出资本很少使一国的总收入减少。

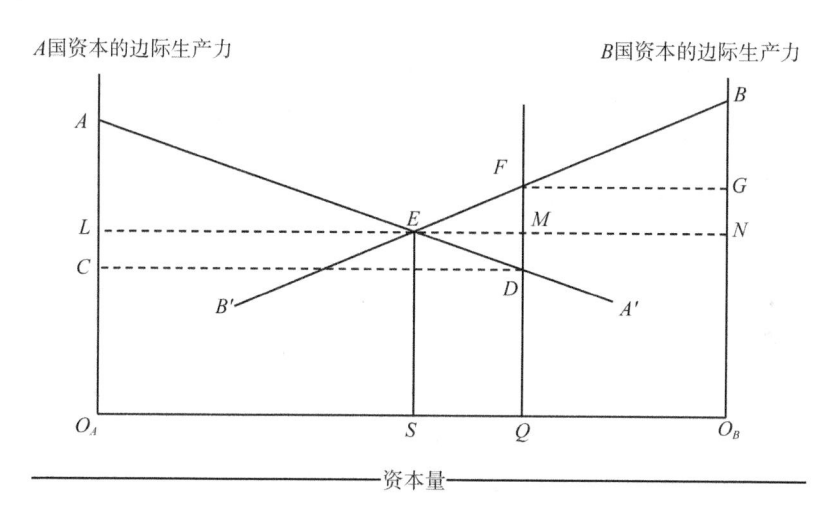

图 16-1 国际资本流动的影响

而对于输入资本的 B 国来说,由于使用了 QS 部分的外资,其总产量增加了 $ESQF$ 部分。其中,$ESQM$ 作为外资收益支付给 A 国,EMF 部分是 B 国国民收入的净增加。对于资本输入国来说,只要引进资本后增加的产量大于必须支付给外国投资者的报酬,该国的净收益就会增加。

因此,国际资本流动使资本输出国和资本输入国同时分享了世界总产量增加所带来的利益。麦克杜格尔模型认为资本国际流动的结果将通过资本存量的调整使各国资本价格趋于均等,从而提高世界资源的利用率,最终增加世界各国的总产量和各国的福利。

二、国际投资对各国经济的影响

(一) 就业和收入水平

国际投资对投资国和东道国的就业数量、质量和区位都有影响。

1. 国际投资对投资国的就业和收入水平效应

国际投资对投资母国的就业和收入水平会产生"替代效应"和"刺激效应"的双重影响。所谓替代效应,是指从国内投资的角度上看,因跨国公司开展对外直接投资造成了资本流出,在国内资本存量有限的情况下,会减少母国的资本总存量,使本土进行的生产活动锐减,从而导致就业机会减少。就业替代理论认为,因为一国的资源和资本总量在短期内是固定的,对外直接投资都会挤出国内投资份额,如果对外投资没有产生出口的增加或者进口的减少,相应国内的消费或投资减少一部分,母国就业会产生替代效应。即使这种替代效应在短期内不明显,但是通过乘数加速效应,最终会导致母国就业人数的减少。所谓刺激效应,是指国际投资导致国内就业机会增加,具体是指跨国公司海外子公司从总公司进口设备、零部件、中间产品和原材料等,可以为母国企业创造就业机会;跨国公司总公司管理职能集中和有关服务业扩展,同样会创造就业机会。显然,当替代效应大于刺激效应时,国际投资将导致投资母国就业机会的减少;反之,则导致就业机会的增加。

2. 国际投资对东道国的就业和收入水平效应

从就业数量上看,国际投资增加了东道国的就业机会,且会随着吸引外资的增加而增加。若为新建投资,则一般会直接带来就业数量增加;若为跨国并购,则和并购的阶段有关。并购刚完成时,外国投资者可能为了减少重复生产,提高效率而裁员,这可能导致相关国家的就业减少。但随着生产逐步增加,为了扩大市场占有率,跨国公司会进一步增加就业。

(二) 进出口及国际收支水平

1. 从投资国的角度

在短期内,首先是有资金外流;其次,海外子公司生产的产品可能替代投资国出口产品,阻碍投资国出口;再次,海外子公司生产产品还可能会返销投资国,这些都会导致海外直接投资对投资国国际收支具有消极影响。但在长期情况下,海外子公司的投资收益会汇回,这会增加投资国的支付能力。另外,海外直接投资不单是资金的投资,往往是一揽子生产要素的跨国转移,这必然会拉动投资国的相关出口,同时,海外直接投资还有助于开辟新市场,这些都会帮助改善贸易收支,进而改善国际收支。

2. 从东道国的角度

在短期内,由于外汇的流入,再加上可以带动东道国的出口增加,东道国可以从跨国公司海外直接投资中获得明显的短期利益。但是,这种利益只是短期效应,是来自跨国公司一次性的资本注入,不会一直持续。长期情况下,一方面,外来直接投资往往伴随投资国资本货物、闲置设备等产品流入,因而即使是对东道国国际收支的短期正面效应也是有限的;另一方面,跨国公司会将投资收益长期汇回投资国,这当然不利于东道国的国际收支平衡,并会产生消极影响。

(三) 示范和竞争效应

跨国公司将新技术和新设备带到了东道国市场,使得其拥有比东道国国内企业更强大的"技术优势"和"管理优势",并因此获得巨大的市场份额和利润。这会产生巨大的示范效应,迫使当地企业进行技术革新、提高生产效率,最终带动东道国相关产业的技术进步。

尤其是对一些垄断性行业来说,跨国公司的到来会带来强大的竞争压力,使垄断性行业的垄断行为受到遏制,改变市场竞争结构,改善资源配置,推动当地技术效率的提高。以中国为例,随着金融、保险、电信服务、批发零售等行业对外开放的程度不断提高,跨国公司国际直接投资的大规模增加,这些行业的效率明显提高,服务层次明显提升。

(四) 产业结构水平

跨国公司海外投资促进了东道国新兴工业的发展,进而推动了东道国产业结构的升级。第二次世界大战以后,在新的科技革命的推动下,发达国家迅速出现了一系列新兴工业部门,而发达国家间的相互直接投资,使这类新兴工业部门在各发达国家间迅速发展,加快了发达国家产业结构的演进速度。例如,互联网行业最早出现在美国,现在中国的互联网企业在模仿学习的基础上不断创新,互联网行业已经成长为支撑中国经济发展的核心行业。

在广大发展中国家,外来直接投资对其产业结构的调整。尤其是对促进制造业的发展发挥了积极作用。例如,发达国家跨国公司对"亚洲四小龙"的直接投资和技术转让与"亚洲四小龙"的高技术战略相呼应,积极推动了其产业结构由劳动密集型产业向资本和技术密集型产业转变,进而促进了其产业结构的升级。

(五) 技术进步水平

跨国公司海外直接投资不仅为东道国带来了资本等有形资源,而且更重要的是为东道国带来了技术、组织管理技能等无形资源,进而促进了东道国的技术进步,为东道国经济增长作出贡献。

1. 吸收外国直接投资是东道国获取国外先进技术的重要途径

由于跨国公司是技术能力的主要持有者和技术发明的领头羊,为了开发自己的技术优势并对其进行有效控制,许多跨国公司选择对外直接投资,为其海外市场服务,它们往往把最新技术在公司体系内部转移。因此,吸引跨国公司前来直接投资就成为许多国家获取最新技术特别是某些关键技术的最重要乃至唯一的途径。除了独资外,跨国公司还通过一系列外在化形式,主要是非股权方式来向东道国进行技术转移。

2. 跨国公司海外直接投资促进了先进技术、劳动技能、组织管理技巧等在东道国国内的扩散

这具体表现在：第一，跨国公司较之于当地企业更高的要素生产率加剧了行业竞争，迫使东道国企业不得不采用新技术，降低成本以提高生产效率；第二，跨国公司分支机构的出现展示了有利可图的新产品和新工艺，进而促使当地企业效仿，不断改进产品构成，提高产品质量从而有利于东道国企业的技术进步；第三，跨国公司分支机构通常与东道国间尤其是与提供原材料、中间产品和服务的东道国企业间有非常密切的联系，可以通过设计、图纸、规格、制造技术与加工诀窍、质量控制、生产率提高技术、管理技能等形式向当地企业传授知识和技术；第四，受雇于外国企业的当地科技人才与管理人才的流动可以为东道国带来技术溢出效应。

3. 跨国公司研究与开发机构的日趋分散化促进了东道国的科研活动，进而有利于东道国形成自己的研究与开发能力

跨国公司通过与当地科研机构、大学、生产资料供应厂家进行科研合作，使东道国得以接近国际化的人才库，促进了其科研活动的发展和开发能力的提高。同时，研究与开发活动中管理人员培训中心的建立，不仅为东道国带来了大量的组织管理技巧，而且通过促进东道国人力的资源开发，为其直接或间接提供了大量可供利用的中高级经营管理人才和掌握先进劳动技能的熟练工人等。

（六）资本形成效应

促进资本形成被认为是国际投资对东道国经济增长的重大贡献。

海外直接投资的注入增加了东道国的资本存量。一方面，新建方式注入的国际投资既可以增加东道国的储蓄，又可以增加其投资，在增加东道国资本存量方面的作用最为明显；另一方面，跨国公司通过所有权转移的方式收购或兼并东道国企业，使这些企业免于倒闭，或迅速提高产生能力，东道国也可将卖出国内企业所获资金用于国内再投资，这些虽不是直接增加投资，却可以使东道国的资本存量获益，增加现有资本存量。

东道国条件的改善和投资政策的自由化通常会促进跨国公司海外投资为东道国带来后续性追加投资，从而有助于增加东道国的资本存量。

海外直接投资的进入通常会引致投资国企业的追加投资或辅助投资。这是因为海外投资中必需的中间产品乃至最终产品在当地企业没有或者不符合标准，或者因为投资者更倾向于从具有长期信任关系的供应企业进货等。

（七）产业安全效应

跨国公司的海外投资对产业安全有一定的潜在威胁。所谓产业安全，是指

一国制度安排能够导致较合理的市场结构及市场行为,使经济保持活力,使本国重要产业在开放竞争中具有竞争力,使多数产业能够生存并持续发展。海外投资对产业安全的威胁主要体现在以下几方面。

1. 市场控制

由于外资在资本、规模、技术、管理等方面都具有相对优势,它们会占领和控制东道国市场,并且在某些行业形成垄断。

2. 股权控制

外资在进入东道国初期,由于各种因素的限制以及出于自身安全的考虑,大多会采取合资的方式,但发展到一定时期,便会倾向于独资或通过各种方式谋求在合资企业中的控股权。通过股权控制,首先控制东道国的企业,然后控制东道国的产业,从而可能会影响东道国的产业安全。

3. 技术控制

跨国公司的一切活动都与技术有关,其进入东道国市场的是技术。进入之后,为了利用技术保持优势,其并不轻易转让技术,并可能通过转移二、三线技术,封锁关键技术,在技术转让上附加种种苛刻条件等方式来进行技术控制。

4. 品牌控制

大量外商直接投资的入境,其目的就是要抢占东道国的市场。跨国公司在合资后,往往会凭借自己的资金和技术优势掌握合资企业的控制权,再通过推行品牌战略挤垮东道国的竞争对手,以达到在将来垄断东道国市场的目的。

思考题

1. 国际投资的定义和分类有哪些?
2. 国际投资的目标有哪些?
3. 请简要阐述国际投资的产生与发展。
4. 请画图说明国际投资对世界经济整体的影响。
5. 国际投资对各国经济的影响有哪些?

主要参考文献

[1] 陈阿兴,胡锦全.证券与期货[M].北京:中国商业出版社,1996.
[2] 陈志军.证券投资学[M].济南:山东人民出版社,2005.
[3] 董继华,崔美.证券投资学概论[M].北京:经济科学出版社,2002.
[4] 耿明斋,郭兴方,李燕燕,等.投资学(第三版)[M].上海:上海财经大学出版社,2016.
[5] 葛正良.证券投资学[M].上海:立信会计出版社,2001.
[6] 胡昌生.证券投资学[M].北京:中央广播电视大学出版社,2004.
[7] 何剑.证券投资学[M].北京:中国金融出版社,2001.
[8] 黄磊,姚铮.证券投资学[M].北京:中国财政经济出版社,2005.
[9] 韩德宗,朱晋.证券投资学教程[M].北京:中国物价出版社,2002.
[10] 何志刚.股票、期货市场技术分析[M].南昌:江西高校出版社,1997.
[11] 黄海沧,赵巧英,胡军.期货交易精要及案例[M].杭州:浙江大学出版社,2005.
[12] 胡俞越.证券与期货市场教程[M].北京:当代世界出版社,2001.
[13] 姬宇,史建朝.证券投资学[M].徐州:中国矿业大学出版社,2002.
[14] 孔淑红.国际投资学(第六版)[M].北京:对外经济贸易大学出版社,2023.
[15] 刘曼红,林博,刘小兵.风险投资学(第二版)[M].北京:对外经济贸易大学出版社,2018.
[16] 刘少波.证券投资学[M].广州:暨南大学出版社,2002.
[17] 林俊国.证券投资学[M].北京:经济科学出版社,2001.
[18] 刘德红,刘恩,秦书华,等.证券投资学[M].北京:北方交通大学出版社,2002.
[19] 林明德,陈进忠.股市技术分析完全操作手册[M].广州:广东经济出版社,2001.
[20] 李春杰.投资学[M].哈尔滨:哈尔滨工程大学出版社,2008.
[21] 李兴智,许明朝.金融期货理论与实务[M].北京:经济管理出版社,2005.
[22] 李向科.证券投资技术分析[M].北京:中国人民大学出版社,2000.
[23] 李辉.期货市场导论[M].杭州:浙江大学出版社,2002.
[24] 李鸿昌.证券投资学[M].郑州:郑州大学出版社,2003.
[25] 罗孝玲.期权投资学[M].北京:经济科学出版社,2005.
[26] 裴权中.证券投资学[M].北京:经济科学出版社,2001.
[27] 彭龙,应惟伟.证券投资学[M].北京:经济科学出版社,2003.

[28] 任淮秀.证券投资学[M].北京:高等教育出版社,2003.
[29] 孙娟.投资学[M].成都:电子科技大学出版社,2020.
[30] 谈毅.风险投资学[M].上海:上海交通大学出版社,2013.
[31] 谭中明,侯青,黄正清.证券投资学[M].合肥:中国科学技术大学出版社,2004.
[32] 王爱琴,袁庆远,孙凤兰.国际投资学[M].北京:北京理工大学出版社,2021.
[33] 王飞,杜晓荣,鹿翠,等.现代财务管理[M].南京:河海大学出版社,2008.
[34] 汪五一.期货与期权交易[M].合肥:中国科学技术大学出版社,2005.
[35] 吴晓东.证券投资技术分析[M].成都:西南财经大学出版社,2004.
[36] 王拴红.股指期货与期货实战[M].北京:中国计划出版社,2003.
[37] 徐强.新编投资学教程[M].南京:东南大学出版社,2014.
[38] 徐卫中.证券投资学[M].西安:陕西人民出版社,2000.
[39] 杨大楷.证券投资学[M].上海:上海财经大学出版社,2000.
[40] 杨丹.股指期货投资[M].广州:暨南大学出版社,2004.
[41] 杨健,蔡红宇.中国股市实证技术分析指南[M].北京:中国人民大学出版社,1999.
[42] 杨星.股指期货[M].广州:广东经济出版社,2002.
[43] 姚兴涛.金融衍生品市场论[M].上海:立信会计出版社,1999.
[44] 姚兴涛.中国股指期货市场概论[M].北京:北京大学出版社,2001.
[45] 张俊岭.股指期货理论实践全攻略[M].北京:金城出版社,2008.
[46] 张宗成.期货与期权市场运作方略[M].武汉:华中理工大学出版社,2000.